고려인 디아스포라 문학 연구

장사선 · 우정권

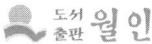

머리말

　우리 현대 역사상 열강들과의 교류 확대는 자의 또는 타의에 의해 적지 않은 이민을 낳았다. 앞으로도 세계화의 거역할 수 없는 흐름 속에 갈수록 해외 이민은 늘어만 갈 것이고, 해외 동포문학의 중요성 또한 크게 고양될 것이 분명한데, 아직 디아스포라 문학에 대한 연구나 이민국 문학과의 상호 영향 관계에 대한 연구는 소홀하기만 하다.
　이제까지 발표되어 있는 재외 동포들의 문학에 대한 연구도 그 대부분이 미국이나 일본 또는 중국 등 지역에 편중된 것이고, 러시아·카자흐스탄·우즈베키스탄 등을 위시한 CIS(독립국가연합) 지역에 관한 것은 거의 없다. CIS 지역 동포의 수는 50여 만 명으로, 중국에 거주하는 동포나 북미에 거주하는 동포 수보다는 적지만, 일본에 거주하는 동포 수와 비슷하다. 이렇듯 적지 않은 동포가 거주하고 있고, 많은 문학 작품이 발표된 바 있는 CIS 지역의 고려인 문학이, 자료에 대한 정리나 보존부터 서둘러야 할 필요성과 필연성은 다대하다. 또한 CIS 지역 문학과 우리문학의 상호 교류나 인식 상황도 정리 분석되어야 한다.
　CIS 지역은 미국이나 일본 또는 중국과 달리 오랫동안 우리의 행동권이나 관심권 밖에 있었지만, 여기에 사는 동포들 또한 우리 핏줄임에 틀림없다.

그들은 국내에서보다 오히려 더 고통스러운 타향살이의 온갖 시련을 겪어 내면서도 항시 한민족임을 잊지 않았으며, 고국의 문학보다 오히려 더 굳게 민족의식에 바탕을 둔 문학 활동을 해왔다. 그들은 또한 이념상으로나 현실적으로 크나큰 격차를 지니는 러시아 문학과 우리문학을 슬기롭게 혼융시킬 줄 알았기 때문에, 미국·일본·중국 등지의 동포문학보다 더 다양하고 더 심각한 고뇌를 간직하고 있다.

카자흐스탄이나 우즈베키스탄 그리고 러시아의 모스크바나 사할린 등지에서의 우리 민족들은 한글 문학작품을 창작하여 민족성을 고취시켰을 뿐만 아니라 디아스포라의 애환을 구체적으로 형상화하고 있다. 1923년 《선봉》 신문 창간호에서부터 기점을 찾을 수 있는 이들 고려인 문학은 이 땅에서 뼈저리게 겪어야 했던 고난을 척박한 이국에서나마 극복하려 했던 우리 민족 고려인들의 고난의 역사이다. 특히 러시아 원동 지역에서 살아가다가 또 다시 중아아시아로 강제로 쫓겨 가야 했던 박해로 얼룩진 자취이기에, 그 작품들이 지니는 문학적, 문학외적 가치는 재언할 필요조차 없을 정도로 크다. 그리고 이들 작품은 이데올로기의 실쳐를 실감하고 극복한 것이기에 또 하나의 중요한 한국문학 현장이 된다. 1928년 9월 《선봉》 신문은 고리끼가 고려인문학의 방향을 제시하는 글을 실어 사회주의 이데올로기를 고취했는가 하면, 1980년대 말 이후 이들은 소련과 이데올로기의 붕괴를 현장에서 보고 고뇌했던 흔적을 작품에 반영했다. 이들은 분명 우리 문학의 영역을 확충하고 관점의 다양성을 확보해 줄 것이고, 민족의 통일을 위한 지침을 제공해 줄 것이다.

우리는 본 연구를 통해, 고려인들의 애환과 자긍심 및 민족의 정체성과 우수성 등을 탐구할 것이다. 또한, 이러한 과정을 통해 발굴·수집된 자료들을 분석 연구하여 그들의 자긍심을 심층적으로 탐색하고, 이를 우리 문학사에 편입시켜 세계에 우리 민족의 정체성과 우수성을 알릴 수 있는 길을 찾을 것이다. CIS 지역에서 러시아가 중심이 된 한국문학에 대한 연구 역사가 이미 100년을 넘어섰다는 사실을 감안하면, 우리문학이 그들에게 어떤 모양으로 각인되었는지를 찾아내는 일 또한 시급한 일임을 인정하지 않을 수 없다. 러시아는 어느 나라보다도 일찍 깊이 우리를 연구해 온 나라이다. 본 연구의 목적은 CIS 문학과 우리문학의 관계를 발견해 내고 상호 이해를 통해 이를 현재의 시간 속에서 복원하는 일이다. 본 연구를 위해, 우리는 카자흐스탄과 우즈베키스탄·러시아를 방문하여 직접 그들의 작품을 수집하고, 생활상을 살폈고 대화를 나누며 그들의 애환에 대해 의견을 교환했다. 앞으로는 그곳의 한국학이나 한국학 연구소와도 긴밀한 연락을 취하며 상호 협조하면서 공통 관심사를 확대시켜 나가야 할 것이다.

본 연구서의 대략적 틀은 고려인들의 시·소설·평론 등에 대한 연구와, 이들의 기초 구실을 해 오고 있는 『레닌기치』나 『고려일보』에 대한 연구, 그리고 이 모든 관계를 살피는 데 중요한 열쇠가 될 수 있는 한국문학과 러시아 문학의 상호 관련성 연구 등으로 구성되어 있다. 앞으로 본 연구는 해외 한민족문학 전반으로 확대시켜 나갈 예정으로 있다.

본 연구를 시작하고 진행하는 데 있어 학술진흥재단이 행한 2002년도 기초학문 육성사업의 연구비 지원(KRF-2002-072-AS3501)은 큰 원동력이었다.

2005년 늦은 여름
한강이 내려다보이는 연구실에서
장 사 선

목차

머리말 ··· 3

서론 ·· 9
  1. 고려인 문학 연구를 위한 전제 ·· 9
  2. 사회주의 이데올로기와 민족주의 리얼리즘 ····························· 12
  3. 고려인문학의 지방성과 세계성 ··· 16

제1장 고려인 소설과 디아스포라 ·· 19
  1절 고려인 소설에 나타난 디아스포라 ·· 19
  2절 『고려일보』 문예페이지 소설의 주제 양상 ······························ 42

제2장 고려인 시와 정체성의 문제 ·· 64
  1절 고려인 시에 나타난 아우라 ·· 64
  2절 고려인 문학 원천으로서의 조명희 ·· 90

제3장 고려인 평론과 한국문학의 상호 관련 양상 ································· 125
  1절 고려인 문학의 한국 문학 인식 및 수용 양상 ······················· 125
  2절 『고려일보』 문예페이지의 전반적 특성 ································· 158

제4장 고려인 문학 기초 자료 분석 ·· 171
　1절 ＣＩＳ의 한국문학 관계 논저 목록 ·· 171
　2절 주요 작가의 기초 사항 ·· 213
　3절 고려인 주요 단행본 작품 개요 ·· 229
　4절 『고려일보』 문예페이지 게재 주요 작품 경향 ···························· 269

서론

1. 고려인 문학 연구를 위한 전제

　연해주에서 중앙아시아로 이어지는 고려인의 삶의 궤적은 한국 근대 역사의 질곡을 뚜렷이 나타내는 중요한 이정표가 된다. 상실된 국가를 떠나 이국의 땅에 와 있으면서 망명정부와도 같은 새로운 민족 공동체를 건설하려고 한 그들의 삶에서 한민족의 끈질긴 생명력을 볼 수 있다. 온갖 박해와 멸시를 받고, 심지어 연해주에서 중앙아시아라는 사막 한 가운데에 한 달이나 걸려 강제 이주를 당하는 수모를 당하면서도 한국 민족이 갖고 있는 얼과 정신을 잃지 않았다. 그와 같은 민족정신이 문학 작품으로 발현되어 상상의 민족 공동체를 만들게 하고, 그러한 공동체 의식을 통해 다시 민족의 결속력이 강화되기도 하였다. 다른 해외 지역 한민족 문학보다 이들 지역의 문학 작품에서 더 민족주의적 성향이 강하게 나타나는 것은 이와 같은 근대 역사의 질곡에 의해서이고, 현실적 삶의 고난과 박해가 그들에게 공동체 의식을 더 강하게 갖도록 하였기 때문이다.

　1930년대 연해주부터 문학 활동을 한 대표적 작가로 조선에서 망명한 조명희를 들 수 있고, 그 다음으로 북한 출신인 조기천이 있다. 그 다음 세대인 연성용・한 아나똘리・한진 등에 의해 중앙아시아에서 고려인 문학을 계승 발전시켰다. 이들 지역의 한민족 사람을 조선인이라고 하지 않고 고려인이라고 한 것은 조명희의 산문시 <짓밟힌 고려>의 영향에 의해서라고 한다.[1] 그

만큼 문학 작품이 공동체 의식을 만드는 데 큰 기여를 하였고, 집단의 결속력을 강화시키는 데도 역할을 하였다. 그것이 공동체를 구성하는 사람들을 부르는 이름으로 나타나 이처럼 '고려'라는 집단명사가 보편적으로 사용될 수 있게 된 것이다. 하나의 문학 작품이 공동체의 이름으로까지 사용되는 데는 문학의 사회적 영향력에 의해서이지만, 연해주라는 공간이 갖고 있는 시대적 역사적 배경도 작용을 한다. 당시 연해주로 이주한 사람들 중 상당수는 독립지사들이었고, 이들이 고려인들에게 교육을 통해 계몽운동과 민족의식을 고양시켰다. 여기에 집단 농장을 통해 경제생활이 나아진 것 역시 집단의 결속력이 강화되는 요인이 되었다. 이처럼 연해주라는 공간이 갖고 있는 특수한 상황이, 고려인 문학이 태어날 때부터 작용을 하였고, 중앙아시아로 강제 이주당하여서도 고려인의 특수성을 잃지 않는 요인이 되기도 하였다.

  고려인 문학을 국제 한인문학의 일부로 보는 데 있어서 어떤 시각으로 보느냐 하는 점이 연구자에게 그들이 생산해 놓은 문학 작품을 어느 관점에서 판단하느냐 하는 것을 결정하는 요소가 된다. 미학적 심급이나 문학사적 가치와 의미를 갖고 한인문학을 보는 것은 중심과 변방이라는 이항 대립의 논리에서 벗어나지 못한다. 국내가 아닌 해외 한인문학에 관심을 갖고 그들의 문학적 행적을 찾아가는 과정이 국내 문학사를 더욱 견고하게 하는 목적으로만 간다면 해외 한인문학의 고유성을 잘 보지 못하는 잘못을 범할 수가 있다. 해외 한인문학이 한민족 구성원들에 의해 만들어졌다는 피의 순수성만을 주장한다면 국내와 해외라는 이분법적인 논리가 어쩌면 소용없을는지 모른다. 그러면서도 그처럼 둘로 나눠 놓은 것은 국내를 중심으로 보고 해외를 변방으로 보는, 즉 피의 순수성의 이데올로기에 의해서다. 그러나 혈연주의만을 고집할 수 없을 정도로 해외 한인들이 현재 살고 있는 공간은 그 나름대로의 자족성을 지니고 있는 또 다른 세계이다. 안과 바깥·중심과 변방·미적 가치의 유·무 등과 같은 일원론적 이데올로기로만 볼 수 없을 정도로 그 공간

---

1) 한진, 「민족문학의 진로」, 『고려일보』, 1992.7.24.

은 여기와 또 다른 저기이지, 여기와 저기와 같은 대립적인 곳은 아닌 것이다. 그렇다고 여기에서 저기를 본다든지, 여기가 아닌 저기에서 여기를 본다든지, 그것도 아닌 저기에서 여기를 보아서는 안 될 것이다. 국내와 해외라는 경계가 무화되면서도 경계가 만들어지는 그 사이에서 해외 한인문학을 바라볼 때 한인문학의 정체성이 생겨날 것이다.2)

이와 같은 시각에 의해 고려인 문학의 민족적 정체성을 논의하여 보고자 한다. 국내의 민족적 정체성을 기준으로 고려인 문학을 한국문학에 편입시키려는 의도가 아님을 분명히 밝히기 위해서도 이와 같은 시각이 더욱 필요하다.

고려인 문학에 대한 연구가 이루어지기 시작한 것은, 이명재3) 김필영4) 장사선5) 등에 의해서다. 이들 연구는 자료나 문학사적 가치와 해석에 있어서 많은 연구 성과를 이뤄냈다.

---

2) 이와 같은 시각은 포스트콜로니얼리즘의 인식에 의해서 생겨난 것이다. 민족과 국가를 견고하게 할수록 실체의 공동체가 사라지고, 상상의 공동체가 만들어진다. 여기에 문학은 새로운 가치와 의미를 갖고 태어난다.
3) 이명재, 『억압과 망각 그리고 디아스포라-구소련권 고려인 문학』, 한국문화사, 2004. 11.
　　　, 「러시아 지역의 한글 문학 현황」, 『통일문학』 1권 1호, 2002.7.
　　　, 「국외 한글문학의 실체 연구: 구소련의 고려인 문단을 중심으로」, 『인문학연구』 33, 2002.2.
　　　, 『통일시대 문학의 길찾기』, 새미, 2002.
4) 김필영, 『소비에트 중앙아시아 고려인 문학사』, 강남대출판부, 2004.8.
　　　, 「송라브렌띠의 희곡 "기억"과 카작스탄 고려 사람들의 강제 이주체험」, 『한국비교학회』 4, 1998.12.
　　　, 「소비에트 카작스탄 한인문학과 희곡작가 한진(1931~1993)의 역할」, 『한국문학논총』 27, 2000.12.
5) 장사선·우정권, 조명희의 연해주에서의 문학 활동에 관한 연구, 『우리말글』 33, 우리말글학회, 2005.4.
장사선·김유진, 「CIS 문학의 한국문학의 인식 및 수용에 관한 연구-CIS 지역 한국 관련 문예 자료의 발굴 조사 연구Ⅰ」, 『국제어문』 30, 국제어문학회, 2004.4.
장사선·김현주, 「CIS 고려인 디아스포라 소설 연구-CIS 지역 한국 관련 문예 자료의 발굴 조사 연구Ⅱ」, 『현대소설연구』 21, 한국현대소설학회, 2004.4.
장사선·우정권, 「『고려일보』 문예페이지 소설의 주제론적 연구-CIS 지역 한국 관련 문예자료의 발굴 조사 연구Ⅲ」, 『우리말글』 30, 우리말글학회, 2004.4.

고려인 문학은 다른 해외 지역 한인문학과는 달리 작품 활동이 신문을 통해 대부분 이루어졌다. 신문이라는 것은 대중매체이어서 당시 구성원들의 생활과 의식 세계를 알 수 있는 중요한 척도가 된다. 시나 소설·평론·희곡 등과 같은 문학 작품이 사회나 정치 기사와 같이 실리면서 당시 사회의 구성원들과 혼연일체가 되는 효과를 냈던 것이다.

2. 사회주의 이데올로기와 민족주의 리얼리즘

시나 소설과 평론에 나타난 고려인 문학의 특색이 크게 당시 사회의 정치적 체제와의 연관성을 떠나 생각하기 어려울 정도로 단선적인 면이 없지 않다. 그러면서도 고려인의 공동체 속에서 벌어지는 여러 일들을 다양한 방식을 통해 표출하였다.

조명희가 『선봉』에 발표한 <아우 채옥에게>를 보면 "무산자의 조국인 이 나라를 사랑함이고 앞날의 무산자국가가 일 조선을 사랑함을 네나 내나 잘 알고 있지않느냐?"6)라는 시 구절이 나온다. 프롤레타리아트 국가가 되기를 조명희의 시각에서 이와 같이 말하는 것이 그렇게 이상하지 않을는지 모른다. 그러나 남의 나라에서 시 작품 활동을 하는 이유가 자신의 조국인 '조선'을 사랑하기 때문이라고 하는 부분은 그의 마음 깊은 곳에 조국이 남아 있는 것이다. 그와 같은 마음을 자신만 갖고 있는 것이 아니라 "네나 내나 잘 알고 있지 않느냐"라고 하여 고려인들끼리 겉으로 드러내고 말을 할 수 없지만, 속으로는 조국에 대한 그리움과 사랑의 마음이 있음을 공유하고 있는 것이다. 조명희는 시 뿐만 아니라 평론에서도 이와 같이 조선을 생각하는 마음을 표현 한다.

---

6) 조명희, 『선봉』, 1935.3.8, 2면.

사회주의적 내용에 민족적 형식을 갖춘 새롭은 놀애들을 군중에게 주기 위하여는, 조선의 낡은 놀애들의 형식을 비판적으로 가지어오며 또는 우리 조선의 무산계급의 감정에 맞는 새 곡조의 형식을 창작하여 거기에다가 사회주의적 내용을 담은, 새롭은 놀애들을 내어놓아야 하겠다.7)

<조선의 놀애들을 개혁하자>라는 평론에서 사회주의 이데올로기의 내용에 조선의 형식을 담아 조선의 무산계급의 감정에 맞게 시가 창작되어야 함을 강조하였다. 결국 그가 현재 소련에 머무르고 있지만, 조선이라는 마음의 고향을 잊을 수가 없었고, 그곳으로 언제나 돌아가고 싶은 마음을 갖고 있어 이와 같은 문학관을 보여준 것이다.

문학평론가 정석 역시 조명희와 마찬가지로 시 창작에 있어서 조선인의 감성에 맞게 창작되어야 함을 말한다. <시 창작에서 제기되는 몇 가지 문제>(『레닌기치』, 1963.4.7)라는 글을 보면 언어 사용에 있어서의 민족성을 강조한다. 시에서의 서정적 주인공에 대한 문제들을 생각해 볼 때 감동적인 아름다운 음악과 시가 요구되며, 공산주의 건설에서 힘 있는 무기로 쓰인다고 한다. 이런 점은 사회주의 이데올로기에 의해 시가 창작되어야 함을 말하고 있다. 그러면서 시 형식에 있어서는 조선의 민족 언어를 사용하여야 함을 역설한다. 시의 형식이란 민족 언어의 올바른 사용, 민족적인 음악요소들에서 나타난다는 것이다. 그러면서 시 언어의 중요성을 '어휘는 빛과 냄새의 소리를 가지고 있다. 시에서 음악이 매우 중요하다. 이런 여러 가지 비결을 시인이 자기 창작에 어떻게 이용하는가가 질적 수준을 평가할 수 있게 해 준다'고 까지 하여 시 언어에서 언어가 가장 중요함을 강조한 것이다. 그러면서 시인이 가져야할 조건으로 개성을 역설한다. 시인은 생활에서 보는 많은 것들을 독자에게 감상시키기 위해 시인의 개성에 의해 써내려가야 한다. 서정적 세계를 가지고 있는 자신의 독특한 세계를 표현해야 하며 시인은 다른 시인

---

7) 조명희, <조선의 놀애들을 개혁하자>, 『선봉』, 1935년 7월 30일~8월 3일.

의 목소리를 반복하거나 모방해서는 안 되고 '자기'의 개성을 확보해야 한다는 것이다. 이와 같은 시 창작 방법론의 결말에 가면 '작품에서 높은 기교를 부리는 것은 형식과 내용의 통일이라고 보아야 하며 당성과 인민성도 지니고 있어야한다'고 매듭을 짓는다.

정석은 『레닌기치』에서 소설과 시에 대한 평론을 주로 썼으며 문학론에 관한 글도 많이 발표하였다. 정석의 평론에 나타난 문학관은 리얼리즘론에 입각하여 있다. 인물 형상화에 있어서 구체성과 실재성을 강조하였다.8) 장편 역사소설인 《홍범도》를 평하면서 역시 인물의 형상화하는 데 있어서 사실적으로 하여야 함을 강조한다.9) 또한 단편소설의 구성 요건을 말하면서 현실생활과 밀접한 관련성을 가져야 한다고 하여 역시 리얼리즘적 시각을 드러낸다.10) 정석의 평론에서 사회주의 이데올로기, 조선적 민족주의, 리얼리즘의 시각이 혼용되어 있음을 알 수 있다. 이와 같은 양상은 다른 많은 평론가들뿐만 아니라 시인, 소설가에서 쉽게 볼 수 있다.

---

8) 정석, 생활을 더 깊이 연구하며 기교를 더욱 연마하자-단편소설, '불타는 키쓰', 향촌의 불빛', '길 바닥에 젓드리젓던 사람'을 중심으로, 『레닌기치』, 1962.1.7.
9) <역사소설과 허구-김세일 '홍범도'>(『레닌기치』, 1966.11.9)에서 상상과 공상은 문학 예술에서 쓰이고 작가는 상상, 공상, 허구가 없이 예술 작품을 창작할 수 없다고 한다. 상상, 공상, 허구는 어디까지나 현실에 토대를 갖고 있으며 생활적, 역사적 진실에 기초하고 있다. 역사 소설에서 중요한 것은 세부 묘사가 아니라 시대의 형상, 시대의 범위에서 상통하는 주인공의 형상, 주인공들을 통하여 묘사하는 인물의 형상, 시대의 정신인 것이다. 이런 면에서 작가 김세일의 장편소설 '홍범도'는 인물의 현실성, 예술성, 고상한 인간성을 통하여 인물을 잘 형상하였고 홍범도의 모습을 잘 그려내었다. 이런 예술 창작은 허구를 떠나서는 있을 수 없고 허구는 문학 예술창작의 영원한 수단일 것이다 라고 한다.
10) <단편 소설과 그의 구성>(『레닌기치』, 1967.10.15)에서는 레닌 기치 신문에 자주 나오는 산문 문학작품들의 형식은 단편소설이라고 한다. 이 글에서는 단편 소설의 구성에 대해 이야기하려 한다. 작품은 대개 사건이 발생할 수 있는 환경, 분위기, 사건의 서두, 발생, 발족, 사건의 발전의 절정, 사건의 결말의 요소들을 내포하고 있다. 이것은 단편 소설의 기본 요소들이다. 이런 예술작품들은 법칙, 합법칙성에 의해 그 정서, 구조, 구성을 갖고 있으며 그것이 없이는 예술 작품이 피지 못한다. 작품의 질서, 법칙, 합법칙성이 작가의 허구나 의지의 표현은 아니고 생활 자체가 현상들의 유기적인 관계 속에서 일정한 질서, 법칙, 합법칙성에 의해 흐르므로 작가의 의식을 통한 실생활의 반영인 것이다. 작가는 작품을 쓰려면 반드시 위와 같은 구성, 조직에 각별한 주의를 기울여야 한다고 한다.

정상진의 평론 역시 이와 같은 양상과 비슷하게 전개되면서 시대적 상황의 변화에 따라 문학관이 다르게 나타난다. 정상진은 어떤 작품을 읽건 가장 중요한 것이 사상적 내용과 예술적 방식과의 결합이라고 생각한다. 그리고 예술작품을 읽을 때에는 생활의 의미, 생활의 미를 깊이 인식할 수 있어야 한다고 한다.11) 그런 그의 비평관이 90년대에 들어서면 양상이 달라진다. 시대적 상황이 달라졌기 때문일 것이다. 특히 일본제국주의 하에서 신음소리조차 낼 수 없었던 조선의 현실을 사실적으로 그리고 있을 뿐만 아니라 식민지적 역사 의식을 적극적으로 표방한 문학관을 드러낸다. <작가 김사량>(1991.8.6)에서 작가 김사량을 겸손하고 동세계의 천진난만하며 역사의식이 뛰어난 작가라고 한다. 김사량의 처녀작 <토성랑>은 일본제국주의 하에 억눌리며 신음하는 1930년대 중엽의 조선 현실을 평양 토성랑 인민들의 처참한 처지, 생활의 지하층에서 허덕이는 이들의 비운의 운명을 통하여 그대로 보여주고 있다고 평을 한다. 그 작품에서 작가의 울분의 목소리를 들을 수 있다고 한다. 1939년에 창작한 <빛 속에>는 일개 파문을 일으키기도 했다. 일본문단에서 단편 <빛 속에>가 그 당시 일본 문학계의 수상후보에도 오르게 되기도 하였다. 필자는 이 작품을 읽으면서 소련, 중국 교포들의 비판한 운명에 대하여 생각하지 않을 수 없었다. 사회주의 사회에서 살 운명을 지닌 우리 쏘조교포들의 민족적인 모습을 그려냈기 때문이라는 것이다. 김사량은 그 외에도 <천마>, <풀이 깊다>에서도 작가는 식민지통치자들과 친일분자들을 규탄하고 있다고 한다. 김사량은 민족의 비극을 참다못해 자기 자신이 직접 조선민

---

11) <김준 作 '쌍기미'를 읽고서>(1968.8.7)에서, 김준의 '쌍기미'는 김준의 중편소설로 인물들과의 관계, 행동들을 보여주는 장면들이 장황하게 묘사되어 있고 독자들의 주목을 작품의 주요 사상, 내용면에서 떼어 국부적인 인상을 주고 있다고 한다. 일부 독자들은 역사소설과 소설을 구분하지 못하는데 소설을 포함한 모든 예술작품들은 역사의 사실들을 바탕으로 그려내고 체계화 하고 있다. 작가가 일정한 시대, 일정한 시기의 일반적 환경, 사회적 조건 등을 연구하고 어떤 시대, 시기 환경 조건에서 이러저러한 인물들의 가상활동, 행동을 구체적으로 묘사한다. 즉 작가는 제 마음대로 임의대로 꾸며내는 것이 아니라 일정한 과학적 법칙에 의해 구체적이고 체계적으로 그려내고 있는 것이다.

족의 해방투쟁에 참여할 목적으로 1945년 봄에 압록강을 건너 중국으로 탈출하였다고 한다. 이처럼 김사량의 작품을 민족주의적 관점에서 높이 평가를 한 것이다.

3. 고려인문학의 지방성과 세계성

1929년 9월 28일 『선봉』 신문에 실린 '고려화를 위하여 투쟁을 던개하라-형식뿐인 고려화'의 전문을 소개하면 다음과 같다.

로씨에트 구역 쏘베트 집행위원회는 본 구역의 인구표준에 의지하야 94%-책임자와 사무원 중 50여명 고려인과 불과 삼사명의 로시아 동무들로 성립되엇다. 이러함에도 불구하고 고려화라함은 형식뿐이다.

이제 그 실레를 들면 50여명 사무원가운데서 선봉독자는 한 사람뿐이며 구역문화부에는 각 종람소에 논하줄 선봉신문예산이 있는데도 예산에 써놓을 뿐이며 그밖에 각 긔관에서도 신문받는자가 없으며 구역집행부에 전부 고려임에도 불구하고 회무처리 전부는 로문과로 어로하고 있으며 연추에 있는 구역 종람소는 고려문으로 출팔된 책자들이 7~8십 종인데도 불구하고 고려글 책자는 하나도 없고 로시아책자뿐이며 농촌 쏘베트는 모두 50여개인데 고려화된 것이 14개 인즉 금년에 50%를 고려화 식히겟다는 설게는 언제나 실행되겟는가? 또 고려화를 하엿다하더라도 가장 쉬운 것 외에는 지도의 전부를 로문으로하여 등용사업에 있어는 그저 로문아는 사람뿐인 즉 빈농 고농중에 누가 로문을 아는 사람이 흔하겟는가? 그리고 로문만 안다면 성분이야 엇지 되엇던 로문 모르는 당원이나 긔타열성자를 보다 낳게 녁인다 실레로보면 나고로나야 촌학교에는 당원열성자요 상당한 교원인 박준환동무가 있음에도 불구하고 로문 모른다는 것을 빙자하고 제정로시아장교이던 리쎄틀을 교장으로 임명하엿으며 지신혜학교々장인 공청회원 강진태와 모범학교에는 당원 리승훈동무등이 있지만 로문을 모른다하야

모도 그렇게 처리하엿으며 사범학교를 졸업한 상당한 붉은 교육자인 학생들이 많이 왓음에도 불구하고 로시아 이급학교를 필한 학생 중 경험도 없는 동무들을 교장으로 임명하고 사범학교 출신은 보통교원으로 임명한다 마즈막으로서 슬랴뱐까와바라바시 부근에 칠(七)년제 학교가 있는데 그 학생수를 보아서 절대다수의 학생-90%가 고려인々데도 불구하고 고려과뎡은 한시간도 넣지아니하는 것 등々이다.

 이제 이상 실례를 종합하여보자 로어로만 통용하는 집행위원회々의는 로어 모르는 사람은 외국사람으로 간주한다. 그리하야 토론, 축하문, 결뎡서 등의 고려문에 대하여는 비웃기까지한다. 고려화나 등용사업에서도 로문 모르는 고용자나 빈농민들도 하여야 할 것인 즉 구역집행위원회가 모든 일에서 고려글과 고려 말을 무시하며 로어만 주장하고야 엇지 실디덕 고려화를 상々이나 하겟는가? 또 수수민족이 자긔이 문화로서 일반생활에 요구되는 조건을 내여 세우는 것이 무리한 일이 아니며 또 그리하여야 할 것이 레닌주의의 민족정책이 아닌가? 이러함에도 불구하고 소위 얼마 우재라는 습관을 빼지못함이야 실로 고려화를 배척하고 로시야화를 주장하는 자들이 구억긔관에 숨기지 않엇는가 한다. 고려화를 말로한하지 말고 실디덕으로 하기를 갈구한다.12)

 위의 전문에서 볼 수 있듯이 소수민족인 고려인들이 고려화를 위하여 일 하지 않는 것에 대해 신문사 편집자가 질책하고 있는 것이다. 1929년만 하여도 이처럼 고려화를 노골적으로 말을 할 수 있었던 것은 레닌의 소수민족의 독립성 정책에 의해서다. 그러나 그 후 스탈린이 정권을 잡으면서는 상황은 달라져 민족 자결주의 정책을 폐기하고 오히려 탄압하게 되어 고려인들이 자신의 목소리를 쉽게 낼 수 없게 되었다. 현재 중앙아시아는 지금으로부터 80여 년 전에 연해주에서 겪었던 '고려화'라는 문제와 똑 같은 상황에 놓여 있다. 이주 3세대나 4세대 정도 되는 현재 고려인들은 한국어 사용을 자유롭게

---

12) 「고려화를 위하여 투쟁을 던개하라-형식뿐인 고려화」, 『선봉』, 1929년 9월 28일.

하지 못하지만, 현지어, 러시아와 함께 한국어를 같이 사용하고 있어 갈수록 한국어 사용 인구가 줄어들 것이라고 걱정을 한다고 한다. 그러나 이것은 한국이라는 시각에서 보는 것이고, 오히려 한국어를 카작어와 러시아와 함께 사용할 줄 아는 고려인들에게 민족 정체성의 문제가 한국적인 정체성으로 보이지는 않을 것이다. 다시 말해 고려인 민족의 정체성이라는 것이 된다. 구소련이 붕괴되면서 소련으로부터 독립된 CIS 국가가 독립적인 정책을 펼칠수록 고려인의 정체성 문제가 더 심각해질 수 있지만, 그것이 어떤 문제가 있다는 시각으로 보기보다 세 개의 언어를 모국어로 사용하는 것처럼 피의 결합이 있었으며, 이 속에서 민족이라는 개념은 한국도 아니고, 러시아도 아니며, 그렇다고 카자흐스탄이나 우즈베키스탄이 되지 않을 것이다. 이들과의 결합이면서 하나의 독립된 개체로 존재하게 된다.

한국의 피가 섞여 있고 한국어를 사용하는 한국적인 정서를 갖고 있는 조건에 의해 고려인 문학을 볼 것이 아니라 세 나라 이상의 피가 섞여 있고, 세 개 이상의 언어를 사용하며 한국적인 정서와 다양한 정서가 함께 담겨 있는 '고려인 문학'으로 보아야 할 것이다. 그렇다면 이러한 성격을 지닌 고려인 문학을 연구해야 할 필요성이 제기될 수 있는데, 이것은 문학의 지방성이라는 지역성을 벗어나 세계성을 담보해 내기 위해서라고 본다면 별 문제가 될 것이 없을 것이다. 지방성과 세계성이란 상호 이질적이지 않고 서로 공유하는 부분이 있다. 이와 같이 공유하는 지점에 '고려인 문학'과 같은 특성을 갖는 해외 한인문학이 들어오게 된다. 고려인 문학은 한인문학의 지방성과 세계성을 함께 찾을 수 있는 데 중요한 가치와 의미를 지니고 있는 것이다.

제1장 고려인 소설과 디아스포라*

1절 고려인 소설에 나타난 디아스포라

1. 들어가는 말

　세계화의 거역할 수 없는 흐름 속에 갈수록 해외 이민은 늘어만 갈 것이고, 해외동포문학의 중요성 또한 크게 고양될 것이 분명하다. 그러나 아직 디아스포라 문학에 대한 연구는 소홀하기만 하다. 이제까지 재외 한인들의 문학에 대한 연구도 그 대부분이 미국이나 일본, 중국 등 지역에 편중된 것이고, ＣＩＳ 지역에 관한 것은 거의 없다. ＣＩＳ 지역 동포의 수는 50여 만 명으로, 중국에 거주하는 동포나 북미에 거주하는 동포 수보다는 적지만, 일본에 거주하는 동포 수와 비슷하다.1) 이렇듯 적지 않은 동포가 거주하고 있고, 많은 문학 작품이 발표된 바 있는 ＣＩＳ 지역의 고려인 문학이 연구의 면에서나, 향유의 면에서 냉전으로 인해 소외되었던 것을 인정할 수 있다면, 냉전이 해소된 이제 반드시 연구하여야 한다는 것 또한 누구나 이해할 수 있을 것이다.

---

* 본 장의 논문 작성에 있어 김현주(홍익대)는 직접 우즈베키스탄에 가서 자료를 구하고 이를 분석하는 데 많은 노력을 하여 주었다.
1) 최근의 재외 동포재단 자료에 의하면, ＣＩＳ 지역에 거주하는 한국인(이들을 보통 '고려인'이라 부른다.)의 수를 독립 국가별로 보면, 러시아에 15만, 우즈베키스탄에 23만, 카자흐스탄에 10만 명 정도가 살고 있는 것으로 되어 있다. 그러나 대부분의 문학 활동은 카자흐스탄을 중심으로 이루어지고 있다.

이들 소설은 이 땅에서 뼈저리게 겪어야 했던 고난을 척박한 북쪽 땅에서나마 극복하려 했던 우리 민족의 고난의 역사이자, 극복의 역사 현장이며, 원동 지역에서 자리 잡고 살아가다가 또다시 중아아시아로 강제로 쫓겨 가야 했던 유이민 삶의 박해로 얼룩진 자취이기에 그 연구의 필요성을 재언할 필요가 없을 듯하다. CIS 고려인 소설의 기초 자료 수집, 정확한 이해와 체계적인 분석, 그리고 이들 문학에 대한 정당한 평가를 시급히 행하고 이들을 우리 문학사에 편입시켜야 한다는 인식 위에서 이에 대한 접근을 시도하고자 한다.

1950~60년대 반공 이데올로기의 기초 위에서는 1920년대나 해방문단의 주된 화두였던 소련이나 사회주의라는 단어 자체를 한국과 소련 서로가 만든 철의 장막 안에 둘 수밖에 없게 만들었고, 이념이 배제된 작품만이 향유의 행운을 누리는 정도였다. 1970년대 초부터 시작된 군부독재에 대한 본격적 저항운동은 1980년대 후반에 접어들면서 민주화운동으로 격화되었고, 1980년대 말 세계적 이념의 붕괴는 우리 문단에서도 그동안 금기시되어 왔던 소련·중국(중공)·동유럽 등 공산권 국가나 그 지역문학에 대한 탐구를 촉발시켰다. 아울러 공산권 국가에 거주하는 한인들의 문학에 대한 관심도 불러일으켰다.[2] 학계에서는 1988년 해금 이후의 엄청난 월북 작가 연구와 수많은 러시아문학 작품에 대한 연구와 이론서의 출판으로 이에 화답해 나가며 공동의 전선을 구축했다.

이 무렵 최건영과 채수영, 그리고 한진 등이 재소 고려인 문학에 대한 탐구를 개척한 것은 필연적 결과라고 할 수 있다. 최건영은 「페레스트로이카와 재소 한인 작가」(『공산권연구』 118호, 1988.12)에서, 빅토르 김이 「재소련 한인」이라는 글을 발표해 스탈린에 의한 1937년의 강제이주를 처음으로 비판

---

2) 『공산권연구』와 『민족 지성』지는 이러한 흐름을 선도해 나갔다. 전자는 기무라히로시의 『비운의 재소 추리작가 로만 킴』(『공산권연구』 60, 1984.2)과 최건영의 「페레스트로이카와 재소한인작가」(같은 잡지, 1988년 12월)를 게재했고, 후자는 1987년 9월호 한 권 전체를 공산권 문학 특집으로 다루면서 해방 이후 처음으로 공산권 문학에 대한 조명을 시작했고, 아울러 재소 고려인작가들에 대한 관심도 고조시키며, 새로운 흐름을 야기 시켰다.

한 사실과 유리 김이 속박을 벗고 음악 활동을 하게 된 사실을 통해 해금 분위기를 전했다. 문학적 언급은 별로 없었다. 이에 비해 채수영은 「재소이민 소설의 특질」(『비평문학』 3, 1989.8)과 「재소 교민문학의 특징」(『문화예술』 132, 1990.7)에서 재소 고려인들의 작품을 유형화하고 그 문제점까지 제시했다.

1990년을 전후하여 고조되었던 공산권 문학이나 CIS지역 고려인 작가들의 문학에 대한 관심은 소련 붕괴 이후 약 10년 간 소강상태에 접어들었으나, 공산권과의 외교·경제 분야에서의 교류는 꾸준하게 지속되는 것에 힘입어 2000년 무렵부터는 부활된다. 이명재와 윤정헌은 그 대표적 연구자이다.

이명재는 『소련 지역의 한글 문학』·『통일시대 문학의 길 찾기』·「국외 한글문학의 실체 연구: 구소련의 고려인 문단을 중심으로」·「러시아 지역의 한글 문학 현황」 등을 통해 이 지역의 문학에 대한 집중 조명을 하게 된다. 윤정헌의 「중앙아시아 한인문학 연구」(『국제비교한국학회』 10권 1호, 2002.6)는 1937년 강제이주 직후부터 스탈린 철권통치기간인 50년대 중후반까지를 '초창기'로, 60년대에서 70년대에 이르는 시기(후르시초프~브레즈네프)까지를 '이행기'로, 마지막으로 80년대 이후 90년대(고르바초프 등장 이후 소련해체 과정의 시기)까지를 '정착기'로 각각 규정하며 각각의 시기를 대표하는 고려인 작가나 작품을 유형화의 방법으로 설명하는 세밀함을 보였다. 그러나 작가나 작품들을 전체적으로 포괄하지 못하는 문제를 남겼다.

이러한 연구들이 CIS 지역의 고려인 문학이라는 전혀 새로운 분야를 개척하며, 새로운 작가나 작품을 통해 고향을 떠나 전혀 이념이 다르고 체제가 낯선 지역에서 살아 온 우리 민족의 정서를 소개 연구하는 공적을 남겼음에도 불구하고, 적지 않은 미결점을 남긴 것 또한 사실이다.

우선, 이들 연구는 CIS 문학의 전체적인 작가나 작품을 포괄하는 연구를 전개하지 못하였다. 《시월의 햇빛》·《씨르다리야의 곡조》 등 중요한 합집에 대한 구체적인 연구를 진행하지 못했을 뿐 아니라, 아나톨리 김·미하일 박·라브렌티 송 또는 이회성 등과 같은 중요한 작가를 누락시켜 근본적 흐름을 추출 설명하지 못하는 문제를 남겼다. 다음으로 이들은 고려인 소설사의 전체적인 흐름을 형성하기 위한 노력을 하지 않았고, 작가나 작품 상호간의 연계관계도 정리하지 못했다. 더구나 이 지역 고려인 문학과 일본의 재일조선인문학, 중국의 조선족문학, 그리고 미국의 한인문학 등 타 지역 한인문학과의 연결 고리나 변별점도 발견하지 못하여 그 특성을 제대로 부각시키지 못하는 아쉬움을 남겼다.

따라서 본 절에서는 여러 작가와 작품 상호간의 연결 의미망을 찾으려 노력함은 물론, 그것이 타 지역 한인 문학, 또는 북한 문학과 비교 대조되는 연구를 진행함으로써, 고려인 소설 문학을 한국 문학사에 포용할 수 있는 가능성까지 찾고자 한다.

2. 디아스포라 삶의 궤적

1) 항일 투쟁 영웅을 통한 뿌리 찾기

고려인 문학이 제대로 기반을 잡기 시작한 것은 1960년을 전후로 해서부터이다. 1937년 강제이주 후 60년대에 이르기까지의 긴 시간동안 문학에 대한 언급이 없었던 것은 낯선 터전에서 생존을 위해 가혹한 삶을 견뎌야 했기 때문이라는 사실은 말할 것도 없을 것이다. 그러나 그 환경이 60년대에 이르렀다고 해서 그리 나아진 것은 아니었다. 강제이주 이후 한글 문학의 절대적 양성소인 조선사범대학이 러시아식 교육기관으로 전환되고, 한글의 사용이 점차 줄어들면서 그나마 명맥을 이어갈 수 있는 방책이라면 『레닌기치』 신문을 통한 작품 발표였다. 『레닌기치』를 통한 작품 발표는 이때부터 활기를 띠었고, 특히 『레닌기치』 신문사에 근무하는 김준·김광현·림하 등 고려인 문학에 절대적 애정을 가지고 있는 문인들의 활동은 고려인 문학을 더욱 풍성하게 성장시키는데 일조를 했다.

CIS 지역 고려인 문학의 부활이 이루어지는 시기에 하필 일제 시대로 귀환하는 소설이 중요한 의미로 발표되는가? 우선, CIS 지역은 고려인들의 새로운 생활 터전일 뿐 아니라 과거 항일 독립운동과 긴밀하게 결부되어 있는 곳이기도 하다는 사실이 문제된다. 그러나 그보다 중요한 것은, 항일운동 특히 이데올로기에 의한 투쟁의 반추를 통해 새로운 정착지에서의 고려인의 뿌리 찾기가 이루어졌다고 보아야 할 것이라는 점이다. 즉, 사회주의 이데올로기로 무장한 투사들이 이곳에서 활동을 했던 것을 찾아내어 이주지에서 이념적으로 적응하며 자신들만의 아이덴티티를 수립하기 위한 기초 작업이라고도 할 수 있다. 따라서 이 무렵 새삼스레 이 문제가 문학의 중요한 테마가 되어 떠오르는 것이다. 항일운동의 대표적인 작품이자 60년대 문학을 대변하는 장편역사소설 《홍범도》가 곧 레닌 예찬론자 김세일이 공산주의 교육매체인 『레닌기치』에 발표한 것이라는 사실은 이를 뒷받침한다. 이 작품이 홍범도가 투사의 대표로 레닌을 만나고 돌아오는 과정을 서술한 것도 물론 이를 증명하는 것이 된다. 이 작품이 연재되었을 당시 고려인들의 엄청난 반향을 일으켜 독자들의 조언을 토대로 개정판을 내기도 했던 사실도 물론 대중과 투쟁 영웅의 만남으로 설명될 수 있는 일이다. 김준의 《십오만원 사건》도 같은 맥락에서 의미 추적이 가능한 CIS 지역을 대표하는 장편소설 중의 하나이다. CIS 지역의 대표적인 두 장편소설을 통해 항일운동의 양상을 짚어보고 이를 통해 CIS 지역에 정착한 고려인들이 자신의 역사를 만들어 갔던 과정을 추적해 보는 일은 고려인 소설을 이해하는 발판이 될 것이다.

김준의 《십오만원 사건》[3]은 당시 독립자금을 구하기 위해 중국 용정 일본은행에서 십오만원을 훔친 사실을 바탕으로 한 소설이다. 이 소설은 김준이 당시 거사에 참여하였다가 살아남은 후 쏘비에트 세력을 위한

---

[3] 김 준, 《십오만원 사건》, 카자흐 국영 문학 예술 출판사, 1964.
김기철은 김준의 작품세계에 대해 "김준의 작품 전체를 훑어보면 쏘베트 애국주의와 인민간 친선이 그 주제였고 행복한 오늘과 보다 더 행복한 내일-영원한 인생의 봄이 노래의 대상이었다. 묘사의 선이 굵고 간결하며 영웅성, 낙천성으로 일관된 이 작품들이 쏘련 조선인 문학발전에 있어서 응당한 기여를 한 것은 의심할 바가 없다." 라고 평하고 있다.

빨찌산 투쟁을 한 최봉설을 직접 만나 이야기를 듣고 작품화한 것이기에 역사적 가치도 지니고 있다. 작품의 중심은 최봉설4)의 활약이다. 당시 군자금 모집을 위한 15만원 탈취 사건을 통해 내・외부의 정황을 압축적으로 제시함과 동시에 이들 인물의 영웅적인 행적에 초점을 맞추고 있는 것이다.

김세일의 《홍범도》5) 역시 홍범도6)라는 영웅적 인물을 부각시켜 당시 독립운동사의 주요한 일부분을 서술하고 있다. 즉 이 작품은 역사적 자료임과 동시에 CIS 고려인 문학사에 있어서 가장 오래된, 그리고 가장 긴 장편소설이기도 하다. CIS 지역 고려인들의 정신적 원천으로 큰 영향을 미친다. 국외 항일독립운동의 전설적인 영웅으로 숭앙받고 있는 홍범도에 대한 CIS 지역 고려인들의 시각은 그만큼 절대적이다. 《십오만원 사건》에서 최봉설 또한 홍범도와 마찬가지로 북로군정서 소속이며 홍범도와 같은 연합전선을 구성했던 것으로 되어 있다. 사회주의적 이데올로기에 기댈 수 밖에 없었던 CIS 지역 고려인들에게 있어 이들의 행적은 이상적인 영웅으로 형상화되기 충분하다. 비록 살고 있는 터전은 다를지라도 최봉설이나 홍범도 같은 영웅은 그들에게 같은 민족이라는 자긍심을 심어줌과 동시에 생소한 타지에 한민족의 뿌리를 깊이 내리게 하는 역할을 한 것이다.

---

4) 실제의 최봉설은 1920년 윤준희등과 함께 조선은행 회령지점에서 용정출장소로 가던 현금수송차를 습격, 현금 15만원을 탈취한 뒤 이 자금으로 블라디보스토크에서 무기를 구입하여 북로군정서에 제공하였다. 일본경찰에 체포되었으나 탈출하여, 연해주에서 대한의용군사의회가 조직한 사관학교를 졸업하고 1922년 러시아 내전에 참전하였다. 1923년 만주에서 적기단을 조직하고 단장 및 집행위원장으로 선출되어 항일무장투쟁을 계속하였으며, 1925년 적기단이 해체되자 러시아로 들어가 카자흐스탄 등지의 집단농장(콜호스)에서 회장으로 활동한 뒤 1959년 침켄트로 이주하였다. 1990년 한국에서 훈장이 추서되었다.
5) 김세일 《홍범도》는 『레닌기치』에 1965년부터 1969년까지 연재되었는데, 1989년 전 5권으로 서울 제3문학사에서 발간된 바 있고, 신문학사에서도 3권으로 발행되기도 했다.
6) 실제의 홍범도는 1910년 만주로 건너가 독립군 양성에 전력, 다음 해 부하 박영신으로 하여금 함북의 수비대를 습격하게 하여 큰 성과를 거두었다. 1919년 대한독립군의 총사령이 되어 약 400명의 독립군으로 1개 부대를 편성, 국내에 잠입, 700여 명의 독립군을 지휘, 3일간의 치열한 전투 끝에 120여 명을 사살, 그때까지의 독립군이 올린 전과 중 최대의 승전을 기록하였다. CIS 지역에서는 레닌 정부의 협조를 얻어 고려혁명군관학교를 설립하는 등의 활약을 하였고, 그려인들의 우상이 되었다.

2) 새로운 조국으로서의 사회주의 소련 예찬과 정착

《홍범도》나 《십오만원 사건》 등을 통해 사회주의적 현실에 맞는 민족의 뿌리를 찾아낸 C I S 지역의 고려인들이 다음으로 해결하여야 하는 문제는 사회주의 소련에 뿌리내리며 살기 위한 현재의 상황에 대한 고민이다. 새로운 이주 정착지로서 그보다 더 새로운 조국으로서 소련을 인식하지 않을 수 없었다고 할 수 있다. 항일운동과 비슷한 맥락에서 진행된 소련의 사회주의 혁명은 고려인들의 독립운동을 지원해주는 듯 보였고, 그들이 제시한 이데올로기가 식민지 치하의 고려인들에게 있어 더없는 이상향으로 느끼게 했기 때문이다.7) 이는 작품 안에서도 친소적 성향이 절대적으로 드러나는데 70년대 발표된 합집들을 통해서 이를 확인할 수 있다. 대표적으로 《시월의 해빛》8)과 《씨르다리야의 곡조》9)가 있으며 김기철의 중편소설 《붉은 별들이 보이던 때》10)와 장윤기의 《삼형제》 등을 들 수 있다.

---

7) 권희영, 『한국과 러시아: 관계와 변화』, 국학자료원, 1999, 258~260면.
8) 합집, 《시월의 해빛》, 사수쉬 출판사, 1971.
    이 책은 시, 소설 합집으로 시가 125편, 희곡 한편, 소설 12편으로 구성되어 있으며, 조기천·전동혁·김기철·한상욱·차원철·우제국·김종세·리 와씰리·김두칠·한 아뽈론·채영·정상진의 작품들이 실려있다. 이들 작가의 특성은 한 사람을 제외하고는 대부분 1910년대 전후에 태어났으며 10월 혁명을 경험했고 어린 시절에 사회변혁을 겪었다는 점이다. 그리고 많은 수가 원동에서 조선인 사범대학을 나왔고, 뒤에 한글신문 '레닌기치'사에 근무했다. 이러한 사실들을 통해 초기 C I S 고려인 문학 작가들의 성향을 어느 정도 파악할 수 있다.
9) 합집, 《씨르다리야의 곡조》, 사수쉬 출판사, 1975.
    이 책은 C I S 고려인 문학에 있어 세 번째 공동 작품집이다. 여기에는 시가 112편·소설 9편·오체르크 3편·희곡 1편, 그리고 '이야기'라고 되어있는 짧은 소품이 1편 실려 있다. 내용면에 있어서도 《시월의 해빛》보다 훨씬 다양한 종류의 작품들이 수록되어있고, 작가들 또한 당시 문단에서 한창 활약하던 사람들의 대표작이라 할 수 있는 작품들이 다수 실려 있다. 장편 《십오만원 사건》을 집필했던 김세일이나 김광현·한상욱·강태수 등의 작가들의 작품이 특히 돋보인다.
    《씨르다리야의 곡조》에 수록된 소설 9편의 작품들에 나타난 공통적인 특징은 《시월의 해빛》에서와 같이 조국 전쟁을 직·간접적으로 다루거나, 자신의 경험담을 서술하는 초보적인 형태에서 많이 벗어났다는 것이다. 즉 이때부터 실질적인 창작의 형태를 띠기 시작하였으며, 주제 형상화에 있어서도 강요 내지는 주입식의 단순한 구도에서 벗어나 작품 안에서 그 의미를 찾게 만드는 방식을 취하고 있다.

① 소비에트 사상 예찬과 전파

이주 후, 소련을 조국으로 생각하는 고려인들에게 있어 소비에트의 사회주의 사상은 자연스럽게 예찬된다. 소비에트 사상의 예찬은 두 가지 방향에서 생각할 수 있는데 하나는 러시아 사람에 의한 직접 전이에 의한 것이고, 다른 하나는 항일 독립운동가들에 의한 것이다.

전자에 해당하는 작품으로서의 《삼형제》11)는 아직 국내에 한 번도 소개된 적이 없는, 국내에 유일하게 존재하는 사할린에서 발간된 한글 소설이다. 그 문학적 성취도를 떠나 사할린 동포의 삶과 애환을 살필 수 있는 자료이다. 이 소설은 최운보, 운봉, 운각 삼형제가 1940~1960년을 시대적 배경으로 사할린의 제지공장에서 산업합리화를 이루고 모두 고난을 극복해 간다는 중편소설 형태의 오체르크이다.12) 해방 이전의 일본의 식민통치가 자행한 억압과 수탈이 삼형제의 첫 노동생활에 가한 고통과, 해방이후의 소련의 지도와 혜택으로 인한 기술혁신이 그들에게 준 정신적 물질적 보상이 대비되는 형식을 취하고 있다. 사회주의 문학 특유의 양분법적 선악 대립 논리, 고난 극복과 성취의 예상된 대단원, 지나친 작가 개입 등의 문제가 발견된다.

  구름 한 점 없이 맑고 높은 8월의 하늘, 해별도 대지 우에 금빛을 뿌리는 청명한 날씨, 오늘 돌린쓰크 시 조선인들도 일제의 노예의 멍에를 영영 벗겨 주었고 자기들에게 행복과 자유를 찾아 준 영용한 쏘베트 군대에 대하여, 친애하는 공산당과 은혜로운 조국에 대한 다함없는 감사의 뜨거운 마음에 사무치면서 시 경기장으로 모인다.13)

또한 위의 예문에서 보듯이 일제에 대한 원한·(새로운 조국으로서의) 소

---

10) 김기철, 《붉은 별들이 보이던 때》, 알마아따 출판부, 1987.
11) 장윤기, 《삼형제》, 유즈노사할린스크: 싸할린 서적 출판사 1961.
12) 오체르크란 북한문학사나 연변조선족 문학사에는 자주 등장하는 문학 장르이고, 산문의 하위 장르이다.
13) 장윤기, 앞의 책, 38면.

련에 대한 고마움・공산주의 사회에 대한 기대 등이 이 무렵 북한문학사나 중국 조선족 문학사의 공통 내용이라는 점에서 볼 때, 이 작품이 대표적으로 전형화한 당시 강제 이주 직후의 억압과 고난 속에서의 사할린 동포의 삶은 남한 문학과 대비되는 그들 문학의 현장을 드물게 증언한 것으로 대우받아야 한다고 본다.

항일 독립운동가에 의한 사상 전이를 다룬 작품으로 전동혁의 <뼈자루 칼>과 김기철의 <금각만>을 들 수 있다.

전동혁의 <뼈자루 칼>은 작품의 구성면에서도 이 시기 다른 작품에 비해 비교적 구성 밀도가 높은 작품이라 할 수 있다. 등장인물인 '나'가 과거를 회상하는 형식으로 이야기를 전개시킨 이 소설은, 조국 전쟁시 옛 독립투사 우철 아주버니의 칼을 간직하고 있다가 우연한 그와의 재회로 당시의 추억을 되살리게 된다는 내용이다. 즉 김우철 아주버니를 통해 사회주의 이데올로기의 자연스러운 수용이 가능했던 것이다. 표면에 드러내지 않고 작품 안에서 사상성과 당대 분위기를 파악하게끔 만든 기교가 평가할 만하다.

이에 비해 김기철의 <금각만>14)은 직접적인 사상 교육을 통한 사상 전이가 이루어진다. 이 작품은 해삼시 신한촌 하바롭쓰까야를 배경으로, 아는 것이라고는 일본을 치가 떨리도록 경멸하는 것 외에는 무지한 만수가 독립운동지사를 만나면서 레닌에 대한 이야기・쏘비에트 정권・빨치산 운동에 대한 이야기 등을 듣게 되고 깨닫게 되는 과정을 여실히 보여준다. 특히 사상을 전이하는 주체가 같은 한민족이라는 점에서 이데올로기의 수용은 더욱더 자연스럽게 이루어진다고 할 수 있다.

② 이민족간의 친화를 통해 본 소련에의 동화

소비에트 사상의 전이는 소련 사람에 대한 경계를 없애는 한편 동지애를

---

14) '금각만'은 블라디보스토크의 군항으로 '동방의 으뜸'이라는 뜻을 가진 부동항이다. 군사상 요지이며 독립운동의 영웅인 홍범도가 군자금을 모으려 등짐을 지며 부두노동을 한 곳이기도 하다.

형성한다. 즉 소비에트 사상의 원칙대로 모든 사람이 평등하다는 인식이 고려인들에게 생기기 시작한 것이다. 이처럼 이민족간의 배타적 성향없이 공동체 의식을 형상화한 작품 가운데 주목할 만한 작품으로 주동일의 <백양나무>와 한상욱의 <옥싸나>를 들 수 있다.

주동일의 <백양나무>는 여성이 화자이며 과거회상 방식으로 구성되어 있다. "어머니의 자식에 대한 생각·언어도 풍속도 다른 민족들간의 위대한 친선에 대한 생각·우리 마을들의 끊임없는 성장·개화에 대한 이야기·전선의 기념비 백양나무에 대한 이야기 등이 심장에서 감돌아침을 감측할 수 있다."15) 라고 언급되는데, 중요한 부분은 역시 이웃간의 정, 같은 민족이 아닌 이민족간의 흉금 없는 정을 내세운 점이라 할 수 있다. 이는 당시 CIS 지역에서 이민족간의 갈등이나 차별이 거의 없었다는 사실을 나타내는데 그 이면에는 결국 이데올로기적 측면의 공통분모를 안고 있기 때문에 가능한 일일 것이다. 작품의 제목인 '백양나무' 역시 전선·투쟁·승리의 의미를 담고 있는 것으로 해석할 수 있고, 이는 다시 말해 이웃간의 정이나 사랑 또한 이러한 테두리 안에서 가능하다는 것이다.

한상욱의 <옥싸나> 역시 이민족 간의 정을 형상화한 작품이다. 이 작품은 액자식 구성으로 되어 있으며 러시아 남자 그라쵸브의 회상으로 이야기는 전개된다. 이 작품에서 주인공은 특이하게 러시아 사람이다. 그리고 주인공은 똑같은 일을 비슷한 상황에서 두 번 겪는다. 러시아에서의 전쟁과 한국전쟁 이 두 가지 사건을 대칭적으로 설정함으로써 두 나라간의 동질감을 강조함과 동시에 이민족간의 동지애를 드러내는 것이다. 즉 '아버지'라는 주인공을 매개로 하여 러시아의 '옥싸나' 한국의 '옥순'은 모두 한 핏줄임을 간접적으로 드러내면서 동질감을 나타냄과 동시에 쏘비에트적 사고에서 '레닌'이 모두 아버지인 것을 간접적으로 형상화한 것이다.

---

15) 위의 신문 같은 날짜.

3) 이민족 속에서 고려인으로서의 정체성 고뇌

1980년대로 접어들면서 C I S 지역 고려인들의 주된 문제는 고려인으로서의 정체성과 새로운 환경에서 이민족과 함께 사는 문제에 관한 것이다. 그 전까지는 '생존'을 위해 뒤돌아볼 여력 없이 치열하게 생활했지만 1세대에서 2세대로 넘어오면서 고려인 1세대들의 실향의식·전통적인 유교사관의 붕괴에서 오는 괴리감·이주민과의 갈등 등의 문제가 수면위로 떠오르게 된다. 더욱이 점점 러시아화 되어가는 2세대들의 모습에서 이제는 더 이상 정체성의 문제마저도 떠올릴 수 없을 정도의 거리감을 느끼게 된다. 한국어 구사 능력에서부터 생활패턴·사고까지 이민족으로 되어가는 모습·그리고 이를 바라보는 고려인 1세대들의 한을 형상화한 작품들이 이 시기에 주를 이룬다. 《쟈밀라 너는 나의 생명》·《해바라기》 등을 통해 형상화된다.

① 전통 유교 이념의 붕괴에서 오는 정체성의 혼란

사회주의 이념의 절대화, 그리고 이민족과의 동거는 결국 전통적인 유교이념의 갈등과 붕괴를 가져오게 되는데,《쟈밀라 너는 나의 생명》,[16]《해바라기》[17] 등에서처럼 세대 사이의 격차를 고조시키면서 점점 심화되고, 나아가

---

16) 김연수 엮음,《쟈밀라 너는 나의 생명》, 인문당, 1988.
합집《쟈밀라 너는 나의 생명》은 80년대 들어 처음 출간된 소설 합집으로 총 33편의 소설과 희곡 2편이 실려 있다. 원래 시·소설 합집《해바라기》에 수록된 소설들을 토대로 1983년 이후『레닌기치』신문에 발표된 작품을 첨가한 이 소설집은 작품 편수만큼이나 다양한 주제의 작품이 선보인다. 그 가운데는 작품적 완성도가 꽤 높은 것도 있지만, 수준에 미치지 못하는 경우도 상당히 있어 대조적인 모습을 띠는데 이는 작품 발표 시 적당한 검증 과정을 거치지 않기 때문에 나타나는 현상으로 사료된다. 주제의 형상화에 있어서도 70년대 작품들처럼 비교적 일관된 성향에서 벗어나 비슷한 주제라도 접근방법을 달리해 다양한 각도에서 전개하는 작품들이 많이 눈에 뜨인다.
17) 합집,《해바라기》, 사수쉬 출판사, 1982.
《해바라기》에 수록된 단편소설로는 남경자 <생일날 아침>·김빠웰 <쟈밀라, 너는 나의 생명>이다, 리정희 <선물>·한진 <녀선생>·연성용 <영원히 남아있는 마음>·김기철 <복별>이 있다. 이외에 다수의 시와 조영의 <레닌은 우리와 함께 계시다>라는 수필 한편, 장윤기「자매」라는 실화가 한편씩 실려 있다.

이민족과의 결혼이 빈번해지면서 한민족의 뿌리깊은 전통이라 할 수 있는 효 사상의 쇠퇴가 큰 문제로 부각되기 시작한다. 그밖에 조혼에 따른 이혼문제, 고부간의 갈등 등 여러 가지 문제가 드러난다.

효에 관한 갈등 문제를 다룬 작품으로는 리한표의 <부모의 초상>·오쌈쏜의 <한집에 두 어머니가>·량원식의 <락엽이 질 때> 등을 들 수 있다. 이들 작품은 부모님을 당연히 모셔야한다는 전통적인 유교적 사고와 점차 러시아화 되어가는 고려인 2, 3세대 사이에서의 갈등을 그리고 있다.

리한표의 「부모의 초상」에서 주인공 일수는 부모님의 사랑을 받고 번듯한 지질학연구소에 취직도 하고 결혼도 했다. 그러나 부모에 대해서는 소홀하다. 반면, 우연히 같이 살게 된 젊은 부부는 극진한 보살핌으로 일수의 부모를 대한다. 부모는 아들에 대한 섭섭함과 젊은 부부에 대한 미안함 사이에서 많은 고민을 하다가 결국 양로원행을 택한다는 이야기이다.

이주민 1세대들의 애환을 다룬 작품으로 량원식의 「락엽이 질 때」 또한 이민족과의 문화 차로 인해 갈 곳 없이 방황하는 나이든 이주민 1세대들의 현실을 보여준다. 강제 이주 후 단지 살기 위해 열악한 환경에서 평생을 고생하였지만, 힘없고 나이 들자 고향으로 돌아갈 생각은 꿈에도 하지 못하고 가족들도 없는 외딴 곳에서 쓸쓸한 죽음을 맞이할 수밖에 없는 1세대들의 한이 짙게 배어있는 작품이다.

이와는 달리 효의 문제를 해학적으로 형상화 시킨 작품이 있는데 오 쌈쏜의 「한 집에 두 어머니가」가 그것이다. 아들딸을 학사까지 교육시켰으면서도 어느 한 곳에도 발붙일 수 없는 처지의 늙은 어머니의 비애를 해학적으로 전개시킨다. 이제 죽을 때까지 아들네 집에서 살 것을 결심하며 비행기에 오른 노파는 생각지도 않던 적수가 아들네 집에 와 있는 것을 보고 놀란다. 즉 우크라이나인 사돈댁이 먼저 선수를 친 것이다. 우크라이나 풍속에 의하면 나이가 들면 딸네 집에서 여생을 보내는 것이 전통이었던 것이다. 이민족의 문화에 밀려나면서 점차 러시아에 동질화 되어가는 상황도 보여준다.[18]

② 실향의식과 민족의 정체성

《오늘의 벗》19)은 실향의식과 이로 인한 민족의 정체성을 부각시킨다. 1세대들의 쇠락은 고향에 대한 그리움, 그리고 한민족으로서의 정체성에 대한 문제를 야기 시킨다. 이러한 한민족의 정체성을 형상화하기 위한 소재 가운데 하나가 모국어에 대한 이야기이다. 사라져가는 모국어에 대한 안타까움을 형상화한 작품으로 한진의 <공포>가 있는데, 이 작품은 사라져가는 모국어에 대한 안타까움과 이를 자료로나마 남기기 위해 애쓰는 지식인의 고심이 담긴 작품이다. 조선 고서들을 모조리 태워버리라는 러시아 교장의 명을 받고도 이 책들을 카자흐스탄 국립도서관으로 발각되지 않고 무사히 넘긴 일을 통해 모국어와 그 자료 그리고 민족의식의 상실을 막아보려는 노력이 형상화되었다. <그 고장 이름은?>은 다시 고향으로 돌아갈 수 없는 고려인의 쓸쓸

---

18) 이밖에 전쟁을 매개로 한 작품으로 김오남의 <기념비>·남경자의 <생일날 아침>·리 드미뜨리의 <불멸>·명철의 <그들의 운명>·<마을 사람들>·<전사의 편지>·<흠집의 사연>·박성훈의 <살인귀의 말로>·김 블라지미르의 <메아리> 등이 있으며, 이민족 간의 사랑을 다룬 작품으로 김 빠웰의 <쟈밀라, 너는 나의 생명이다>·김보리쓰의 <집으로 가는 길>이 있고, 리 왜체쓸라브의 <저 멀리 산이 보인다>·김 보리쓰의 <갈림길에서>는 인간으로서 어떻게 살아야하는지에 대한 철학적인 고뇌와 삶에 대한 교훈을 닮고 있는 작품이다. 리정희의 <검은 룡>은 자연재해를 극복하는 방법을 영웅적 인물을 제시하여 서술하였고, 박 미하일의 <쬐가노츠까>는 내성적이고 심약한 청년이 집시들의 민속춤인 '쬐가노츠까'를 추면서 자신감을 찾아간다는 이야기, 웨 아포닌의 <고요한 만>은 배경과는 전혀 상관없이 한 유부남의 애정 행각을 어설프게 서술하고 있고, 김 빠웰의 <신비로운 꽃>역시 동심을 표현하려는 의도였지만 주제가 잘 드러나지 않는다. 전동혁의 <천연배필> 소위 꽁트같은 형식을 가지는 작품으로 딸만 낳는 경숙과 아들만 낳는 정희가 동시에 출산을 하게 되자 둘은 서로 자식을 바꾸고, 후에 이들 둘이 결혼을 하게 된다는 내용의 작위성이 지나치게 드러난 내용이며, 한진의 <녀선생>은 신참내기 여선생이 다른 선생의 모습에서 교육자로서의 면모를 보고 반성하며 진정한 교육자의 길을 걷게 된다는 이야기이다.
19) 합집, 《오늘의 벗》, 사수쉬 출판사, 1990.
5편의 중·단편 소설, 리진의 옛날 이야기 <살아나는 그림>·부 뾰뜨르의 실화 <니나의 재산>·회상이라고 명명된 리길수의 글·그리고 리진의 시론 등이 실려 있다. 이 합집의 특징은 대부분 중편 분량의 작품이 실려 있으며 주제나 작품의 성향도 인간의 내적인 성찰과 개인으로서 삶의 의미와 같은 다소 철학적이면서 사변적인 문제를 다루고 있다는 것이다. 게다가 1990년대 접어들면서 대부분의 고려인들이 한글 구사 능력이 현저히 떨어지고 한글이 아닌 노어로 작품을 발표하기 시작하던 때이기 때문에 『레닌기치』에 발표하는 작품들의 거의 마지막 세대의 작품들이라 할 수 있다.

한 임종을 통해 실향민의 애환을 그리고 있는 동시에 자연스럽게 잊혀져가는 모국어의 모습을 간접적으로 보여주는 작품이라는 의미에서 비슷한 계열의 작품에 속할 수 있다.

이들과는 전혀 다른 의미의 정체성 문제가 제기된 것은 라브렌티 송[20]의 《삼각형의 면적》,[21] 《기억》 등에서부터이다. 전자는 러시아 원동에서 카자흐스탄에 강제 이주당해 와서 1949년 속박이 풀린 후의 한 가족의 어머니 이야기이다. 주제의식의 희박, 작가 개입의 빈발, 그로 인한 사건 진행의 무리, 그리고 독단적 전지적 작가 시점의 주된 사용 등으로 말미암아, 소설이 지녀야 할 기본적 가치를 현저히 삭감시켜 버리고 말았다. 그러나 여러 에피소드로 구성된 이 작품은, 강제이주의 상황, 이주 후 1949년이 되기까지 공민증이 없어 자유롭게 이동하지 못했던 생활 등의 사실적인 역사가 서술되면서, 이 민족들이 섞여 사는 삭막한 마을에 나타나는 인정을 어두운 분위기가 아닌 밝은 톤으로 서술하고 있다는 점이 특징적이다. 《기억》은 1997년 고려인 강제이주 60주년 기념행사 중 하나로 조선극장에서 상연된 희곡 작품으로, 1937년 가을부터 1942년 가을까지 다섯 해 동안 고려인들이 강제로 카자흐스탄에 정착되는 과정에서 겪은 고난과 설움을 통해 민족문제를 우리 글로 형상화한 것이다.[22] 작가는 두 가지 사실을 작품을 통하여 부각시키고 있으니,

---

20) 그는 1941년 중앙아시아에 강제 이주된 조선인의 아들로 카자흐스탄에서 태어나서, 1966년 모스크바에 있는 전 소련연방 국립영화학교(VGIK) 각본과를 졸업한 후, 카자흐 국립 조선극장 등에서 각본가 연출가 작가 생활을 시작하였다.
21) 《삼각형의 면적》은 원래 1986년 종합지 『공간』에 발표되었고, 이후 《오늘의 벗》(알마티, 1990)에도 실려 있다. 라브렌티는 서울에서 『문예중앙』 1996 봄호에 <직공 ; 어머니의 터전>이라는 작품을 발표하였는데, 이 작품과 《삼각형의 면적》은 같은 작품으로 보아도 무방하다. 필자가 2003년 여름 카자흐스탄을 방문하여 송 라브렌티를 만났을 때, 그가 전해 준 작품도 《오늘의 벗》과 대동소이하다. 그는 이 작품을 전해 주면서 이것을 리진이 번역했음을 알려 주기도 했다.
22) 라브렌티 송이 C I S 고려인들의 정체성을 찾기 위해 노력한 것은 정작 이런 소설이나 희곡이 아니라, 그의 강한 의지에 바탕을 둔 다큐멘터리 제작 활동이다. 그는 고려인 강제이주를 다룬 자전적 단편 《삼각형의 면적》을 발표한 이후, 1988년에는 소비에트 작가출판사에 의해 C I S 최초의 러시아어에 의한 작가 작품집인 《태음력의 페이지로부터》를 편집 간행했다. 그 이듬해에는 카자흐스탄 작가동맹 산하에 독립된 단체 '너

첫째는 강제이주를 단행한 소련 당국의 비인간적인 행위를 고발하려는 것, 그리고 둘째는 이주지 카자흐스탄인들이 소련 당국의 명령을 어기면서까지 고려인들을 인간적으로 도와준 사실이다.

강 알렉싼드르의 <놀음의 법>은 또 다른 민족 정체성 문제를 다루고 있다. 구성에 있어서 상당히 난해한 구조를 가지고 있으며, 내용 역시 철학적인 성향이 짙다. 어린 화자가 주인공으로 등장하여 주위에서 일어나는 일들을 담담하게 서술하고 있는데, 그 심리묘사가 자못 뛰어나다고 할 수 있다. 즉 어른들의 인생사를 '놀음'으로 파악하면서 동시에 자신이 속해있는 세계에서도 이 놀음의 법칙이 적용된다는 것을 깨달으면서 그 법칙의 부당성과 폭력성에 두려움을 느끼는 아이의 심리가 잘 묘사되어 있다. 내가 이 동네에서 살기 때문에 죽을 때까지 이 고생을 면할 수 없다는 '놀음의 법칙'이 떠오르면서 알 수 없는 공포에 휩싸인다. 그러나 작품의 끝 부분에 앞으로 태어날 나의 딸을 상상으로 등장시켜 미래의 딸의 세대는 우리와는 전혀 다를 것이라는 막연한 '희망'을 암시한다.

③ 이역에서의 동병상련적 정체성 고뇌

CIS 지역에 거주하지는 않았지만 CIS 거주 작가들 못지않게 이 지역의

와 나를 설립하고 억압받는 소수민족의 문제를 다룬 기록영화를 만들기 시작하고, 1990년대에 들면서 일본 등지를 방문하여 CIS 고려인들의 현상과 문제점을 널리 알리는가 하면, 1997년에는 앞에서 본 바와 같이, 고려인들의 강제이주 60주년 기념행사를 하면서 자신의 기념극 《기억》을 연출하기도 했다. 기록 영화 작품으로도 강제 이주된 고려인의 생존을 다룬 《후룬제 실험농장》·《고려사람》·《교장선생》·《숙달된 경제》 등과 고려사람 시인 강태수를 다룬 《묘지 방문》 등이 있다.
그는 일본 등지에서 강연을 통해 고려사람의 민족문제나 차별의식 등에 관해 세인의 주목을 환기시키기도 했다. 1992년 일본 下中기념재단 창립 30주년 기념 심포지움에서 행한 "CIS 거주 고려인은 무엇을 잃고 무엇을 지키고 무엇을 얻었는가?", 다음해 川口市 문화센터에서 행한 "CIS 거주 이산 조선민족", 1992년 오사카 국제심포지움에서 행한 "고려사람이라고 불리는 구소련 조선인에 관하여", 1999년 北海道大學에서 행한 "소련 붕괴 후의 중앙아시아의 고려인" 등은 그가 얼마나 소수민족으로서의 CIS 거주 고려인들의 삶과 한에 대해 고민하고 이를 해결하기 위해 넓게 알리는 활동에 전념했는가를 보여 주는 좋은 예가 된다.

고려인 문제를 깊숙하게 형상화한 작가로 다소 이색적이지만, 이회성[23])을 들지 않을 수 없다. 이회성은 재일본 작가로 분류 연구되지만, 그의 심성 깊은 곳과 그의 문학 기저에는 원초적으로 CIS 고려인의 또 다른 현장 사할린이 자리잡고 있다. 이로부터 샘솟는 그의 작품에는 당연하게도 이국에 의해 버림받고 유린된 동포의 삶과 한이 배어 있을 수밖에 없다. 그는 러시아와 일본의 억압에 눌리며 그곳에 살았지만, 남북한의 문제에 예민한 촉각을 항시 곤두세워 왔고, 사할린 카자흐스탄 등 CIS 지역에 거주하며 고통 받는 동포들의 문제를 고민 고발해 왔다. 그가 CIS 지역의 고려인 디아스포라 소설을 논하는 자리 복판을 차지해야 하는 이유는 많다.

첫째, 이회성은 사할린에서 태어났고, 열두 살이 되는 해까지 감수성이 강한 시절을 고려인으로 이곳에서 살았다. 이러한 경험은 그에게 있어 단순한 성장 배경이나 어린 날의 추억이 아니라, 그의 일생과 문학을 관통하는 근거이기도 한다. 그가 러시아어문학과(와세다 대학)를 선택해 진학한 것도, 고향을 등진 채 사할린까지 흘러 들어와 고초를 겪고 있었던 우리 동포들의 정신사를 느낄 수 있을 것 같아서였다고 한다.

둘째, 이회성의 문학 그 밑바탕에는 사할린과 카자흐스탄 등지에 쫓겨 간 고려인들의 역사와 삶이 그리고 고통과 고뇌가 흠씬 배어 있음을 볼 수 있다. 이회성은 일본 문단 데뷔작인 《또 다시 이 길을》(《またふたたびの道》, 1969) 발표 때부터 그는 사할린에서의 자신과 가족의 운명을 민족적 운명으로 확산시키며 정체성의 문제를 고민하기 시작했다. 또한 그는 1983년 《사할린에의 여행》(《サハリンへの旅》)을 발표하며 자기 형성의 원점인 사할린에

---

23) 이회성은 <다듬이질하는 여인>(1971)으로 아쿠다가와상을 수상한 최초의 재일 작가이나 일본 국적을 취득하지는 않았다. 조선 국적을 취득했다가 다시 한국 국적으로 바꾸었다. 1935년 사할린에서 태어나 와세다대학 러시아 문학과를 졸업했다. 1970년대에 들어서서 활발한 활동을 하다가 1982년 고향인 사할린을 취재한 여행기 『사할린 여행』을 발간, 그 후 10여 년의 침묵 끝에 장편소설 CIS 지역 고려인 문제를 다룬 《유역》(1992)을 발표하여 대단한 화제를 불러일으켰다. 또 1994년에는 <백년 동안의 나그네>가 그 해 노마(野間) 문학상을 수상하는 등 명실공히 재일 문학을 대표하는 작가로 자리를 굳혔다.

서의 2주간의 귀향을 통해 민족의 이향, 이산과 아이덴티티 문제를 심각하게 고민한다. 그 후, 다시 그는 러시아 중국을 방문하여 동포들을 만나고, 고향 떠난 동포들의 심각한 문제를 보고 듣는다. 《유역》(流域へ)(講談社, 1992)을 통해 스탈린의 강제 이주 정책에 따라 카자흐스탄에 거주하게 된 고려인들의 험난한 역사와 생활을 적나라하게 묘사하고 문제를 제기하는 데까지 이르게 된다. 고향에서도 밀려나고 멀고 먼 이방에까지 쫓겨 온 소수민족의 비애를 체험을 바탕으로 살려 사할린·연해주·중앙아시아 등 CIS 고려사람들의 삶을 장대한 스케일로 그려낸 《유역》은 그가 초창기부터 줄기차게 추구해 온 재외 고려인들의 뿌리 뽑힌 삶의 역정 바로 그것이다. 이회성은 1982년 그가 태어난 곳 사할린을 찾아 그곳 고려인들의 문제점을 다룬 《사할린 여행》을 쓰고 난 후 10년 동안의 침묵을 깨고 있었다. 그간 그는 세계 각지 특히 또 다른 고려인들의 현장 카자흐스탄을 방문하고 나서 CIS 지역의 동포들이 지니는 문제를 살폈다. 그런 과정을 통해 발표된 것이 바로 《유역》이다. 즉 이 소설은 CIS 고려인들의 처지를 자신이 살아오며 몸으로 뼈저리게 느껴야 했던 재일 동포들의 생존 전략과 오버랩시키며 쓴 소설이라는 중요한 의미를 지닌다. 그가 "재일(在日)"로 뼈아프게 겪고 고민했던 문제와 CIS 지역에서 새삼 발견된 고려인들의 정체성의 문제나 인간 소외의 문제는, 양자가 지니는 크나 큰 지역적 거리나 현격한 이데올로기의 차이에도 불구하고 결국 하나였음을 그는 발견할 것이다.

4) 체제의 붕괴와 다양화 사회로의 개방

1990년 무렵의 소련 체제 붕괴와 CIS 체제의 탄생은 고려인 소설에도 큰 변화를 몰고 오지 않을 수 없었다. 대표적인 작가로 아나톨리 김과 박 미하일 그리고 리진 등이 있다. 이들은 앞에서 논의한 작가들보다 국내에는 더 먼저 더 많이 알려져 있다.

CIS 지역 고려인 작가 중, 아니 어쩌면 한국 작가 중에서도, 아나톨리 김24)만큼 일찍 그리고 많이 세계적으로 알려진 작가는 없을 것이다. 그에 관한 각국 학술지의 연구 논문이나 문예 잡지의 글을 열거하기가 어려울 정도로 많다. 그러나 러시아문학사에서 그토록 융숭한 평가나 대접을 받았다고 해서 그것이 곧 서양 현대문학을 일찍부터 수용해 온 한국문학사에서의 고평도 보장하는 것으로 받아들이는 것은 온당하지 못하다.

그의 문학 세계는 대체로 전통적인 시간 및 공간 개념의 해체나, 사실주의나 결정론을 근본적으로 부정하는 신비주의적 세계관 때문에 소련 체제 붕괴 이전에 많은 평자들로부터 혹독한 비판을 받기도 했으나, 바로 이런 특색 때문에 그 이후에 크게 주목을 받게 되었던 것이다. 그러나 한국문학사에 관심이 없는 일반인조차도 플롯이 거의 없는 해체적 구성·실험적으로 파편화된 형식 구사·비사실주의적인 상황 인식과 인간 파악·신비한 세계나 영혼의 떨림으로의 침잠·당황스럽기 짝이 없을 정도의 난해 등은 이미 1930년대의 모더니즘 특히 이상에게서 그 정제된 형태를 발견할 수 있다.

또 하나 중요한 것은 아나톨리 김만큼 자신의 정체성에 대해 고민해 보지 않은 고려인 작가도 드물 것이며, 고려인 작가 중에서 그만큼 작품이 한국의 뿌리에서 자라나지 못한 작가도 드물 것이다. 그가 자전적 저서인 《초원, 내 푸른 영혼》25)에서 밝힌 대로 그는 강제이주 직후 카자흐스탄에서 태어났고, 캄차카·하바로프스크·사할린·그리고 모스크바까지 고려인들의 삶의 터전을 거의 다 돌아다니며 살았어도, 그는 고려인들에 대한 관심과 애정을 문학으로나 다른 글로나 제대로 표현조차 해 본 적이 거의 없다. 그에 대한 한

---

24) 아나톨리 김(1939~)은 조선족 3세로 소련 카자흐스탄에서 출생. 사할린 고등학교를 졸업하고 모스크바 미술대학, 고리키 문학대학을 거쳐 본격적인 작가의 길에 들어선다. 1973년 최초의 단편 <수채화>를 발표하면서 문단에 데뷔. 이후 <사할린의 방랑자들>·<묘꼬의 들장미>·<수채화> 등의 단편이 실린 최초의 작품집 《푸른 섬》에 이어 1978년 《네 고백》 1980년 《꾀꼬리의 울음소리》 1981년 중편집 《옥색 띠》를 펴낸다. 《옥색 띠》의 성공으로 아나톨리 김의 중편이 널리 읽히면서 문단 내에서 그의 작품에 대한 비평과 논쟁이 활발해진다. 1983년 《사할린의 사람들》 1984년 첫 장편 《다람쥐》 1989년 장편 《아버지의 숲》을 통해 러시아 문학계를 대표하는 작가로 자리 잡게 된다.
25) 아나톨리 김, 김현택 역, 《초원, 내 푸른 영혼》, 대륙연구소 출판부, 1995.

국의 지나친 기대도 결국 그의 소설 기조처럼 일시적 환상으로 우리에게 돌아 올 것이다.

박미하일은 CIS 지역의 다른 이주자들보다 훨씬 빠른 18세기 중반에 이주한 자손이고, 고려인 5세라는 특수성을 지닌다. 그는 아나톨리 김과 같이 문학과 미술을 함께 하는 소설가라는 특징도 지니고 있다. 그의 작품에는 이런 배경이 자주 문제시되는데, 주로 사회주의적 현실 속에서 끈질기게 강요당해 온 현실적인 삶을 부정하고 미술가로서의 삶을 중시하여 추구한다든지, 사회주의 예술 정책을 비판하면서 전위예술을 추구한다든지 하는 모습을 보여준다. 한국 땅을 모르는 그이기에 초창기에는 고향을 그가 태어나고 자란 러시아 원동 지역으로 삼고 그리워하였으나, 점차 민족 문제에도 많은 관심을 지불한다.

《해바라기》는 『재외동포 문학의 창』(제3회 재외동포문학상 수상집)에 실려 있는 소설로, 체첸 전쟁으로 인한 장애자 이반이 고아원에서 자라며 해바라기 가족에 관한 연극 공연으로 위안을 삼고 우연히 만난 릴리아와 사랑의 감정을 나눈다는 이야기이다. 다소 사건이 단순하고 그 진행 속도가 느리긴 하지만, 마치 수채화나 동화같은 느낌이 드는 소설이다. 후반부에 한국과 관련된 언급이 잠시 나오고 수상 소감에서 정체성 때문에 고민한다는 이야기가 나오지만, 작품과의 상관성은 잡혀지지 않는다. 전쟁으로 인해 멍든 이반의 가슴에 연극과 릴리아라는 여자가 새로운 생명력을 싹트게 한다는 의미의 작품이라고 여겨진다. 디아스포라의 흔적이나 문제는 보이지 않는다. 박 미하일의 <밤샐 무렵>은 인간 사이의 사랑과 용서를 주제로 한 작품이다.

리진[26]은 북한 인민군 군관 출신 CIS 망명 작가로, 『고려신문』에 시·소

---

26) 리진의 본명은 리경진(《치르치크의 아리랑》에 의함)이었으나, 소련으로 망명 후에 리진으로 고쳤다. 1948년 평양 종합대학 영문과 입학한 후, 1950년 6·25참전했다. 1951년 모스크바 유학, 국비생. 1950년대 초 시와 소설로 문단에 데뷔했다. 1957년 소련 국립 영화예술대학 극작과를 졸업하고, 1958년 반체제운동에 참가한(죄)로 소련에 망명했다. 한국의 문예지들에는 1980년대 말로부터 시, 소설 발표. 지금까지 소설집 《싸리섬은 무인도》와 《윤선이》·시선집 《해돋이》·《리진 서정시집》·《하늘은 나에게 언

설·평론 등을 발표하며 본격적인 작품 활동을 시작해 이후 50 여 년 동안 2000편이 넘는 시와 소설 등을 창작했다. 그는 소설을 통해 주로 반전사상과 휴머니즘을, 시를 통해 민족 부재의 상황에서의 민족 지향 의식을, 각각 남성적 어조로 형상화하다가 2002년 생을 마감했다.27) 그의 《싸리섬은 무인도》는 그의 첫 소설집인데, 여주인공 로자가 인민군으로부터 자신의 정절을 지켜 준 상준과 함께 외딴 싸리섬의 동굴 속에서 숨어 지내다 결국엔 죽음에 이르는 《안단테 칸타빌레》·《싸리섬은 무인도》 두 편의 중편소설을 담았다. 이들 작품에는 그 세대의 청년들로 하여금 망명의 길을 걷게 만든 김일성 정권의 폭정과 그들이 일으킨 전쟁에 대한 강한 비판이 깔려 있다.

3. 맺음말

CIS 지역에 타의로 이주된 고려인들의 디아스포라 삶의 궤적을 다룬 소설들은, 대체로 시대에 따라, CIS 고려인 소설의 원류를 형성한 단계, 항일투쟁 영웅을 통한 뿌리 찾기를 행한 단계, 새로운 조국으로서의 사회주의 소련 예찬과 정착 단계, 이민족 속에서의 고려인으로서의 정체성 고뇌를 한 단계, 그리고, 1990년대 이후의 체제의 붕괴와 다양화 사회로의 개방 단계로 구분 설명될 수 있다.

CIS 지역 고려인 문학의 부활이 이루어지는 시기에, 항일운동 특히 이데올로기에 의한 투쟁의 반추를 통해 새로운 정착지에서의 고려인의 뿌리 찾기가 이루어졌다. 즉, 사회주의 이데올로기로 무장한 투사들이 이곳에서 활동을 했던 것을 찾아내어 형상화하고 이를 향유하는 것은 낯선 이주지에서 이념적으로 적응하며 자신들만의 아이덴티티를 수립하기 위한 기초 작업이라

제나 너그러웠다》를 비롯하여 수많은 시·소설·평론·정론·번역물을 냈다. 국외에서는 카자흐스탄 알마티에서 출간한 시선집 《해돌이》(사수쉬출판사, 1989)가 있다. 1992년 해외문학상을(한국문인협회 주관) 수상했다.
27) 『시문학』, 2002년 6월 이에 맞춰 리진 추도특집이 실렸다.

고도 할 수 있다. 항일운동의 대표적인 작품이자 60년대 문학을 대변하는 장편역사소설 《홍범도》가 곧 레닌 예찬론자 김세일에 의해 공산주의 교육매체인 『레닌기치』에 발표된 것은 이를 뒷받침한다.

《홍범도》나 《십오만원 사건》 등을 통해 사회주의적 현실에 맞는 민족의 뿌리를 찾아낸 CIS 지역의 고려인들이 다음으로 해결하여야 하는 문제는 사회주의 소련에 뿌리내리며 살기 위한 현재의 상황에 대한 고민이다. 새로운 이주 정착지로서, 그보다 더 새로운 조국으로서 소련을 인식하지 않을 수 없었다고 할 수 있다. 항일운동과 비슷한 맥락에서 진행된 소련의 사회주의 혁명은 고려인들의 독립운동을 지원해주는 듯 보였고, 그들이 제시한 이데올로기가 식민지 치하의 고려인들에게 있어 더없는 이상향으로 느끼게 했기 때문이다. 이는 친소적 성향이 절대적으로 드러나는 70년대 발표된 합집들을 통해서 이를 확인할 수 있다. 대표적으로 《시월의 해빛》과 《씨르다리야의 곡조》가 있으며 김기철의 중편소설 《붉은 별들이 보이던 때》와 장윤기의 《삼형제》 등을 들 수 있다.

1980년대로 접어들면서 CIS 지역 고려인들의 새로운 문제는 고려인으로서의 정체성과 새로운 환경에서 이민족과 함께 사는 문제에 관한 것이다. 전통 유교 이념의 붕괴에서 오는 정체성을 다룬 《쟈밀라, 너는 나의 생명》·《해바라기》, 실향의식을 문제삼은 《오늘의 벗》, 민족의 문제를 논픽션으로 제기한 라브렌티 송, 동병상련의 정체성 고뇌를 일본에서 투시한 이회성 등이 그 대표적 모습들이다.

소련 체제 붕괴와 CIS 체제의 탄생은 고려인 소설에도 큰 변화를 몰고 오지 않을 수 없었다. 대표적인 작가로 아나톨리 김과 박 미하일 리진 등이 있다. 아나톨리 김 문학 세계는 대체로 반사회주의적 특성 때문에 크게 주목을 받게 되었다. 그러나 플롯이 거의 없는 해체적 구성·실험적으로 파편화된 형식 구사·비사실주의적인 상황 인식과 인간 파악·신비한 세계나 영혼의 떨림으로의 침잠·당황스럽기 짝이 없을 정도의 난해 등은 이미 1930년대의 이상과 같은 작가를 경험한 한국문학사로서는 새롭거나 의미있는 것이 되지 못한다. 리진이나 박 미하일의 경우도 크게 다르지 않다.
 CIS 소설을 한국문학사에 편입하여 진정한 한국인의 정체성을 탐구하고 이를 통해 한국문학사의 폭과 깊이를 더하는 명제는 남는 과제가 된다.

참고문헌

작품집
김 준, 《십오만원 사건》, 카자흐 국영 문학 예술 출판사, 1964.
김광현 외, 《행복의 고향》, 카자흐스탄: 사수싀출판사, 1988.
김기철, 《붉은 별들이 보이던 때》, 알마아따 출판부, 1987.
김세일, 《홍범도》, 서울: 신문학사, 1989.
리 진, 《싸리섬은 무인도》, 장락 2001.
리 진, 《윤선이》, 장락 2001.
아나톨리 김, 김현택 역, 《초원, 내 푸른 영혼》, 대륙연구소출판부, 1995.
이회성, 《流域へ》, 東京: 講談社, 1992.
이회성, 《유역》, 한길사 1992.
이회성, 《サハリンへの旅》, 東京: 講談社, 1983.
장윤기, 《삼형제》, 유즈노싸할린쓰크 ; 싸할린 서적출판사, 1961.
한진 외, 《오늘의 벗》, 카자흐스탄: 사수싀출판사, 1990.
합집, 《시월의 해빛》, 카자흐스탄: 알마아따 작가 출판사, 1971.
합집, 《씨르다리야의 곡조》, 카자흐스탄: 알마아따 작가 출판사, 1975.
합집, 《쟈밀라, 너는 나의 생명》, 서울: 인문당, 1989.

단행본
고송무, 『쏘련의 한인들』, 이론과 실천, 1990.
권희영, 『한국과 러시아: 관계와 변화』, 국학자료원, 1999.
김현택, 『재외한인작가연구』, 고려대 한국학연구소, 2001.
이광규, 『러시아 연해주의 한인사회』, 집문당, 1998.
이광규. 전경수 공저, 『재소한인-인류학적 접근』, 집문당, 1993.
이명재, 『소련 지역의 한글 문학』, 국학자료원, 2002.
이명재, 『통일시대 문학의 길찾기』, 새미, 2002.

이상근, 『한인 노령 이주사연구』, 탐구당, 1996.

논문
김성수, 「소련에서의 조명희」, 『창작과 비평』 64, 1989.6.
김필영, 「송라브렌띠의 희곡 "기억"과 카작스탄 고려 사람들의 강제 이주 체험」, 『한국비교학회』 4, 1998.12.
김현택, 「한국계 러시아 작가 아나톨리 김의 문학 세계 연구」(I)(II), 『한국학연구』, 고려대 한국학연구소, 1998.
심민자, 「아나톨리 김을 어떻게 읽을것인가?」, 『러시아연구』 12, 2002.
윤정헌, 「중앙아시아 한인문학 연구」, 『국제비교한국학회』 10권 1호, 2002.6.
이명재, 「국외 한글문학의 실체 연구: 구소련의 고려인 문단을 중심으로」, 『인문학연구』 33, 2002.2.
이왈렌찐, 「재소한인들의 문학 활동과 한국어교육」, 『이중언어학』 8, 1991.
이회성, 「한국 국적 취득수기」, 『동포정책자료』 59, 1999.12, pp.63~144.
이회성, 김지하 대담, 「민족과 인간」, 『新潮』, 동경: 신조사, 1996.2.
장 실, 「러시아에 뿌리내린 우리 문학」, 『문예중앙』, 1996년 봄호.
정상진, 「조명희부터 김 아나톨리까지(소련 조선인문단을 회고하면서)」, 『한길문학』 12, 1992.
정상진, 「재소련 고려인 문학의 정체성」, 『민족발전연구』 6호, 2002.3.
채수영, 「재소 교민소설의 특질」, 『비평문학』 3, 1989.8.
채수영, 「재소 교민문학의 특징」, 『문화예술』 132, 1990.7.
최건영, 「페레스토로이카와 재소 한인 작가」, 『공산권연구』 118, 1988.12.
太田厚志, 「李恢成文學의 特徵」, 『대구산업정보대학논문집』 16집, 2002.6.

2절 『고려일보』 문예페이지 소설의 주제 양상

1. 들어가는 말

선봉에서 부터 『레닌기치』를 거쳐 『고려일보』에 이르는 80년의 신문 역사는 고려인의 살아 있는 역사의 흔적이자 증언의 기록이다. 여기에 실린 소설 작품에는 일제 시대 조국 독립 운동을 위해 연해주로 떠났던 독립투사들의 발자취가 새겨 있고, 중앙아시아의 황량한 사막 벌판으로 강제 이주 당한 한민족의 시련과 고난의 피맺힌 역사가 기록되어 있다.

『선봉』에서부터 『레닌기치』를 거쳐 『고려일보』에 이르기까지 신문에 발표된 소설 편수는 총 250여편 된다. 『선봉』에 정활의 <광부의 가정>(1935년 4월 18일, 21일, 24일, 29일)과 강태수의 <공청회 조직원>(1937년 5월 12일, 24일) 2편이 실렸다. 『레닌기치』에 225편, 『고려일보』에 18편의 소설이 실렸다. 신문 전체를 봤을 때 소설을 가장 많이 발표한 작가는 한진·김기철·리정희 등으로서 각각 7편 정도이다. 한상욱·전동혁·조정봉·강태수·김광현·명철·김준·성정모·김빠웰·김남석·김세일(장편 1, 단편 1, 실화소설 1), 김보리쓰·강 알렉싼드르·기운·아나똘리 김·김두칠·김상철·리 와씰리·리동수·미하일 박, 장윤기 등이 있다. 이들 중 소설만 창작한 작가는 한상욱·리정희·성정모·김보리쓰 등이다. 『레닌기치』시절 문예페이지에 실린 소설이 순수 창작과 러시아 문학 작품 번역이 주를 이루다가 『고려일보』 시절에 와서는 한국 문학 작품을 소개하고, 해외문학작품상에 수상된 작품에 대한 지면을 할애하고, 한국 고전소설을 연재하는 것이 늘어났다. 그리고 실화소설이라는 논픽션 서사가 생겨나기도 하였다.

이들 신문 문예페이지에 실린 소설을 주제별 양상으로 분류하여 봄으로써 고려인 서사 문학의 실체를 파악할 수 있을 것이다.

2. 사회주의 이데올로기 찬양

소련 공산주의 국가에서 살면서 공산당과 인민을 위하는 문학 작품을 쓸 수밖에 없었던 당시 사회 분위를 반영하는 소설들이 많이 창작되었다. 소비에트 정권 수립의 당위성을 역설하는 10월 혁명을 이야기하고·레닌을 찬양하고·사회주의 이데올로기의 우수성을 주로 이야기하였다.

김준의 <지홍련 2편>(『레닌기치』, 1962년 7월 22일·24일·25일·27일·28일)28)은 조국 혁명을 위해서는 남녀 불문하고 노력하여야 한다는 것을 역설한 작품이다. <시월의 나날에>(『레닌기치』, 1978년 4월 29일)29) 역시 10월 혁명시기를 배경으로 하여 사회주의 혁명의 당위성과 의미를 밝혀 놓았다. 리동언의 <즐거운 날에>(『레닌기치』, 1981년 1월 30일)도 혁명의 정당성을 이야기하였다. 사회주의 혁명이 꼴호즈 농장에서 겪는 여러 어려움도 이겨낼 수 있는 힘이 된다는 점을 이정희의 <검은룡>(『레닌기치』, 1979년 9월 21일)이라는 작품에서 보여준다.

소비에트 정권이 수립되는 과정을 그린 작품으로 전동혁의 <하모니카>(『레닌기치』, 1975년 7월 12일)와 전동혁의 <권총>(『레닌기치』, 1979년 11월 21일), 김기철의 <붉은 별들이 보이던 때>(『레닌기치』, 1963년 11월 17일·19일·20일·22일·23일·24일·27일·29일·30일·12월 1일)가 있다. 전동혁의 <하모니카>는 어느 날 군대가 마을을 점령하자 빨치산이 내려와 구원해 준다는 내용으로 되어 있다. 소비에트 정권 수립이 신한촌에 살고 있는 고려인들에게는 조선이 해방되는 것과도 같은 기쁨을 주었다. 전동혁 <권총>의 주인공 성준이 소련군 태평양 함대에 근무하였고, 일본과의 전투에서 승리하자 조선이 해방되는 것과 같은 기쁨을 느낌을 받았다고 한다. 김기철의

---

28) 지홍련은 소경인 시아버님, 남동생을 속여 김영파를 따라 빨치산에 들어간다. 신당에 들어가 나라를 위해 일하다가 목숨을 잃은 남편의 뒤를 따라 가기로 결심한 그녀는 억울하게 죽은 남편과 조국을 위해 싸울 것을 결심한다.
29) '나'는 10월 혁명 시기에 새로운 동지들을 만나 희망의 사회주의 날이 오기를 기대하며 준비한다. 그리고 블라지미르의 노력을 본다.

<붉은 별들이 보이던 때>는 1941년 조국전쟁(러, 독)을 통해 소비에트 정권이 더욱 더 확고하게 정립되는 과정을 그리고 있다. 그러나 전쟁이 이데올로기의 승리일는지 모르지만 비극적 죽음을 눈 앞에 두고 있기 때문에 공포와 두려움의 대상이 된다. 한진의 <축포>(『레닌기치』, 1963년 11월 7일)30)는 어느 날 저녁 갑자기 큰 소리와 환한 빛이 떠오르자 윤덕이 축포인줄 알았으나 전쟁이 일어나는 시작을 알리는 소리였음을 깨닫는 것으로 되어 있다. 이처럼 전쟁이란 축포이면서 동시에 죽음의 공포의 대상이 되기도 한다. 그리고 김용택의 <추억>(『레닌기치』, 1980년 5월 17일) 역시 전쟁을 미화시키지만 않았고, 전쟁에는 많은 희생이 따라야 함을 이야기하였다. 그 밖에 소비에트 정권 수립되는 과정을 고려인 마을을 중심으로 이야기한 작품으로 명철의 <마을 사람들>(『레닌기치』, 1981년 9월 30일, 10월 1일·2일·3일)과 김기철의 <금각만>(『레닌기치』, 1982년 10월 23일)이 있다. 명철의 <마을 사람들>31)은 마을 사람들이 일본 앞잡이를 쫓아내고 소비에트 정권을 받아들이는 과정이 묘사되어 있다. 김기철의 <금각만>은 빨치산 운동, 소비에트 정권 수립, 레닌에 대한 이야기 등을 금각만이라는 공간속에서 어떻게 전개되었는지를 보여준 작품이다.

사회주의 이데올로기를 수용한 작품으로 전동혁의 <뻐자루 칼>(『레닌기치』, 1965년 6월 6일 8일)이 있으며, 공산당에 입당한 것을 기뻐한 작품으로

---

30) 전기도 들어오지 않아 초저녁만 되어도 해가 져서 깜깜한 마을에 어느날 환한 빛과 함께 여기저기에서 폭음이 들려온다. 윤덕은 축포를 쏘는 행사인줄 잘 못 알고 좋아하지만 사실은 전쟁의 시작을 알리는 것이었고 사람들을 피난길에 오르게 된다. 어머니 역시 시월혁명행사의 하나라고 생각을 하지만 사실은 그들은 자신들을 죽이러 온 사람들임을 알게 된다.

31) 악덕지주 유리 얀쯥쓰게(유리깨)가 조선 사람이 부지런하며 수확을 많이 거둔다는 소식에 노는 땅을 자기 땅으로 수속하여 소작료를 받아 챙기기 시작하면서 마을 사람들은 도탄에 빠진다. 영우는 유리깨가 소작료를 올려 받는 것에 대해 힘을 합쳐 맞서자고 동네 사람들을 설득하고 그들은 단합한다. 영우는 유리깨와 일본놈들에 의해 납치당하고, 영우 사건을 김성남 노인 부자에게 뒤집어씌운다. 영우와 러시아 사람들은 상철의 집에 찾아가고, 그를 레닌 사상으로 포섭한다. 팔월 백파 패잔병들이 중국 국경을 넘어 도망가고, 빨치산 부대는 유리깨 집을 공격하고, 일본 군대를 전멸시킨다. 결국 동네에는 평온이 오고, 창익과 금단이는 가을 추수가 끝난 뒤 결혼식을 올린다.

전동혁의 <아들의 선물>(『레닌기치』, 1971년 4월 17일)32)이 있다. 그리고 사회주의 혁명이 교육의 혁신을 가져와 자식들이 올바른 교육을 받을 수 있을 것이라는 기대를 보인 작품으로 한 아뽈론의 <새 날이 밝아올 때>(『레닌기치』, 1977년 9월 8일)33)가 있다.

레닌에 대한 찬양을 보인 작품으로 전동혁의 <흰 두루마기 입은 레닌>(『레닌기치』, 1970년 4월 10일)이 있다. 새로 부임한 리동준 선생은 어느날 학생들에게 레닌을 소개하고 마을을 떠나가고, 그 후에 그의 아들을 만나 그의 화첩의 그림을 보게 된다. 조선의 풍경이 그려진 풍경화이다. 그 속에는 레닌이 흰 두루마기를 입고 조선 농님들과 함께 앉아 이야기를 나누고 있었다. 이 작품은 사회주의와 민족주의와의 상호 소통 가능성을 보임으로써 사회주의 혁명을 부르짖는 것이 곧 고려인의 민족 정체성 찾기와 연결된다는 점을 시사하고 있다. 그리고 명철의 <첫선생과의 상봉>(『레닌기치』, 1980년 4월 11일)34) 역시 레닌을 통해 사회주의 교육을 받는 다는 내용으로 되어 있다.

3. 꼴호즈에 피는 인간애

1) 꼴호즈에서의 사랑

남녀간의 사랑 이야기를 주제로 한 작품들이 가장 많다. 꼴호즈에서 같이

---

32) 젊은 기술자로 일하고 있는 이완은 어느날 당증을 타게 된다. 그리고 아버지의 60주년 기념일에 모든 가족들이 모인 자리에서 아버지께 선물을 드린다. 자신이 입당하게 된 사실을 아버지께 선물로 알려드리고 아버지는 그 선물을 받고 기뻐한다.
33) 운법과 정숙이는 부부 사이이고 그 사이에 만복이라는 자식이 있다. 정숙은 사회주의 혁명(붉은 깃발)을 통해 만복이도 교육을 받을 수 있기를 바란다. 그러나 정숙은 혁명 전쟁 중에 유탄에 부상을 입는다. 새날이 오기를, 다시 말해 계급이 없어지고 평등한 사회가 되기를 바란다.
34) 사회주의 사상을 가진 선생님과의 상봉. 레닌에 대한 철저한 사상으로 뭉쳐 있던 선생님을 만나게 된 이야기로 되어 있다.

생활하면서 어려운 역경 속에서도 순수한 남녀간의 사랑을 이야기한 작품들이 있다. 김광현의 <호두나무>(『레닌기치』, 1963년 5월 12일·14일·15일·17일)35)는 꼴호즈 내에서의 남녀간의 사랑 이야기를 다룬 작품이다. 팔용과 강옥금이 팔용의 집 뒤에 호두나무를 심고 서로 미래를 약속하나 어떤 계기로 인하여 이것이 제대로 이루어지지 않는 것에 대해 슬퍼하는 내용으로 되어 있다. 기운의 <류바>(『레닌기치』, 1972년 6월 16일)36) 역시 꼴호즈를 배경으로 한 남녀간의 사랑 이야기이다.

한상욱의 <손수건>(『레닌기치』, 1965년 1월 20일·22일·23일)37)은 정의로운 한 남자에 대한 여자의 사랑을 이야기한 작품이다. 한 청년에 의해 유치원 아이가 목숨을 건지게 되고 그 청년을 재옥이는 사랑하게 되고 그를 위해 손수건에 수를 놓아 건네준다는 내용으로 되어 있다. 한 사람을 오랫동안 기다리며 사랑하는 마음은 한민족의 오래된 정서이다. 김준의 <주옥천>(『레닌기치』, 1966년 9월 28일·30일·10월 1일·4일·5일·7일·8일·14일)38)이 그러한 정서를 잘 반영해 놓았다. 그리고 첫사랑을 운명적인 만남으로 생각하고 그것에 대해 못 잊어 하는 리정희의 <상봉과 이별>(『레닌기치』, 1967년

---

35) 팔용의 집에 옥금이 놀러와 서로 담소를 나누다가 팔용의 집 뒤에 호두나무를 심고 서로의 미래를 약속을 한다. 그런데 어느 날 옥금은 자신이 집에 오지 말라는 팔용의 이야기를 듣게 된다. 그러면서 노심초사하게 되고, 그러다가 다시 사랑이 변하지 않았음을 알게 된다는 내용으로 되어 있다.
36) 성수는 어릴 때부터 트럭 운전에 취미를 붙여 중학 졸업과 함께 트럭 운전 면허증을 받고 꼴호즈에 남아있을 것을 결심한 미남 총각이다. 그 마을에는 류바라는 애칭을 가진 여의사가 있었다. 둘은 함께 시간을 보내게 되면서 정이 깊어진다. 특히 성수는 류바에게 깊은 애정을 느낀다. 그러나 류바에게 아이가 있었고 그것이 둘의 사랑에 걸림돌이 될 것이라고 생각했지만 그녀에 대한 사랑은 멈추지 않았다.
37) 재옥이는 자신의 어머니가 일하시는 유치원에서 아이가 사고를 당할뻔한 것을 자신의 희생으로 살려낸 한 청년을 보게 되고 그를 몰래 사랑하게 된다. 그리고 그를 위해 손수건을 사서 수를 놓았다. 그리고 그 수건을 그에게 건네준다. 그는 몸이 회복되자 다시 돌아가게 되고 재옥이는 자신의 안타까운 마음을 간직한다.
38) 1921년 신한촌 마을에 있었던 이야기이다. 옥천과 상준은 한 마을에서 함께 성장하여 서로 사랑하는 사이이다. 그러나 상준은 학업을 위해 마을을 떠나고 옥천은 심란해한다. 그러던 어느 날 옥천에게 중매가 들어오고 가족들은 모두 옥천을 결혼시키고자 하나 옥천은 결국 병이 나고, 혼담의 상대자인 박근호는 내막을 알게 되자 옥천을 끌고 어디론가 간다.

5월 12일)도 같은 정서를 보여준 작품이다. 남철의 <못 잊을 추억>(『레닌기치』, 1979년 10월 13일)39)도 첫 사랑에 대한 추억을 못 잊고 있다. 박 미하일의 <숙명>(『레닌기치』, 1986년 12월 27일) 역시 다시 돌아갈 수 없는 운명적인 사랑과 이별을 이야기하고 있다. 조정봉의 <우연의 길이였던가?>(『레닌기치』, 1984년 7월 6일)와 <첫 순정을 못 잊어>(『레닌기치』, 1991년 12월 25일)40) 역시 옛날 첫 사랑을 못 잊는 내용으로 되어 있다.

김광현의 <새벽>(『레닌기치』, 1968년 2월 8일)41)은 꼴호즈를 배경으로 하고 남녀간의 사랑 속에서 생겨난 오해와 이별을 이야기하고 있다. 남녀간의 사랑의 오해를 다룬 또 다른 작품으로 전향문의 <씨비리에서 보내는 편지>(『레닌기치』, 1975년 12월 13일)가 있다. 조정봉의 <그들의 사랑>(『레닌기치』, 1974년 6월 22일)42)은 직업에 대한 회의와 사랑하는 사람과의 재회와 결합을 이야기하고 있다. 그 밖에 남녀간의 순수한 사랑을 이야기한 작품으로 김두칠의 <애순>(『레닌기치』, 1974년 6월 8일),43) 김두칠의 <꽃이 필 전야>(『레닌기치』, 1972년 4월 8일) 가 있다. 부부간의 사랑과 갈등을 다룬 작품으로

---

39) 경실이는 길정이와 사랑을 하고, 그와 결혼을 약속하나, 길정이의 아버지의 반대로 하지 못하게 된다. 고아이고, 배운게 없고, 이기적이라는 이유로 반대를 한다. 결국 길정이와 헤어지고, 그와의 사이에 태어난 아이를 홀로 키웠다는 과거의 일을 회상한다.
40) <우연의 길이였던가?>와 <첫 순정을 못 잊어>는 같은 작품이다.
41) 철준과 영희는 부부인데, 철준은 건강이 매우 안 좋았다. 딸 왈랴가 그들을 찾아오고 철준은 과거 길을 가다가 한 노파의 집에 들렀을 때 그곳에서 죽어가는 한 녀인을 본 것을 떠올린다. 그 여인은 그가 한때 사랑했던 분옥이었고 둘은 서로 사랑했지만 철준이 유학길에 오른 후 만식의 끈질긴 분옥에 대한 집착과 주위 사람들의 오해로 인해 헤어지게 된다. 그리고 철준은 유학가서 만난 영희와 함께 살게 되면서 둘은 완전히 헤어지게 된다. 그녀를 그녀가 죽는 시점에서 다시 만나게 된 철준은 이러저러한 생각을 하게 된다.
42) 민희와 금석은 예전에 서로 만나서 서로 사랑하는 사이였고, 금석은 눈이 안 좋은 민희의 눈을 수술해 주기를 약속하고 잠시 헤어지게 된다. 그 사이 민희는 교편을 잡은 자신의 직업에 회의를 느끼고 퇴직서를 낸다. 그녀는 교장의 만류를 거절하고 집에 오니 금석이가 와 있었다. 그로부터 구애를 받은 민희는 결혼을 약속을 한다.
43) 어느 날 효식과 칠성은 만나서 담소를 나누다가 효식의 옛 제자와 그의 남편을 만난다. 효식은 예전에 애순과의 일을 회상하고 칠성에게 이야기해준다. 한때 애순에게 사랑을 느끼고 고백하지만 받아들여지지 않지만 효식이 극단의 입장료 분실로 곤란을 겪었을 때 애순의 도움을 받는다.

김경자의 <갈림길>(『레닌기치』, 1979년 6월 30일)이 있다. 남녀간의 사랑과 조국에 대한 사랑이 연결되어 있는 작품으로 강태수의 <기억을 더듬으며>(『레닌기치』, 1984년 11월 1일)44)가 있다. 가장 최근에 발표된 양원식의 <봄은 다시 오건만>(『고려일보』, 2002년 3월 8일·15일·22일·29일) 같은 작품은 사랑이 없는 결혼을 한 것에 대해 후회하는 내용으로 되어 있다.

시련과 곤경, 그리고 전쟁이라는 비극적 상황 속에서도 잃지 않는 남녀간의 순수한 사랑 이야기가 있다. 조정봉의 <보배>(『레닌기치』, 1968년 2월 22일)45)를 보면 시련과 빈궁 속에서도 순수한 사랑을 잃지 않는 것이 잘 묘사되어 있다. 전쟁이라는 극한 상황 속에서도 사랑과 전우애를 잃지 않는 명철의 <그들의 운명>(『레닌기치』, 1979년)46)이라는 작품이 있다. 1차 세계대전과 한국전쟁 때 가족들을 잃었지만 인간에 대한 사랑을 잃지 않고 있는 한상욱의 <옥싸나>(『레닌기치』, 1963년 10월 13일)47)가 있다.

다른 민족간의 사랑, 즉 러시아 민족과 고려인 민족간의 사랑 이야기를 다

---

44) 아샤의 죽음을 못잊어 하는 주인공의 심정을 이야기한 작품이다. 아샤가 시를 좋아하는 데, 혁명적인 시 보다 서정적인 시를 더 좋아하고, 그러면서 조국에 대한 사랑하는 마음이 절로 생겨난다는 것이다.
45) 1930년대 부모를 잃고 '우리'집에 와서 신세를 지고 있는 보배의 사랑 이야기이다. 보배는 아리따운 한 처녀였으나 ○○○○사건 때 부모가 그녀를 남기고 도망을 하게 되고 그녀는 나에게 와서 도움을 청하지만 나는 빈궁했고 도움을 줄 수 없음을 안타까워하고 오히려 나의 집에서 빈대 때문에 괴로워하는 그녀의 모습을 보며 괴로워한다. 그렇게 그녀와 헤어지게 되었지만 30년이 넘게 흐른 지금도 그녀의 모습이 그립다고 한다.
46) 와씰리와 안또니나는 전장때 같이 일한 적이 있다. 성남과 친구인 와씰리는 병원에 갔다고 우연히 옛 전우 안또니나를 만난다. 독일군이 점령한 마을에 안또니나가 혼자 사는 집으로 와씰리를 포획한 세 명의 정찰병이 숨어든다. 처음에는 안또니나가 같은 편인 줄도 모르고 적과 내통하는 여자라고 생각한다. 그러나 위기의 순간에서 그들을 구해주고, 독일군이 그 집에 쳐들어 왔을 때, 그 여인과 함께 도망쳐 나온다. 산으로 돌아가 부대원들과 인사하는 안또니나를 보고 그제서야 우리 편임을 알아차린다. 세월이 지나면서 서로 연락이 끊긴 상태에서 우연히 재회한 그들은 이미 배우자들이 세상을 떠난 상태이기에 그들의 운명이 어떻게 될지를 암시하는 성남의 독백으로 끝이 난다.
47) 주인공 그라쵸브가 1차세계대전에 참전하였다가 돌아 오니 아내와 딸 옥싸나가 죽고 없었다. 한국전쟁때는 조선 여자 분녀와 그녀의 딸 옥순이를 만났다. 그러나 미군 폭격으로 분녀는 죽고, 결국 옥순이를 양녀로 삼아 기른다. 그러면서 인간의 정이 소중한 것임을 역설한다.

룬 작품들이 있다. 김세일의 <사랑>(『레닌기치』, 1970년 8월 18일)48)은 원동 뽀시에르 바닷가(사루비노)에서 카자흐스탄 알마티로의 이동을 배경으로 한 작품으로서 다른 민족간의 사랑을 다루고 있다. 김빠웰의 <쟈밀라, 너는 나의 생명이다>(1972년 5월 13일)도 마찬가지로 이민족간의 사랑을 다루고 있다.

인간 관계에서 가장 중요한 것이 무엇인지를 물으며, 그 속에 인간의 정이 있음을 이야기 한 작품이 상당수 있다. 한상욱의 <경호 아바이>(『레닌기치』, 1962년 5월 20일)49)의 주제는 올바른 인간 됨됨이와 인간 관계의 중요성을 역설하고 있다. 강태수의 <악사낄>(『레닌기치』, 1970년 7월 28일)50) 역시 인간의 정이 인생 살이에서 가장 중요함을 강조하고 있다. 주동일의 <백양나무>(『레닌기치』, 1970년 12월 5일)는 이웃간의 정과 인연의 중요성을 이야기하고 있다. 생명의 존엄성을 이야기한 소설로 김 야제스다의 <초원의 딸들>(『레닌기치』, 1974년 9월 21일)51)이 있다. 이웃간의 정을 이야기한 작품으로

---

48) 장길, 영애는 20년대 초 원동에서 태어났다. 그들은 소련 이주민 3세이고, 조부들은 원동 사루비노 바닷가에서 고기잡이 일을 하면서 터를 닦고 살았다. 장길과 영애는 서로 사랑하였으나, 영애가 죽자 장길은 슬픔을 이겨내기 위해 비비굴이라는 러시아 여성을 만나 사랑을 한다. 비비굴은 그 마을을 떠나 이사를 하면서 헤어지게 되고, 장길이는 어촌을 살기 좋은 마을로 만들겠다고 다짐을 한다. 그러다가 장길이는 일이 생겨 알마티로 가게 되고, 그곳에서 새로운 인연을 맺게 된다. 비비굴도 따로 결혼을 하지만 장길과의 추억이 담긴 귀걸이를 항상 달고 다닌다. 그렇게 그 둘은 각자의 삶을 살아간다.
49) '나'는 경호 아바이와 평소 친하게 지내던 사이이다. 그는 과거 꼴호즈의 공격대원이었으며 가족이 없는 그는 나를 자식처럼 예뻐해 주었다. 둘은 낚시도 함께 다니고 많은 이야기도 나누었다. 어느 날 나는 대학입학을 위해 그곳을 떠나 있었다. 다시 돌아왔을 때 경호 아바이는 이미 세상을 떠난 후였고 그에게 낚싯대를 남겨주었다. 평소 그의 인품을 흠모하던 나는 다시 한번 그의 충실하고 성실한 인간 됨됨이를 생각하면서 나 자신을 돌아본다.
50) '나'는 답답한 마음을 풀어보고자 길을 걷다가 한 노인과 여자 등을 만나 여러 도움을 받는다. 시간이 흘러 '나'는 H시로 이사를 가고, 그런 후 다시 그 노인을 찾아가 재회를 하면서 인간의 정이 소중함을 깨닫는다.
51) 의사인 '나'는 카자흐 임산부의 해산을 맡게 되나 여인을 살리지 못할 수 있다는 생각에 갈등을 한다. 임산부는 소망과 미래에 하고 싶은 일을 이야기하지만 결국 여인은 죽고, 아이만 살아남는다.

강태수의 <휴가 중에 만난 사람들>(『레닌기치』, 1971년 8월 3일부터 6일까지)52)이 있다. 이 작품은 고마운 사람들과 삶을 살아가는 다양한 방식 속에 담긴 나름대로의 인생의 진리를 깨닫는다는 내용으로 되어 있다. 김야제스다의 <불행사고>(『레닌기치』, 1976년 3월 24일)53)는 인간애와 타인에 대한 배려의 아름다움을 이야기하고 있다. 다른 사람들의 도움으로 고난을 이겨낸다는 내용으로 된 소설로 리정희의 <아름다운 심정>(『레닌기치』, 1966년 4월 20일)54)이 있다.

2) 혈육의 정

어머니와 아버지에 대한 그리움과 부모에 대한 효를 그린 작품들도 상당수 있다. 어머니에 대한 그리움을 드러난 한상욱의 <어머니의 생일>(『레닌기치』, 1966년 3월 8일),55) 어머니의 강인한 생명력과 사랑을 그린 김두칠의 <옥금의 일생>(『레닌기치』, 1969년 9월 11일),56) 어머니의 없음으로 인해 생

---

52) 나는 휴가 중 과거 성장했던 곳으로 되돌아가 고마웠던 아주머니를 만나 예전의 그 따스하고 고마웠던 아주머니의 사랑을 다시 느낀다. 그리고 사촌 형제 준식의 내외도 만나고 죽마고우인 원일의 삶도 본다. 원일과 왈랴는 목화밭 농장 일을 하고 있고 땅을 일구는 데에 노력을 기울이고 있다. 나는 그들의 모습에서 지도자들의 모순과 삶의 진리에 대해 생각하게 된다.
53) 자동차 사고로 인해 의사들과 주위 사람들은 어수선해지고 환자의 목숨을 구하기 위해 나서는 여성과 남성이 있었다.
54) '나'를 포함한 부대 사람들은 모두 싸할린의 밀림을 헤매다가 길을 잃게 되었고 그러던 와중에 한 비행기를 보게 되고 더욱 당혹스러워하게 된다. 그러다가 바닷가를 발견하게 되고 그곳에서 쏘냐와 다른 부대원들을 만나게 된다. 그들은 모두 서로 반가워하였고 쏘냐의 도움으로 그들은 씻고 먹을 수 있게 되었다.
55) 어머니는 젊은 시절 과부가 되고 고된 노동과 하나뿐인 아들 영남을 키우느라 자신의 생일을 챙기지 못하고 살아간다. 영남이 성장하며 결혼을 하고 며느리와 아들이 생일을 챙겨 주는 것이 내심 기뻐하고 고마워하는 어머니가 올해 생일을 깜박한 영남에게 다소 서운해 하고, 영남을 뒤늦게 깨닫고 죄송스러워하며 생신을 준비한다.
56) 옥금은 남편을 잃어버리고 홀로 남편을 찾아다니면서 아이를 업고 두만강을 건넌다. 그리고 어려운 상황에서 삶의 희망을 포기하는 순간 두씨 아주머니와 같은 좋은 사람들을 만나게 된다. 그들은 옥금으로 하여금 삶의 희망을 가지게 해주었고 옥금은 자신에게 은혜를 베풀어 주는 사람들을 생각하면서 더 열심히 살게 된다. 그의 생활은 더

겨난 어머니에 대한 그리움을 드러낸 리진의 <살구꽃 필 때>(『레닌기치』, 1973년 6월 21일),57) 나은 정과 기른 정 사이의 갈등을 그린 명철의 <어머니들>(『레닌기치』, 1978년 2월 21일·26일·3월 1일·4일·8일)58)이 있다. 김남석의 <어머니의 사랑>(『레닌기치』, 1962년 10월 21일)59)은 자식에 대한 어머니의 사랑과 타인에게서 받은 은혜를 이야기한 작품이다. 조정봉의 <의사부부>(『레닌기치』, 1971년 9월 25일)60)는 어머니의 자식에 대한 사랑과 부부간의 사랑을 함께 다룬 작품이다. 고부간의 갈등과 사랑의 힘에 의한 승화를 이야기한 작품으로 리정희의 <선물>(『레닌기치』, 1977년 4월 30일·5월 5일·9일·13일)61)이 있다. 어머니에 대해 효를 다하지 못해 자책하는

욱 호전되었고 그는 자신의 자식을 결국 대학교에까지 입학을 시키게 된다. 그런데 어느 날 이완이 찾아와서 옥금을 비난하고 옥금의 자식은 그 모습을 보자 자신이 어머니로부터 받은 사랑에 대해 토로한다.
57) 영애의 부모는 영애를 키울만한 여건이 되지 않아 영애 어머니는 영애 할머니 댁에 가서 아이를 키우다가 자신의 삶을 위해 할머니에게 영애를 맡기고 떠나게 된다. 영애는 자라서 그런 사연을 할머니에게 듣고 어머니에 대한 복잡한 감정을 가지게 된다.
58) 영심 할머니는 전쟁 중 가족을 잃고 식모살이를 하던 중 며느리 순희와 다시 만나게 되나, 손녀 애순의 소식을 모른다. 그러자 그녀는 손녀를 찾아다닌다. 손녀 애순이가 다른 이의 손에 길러지는 것을 발견하나 그녀는 할머니를 알아보지 못할 정도로 과거의 일을 기억하지 못하여 집으로 데려오지 못한다. 한편 애순을 데려다 키운 명옥이는 아이를 빼앗길까봐 걱정을 한다.
59) 순애는 남편 철이가 전쟁터에서 전사했다는 소식을 듣게 되고 슬퍼한다. 어느 날 강가에서 한 여인이 물에 빠져가는 모습을 보게 된다. 그런데 한 운전수 청년이 그 여자를 끌어내어 목숨을 살렸고 아울러 그녀의 아이도 살리게 되었다. 시간이 흘러 어느 날 그 여자를 보았다. 그 청년의 은혜를 모두 감사하고 있었다.
60) 현무와 순자는 의과대학에 재학중일 때 만나 사랑에 빠져서 결혼을 하고 순탄하게 살던 어느날 밤마다 밖에 누군가를 만나러 가는 아내의 모습을 목격한 현무는 심각한 갈등에 빠진다. 이혼을 해야겠다고 생각을 한다. 어느날 그날 역시 아내가 밤에 집밖으로 나간 것을 알게 된 그는 몰래 누구와 만나는지를 본다. 아내는 그날 낮에 한 아이의 목숨을 구한 청년과 만나고 있었다. 그 청년은 아내에게 어머니라고 불렀다. 현무는 그와 순자가 만나기 전에 그에게는 아들이 있었으며 과거 자신이 한 어린 남자 아이의 수술을 해서 목숨을 살렸던 그 아이가 바로 순자의 아이였음을 알게 되고, 그를 포용하고 감싸고 결국 그들은 함께 살게 된다.
61) 전쟁에서 남편을 잃고 혼자 살아온 순희 할머니는 3.8 명절에 아들네가 온다는 소리에 반가워한다. 그러나 며느리 알라의 쌀쌀맞은 태도에 마음에 상처를 입는다. 더욱이 명절날 두 내외가 다른 집에 놀러가겠다는 말에 무척 실망을 한다. 그런데 알라는 식중독을 일으키고, 자신이 아플 때 극진히 보살펴 준 시어머니의 사랑에 감동하고, 용서

작품으로 명철의 <자책>(『레닌기치』, 1979년 12월 12일)과 이원우의 <부모의 초상>(『고려일보』, 1994년 11월 26일)이 있다. 어머니의 지극한 정성과 사랑을 이야기한 작품으로 장윤기의 <어머니의 마음>(『레닌기치』, 1980년 3월 15일)과 김 아나똘리의 <서울에서 어머니를 그리워하며>62)(『고려일보』, 1991년 4월 12일)가 있다.

가족 내에서 아버지의 존재에 대한 그린 것으로 강태수의 <한 아버지의 고백>(『레닌기치』, 1975년 11월 29일)63)와 김 보리쓰의 <나쟈야, 울지 말어!>(『레닌기치』, 1984년 8월 2일)가 있다. 강태수의 <아바이>는 아들을 찾기 위해 집을 나와 기차를 타고 헤매고 다니는 과정에서 여러 일을 경험한다. 그리고 기차에서 많은 사람들을 만난다. 결국 아들을 찾고 함께 집에 와서 공동체, 혈연에서 느낄 수 있는 집단의 뿌듯함을 느낀다는 내용으로 되어 있다. 블라지미르 리진의 <아버지>(『레닌기치』, 1975년 10월 4일) 역시 아버지에 대한 감사의 내용으로 되어 있다. 김빠웰의 <빠브릴크의 꾀>(『레닌기치』, 1986년 1월 31일 · 2월 8일 · 12일 · 16일)64) 같은 작품은 오랫동안 같이 지냈던 아저씨가 자신의 진짜 아버지임을 깨닫게 되고, 나중 어머니가 와서 자신을 데리고 가려 해도 가지 않고 아저씨, 즉 진짜 아버지와 함께 산다는 내용으로 되어 있다.

할머니와 손녀간의 사랑 이야기를 다룬 작품으로 김광현의 <반가운 기별>(『레닌기치』, 1975년 10월 2일)65)이 있으며, <두 할머니>(『레닌기치』,

---

를 구하며 화해한다.
62) 소설 속 주인공인 작가는 어느 날 특별한 종교가 없는 어머니가 자신과 자신의 형제들을 위해 기도를 하는 모습을 보게 된다. 그리고 그는 러시아에서 유명한 작가가 되었다. 한국에서까지 그의 작품은 읽혀지고 출판되었다는 내용으로 되어 있다.
63) '나'와 아내 사이에는 딸이 있다. 아내는 딸을 무척 사랑한다. 그러나 가끔 '나'를 면박 주고 아이에게서 나를 떼어 놓으려고 한다. 그럴 때마다 이렇게 반복되는 일상에 쓸쓸함을 느낀다.
64) 빠블리크는 아저씨라고 부르며 지내는 세르게이가 자신의 아버지인줄 몰랐다가 나중에 어머니가 나타나 세르게이와 나누는 대화를 듣고 아버지인줄 알게 되고, 어머니를 따라 가지 않고 세르게이와 함께 살게 된다는 이야기이다.
65) 할머니와 손녀의 사랑. 손녀 영희를 할머니가 혼자 키워 의대에 재학중인 청년과 결혼

1972년 12월 30일)66)는 가족의 따사로운 정과 이웃간의 정을 다루고 있다.

그 밖에 자연에 대한 사랑과 소중함을 이야기하거나,67) 교육의 중요성을 역설하고,68) 동물에 대한 사랑을 이야기하고,69) 목표에 대한 의지와 성취를 그린 아나똘리 김의 <푸른 섬을 향해(중편소설《약초채집자들》에서 발취)>(『레닌기치』, 1982년 4월 14일)70)이 있으며, 연금을 받는 노인의 문제를 다룬 양원식의 <년금생>(『레닌기치』, 1984년 9월 28일)71)이 있다. 비극적인 운명을 그린 태장춘의 <어린 수남의 운명>(『고려일보』, 1991년 11월 5일)72)이 있으며, 삶의 허무감 속에서 삶에 대한 깊이 있는 생각을 드러낸 강 알렉싼들의 <'도라지 까페'의 한토막>(『레닌기치』, 1990년 9월 14일)73)이 있고, 童心의

시키고, 그들과 함께 살게 된다.
66) 나는 소련에서 한국으로 가서 살다가 다시 소련의 가족들에게 아내와 함께 돌아갔다. 그리고 마침 어머니의 환갑잔치도 함께 하게 되었다. 그 자리에는 많은 친척들과 이웃이 왔다. 그런데 갑자기 아버지와 한 여자가 두 남매를 데리고 나타났고 잔치는 술렁였다. 그러나 차마 그들에게 야박하게 굴지 못하고 주인공과 아내는 그들을 따뜻하게 대했고 나는 열세살 때의 기억을 되살렸다.
67) 한진의 <소나무>(『레닌기치』, 1963년 2월 24일)는 소나무 토막을 통해 '나'는 자연의 변화, 신중함에 대해 새삼 생각하게 된다는 내용으로 되어 있다.
68) 한진의 <녀선생>(『레닌기치』, 1963년 8월 27일)
   김기철의 <시험>(『레닌기치』, 1965년 11월 27일)
   김남석의 <청송…>(『레닌기치』, 1967년 1월 3일, 4일, 6일)
   김로만의 <무르헤드 의사와 그의 치료 환자>(『레닌기치』, 1967년 12월 26일)
69) 강태수의 <우정>(『레닌기치』, 1978년 1월 13일)이 있는데, 이 작품은 개와 고양이의 깊은 우정을 서사화하였다. 그리고 박 미하일의 <나비의 꿈>(『레닌기치』, 1990년 5월 24일, 29일)이 있다.
70) 푸른섬을 바라보며 수영을 하기를 좋아하던 에이찌는 어느 날 물속에서 안개 같은 것에 빨려 물속에 잠기게 되고 땅을 향해 수영을 하게 된다. 그리고 그러던 중 뗏목위의 한 여자를 발견한다. 그는 계속 수영을 하게 되고 땅에 도달한다. 그곳은 그가 평소 그렇게 바라보던 푸른섬이었다. 그는 자신이 이곳까지 수영을 해서 왔다는 사실에 자부심을 갖는다.
71) 김이영이라는 노인이 연금생활을 시작하면서 할 일이 없어지자 무료함을 느낀다는 이야기로 된 작품이다.
72) 어린 수남이가 배 청소하러 들어갔다가 화재로 죽는다는 이야기로 되어 있다.
73) '나'와 위까와 뗄리만은 친구사이로 함께 카페에서 술을 마신다. 뗄리만이 떠나겠다는 이야기를 하면서 서로 이야기를 나누다가 알렉싼드르는 이상한 기운을 느껴 어머니에게로 간다. 어머니는 자신을 알아보지도 못할 정도로 몸과 마음이 약해져 있었다. 자신 역시 평소에 카페의 드나들지 않은 사람들을 보면서 이것은 모두 유령들이라고 생

세계를 표현한 김빠웰의 <신비로운 꽃>(『레닌기치』, 1985년 1월 26일)[74]이 있다. 인간의 야만성을 폭로한 정장길의 <싸이가는 소리 없이 죽는다>(『고려일보』, 2002년 1월 11일·18일·25일·2월 1일·15일)가 있고, 이질적 문화권 속의 풍습에 의해 생겨난 에피소드를 그린 정장길의 <양대가리(한국 재외동포재단 및 국제펜클럽한국본부 가작상 수상작)>(『고려일보』, 2002년 7월 12일)[75]가 있다. 그리고 민족 정체성을 이야기한 박 미하일의 <해바라기(2001년도 재외동포재단 공모 소설부문 대상 수상작)>(『고려일보』, 2002년 2월 22일·3월 1일)이 있다.

4. 민족 정체성의 문제

1) 이주민 삶의 어려움

강제로 이주 당한 이주민의 서러움을 토로한 소설 작품들이 상당히 많이 발표되었다. 이주민의 삶을 가장 먼저 이야기한 소설로 리용수의 <구원자>(『레닌기치』, 1962년 12월 31일)를 들 수 있다. 꼴호즈 농장을 배경으로 한 이 소설은 꼴호즈 농장에서 목화재배를 하는 이주민의 삶을 다루고 있다. 이 작품의 주인공은 이주민을 위한 삶을 강구할 것인가, 아니면 현지에 적응하기 위해 현실적 이익을 쫓아 갈 것인가 하는 문제에 대해 갈등하며, 그 문제를 인간의 따스한 정으로 해결한다. 이처럼 꼴호즈 농장에서 일하는 고려인의 삶을 다루고 있는 소설들이 많이 있다. 한진의 <땅의 아들>(『레닌기치』,

---

각을 하면서 과거 아버지가 술을 마시며 아들을 껴안고 자장가를 떠올린다.
74) 간밤에 눈이 내리자 온 세상이 하얗게 변한다. 빠블루스까는 할머니와 유치원을 가는 길에 나무에 엎어진 눈이 '눈꽃'이라는 말을 듣고, 유치원에 가서는 '서리꽃'이라는 말을 듣고 집에 돌아오지만, 집에는 '서리꽃'이 없음에 실망을 한다.
75) 친구가 찾아왔을 때 자신의 부인과 동침을 하게 하는 북방민족의 풍습, 카자흐스탄에서 손님이 왔을 때 양대가리의 뇌수를 같이 퍼 먹는 풍습, 등과 같은 이질적 문화권 속의 풍습을 따르지 않음으로 인해 생겨난 손해를 그린 작품이다.

1964년 4월 13일·15일·16일)·김기철의 <복별>(『레닌기치』, 1969년 11월 15일)·김세일의 <노을>(『레닌기치』, 1971년 3월 13일)·김준의 <밝지 않은 오솔길>(『레닌기치』, 1971년 4월 3일)·남철의 <민들레꽃 필 무렵>(『레닌기치』, 1983년 8월 31일·9월 1일·2일)·김기철의 <첫눈>(『레닌기치』, 1983년 12월 28일) 등을 들 수 있다.

한진의 <땅의 아들>(『레닌기치』, 1964년 4월 13일·15일·16일)은 카자흐스딴 꼴호즈를 배경으로 하고, 농업대학 연구자인 박인철과 새내기 의사인 지나가 등장하여 고려인 이주민들이 개척한 땅과 삶에 대한 것을 이야기한 소설이다. 소설 속의 서술자이자 주인공인 '나'와 박인철 지나는 서로 친하게 지내는 사이이다. 인철과 지나 둘은 서로 사랑하는 감정을 가지고 있다. 인철은 땅의 아들이라고 불릴 정도로 꼴호즈의 척박한 땅을 비옥하게 만드는 데 자신을 희생하여 가면서 연구에 몰두 하였다. '나'는 산 너머에 있는 황야에서 땅을 개관하며 일하는 인철과 지나를 다시 만난다. 미지의 땅에서 열심히 일하며 땅을 개관하는 모습은 어떤 어려움도 이겨내는 고려인의 강한 의지력의 결과라 할 수 있는데, 이는 김기철의 <복별>에도 나타난다. 소련의 한 농촌지역인 위쓰호드 꼴호즈 농장을 배경으로 한 이 소설은 위쓰호드 꼴호즈 농장에서 '아버지'와 '어머니'를 포함한 다섯 명의 남자들이 정착해 농사를 짓고 살고 있는데, 어느 날 소가 없어지게 되어 농사짓는데 많은 어려움을 겪는다는 이야기로 되어 있다. 그렇지만 그들은 그와 같은 곤경을 이겨내고 열심히 일을 한다. 척박한 땅을 가꿔 나갈 수 있었던 힘이 된 것이 순수한 사랑이다. 김세일의 <노을>을 보면 꼴호즈 농장에서 목화 재배하면서 겪는 이주민의 삶의 고난과 어려움을 철준과 정숙이라는 두 남녀간의 순수한 사랑의 힘에 의해 이겨내고 있음이 그려져 있다. 남철의 <민들레꽃 필 무렵>[76] 역

---

76) 해금은 아들이 학사학위를 받았다는 소식을 듣고 손녀와 함께 비행장 근처를 거닐다가 민들레꽃을 보고 과거를 회상한다. 해금이와 정운은 아들을 낳은 기쁨에 휩싸여있을 무렵 원동에서 빨찌산으로 활동 중이었던 해금의 남편 정운이 회의에 갔을 무렵 백파의 일본인들은 해금의 집에 찾아오고 회의장소를 안내하라 한다. 해금은 엉뚱한 장소를 일부러 가르쳐 주고 나서 심한 매질을 당하지만 아들을 꼭 안고 마을로 돌아온

시 꼴호즈에서 고려인이 겪는 고난과 역경을 다루고 있다. 김준의 <밟지 않은 오솔길>과 김기철의 <첫눈>과 같은 작품에서는 꼴호즈에서의 생활이 경제적인 안락감을 주며 새로운 땅을 개척하는 기쁨을 주기도 하는 것으로 기술되어 있다.

연해주에서 중앙아시아로 강제 이주당할 수밖에 없었으며, 그곳에서의 생활이 비인간적인 생활이었음을 이야기 한 소설 작품으로 김준의 <쌍기미-《조선 소나무》에서 발췌한 것>(『레닌기치』, 1968년 6월 14일부터 20일까지)와 김기철의 <금각만>(『레닌기치』, 1982년 10월 23일 · 26일 · 28일 · 29일 · 11월 2일 · 4일 · 13일), 박성훈의 <살인귀의 말로>(『레닌기치』, 1985년 7월 19일 · 20일 · 24일 · 25일 · 26일 · 27일), 김기철의 <이주초해(두만강-싸르다리야강)>(『레닌기치』, 1990년 4월 11일), 강태수의 <그날과 그날밤>(『고려일보』, 1991년 6월 28일) 등이 있다.

김준의 <쌍기미-《조선 소나무》에서 발췌한 것>은 연해주를 배경으로 한 것으로 타국에서 살아가는 어려움과 서러움을 이야기한 소설이다. 쌍기미는 오빠와 아버지와 소작농을 하며 살아가던 중 빚 대신 왕가에게 끌려가게 되고 결국 임신을 하게 된다. 가족과도 이별하게 된 그녀는 고난 속에서도 자신과 같은 처지의 순옥과 함께 힘을 얻으며 살아간다. 그는 아기를 낳게 되고 그녀와 가족들은 다시 재회를 한다. 그리고 그 아이를 독립군으로 키울 것을 다함께 결의한다. 이 작품이 이주민의 어려움을 이야기한 다른 소설과 다른 점은 자손들 세대에서는 나라가 없는 민족의 백성으로 겪는 곤경을 독립 운동을 통해 이겨내야 한다는 점을 내세운 것이다. 일제를 직접적으로 규탄한 또 다른 작품으로 김기철의 <금각만>과 박성훈의 <살인귀의 말로>가 있다. 김기철의 <금각만>은 해삼시 신한촌에서 1922년 10월 25일 해삼이 일본군의 점령으로부터 해방되기까지의 고려인의 삶을 다룬 작품이다. 박성훈의 <살인귀의 말로>는 1945년 8월 전후로 한 사할린에서 있었던 일제의 만행을

다. 마을 사람들은 백파 일본인들의 횡포에 힘들어한다. 그러나 해금과 그 외 조선인들은 그들이 일구어낸 꼴호즈를 지켜내자는 굳은 의지를 보인다.

이야기한 소설이다. 1945년 쏘련군이 항구에 도착하자마자 상부로부터 조선인을 말살하라는 명령을 받은 일본군이 웅덩이를 파고, 그 속에 35명을 넣고 총살하고 매장한다. 총살 이틀 전 사고로 병원에 입원한 정상호만 요행히 살아남아 후일 이 사실을 신문기자에게 말하고 소련군 당국에 부탁하여 원수를 갚아줄 것을 요청한다는 내용으로 되어 있다. 강제 이주 당한 이주민의 삶이 생생하게 작품으로 형상화 된 것으로 김기철의 <이주초해(두만강-싸르다리야강)>와 강태수의 <그날과 그날밤>을 들 수 있다. <이주초해(두만강-싸르다리야강)>는 중편소설로서 두만강 근처에서 꼴호즈 접경(크즐오르다)으로 다시 씨르다리야강으로 이동한 이주민을 배경으로 한 소설이다. 꼴호즈 회장인 김두만과 그의 부모·부인인 까쨔·그리고 왈랴·꼴랴·김니-쟈(의사) 등이 등장하여 두만강에서 꼴호즈 접경으로의 강제 이주 당하고 농사를 지으면서 자신들의 삶을 개척하기 위해 여러 운동을 펼치고 투쟁하기도 한다. 두만강 근처에서 살고 있던 김두만의 가족과 그 외 조선인 마을 사람들은 소련의 강제 이주 정책으로 가축운반용 차량을 타고 짐승처럼 이주 당한다. 춥고 더러운 차량 안에서 질병과 기근·추위로부터 노출되어 많은 시련을 겪는다. 그러던 중 조선인 젊은 여의사 김니-쟈의 치료를 받는다. 그들이 도착한 곳은 씨르다리야 하류 지방이었다. 척박한 농토를 개간하여 농사를 짓기 위해 김두만을 포함한 이주민들은 노력한다. 움막을 짓고 빈곤한 생활을 하면서도 황무지를 개간해야 한다는 생각은 버리지 않고 전염병과 기근, 그리고 소련의 비협조적인 태도에 굴하지 않고 고통을 딛고 일어서려 하고, 그 희망을 '씨앗'으로부터 찾고자 한다. 일본의 계략을 시작으로 소련에서의 삶의 서글픔은 이들을 지치게 하지만 이들은 결국 농사를 지을 수 있는 여건을 마련한다. 그 뿐만 아니라 조선인 권리를 옹호하는 조직을 결성하고 학교도 지어 '교육'에까지 힘쓰는 등 자신들의 삶을 위해 노력한다. 그러나 여전히 그들의 삶은 순탄하지만은 않았다. 강태수의 <그날과 그날밤> 역시 고려인의 어려운 삶을 어떻게 극복할 것인가 하는 문제를 다룬 소설이다. 시간상으로 현재에서 과거 일을 회상하는 것을 배경으로 하고, 공간상으로는 밀림과 수용소를 배경으로 한다. '나(춘범)'는 대학시절의 벗들을 찾아다닌다. 득범의 거처를 알아내고 득범 내외와 재회한다. 그들은 모두 밝은 미래를 꿈꾸며 살아왔으나 어지러운 사회 질서 속에서 뿔뿔이 흩어지고 '나'는 과거의 일들을 회상한다. 밀림에서의 생활, 수용소에서의 일과 만났던 사람들을 통해 러시아 땅에서의 조선인들의 삶의 어려움을 보게 된다. 득범으로부터 다른 친구들의 소식, 전처의 소식을 듣고, 다른 친구의 소식을 들으며 작품은 끝이 난다. 이 작품은 다른 작품들과 같은 꼴호즈를 배경으로 하면서 어려운 현실적 삶을 이야기하지 않고 주체적으로 삶을 개척하여 농사를 짓고, 교육을 하는 등 자립적이며 독립적인 생활 영위에 초점을 두고 있다.

2) 새로운 사회의 적응과 정체성

연해주나 카자흐스탄에 이주하여 살고 있는 자신들의 현존재의 정체성에 대해 고민하고 갈등하는 작품들이 있다. 고향에 대한 그리움으로 나타나고, 세대간에 달라진 언어(조선어에서 러시아) 불 소통에서 오는 자신의 존재에 대한 정체성·조선인의 국적 문제·어떤 경로를 거쳐 이주하게 되었는지에 대한 사실적인 증언 등으로 되어 있다.

리정희의 <차간에서>(『레닌기치』, 1966년 8월 12일)[77]는 고향에 대한 향수와 부모에 대한 그리움을 주제로 한 작품이다. 그 고향이 조선을 가리키는지, 아니면 연해주를 가리키는지 알 수 없다. 달리 말해 조국이니 고국이니 하는 낱말이 생소할 수 있다. 한진의 <그 고장 이름은?…>(『고려일보』, 1991년 7월 30일)[78]은 원동으로 이주한 1세대의 고향·조국에 대한 그리움을 표

---

[77] 러시아 중년 여성과 청년이 한 기차간에서 서로의 옛 이야기를 하면서 공감대를 갖는다. 청년은 자신의 과거 일들을 회상하면서 갑작스런 아버지의 죽음과 힘들게 대학생활을 뒷바라지 해주던 어머니 등등의 이야기를 한다. 그러면서 고향과 부모님을 그리워하는 마음을 서로 공유한다.
[78] 어머니는 37년 사할린에서 알마토로 강제 이주 당하였고, 기차칸에서 딸이 앓아 죽었다. 그리고 아들은 전쟁이 끝난 해 성홀열로 죽었고, 이제 남은 것은 까추사라는 딸 하

현한 작품이다. 이주민 1세대인 어머니가 죽으면서 고국에 대한 그리움을 조선말로 하지만, 그의 딸은 그 말 뜻을 알아듣지 못한다. 이것은 그 만큼 세대 간의 언어 차이가 크고, 또한 조국이라는 말 또한 이주 2·3세대를 넘어가면서 생소한 뜻이 될 수 있음을 이야기한 것이다. 2·3세대들에게는 자신의 존재가 누구인가 하는 문제가 심각함을 보여준 또 다른 작품으로 강 알렉싼드르의 <놀음의 법>(『고려일보』, 1991년 8월 28일)79)이 있다. 카자흐스탄 알마티로 이주해 온 고려인들의 민족 정체성에 관한 고민과 갈등을 다룬 작품이다. <그 고장 이름은?…>과 <놀음의 법>이 세대간의 언어와 피부색의 달라짐으로 인해 생겨나는 민족 정체성을 이야기한 작품이라면 양원식의 <녹색거주증>(『레닌기치』, 1990년 2월 28일)80)은 소련에 살고 있는 고려인의 국적에 관한 문제를 본격적으로 다루고 있다. 조선인들이 사할린에 강제 징집당한 후 소련에 남아 살면서 어느 곳에도 살 수 없는 무국적자로서의 삶을 살아야 하는 현실을 이야기 한 것이다. 앞의 작품들과 다른 점이 있다면 일제 강점기에 사할린에 강제 징집당한 사람들이 해방 이후 한국으로 되돌아오지 못하고 현지에 남아 있게 되면서 겪는 여러 어려움을 이야기 한 것이다. 사할

나만 남아 있다. 어머니가 아프다는 전보를 받고 까추사는 발찍 해변에서 알마티로 한숨에 달려온다. 죽어서도 고향에 돌아갈 수 없는 어머니의 운명, 37년 이전에 태어난 원동 사람들 모두 어머니와 같은 운명에 놓여 있다. 어머니가 돌아가시기 전에 조선말만 하여 까쮸샤는 알아듣지 못한다. 그런데 남동생 게냐는 조선말을 할 줄 알아 그 뜻을 안다. 까쮸샤는 왜 어머니가 조선말말 하였는지 의문이 된다고 하면서 자기가 살고 있는 발찍 해변으로 돌아간다.

79) 사할린에서 알마티로 이주해 온 조선인들의 삶, 주인공 나(싸샤)가 외할머니댁으로 이사를 하고, 외할아버지는 러시아인으로서 무용 안무가 일을 한다. 친구들은 '나'를 보고 외할아버지는 러시아인인데, 너는 누구냐고 하니 조선인이라고 하고, 그럼 조선말을 해 보라 하니, 잘 못하자 놀림을 받는다. 여기서 '나'는 자신이 누구인지에 대한 정체성의 문제를 생각하게 된다. 그래서 어머니로부터 조상들의 삶에 대해 이야기를 듣는다.

80) 주인공 김명식은 원동에서 이주해 온 조선인으로서 소련 국적을 가지지 못한 많은 조선인들 중의 하나이다. 이 작품은 조선인들이 사할린에 강제 징집당한 후 소련에 남아 살면서 어느 곳에도 살 수 없는 무국적자로서의 삶을 살아야 하는 현실을 이야기 한 것이다. 조선인의 국가적, 민족적 정체성의 문제를 다루고 있다. 그리고 사할린에서 알마티로 넘어 오기까지의 역사적 사실을 간략하게 서술하고 있다.

린 동포의 문제를 다룬 또 다른 소설로 장윤기의 <환향길 오십년>(『레닌기치』, 1991년 1월 30일)이 있다. 이 작품은 실화소설이라고 명칭이 붙은 중편소설이다. 대구에 살았던 박창수라는 노인이 일제 시대 강제 징집당하여 사할린으로 끌려가고·사할린에서 카자흐스탄 알마티로 강제 이주 당하고·다시 사할린 동포 귀환 정책에 의해 서울로 돌아오기까지의 과정을 이야기한 작품이다. 이 작품에서는 강제징집당한 후 사할린에서의 삶·일본인의 만행·소련인들의 만행·결혼한 여자와의 이별·고국 서울로 돌아와 첫사랑인 술이를 만나는 이야기 등의 이야기로 되어 있다. 이 작품은 한국 근대의 비극적 역사의 한 페이지를 사실적으로 그려내고 있다. 이정희의 <희망은 마지막에 떠난다>(『고려일보』, 2002년 4월 5일·12일·19일·26일)는 작품 역시 연해주에서 카자흐스탄으로 강제 이주 당함으로써 겪는 민족 정체성의 문제를 묻고 있다.

그밖에 일본과 미국 사이에서 민족의 정체성을 이야기한 작품으로, 한진의 <밤길이 끝날 때>(『레닌기치』, 1962년 12월 16일)와 김세일의 <홍범도>·김사량의 <빛 속에>(『고려일보』, 1991년 8월 6일·7일·9일·13일·14일·16일·21일·27일)가 있다. 한진의 <밤길이 끝날 때>[81]는 한국 전쟁 전을 배경으로 한 소설로서 진실을 알지 못한 채 서로 원수가 된 남북한과 미국인에 대한 적개심을 드러낸 작품이다. 김사량의 <빛 속에>[82]는 일본인과 조선

---

[81] 효식과 기조는 인민군으로서 밤길을 거닌다. 효식은 자신에게 원수가 누구인지도, 자기가 왜 죽음을 앞에 두고 이런 행위들을 해야 하는지를 제대로 알지 못한다. 그러 놓여진 상황속에서 자신의 임무에 충실하다. 그는 밤길을 걷는 도중 한 초가집에 가서 노파 부부를 보고 그들이 자신에게 살려달라는 말을 하는 것을 보며 정체성의 혼란에 빠진다. 그러다가 한 처녀를 살려주고 나서 그녀에게 북으로 가라는 말과 함께 그곳에는 미국인이 없다는, 원수가 없다는 말을 한다.
[82] 나는 학교 선생님으로 어느 날 야마다라는 학생이 내가 조선인이라는 것을 알게 되면서 그의 심술이 늘어갔고 그럴 때마다 나는 그를 사랑으로 더욱 용서하고 감싸주었다. 그러던 어느 날 야영을 가게 되는 계기가 생기고 하루오와 이런 저런 이야기들을 하면서 혹시 하루오가 조선인이 아닐까라는 생각을 하게 된다. 그러던 중 한 일본인 남자가 조선인 여자의 머리를 카로 찌른 사건을 목격하게 되고 그들이 야마다의 부모임을 알게 된다. 그 상황에서도 야마다는 자신이 조선인이라는 것을 극구 부인하고 자신의 어머니가 아니라고 소리친다. 그는 야마다가 조선인과 일본인의 피를 이어받은 체 둘

인 사이에서 자신의 조상이 어디인가를 묻고 있다.

5. 맺음말

『선봉』・『레닌기치』・『고려일보』 문예페이지에 나타난 소설 작품들은 이주민으로서 살아갈 수밖에 없는 현실 생활에 대한 어려움과 서러움을 이야기 하고 있으며, 고려인 자신들은 누구인가 하는 민족 정체성을 묻고 있는 이야기가 최근 들어 부쩍 늘어난 추세임을 살펴보았다. 이들 신문 문예페이지의 소설 작품들이 단행본으로 발간되기도 하였고, 박 미하일이나 양원식과 같은 생존 작가의 작품이 국내 문예지에 소개되기도 하였다. 이만큼 이들 지역의 소설 작품에 대한 관심이 부쩍 늘어나고 있는 것은 중국 조선족 문학과 함께 한국 고유의 문화적 정서가 원형 그대로 간직되어 있기 때문일 것이며, 또한 해외 동포에 대한 관심이 증대되고 있는 현실 때문이기도 할 것이다. 그와 같은 현상의 이면에는 민족과 국가의 경계가 허물어지는 글로벌리즘이 있다. 현재 고려인 3, 4세들이 한국말을 잊어버리고 있어 한국어로 작품을 발표하는 경우가 줄어들고 있으나 그들의 정신과 정서에는 한국인의 보편적 심성을 간직하고 있다. 비록 언어가 다르지만 인간 내면 정서의 일체성을 통해 한민족의 문화적 공동체가 형성될 것이다. 이들 신문 문예페이지의 소설 작품을 면밀히 검토하면서 한국인의 따스한 인간애가 표면적 주제의 상이성에도 불구하고 작품 내면속에 면면히 흐르고 있음을 확인할 수 있었다. 겉으로 사회주의 이데올로기를 찬양하고 꼴호즈에서의 어려움을 토로하고 있지만 그 속에는 인간에 대한 강한 믿음과 사랑・부모와 자식간

의 조화를 이루어내지 못하는 모습을 발견하게 된다. 그리고 그의 아버지인 한베에가 과거 자신이 알고 있던 사나이라는 것을 기억해내었다. 그리고 하루오의 어머니 병문안을 가서 그녀와 이야기를 하는 도중 그 역시 조선인 여자와 일본인 남자 사이에서 태어났다는 사실을 알게 된다. 그러다 하루오가 자신의 어머니 병문안을 온 것을 보게 되고 그에게도 어머니를 사랑하는 마음이 있다는 것을 확인한다. 그리고 자신을 믿고 낙관적으로 미래를 생각하게 된 하루오를 보며 흐뭇해한다.

의 정·이웃간의 정·자연적 미물어 대한 사랑 등이 자리 잡고 있었다. 그리고 어떤 역경과 시련 속에서도 이를 이겨내는 은근과 끈기는 한국문학의 특성과 일맥상통하고 있다.

참고문헌

단행본
Gang G. V., 『카자흐스탄 한인사』, 알마티, 1995.
Kim G. N. & Men D. B., 『카자흐스탄 한인의 역사와 문화』, 알마티 1995.
강 게오르기, 김 게르만, 명 드미트리 공저, 장원창 역, 『카자흐스탄 고려인-사진으로 보는 고려인사 1937~1997』, 서울: 새터기획. 1997.
고송무, 「중앙아시아의 '고려사람' 문화」, 『광장』 175. 1988.
고송무, 『쏘련 중앙아시아의 한인들』, 한국국제문화협회. 1984.
고송무, 『쏘련의 한인들』, 이론과 실천, 1990.
김연수, 『모스크바 한국인』, 국풍, 1983.
김현택, 『재외한인작가연구』, 고려대 한국학연구소. 2001.
박 환, 『재소한인민족운동사』, 국학자료원. 1988.
이광규·전경수 공저, 『재소한인-인류학적 접근』, 집문당, 1993.
이명재, 『통일시대 문학의 길찾기』, 새미, 2002.
이상근, 『한인 노령이주사연구』, 탐구당, 1996.
홍기삼 외, 『한국 현대문학 50년』, 민음사, 1995.
황동민 편, 『조명희선집』, 모스크바, 1959.

논문
Mazur, Yu. N., 「소련에서의 한국 문학」, 『문학과 사회』 9, 1990.2, 1990.
Mazur, Yu. N., 「소련에서의 한국문학연구와 한국문화 소개, 번역 현황」, 『새국어교육』, 1991.
김 게르만, 「소련 극동지역 소비에트 정권수립투쟁과 재소한인 1918~1922-소련학계의 연구 동향을 중심으로」, 『박영석교수화갑기념논총』, 1992.
김광규, 「재소원동 한인의 문화와 생활」, 『재외한인연구』, 1992.
김성곤, 「세계속의 한인 작가들」, 『문예중앙』, 2000.4.

김성수, 「소련에서의 조명희」, 『창작과비평』 64, 1989.
김연수, 「소련속의 한국 문학」, 『시문학』 210, 1989.
김열규, 「'어머니의 땅' 중앙아시아에 피어난 푸른 꽃」, 소련 동포들의 문학1, 『전망』 46, 1990.
김재홍, 「재소 한인문학의 선구자: 조명희」, 『한국논단』, 1990.
김필영, 「소비에트 카작스탄 한인문학과 희곡작가 한진(1931~1993)의 역할」, 『한국문학논총』 27, 2000.
김필영, 「송라브렌띠의 희곡 "기억"과 카작스탄 고려 사람들의 강제 이주 체험」, 『한국비교학회』 4, 1998.
김현택 역, 「나의문학 나의 삶: 지하 은둔 생활로부터의 탈출」, 『문학사상』 282, 1996.
김현택, 「저는 러시아 작가이면서 또한 영원히 한국인입니다: 전집 완간 눈앞에 둔 요즘의 근황과 계획들 <대담>」, 『문학사상』 334, 2000.
심민자, 「아나톨리 김을 어떻게 읽을 것인가?」, 『러시아 연구』 12, 2002.
윤정헌, 「만주한인문학연구」, 『한민족어문학』 37, 2000.
윤정헌, 「역사기록소설 <홍범도> 연구」, 『한국문예비평연구』 8권, 한국문예비평학회, 2001.
윤정헌, 「중앙아시아 한인문학 연구」, 『국제비교한국학회』 10권 1호, 2002.
이명재, 「국외 한글문학의 실체 연구: 구소련의 고려인 문단을 중심으로」, 『인문학연구』 33, 2002.
이명재, 「러시아 지역의 한글 문학 현황」, 『통일문학』 1권 1호, 2002.
이왈렌찐, 「재소한인들의 문학활동과 한국어교육」, 『이중언어학』 8, 1991.
정상진, 「재소련 고려인 문학의 정체성」, 『민족발전연구』 6호, 2002.
정상진, 「조명희부터 김 아나톨리까지 소련 조선인문단을 회고하면서」, 『한길문학』 12, 1992.
채수영, 「재소 교민문학의 특징」, 『문화예술』 132, 1990 .
채수영, 「재소이민 소설의 특질」, 『비평문학』 3, 1989.
최건영, 「페레스토로이카와 재소 한인 작가」, 『공산권연구』 118, 1988.
카자흐스탄 고려문화중앙, 『카자흐스탄 소련 한인들』, 알마티: 카자흐스탄, 1992.
필립스 김, 「레닌기치에 나타난 쏘베트 한인문학」, 『비교한국학』, 1997.
한만수, 「러시아 동포문학에 투영된 한국여성의 초상」, 『한국문학연구』 19, 1997.
한 진, 「검열과 소외 속에서 자라난 민족문학: 재소련 동포문단」, 『한국문학』 204, 1991.

제2장 고려인 시와 정체성의 문제

1절 고려인 시에 나타난 아우라

1. 고려인 시문학 검토 방법으로서의 기억과 아우라

 개인의 과거에 대한 이미지나 느낌 등 심리적 현상과 관련되는 측면을 기억이라고 한다면, 역사는 민족이나 국가·계급 등의 거대한 주체들이 예부터 이룩해온 숭고한 흐름과 관련된다고 생각하였다. 기억은 너무나 개별적이어서 자의적이고 산만하며, 원초적 감정에 빠져 있어 변덕스럽고 신뢰성이 없다는 것이다. 따라서 기억이, 그보다 훨씬 월등한 역사의 지배를 받는 것은 너무나도 정당한 일이었으므로, 기억은 오래도록 역사의 질서에 편입된 채 일차 원료의 공급처로 폄하되었다.
 역사는 집단적 정체성이라는 큰 자산을 보유하고 권력을 누려왔다. 그러나 탈역사의 시대를 맞이하여 역사라는 권력은 그 위엄을 크게 훼손당하였다. 기억은 역사의 억압에서 벗어나 역사와 새로운 관계 정립을 모색하기에 이르렀다. 그동안 역사는 나름의 논리적 질서라 할 수 있는 역사적 시간을 구축함으로써 인간 삶의 근거와 방향성을 제시해줄 수 있었으나, 세계화 물결은 기존의 집단정체성을 크게 침식했다. 민족·국가·계급 등과 같은 전통적 집단에 대한 긴밀한 유대감은 사라져가고 있다. 이제 역사는 문화재의 형태로 존속하는 형편이다. 전자매체·개인용 컴퓨터와 인터넷의 출현은 무제한의 시·

청각적 이미지들을 양산하고 이들 이미지의 범람에 따른 가상현실 앞에서 역사는 종래의 신성한 권위를 더 이상 유지할 수 없게 될 것이다.

역사의 약화 추세는 기억의 부흥을 가져왔다. 공적인 성격을 띠어왔던 보편사(history)가 다양한 미시적 영역의 역사들(histories)로 분할됨에 따라, 이제 남은 것은 개개인이나 개별집단의 주관적 체험들뿐이라는 견해가 설득력을 얻게 되었다. 이러한 변화는 더 이상 기억을 역사의 이름으로 억압하지 않고, 양자의 본원적 관계에 대해서 처음부터 다시 성찰할 수 있는 계기를 마련해 주었다. 본고는 독일의 문화과학자 알라이다 아스만이 제시한 기억의 장소 개념과 발터 벤야민의 아우라 개념에 입각하여 고려인 시를 검토해 보고자 한다.

알라이다 아스만은 한 공동체가 자신의 정체성을 지속적으로 유지하기 위해서는 문화적 형식이 필요하다고 본다. 상징(물)·도상·묘비·사원·기념비 또는 제의와 축제 등이 없으면 기억은 오래 전승되지 못한다는 것이다.[1] 그의 기억의 장소 연구는 기억이 전승되는 형식을 규명하는 데 있다. 여기에는 기억을 놓고 벌이는 사회·정치 투쟁의 과정뿐만 아니라 그것을 조건짓는 문화적 가치체계, 특수한 기억을 매개로 결속된 기억공동체, 그리고 기억의 예술적 형상화 및 그 매체 등이 주요 대상으로 포함된다. 결국 이러한 연구를 통해서 분명해진 점은 일견 기억보다 우월해 보이던 역사도 실은 포괄적인 기억문화의 일부에 지나지 않는다는 것이다.

발터 벤야민의 아우라 개념은 제의적 가치와 관련지을 때, 아무리 우리에게 가까이 있어도 범접하기 힘든 경외감과 거리감, 시간적 일회성 등의 감정이라고 할 수 있다. 그것은 사물이 지니고 있던 제의적 가치와 관계를 맺는다. 주술적, 제의적 장소와 물건들은 아무리 우리에게 가까이 있어도 범접하기 힘든 거리감을 느끼게 한다. 즉 사물들이 지니고 있는 일회적이고 유일한 시공간적 고유함이 그 사물들의 아우라를 만들어 낸다[2]는 것이다. 따라서 알

---

1) 알라이다 야스만, 변학수 외 옮김, 『기억의 공간』, 경북대학교출판부, 2003.
2) 발터 벤야민, 반성완 편역, 『발터 베야민의 문예이론』, 민음사, 1983, 198~204면 참고

라이다 아스만의 기억의 공간 개념과 벨터 벤야민의 아우라 개념은 개인뿐만 아니라 문화도 정체성을 형성하고 그 정당성을 공고히 하며 목표를 설정하기 위해 기억을 만들어낸다는 측면에서 망자의 추모와 송덕, 기억 공통체를 규명하는 데 있어 상호보완적으로 기여할 수 있다.

이제 탈역사의 시대에 직면한 각 개인 및 특정 집단은 더 이상 역사라는 공식적 시간질서에 기대지 않고 자신만의 고유한 시간을 영위하고자 한다. 따라서 역사학은 시간영역에서 더 이상 이전과 같은 특권을 주장할 수 없게 되었다. 그러나 이러한 추세가 반드시 역사학을 위축시키는 것만은 아니다. 기억에 문호를 개방함으로써 역사학은 혼란스러워진 것이 아니라 보다 확대된 지평을 얻게 되었다. 따라서 권위적 보편의 역사에 짓눌려왔던 다양한 목소리들에 귀를 기울이는 노력은 한 집단의 올곧은 기억을 형성하는 데 학문이 어떻게 기여할 것인지를 제시하고 있다.

고려인 시문학의 바람직한 이해를 위해서는 가능한 한 많은 차원에서 그들의 문학을 검토할 필요성이 있다. 지금까지의 고려인 시문학이 거둔 학문적 성과를 인정하면서도 끊임없이 현재의 지각과 의식상태의 갱신이 요청된다. 이 점에 유의한다면 기존의 고려인 문학의 연구 성과를 우리는 의미 있는 희생으로 승인할 수 있을 것이다. 이제 고려인 문학의 연구는 기존의 성과 위에서 다시금 한국문학과의 관련성이라는 측면에서 기억되어야 할 필요성이 있다.

60만 명이나 되는 CIS 지역 고려인들의 시문학[3])에 대한 연구 상황은 이

---

3) 고려인이 발간한 주요 시집으로는 다음과 같은 것이 있다.
  김광현, 《싹》, 알마티: 사수싀출판사, 1986.
  김연수 엮음, 《소련식으로 우는 한국 아이》, 서울: 주류, 1986.
  김연수 엮음, 《치르치크의 아리랑》, 카자흐스탄: 사수싀출판사, 1982.
  김준, 《그대와 말하노라》, 알마티: 사수싀출판사, 1977.
  김준, 《숨》, 알마티: 사수싀출판사, 1986
  리진, 《리진 서정시집》, 서울: 생각의 바다, 1996.
  리진, 《하늘은 나에게 언제나 너그러웠다》, 서울: 창작과 비평, 1999.
  리진, 《해돌이》, 카자흐스탄: 사수싀출판사, 1989.
  박일 편, 《조선시집》, 카자흐 국영 문예서적 출판사, 1958.

제 시작단계라고 할 수 있고, 기본적 유형화의 논의조차 제대로 체계화되지 못한 단계라고 볼 수 있다.

고려인 시문학에 대한 연구로는 우선, 김열규의 「조명희 문학에 나타난 소비에트 모국관」과 「어머니 땅, 중앙아시아에 피어난 푸른 꽃-러시아 동포들의 문학」이 있다.4) 전자는 혁명과 당과 그리고 인민을 위해서 이바지하는 것을 문학의 이념으로 삼았던 조명희의 문학은 과연 이 시점에서 문학일 수 있는가 하는 물음, 혹은 그게 문학이라면 어떤 종류의 문학인가를 묻고 있다. 그것은 한민족 문학의 보편성 내지 공통분모를 검증하는 작업의 단초를 조명희의 문학에서 찾고자 했다는 점에 의의가 있으나, 문제의 제기에 그친 한계가 있다. 후자의 글은 한국문학의 범주를 우리말로 창작하고 있는 모든 문학을 포괄하는 것으로 보아 범한국민족문학 내지 범민족문학이라 칭하고, 주영윤의 <아무르강의 단풍>과 <시>·<시인의 눈>, 연성용의 <위대한 공훈>·명월봉의 <벼이삭>, 조기천의 <시월, 위대한 시월혁명 37주년을 맞으며…>, 남철의 <아불라크의 여름, 꽃> 등을 파악하여 중앙아시아의 땅을 어머니의 땅으로 삼고 살아온 카자흐스탄의 현지 동포들의 삶의 역정을 희망의 푸른 꽃으로 말5)하고 있다. 그러나 이 글에서 남겨진 아쉬움은 중앙아시아 한인들의 시를 강제이주와 정착이라는 관계망 속에만 한정시켜 문학을 지나치게 역사적으로 이해한 측면이다.

이명재 외 6명이 공저한 『억압과 망각, 그리고 디아스포라-구소련권 고려인 문학』(한국문화사, 2004)은 민족정체성과 디아스포라 욕망을 중심으로 하

양원식, 《카자흐스탄의 산꽃》, 서울: 시와진실, 2002.
연성용, 《행복의 노래》, 카자흐스탄: 알마아따 작가 출판사, 1983.
조명희, 《조명희선집》, 소련과학원 동방도서출판사, 1959.
종합시집, 《꽃피는 땅》, 알마아따: 사수싀출판사, 1988.
합집, 《시월의 해빛》, 카자흐스탄: 알마아따 작가 출판사, 1971.
합집, 《씨르다리야의 곡조》, 카자흐스탄: 알마아따 작가 출판사, 1975.
합집, 《오늘의 빛》, 카자흐스탄: 사수싀출판사, 1990.
4) 김열규 외, 『대륙문학 다시 읽는다』, 대륙연구소 출판부, 1992.
5) 앞의 책, 81~81면.

여 고려인 문학을 분석하고 있는 책으로 고려인 문학의 전모를 엄밀하게 분석한 성과가 있다. 본고가 특히 관심을 갖고 살펴본 글은 이명재의 「조명희와 소련지역 한글문단」과 최강민의 「고려인 시에 나타난 조국과 고향의 이미지」, 김낙현의 「구소련권 고려인 시문학의 현황과 특성」이다. 이명재의 글은 조명희의 문학적 활동이 소련지역 고려인 문단에 끼친 영향과 문학적 위상을 다각적으로 고찰하였다. 최강민의 경우는 고려인 시에 드러난 조국과 고향의 이미지 변화 양상을 분석하였다. 김낙현은 위의 글에서 고려인 시문학을 내용과 형식 면에서 분석·고찰하고 있다.

김종회 편의 『한민족 문화권의 문학』(국학자료원, 2003)에서는 이정선·최경희·주정란·강선화 등이 구소련 지역의 한인(고려인)의 문학을 검토하고 있다. 최경희는 「러시아 고려인 문학의 최근 경향 연구」에서, 타자와의 불화와 화해 의지·실존의 위기와 정체성 탐색·인간성 복원과 자연으로의 회귀라는 항목으로 1980년대 이후 단편소설을 중심으로 고려인 문학의 경향을 검토하였다. 주정란은 「재러 고려인의 방랑자 의식에 대한 고찰」에서 박미하일의 소설적 특성을 방랑자 의식으로 이해하였다. 강선화는 「정체성의 위기와 철학적 변용」에서 아나톨리 김의 작가론과 작품론을 함께 다루어 아나톨리 김의 작품세계를 러시아적 전통 아래서 러시아 사회와 문화를 반영하였다고 본다. 본고가 특히 유의하여 살펴 본 이정선의 「구소련 지역 고려인 문학의 형성과 시문학 양상」은 구소련 지역 고려인 문학의 시기 구분과 시문학의 주제적 양상을 파악하고 있다.

또한 김필영의 『소비에트 중앙아시아 고려인 문학사』(강남대학교출판부, 2004)는 고려인의 문학적 성과를 집대성한 자료집의 성격이 강한 저서로 볼 수 있다. 저자가 "소비에트 중앙아시아 고려인 문학사를 한반도를 중심으로 전개되는 포괄적인 한민족 문학사의 한 부분에 해당하는 지역 문학사"[6]로 규정하고 있는 점은 특징적이다.

---

6) 김필영, 『소비에트 중앙아시아 고려인 문학사』, 강남대학교출판부, 2004, 6면.

이들 연구의 특성은 아직 자료의 유형화나 그 기본적 의미의 규명 정도에 머무르고 있다고 하겠다. 60만 고려인들의 정체성을 확인하고 그들의 아이덴티티와 디아스포라를 설명하는 데는 적지 않은 진전을 이루었다고 본다. 이제 그동안 학계에서 이루어진 얼마간의 연구와 관련된 성과를 바탕으로, 본고가 고려인 시에 나타난 기억과 아우라의 문제를 검토해 보고자 하는 일은 다소 성급한 느낌을 줄 수도 있다. 그러나 이러한 방법이 고려인들과 그들이 정서가 투영된 시를 들여다보는 또 다른 가능성을 열어줄 수 있다는 기대에서 본고는 출발한다.

2. 고려인 시에 나타난 망자 추모와 기억

1937년 러시아 원동지역으로부터 CIS 지역으로 강제 이주된 고려인 시문학에 대해 본고는, 먼저, 선행연구자들의 성과를 바탕으로 이들 시에 나타난 '망자 추모'와 기억의 문제를 고려인 문학의 원조격 성격과 활동을 보인 조명희의 시작품을 대상으로 살펴보도록 하겠다. 그동안 조명희는 일제강점기 이 땅에서 박해를 못 견딘 나머지 새 삶을 찾아 시베리아로 떠날 수밖에 없던 망명 유・이민들의 고난으로 얼룩진 삶의 자취를 아로새긴[7] 시인이라는 평가를 받았다. 정덕준도 『조명희』(새미, 1999)에서 카프 문예운동의 정치성을 작품으로 형상화하는 데 성공한 대표적인 작가[8]로 조명희를 자리매김하였다. 이명재는 포석을 전 장르에 걸친 선구적 문인, 카프를 선도한 문학의 대부, 항일 저항 문학의 구현, 국외로 민족문학의 영역확대로 항목화 하여 국제화시대의 민족문학사적인 인물[9]로 보았다. 그러나 본고는 조명희에 대한 이러한 평가에 수긍하면서도, 그의 시문학 특성의 전모는 아직도 충분히 밝혀

---

7) 김재홍, 「재소한인문학의 선구자」, 『한국논단』 7월호, 1990, 138면.
8) 정덕준 편, 『조명희』, 새미, 1999, 19면.
9) 이명재, 「조명희와 소련지역 한글문단」, 『억압과 망각, 그리고 디아스 포라-구소련권 고려인 문학』, 한국문화사, 2004, 209면.

지지 않았다고 본다. 그의 시에는 귀에서 눈으로 기억을 전환시키는 것처럼 일종의 정신적 문자와 같은 생생한 기억이 그림처럼 확실하게 저장되어 있다. 그의 산문시 <짓밟힌 고려>는 조선의 고통과 민족해방의 열망을 담는다.

> 어린 '복남'이는 저의 홀어머니가 진고개 일본 부르주아놈에게 종노릇 하느라고, 한 도시 안, 가깝기 지척이건만 벌써 보름이나 만나지 못하여 보고 싶어서, 보고 싶어서 울다가 날땅에 쓰러지어 잠들었다.
> 젊은 '순이'는 산같이 믿던 저의 남편이 품팔이하러 일본간 뒤에 4년이나 소식이 없다고, 강고꾸베야에서 죽었는가 보다고, 감돈하는 일본놈에게 총살당하였나 보다고, 지금 일본 관리놈 집의 밥솥에 불을 지펴주며 한숨 끝에 눈물짓는다.
> 아니다. 이것은 아직도 둘째다─
> 기운 씩씩하고 일 잘하던 인쇄 직공 공산당원 '성룡'의 늙은 어머니는 어느 날 아침결에 경찰서 문턱에서 매맞어 죽어 나오는 아들의 시체를 부둥켜안고 쓰러졌다─그는 지금 꿈에도 자기 아들의 이름을 부르며 운다.10)
>
> 아니다, 또 있다─
> 십 년이나 두고 보지 못하던 자기 아들이 정치범 미결감 삼년에 옷 한 벌, 밥 한 그릇 들이지 못하고 마지막으로 얼굴 한 번 보겠다고 천 리 밖에서 달려와 공판정으로 기어들다가 무지한 간수놈의 발길에 채여 땅에 자빠져 구을러 하늘을 치어다보며 탄식하는 흰머리의 노인도 있다.11)

어린 복남이는 가깝기 지척인 한 도시 안으로 종살이 간 홀어머니를 보름이나 만나지 못하고 울다가 쓰러져 잠이 들었고, 젊은 순이는 품 팔러 일본으로 간 뒤 4년이나 소식이 없는 남편을 기다리다 눈물짓고, 인쇄 직공 공산당

---

10) 이명재 편, 『소련지역의 한글문학』, 250면에서 재인용.
11) 인용한 글은 <짓밟힌 고려>의 제 2연이다.

원 성룡의 늙은 어머니는 경찰서 문턱에서 매맞아 죽은 아들의 시체를 부둥켜안고 쓰러졌다. 흰 머리의 노인은 미결감 삼년의 아들을 보려고 천 리 밖에서 달려왔으나 무지한 간수놈에게 채여 자빠져 탄식하고 있다. 그런데 인용한 시에서 주목되는 사실은 복남이·순이·성룡의 늙은 어머니·흰 머리 노인의 참혹한 사연은 아니다라는 부정어를 연결고리로 하여 식민지 시대 민중이 겪었던 고난의 삶이 개개인에게 국한된 것이 아니다. 고려의 프롤레타리아, 전 민중에게, 주림과 죽음을 강요하고 있음을 보여준다. 이때 고려의 프롤레타리아는 현재적인 의미에서 탈역사로 표현되는 기억의 부흥을 가져오는 일종의 정신적 문자와도 같은 것이다.

조명희의 <짓밟힌 고려>의 분석에서 명확해진 점은 일견 기억보다 우월해 보이던 역사-식민지인의 참혹한 삶의 모습-도 실은 포괄적인 기억문화의 일부에 지나지 않는다는 것이다. 공적인 성격을 띠어왔던 보편사로서의 고려의 프롤레타리아가 다양한 미시적 영역의 역사들-복남이·순이·성룡의 늙은 어머니·흰 머리 노인과 그의 자식과 부모들로 분할됨에 따라, 이제 남은 것은 개개인이나 개별집단의 주관적 체험들이 차지하는 특수한 기억들뿐이다. 그 자리에는 지배와 피지배의 관계망에서 형성되는 주림과 죽음과 거룩한 싸움만이 뼈처럼, 태양처럼 형해로 남을 뿐이다. 따라서 1연의 일본 제국주의의 무지한 발이 짓밟은 고려의 땅, 군대와 경찰과 법률과 감옥으로 얽어놓은 농촌, 땅을 잃고 밥을 잃은 무리가 북으로 북으로, 남으로 남으로, 나날이 쫓기어가고 도시에는 집도 밥도 없는 무리가 죽으러 가는 양의 떼같이 이리저리 몰려다니는, 뼈품을 팔아도 먹지 못하는 식민지 사회란, 마치 전설의 시모니데스12)가 연회에 참석하였다가 지붕이 붕괴되는 바람에 참석자들이 형체를 알아볼 수 없을 정도로 훼손된 참변을 당하자 그들의 시체를 앉은 순

---

12) 음유시인 케오스의 시모니데스(기원 전 557~467년 경)는 키케로가 기억술의 창시설화로 삼았던 한 이야기의 주인공이다. 그는 신들과 영웅들 외에도 인간들을 노래한 최초의 전업 시인이다. 그의 업적은 죽음과 몰락을 넘어 건져 낼 수 있는 기억의 힘을 보여줌으로써 설화 속에 영원히 남게 되었다. 이에 대한 보다 자세한 내용은, 알라이다 아스만, 변학수 외 옮김, 『기억의 공간』(경북대학교출판부, 2003), 42~44면을 참고.

서대로 신원을 확인시켜주었다는 기억술을 연상케 한다.

식민지 시대 일본제국주의의 부르주아에게 삶을 송두리 째 빼앗겨 버린 고려의 프롤레타리아트의 참혹상을 산문시의 형태로 기억해 놓은 조명희의 <짓밟힌 고려>를 통해 우리는 역사와 기억의 바람직한 복원 관계를 모색할 수 있다. 시간 영역을 넘어서는 개인과 개인, 혹은 특정 집단의 삶에 대한 근본적인 성찰을 조명희의 <짓밟힌 고려>는 제시하고 있다. 그것은 한 공동체가 자신의 정체성을 지속적으로 유지하기 위해서는 문화적 형식이 필요하다는 것과 그러한 작업을 조명희는 기억술의 방법으로 재현하고 있다.

이제, 조명희의 원초적 영향으로 형성된 또다른 고려인 시에 나타난 기억의 문제를 망자추모의 기능이라는 측면에서 살펴보도록 하겠다. 포석의 <짓밟힌 고려>는 '고려의 프롤레타리아트'의 참혹상에 대한 기억만으로 종결지어지고 있는 것은 아니다. 그의 시는 '세계 프롤레타리아트 몇 억만의 상하고 피묻은 손과 손들이 주림의 골짜기, 죽음의 산을 넘어 굳건한 걸음으로 걸어 나아가 동쪽 하늘에 붉은 피로 물들인 태양을 떠받치어 올릴 것'을 노래하고 있다. 대체적으로 문화적 기억은 사자(死者)추모에 그 인간학적 본질을 둔다. 망자의 이름을 기억하고 경우에 따라서는 후세에 전해주는 것이 살아남은 자들의 책무였다. 망자에 대한 기억은 종교적인 차원과 세속적인 차원으로 나누어지는데, 전자는 경건함으로, 후자는 칭송으로 각기 대변된다. 경건함은 후손의 의무, 즉 살아 있는 자들이 망자를 기리며 추모하려는 의식을 말한다. 그에 반해 송덕(頌德), 즉 칭송으로 명성을 얻는 일이란 어느 정도까지는 망자가 살아 있을 때 실행할 수 있는 것이다. 송덕이란 자기의 이름을 영구화하기 위한 세속적 형식으로, 당사자의 의지와 관련이 있다. 종교적인 망자추모 또한 살아 있는 자들의 기억을 위한 것임에 틀림이 없다. 살아 있는 자와 망자를 서로 연결해 주는 사회적 기억의 가장 본질적이고 널리 알려진 형식은 망자 숭배이다.13)

---

13) 알라이다 아스만, 변학수 외 옮김, 『기억의 공간』, 경북대학교출판부, 2003, 39면.

고려인 문학에서 망자추모의 기능을 살필 수 있는 시들은 주로 10월 혁명, 혹은 레닌 연관되어 있다. 지금부터 이들 시는 무엇 때문에 10월 혁명과 레닌을 지속적으로 시화(詩化)하고 있는지를 살펴보도록 하겠다. 1917년 2월 짜르 체재의 붕괴는 러시아의 피압박 민족들에게는 극적인 새로운 기회가 되었다. 그들은 민족해방을 추구하고 있었기 때문에 러시아의 민주적 변혁에 고무되어 자유로운 다민족 국가의 출현이라고 하는 희망을 가졌다. 그러나 러시아의 임시정부는 그들의 희망을 얼버무리고 있었고, 모든 민족들의 강경한 요구에 대응할 능력도 없었다. 러시아 임시정부는 민족들의 강경한 요구에 부분적인 양보로 회유할 뿐이고, 러시아의 새로운 구조에 대한 문제는 전쟁 종결 후에 소집될 제헌의회의 결정에 따르겠다고 할 뿐이었다. 단지 8개월 동안 지속되었던 러시아의 민주적 시기가 끝나고, 1917년 10월 25일에 레닌의 볼셰비키당이 정권을 장악했다. 레닌의 볼셰비키당과 그 전신인 러시아 사회민주노동당(RSDLP)은 마르크스주의 정당으로서 그 교의를 마르크스·엥겔스의 저작에 기초하고 있다.

마르크스·엥겔스의 교리는 경제학이고 그 행동양식은 계급투쟁이다. 프롤레타리아는 민족적 국경을 넘는 공통된 행동을 위해서 단결하는 혁명세력으로 간주되었다. 그래서 '인터내셔널'과 그 슬로건 '만국의 노동자여 단결하라'가 만들어졌다. 그러나 구소련은 세계 최대의 다민족 국가이고 공화국 형태를 갖고 있었던 15개의 주요 민족 외에 크고 작은 수십 개의 민족 집단이 존속하고 있었다. 그 집단의 언어·관습·역사는 서로 다르다. 그리고 비러시아계 민족들은 모스크바의 지배와 러시아인 우세성과 같은 부당한 문제뿐만 아니라, 같은 비러시아계의 이웃 또는 소수민족과도 민족문제를 겪었다.

1937년의 고려인 집단 강제 이주 정책은 단지 고려인에게만 국한된 민족말살정책이 아니었다. 수백만 명의 우크라이나 농민과 지식인을 추방하고 처형한 것이라든지, 1937년 9월 우크라이나의 아르메니아인을 하리코프에서만 600만 명 검거한 것, 같은 달 소연방의 유럽 지역에 살고 있던 라트비아인을 체포한 것, 같은 해 12월 이후 그리스인을 우크라이나의 대부분 지역에서 대

그리스 공화국의 창설을 기도하고 있다는 명목으로 체포한 사실은 이를 뒷받침한다. 또한 1941년 아제르바이잔의 쿠르드 관구에 살고 있는 약 6만 명의 쿠르드인이 강제 이주되었고 그 관구는 폐지되었다. 북카프카즈에 몰려 살고 있는 민족들은 1937년 7월 28일 카프카즈 비밀경찰 대표이고 스탈린의 악명 높은 부하인 E. G. 에키도프모프에 의해 자행된 '대추방' 계획에 의해 약 10만 명이 체포되어 처형되거나 강제이주를 당하였다. 이 시기 체첸과 잉구쉬의 도시와 농촌에서는 총 수백만 명에 달하는 소수민족들이 즉시, 그리고 완전하게 강제 이주되었다. 그것이 소위 스탈린의 '인민들의 민족발전 자유'였고, 이것은 스탈린의 완전하고, 철저하고, 그리고 매우 다양한 민족말살정책이 소연방 전역에서 행하여졌음을 증거한다.14) 이 같은 상황을 고려해 볼 때 1937년 원동(遠東)으로부터의 고려인 추방은 고려인들에게만 국한된 만행이 아니었음을 알 수 있다.

따라서 기억에서 영원히 사라지지 않는 사변15)은 끔찍한 탄압임에 틀림없지만, 역사적 사건만으로 고려인 문학을 이해하는 것은 문제가 있다. 이런 점에서 강진구의 「중앙아시아 고려인 문학에 나타난 기억의 양상 연구」(『억압과 망각, 그리고 디아스포라-구소련권 고려인 문학』한국문화사, 2004)는 고려인 문학 연구의 새로운 관점으로 관심의 대상이 된다. 강진구는 『레닌기치』에 나타난 고려인들의 역사 복원 과정을 중심으로 살피면서 한 가지 주목해야할 사항으로 강제이주에 대해 고려인들이 끝끝내 침묵으로 일관한다는 사실을 지적하고 있다. 이러한 고려인들의 태도는 과거를 기억하는 것만으로도 또 다른 탄압을 당할지도 모른다는 공포와 불안에 대한 일종의 방어기재로 아직까지도 고려인들이 강제이주의 기억에서 자유롭지 못함을 보여주는 것이라 했다. 고려인들이 강제이주에 대해 말하지 않는 행위는 일종의 망각에 해당한다는 것이다.16) 이점을 염두에 두면서 본고는 10월 혁명과 관련된

---

14) 보흐단 나하일로·빅토르 스보보다, 정옥경 역, 『러시아 민족문제의 역사』, 신아사, 2003, 119~120면.
15) 엠·우쎄르바예와, 「강제이주」, 『레닌기치』, 1989.5.3.

고려인의 시문학과 관련지어 그들의 시가 어떻게 자신들이 나아갈 방향을 모색하고 있는가를 알아 보려 한다.

　10월 혁명, 혹은 레닌의 추모와 연관된 고려인의 시문학은 여러 편이다. 강태수의 <내 심장에 새겨진 레닌>·계봉우의 <할아버지의 눈물>·김남석의 <레닌의 기념비 앞에서>·<영광의 자서전>·김세일의 <영생의 일리츠에게 불멸의 영광을>·김준의 <레닌의 숨>·김창욱의 <시월은 영원한 청춘>·박보리쓰의 <레닌적 친선의 노래>·우제국의 <레닌 아버지>·전동혁의 <레닌은 살앗다>·조기천의 <10월>·조명희의 <10월의 노래>등이 그것이다. 알려진 바와 같이 레닌은 1917년 러시아 혁명의 중심인물로 10월과 레닌은 등가의 것으로 파악된다. 이들 시인들이 노래하고 있는 10월과 레닌은 내 심장에 새겨져 있어 죄지은 어린이처럼 부끄럽고 마음에 죄송하여 우리의 양심을 일깨우고(강태수의 <내 심장에 새겨진 레닌>), "신문을 들고 보시던 할아버지는 하, 이 어룬이 사망하섯구나! 애달픈 마음을 던질 때 돋보기 밑으로 눈물을 흘리시게 하고"(계봉우의 <할아버지의 눈물>, "달이 가고 해가 가 억만년 가도 후대들의 심장에 살아 있는 위대한 당신"(김남석의 <레닌의 기념비 앞에서>)이며, "우리의 은인, 우리의 스승, 공산주의 종족의 시조인 일리츠여! 불멸의 영광이 있을지어다!"로 추앙받는 인물이며(김세일의 <영생의 일리츠에게 불멸의 영광을>), 나의 숨(김준의 <레닌의 숨>)이고, 인류 역사에 영원한 청춘(김창욱의 <시월은 영원한 청춘…>, 친선이라는 신성한 말을 단결의 가치라는 고귀한 재부의 노래를 부르게 하며(박보리쓰의 <레닌적 친선의 노래>), 인류를 행복한 세상으로 인도하여 청사에 빛나고 영원히 살아 계시는 아버지'이고(우제국의 <레닌 아버지>), 끊임없이 혁명과 건설을 위하여 가슴과 머리 속에 살아 있으며'(전동혁의 <레닌은 살앗다>), 인류의 생로를 닦고 명멸하던 나라를 건져 모든 운명까지 받들어주는 위대한 10월이고(조기천의 <10월>), 짓밟힌 무리의 흘린 핏방울이 폭발이 되어 새

---

16) 강진구, 「중앙아시아 고려인 문학에 나타난 기억의 양상 연구」, 『억압과 망각, 그리고 디아스포라―구소련권 고려인 문학』, 한국문화사, 2004, 48면.

세기의 화산으로 솟아오르는 10월(조명희의 <10월의 노래>)이다.

고대 이집트에서 망자에 대한 기억과 개인의 이름을 영구화하려는 것처럼 살아 있는 자들은 죽은 레닌과 혼연일체가 되어, 기독교 세계의 순교자에 대한 집단적 추모제처럼, 공동체의 결속을 다지는 근원적 형식으로서의 신앙적 믿음처럼, 레닌의 이름을 영원히 간직하려는 열망으로 가득 차 있다. 이러한 망자에 대한 추모의 염은 고려인들의 공동체의 기억에 상존하는 운명적 각인을 레닌이 사해줄 수 있다는 믿음과 연관된다. 그것은 추모의 세속화로서의 기능으로써 10월 혁명을 성공시키고 프롤레타리아 독재를 표방하는 혁명정권을 수립하기까지 망명과 체포와 유형의 파란만장한 생을 살다 1924년 사망한 레닌의 삶에서 고려인들은 자신의 미래를 찾은 것이라 하겠다.

고려인들의 시에 나타나는 이 같은 레닌과 10월 혁명에 대한 각별한 추모와 특별하고 경건한 대상으로의 추앙은, 고려인들의 공동체가 처했던 파멸의 재앙에서 기적처럼 생명을 구제받는다는 믿음을 소망한 것이라 하겠다. 이때 죽은 자의 혼령은 개인의 수호천사 내지 은인으로 나타난다. 따라서 레닌과 10월 혁명에 대한 고려인들의 추모에 나타나는 경건성은 고려인들 공동체의 기억에 상존하는 운명적 각인을 더 이상 위협하지 못하게 하는 기능을 수행한다. 망자기억의 보편성은 문화 타부에 대한 응답이라 할 때, 망자들을 추모하고 경건하게 안치하며 찬양하는 태도는 산 자들의 안녕과 다른 사람과의 원만한 관계를 유지하게 하는 수단이기 때문이다.

3. 고려인 시에 나타난 송덕의 기능과 기억 공동체의 장소

지금까지 본 절에서 고려인 시에 나타난 '망자 추모'에 대한 기억을 레닌과 10월 혁명을 노래한 시를 중심으로 검토해 보았다. 앞서의 논의를 염두에 둔다면 적성민족으로 낙인찍혀 중앙아시아로 강제이주를 당한 후에도 고려인들은 레닌과 10월 혁명을 시의 주요 소재로 삼아 노래하고 있음을 알 수 있다. 살아남기 위한 생존전략의 차원이든 소련으로부터의 신뢰획득의 의도가 내재하고 있든 고려인 문학은 소련의 사회적·역사적 상황 변화에 따라 민감하게 반응하며 유지되어온 측면이 있다.17) 따라서 당시 조선인들의 혁명적 이해관계는 로씨야 혁명과 분리할 수 없었다"18)는 정상진의 진술은 역사적 과정이 고려인 작가들의 작품에 작용하고 있음을 증거 한다.

그러나 고려인의 시작품에 자의든 타의든 소련을 자신들의 조국으로 형상화하여 소련공민으로서의 삶에 충실할 것을 역설하고 있으며, '레닌'으로 대표되는 이념적인 찬송 성향이 단지 소수민족으로 살아남기 위한 생존적인 방법의 차원에서 행한 결과물"19)이라는 평가는 역사적 사실만으로 문학을 이해한 측면이 있다. 본고는 이제 이러한 지적을 염두에 두면서 고려인 시에 나타나고 있는 송덕의 기능과 기억 공동체의 장소를 검토해 보도록 하겠다.

평범한 사람들과는 구별하여 명성을 지닌 사람을 노래하여 후세에 영구히 기억에 남게 하려는 의도를 지닌 시에는 송덕의 기능이 우세하게 나타난다. 조선을 건국한 이성계와 그의 조상에 대한 송덕을 칭송한 《용비어천가》는 대표적인 예이다. 그것은 위대한 행위, 그 치적에 대한 기록과 후세의 추모라는 송덕의 세 가지 조건20)을 충족한 것으로 후세의 기억 속에 보존되고 있다. 고려인의 시에도 송덕의 기능은 뚜렷하다. 대표적인 인물로 레닌을 들 수 있다. 강태수·계봉우·김남석·김세일·김준·김창욱·박보리쓰·우제국·진동혁·조기천 조명희 등의 고려인 시인들이 레닌을 송덕하고 있다. 이들 시인들이 노래한 레닌은 '불멸'과 '신성'의 추앙을 받는 인물이며, '영생의 아버지'인 존재이다. 고려인 시인들은 불멸과 신성과 영생의 아버지인 레닌에게 칭송의 지속성을 보장해 줌으로써 인간의 제한된 운명을 넘어설 수 있게 하였다. 그 송덕 기능은 레닌의 이름을 오래도록 지속하게 함으로써 육체적 죽음을 극복하게 하여 후세의 수신자들에게도 절대적 영향력을 끼치게 한다.

---

17) 김낙현, 「고려인 시문학의 현황과 특성」, 『억압과 망각, 그리고 디아스포라-구소련권 고려인 문학』, 한국문화사, 2004, 293면.
18) 정상진, 「머리말」, 《시월의 햇빛》, 알마아따 작가 출판사, 1970, 351면.
19) 김낙현, 위의 글, 25면.
20) 알라이다 아스만, 변학수 외 옮김, 『기억의 공간』, 46면에서 재인용.

또한 고려인 시인들은 긍정적 인물들을 시속에 등장시켜 긍정적 사고를 지향한다는 사회주의 리얼리즘의 특성을 살리려는 의도에서 노력영웅과 혁명가와 전사(戰士)들, 인류 최초의 우주인 등을 시 속의 중요인물로 등장시키고 있다. 리은영은 소련의 우주인이었던 가가린과 찌도브, 니꼴라예브와 뽀뽀위츠 등을 <실화의 영웅>에서 칭송하고 있으며, 태장춘은 치일리 구역 분조장으로 벼수확의 영웅으로 훈장을 받은 김만삼을 송덕하여 <김만삼에 대한 노래>를 지었으며, 자규는 <추억>에서 소설가 최서해를 기리는 시를 지었고, 박영걸은 타슈켄트에서 옥수수 다수확 재배로 유명하였던 소련 사회주의 노력영웅 리 류보피 여사를 위해 <로력 영웅 리 류바>를 지었고, 차원철은 리 류보피 여사가 인민 대위원에 당선된 것을 축하하여 <귀중한 이름>이라는 시와 투르케스탄 소비에트 공화국 꼬미싸르들[21]이 공산주의 이상을 위해 싸우다 전사한 용감성을 형상화한 <럴사비>를 창작하였다. 또한 리상희는 한말의 전설적 의병장이며 1920년 봉오동 승첩과 청산리 대첩을 지휘한 무장항일전의 영웅인 홍범도 장군을 기려 <홍범도 거리에서>를 지었다. 전동혁은 중앙아시아에서 레닌당이 있어 성공적인 삶을 살 수 있었다는 고려인의 삶을 '박영감'이라는 인물이 체험한 역사적 사실을 회상구조로 지은 장편 서사시 <박영감>을 지었다. 김두칠은 살기 힘들었던 조선 사회를 떠나 새 삶의 터전을 찾아 온 '로씨야' 땅에서 빨찌산 활동에 참가하여 소비에트 사회주의 건설에 참여한 송림동 사람들이 원동에서 중앙아시아로 이주하여 살기까지의 고려인 생활상을 묘사한 <송림동 사람들>이라는 장편 서사시를, 김세일은 고려인 여성 혁명가 김 알렉산드라에게 바친 장편 서사시 <새별>을 창작하였다.

 이들 시에서 나타나는 송덕의 내용들은 설교조의 직접적인 어투로 목적문학의 성격을 보인다. 그러나 비록 이들 시가 찬송 성향이나 이념적인 내용을 편파적으로 담고 있다 하더라도, 시 자체가 일종의 상상력의 결과물이라는

---

[21] 꼬미싸르(komissar)는 전권을 위임받은 사람", 혹은 대표자"를 뜻하는 러시아어. 김필영의 『소비에트중앙아시아 고려인 문학사』, 254면에서 재인용.

사실을 인정할 수 있다면, 이들 시는 정신, 즉 인간의 영혼 속에 구현된 기억으로 고려인의 의식에 내면화된 진정성인 것이다. 따라서 고려인 시인들의 시를 이해함에 있어 우리의 관점과 문학성만으로 평가하는 것은 온당하지 않은 처사라 할 때, 고려인 시가 지닌 '송덕의 기능'은 그들과 그들의 후손들을 위한 미래지향적 삶의 표출이라고 하겠다.

다음으로 고려인 시에는 기억공동체의 장소로서 조선과 원동과 중앙아시아의 씨르다리야강·아무르강·알마아따·치르치크 등이 주로 나타난다. 기억에는 연대기적 시간 계산에 대한 견고하고도 확실한 척도가 없다고 했을 때, 기억은 가장 가까운 곳을 아주 먼 곳으로, 그리고 아주 먼 곳을 가까운 곳으로 가져 올 수도 있다. 연대순으로 정리된 역사 서적들이 어느 한 민족의 역사의식에 관해 설명을 한다면 그 민족의 기억은 회상 장소의 기억 내용에서 그 자료를 찾을 것이다. 가깝고도 먼 것의 결합은 이것들을 아우라가 있는 장소로 만든다. 그런 장소들에서 사람들은 과거와 직접적인 접촉을 한다.

모든 문화에서 신들과의 관련성을 가진 성지들이 있다. 무덤과 묘비는 그 후속 제도라고 볼 수 있다. 거기서 산 자들은 과거의 영령들과 접촉할 수 있기를 기대한다. 결국 기억 장소의 흡인력은 세대의 장소라 할 수 있는 무덤의 경우 살아 있는 자와 망자들의 친인척의 고리에 기초하고, 추모지의 경우는 재건과 전통을 이어가는 이야기를 양산한다. 알라이다 아스만에 의하면 추모지란 모범적인 일이 행해지거나 시범적으로 상처가 남은 곳이다. 박해·수모·패전과 죽음 같은 피로 쓰여진 비문의 내용들은 신화적, 민족적 그리고 역사적 기억에 중요한 가치를 갖게 한다. 그것은 어떤 한 집단에 의해 긍정적으로 평가되고 수용되면 망각되지 않는다. 따라서 공동체 기억의 장소는 지나간 역사적 관심에 대한 이야기를 생산하고, 트라우마 장소의 경우는 아물지 않는 상처에 기초한 이야기를 생산한다.[22]

---

[22] 알라이다 아스만, 앞의 책, 430면. 또한 알라이다 아스만은 트라우마의 장소들은 긍정적인 의미 형성을 차단한다는 점에서 추모지와 다르다고 한다. 종교적, 민족적 기억은 피와 희생으로 점철되어 있기는 하나 그런 기억들은 트라우마가 아니다. 왜냐하면 그

고려인 시에 나타나는 '공동체의 기억장소'인 조선과 원동과 중앙아시아의 씨르다리야강, 아무르강, 알마아따, 치르치크 등은 추모지 장소로서의 아우라로 볼 수 있다. 이들 장소들은 고려인들에게 삶을 위협받는 장소인 동시에 삶의 터전이다. 아우라의 개념을 창안하였을 뿐만 아니라 예술, 기술과 대중문화의 연관성에 대한 성찰에서 그 개념을 개진하였던 발터 벤야민은 아우라를 일컬어 공간과 시간으로 짜여진 특수한 직조로서 가까운 곳에 있는 것 같지만 먼 곳에서 온 유일한 현상이다."라고 하였다. 벤야민에 의하면 아우라 현상은 친숙한 직접성에서 생기는 것이 아니라 그와는 전혀 반대로 멀리 떨어져 있어 다가갈 수 없는 것에서 생긴다. 우리가 가까이 있다고 착각하는 것이 멀리 사라진다는 느낌으로 보이는 것이다. 아우라 속에 내재된 신성을 말함에 있어 벤야민은 가깝게 느껴지는 느낌이 아니라 멀고도 낯선 느낌이라고 했다. 이런 의미에서의 아우라는 직접적인 기약을 하지 않는다. 오히려 그것은 다가갈 수 없는 먼 곳과 과거로부터 벗어날 수 없음을 감각적으로 인지하게 하는 장소다.23)

벤야민의 아우라 개념에 의지하여, 원동과 중앙아시아의 씨르다리야강·아무르강·알마아따·치르치크가 고려인 시에서 어떻게 형상화되고 있는가를 알아보도록 하기 위해 본고는 먼저 1945년 소련군의 일원으로서 일본군에 대항하여 웅기·청진·나진 전투에 참가한 뒤, 일본 식민 통치로부터 조국을 되찾은 기쁨을 노래한 조기천의 <두만강>을 통하여 검토해 보도록 하겠다.

    이 땅의 북변을 굽이굽이 휘돌아
    흘러 흐르는 두만강이여!
    부닥치고 감뛰는 그대의 찬 물결에

    런 기억들은 규범적으로 남아 있고 개인적이거나 집단적인 의미 형성에만 필요하기 때문이다.
23) 앞의 책, 443~444면.

묻노니 몇 번이나
흰 옷의 서러운 그림자 비겼더냐?
…(중략)…
모래 우에 뚜렷한 피 흘린 발자국
마지막 탄환도 원수에게 보내고
죽어서도 죽어서도 놈들 손에 안 돌려
한 많은 이 물'결에 몸 던지는
두만강이여, 이것이
그대 그려 둔 조선의 의병이 아닌가?

-<두만강> 부분

　인용한 시의 시적 화자는 두만강에게 흰 옷의 서러운 그림자가 몇 번이나 비추었느냐고 묻는다. 빼앗기고 쫓기는 조선의 사나이와 깨진 가난 속의 조선의 여인과 추격의 총소리를 뿌리치고 운명을 물결에 맡기는 조선의 지사가, 마지막 탄환을 원수에게 보낸 조선의 의병이 한 많은 몸을 던지는 장소가 두만강이라는 인식이다. 일제 식민지 시대 우리 민족이 겪었던 수난의 모습들을 조기천은 두만강에서 떠올렸으며, 일제로부터 한반도가 해방된 기쁨을 또한 두만강으로 표현하고 있다. 따라서 조기천이 노래한 두만강은 무덤과 묘비이며, 추모지의 장소인 것이다. 무덤과 묘비이며, 추모지의 장소인 두만강에서 고려인들은 과거의 영령들과 접촉하고, 살아 있는 자는 망자들을 추모하고, 재건과 전통을 이어가는 모범적 장소로 기억한다. 결국 조기천은 박해·수모·패전과 죽음의 피로 쓰인 비문의 내용들을 <두만강>이라는 시의 양식을 빌어 기억해 내고 있는 것이다.

　고려인 시인들에게 또 다른 기억의 장소로 각인된 곳이 '원동(遠東)'이다. 원동에서 살던 고려인이 중앙아시아로 강제 집단이주 당한 사건은 원동(연해주)이라는 지명에 상징성을 부가시켜주었다. 이때 '원동'은 언어적 의미가 지닌 명백함에 비해 그 장소의 의미는 불분명해진다. '원동'이라는 장소는 본질적으로는 고려인의 삶의 터전이었으나 귀향할 수 없는 추방의 장소이고, 마음대로 여행할 수 있는 장소도 아니며, 그렇다고 원향(原鄕)도 아니다. 그곳은 고려인들에게 이 모든 것이 하나로 녹아 있는 곳이다. 단적으로 말하면 고려인들에게 기억된 '원동'이라는 장소를 표현할 수 있는 언어의 범주란 부재한다고 할 수 있다. 강태수 시인의 <밭 갈던 아씨에게>는 이러한 상황을 가장 극명하게 보여주는 시로 관심의 대상이 된다.

> 밭 갈던 아씨야!
> 이 가없는 벌판에
> 땅거미 살그머니 기여들어
> 모두들 거무숙 물들일 즈음
> 나는 차창에 목을 내밀고
> 네가 갈던 밭과
> 네가 뜨락또르에서 내려
> 기꺼이 걸어가던 그 모습
> 다시 한번 보구지여라.
>
> 내가 이렇게 차창가에 기대여
> 속 타는 그리움에 시달리는 줄
> 너는 아느냐? 모르느냐?
> 너도 아마 잠 이루지 못하고
> 비인 머리맡에 눈을 던지면서
> 말 못하는 볘개나 못살게 구느냐?
> 너는 문을 열지 말어라
> 사랑하는 사람에겐
> 따로 문이 없다.
>
> -<밭 갈던 아씨에게> 부분

인용한 시의 내용 가운데 '원동'이라는 지명은 물론 강제 이주에 대한 울분이나 탄압의 분노에 치떠는 모습으로 형상화되지는 않는다. 그럼에도 불구하고 시의 화자가 애절하게 호명(呼名)하는 '아씨'는 시적화자가 못 잊어 애태우는 젊은 여성이 아니라, 원동으로 표상된다. 시인은 원동을 떠나 카자흐스탄 크즐오르다로 가는 강제 이주 열차 안에서 원동의 밭 갈던 아가씨를 생각하면서 느낀 그리움을 <밭 갈던 아씨에게>로 형상화하였다24)는 설명에서도 이 점은 확인된다. 그러나 박명진이 고려인 문학에 나타난 민족서사의 특징을 탐구하면서 고려인을 게토(ghetto)나 집단수용소에 유폐된 소수민족25)으로 규정한 측면을 염두에 둔다면 강태수의 <밭 갈던 아씨에게>는, 고려인에게 있어 원동이 어떤 장소라는 것을 표현할 수 있는 범주란 부재한다는 측면에서 아씨는 고려인이 처한 삶의 상태를 드러내는 아우라다. 따라서 원동이라는 구체적 지명은 아씨로 호명되는 것이다.

원동이라는 이름의 의미를 파악하고 회상을 시화(詩化)하기 위해서는 항상 그 장소 및 그 장소와 관련된 문제들로 되돌아가는 것이 필요하다. 이렇듯이 다층적이고 복잡한 의미로 '원동'이라는 지명이 기억되는 것은 그곳을 찾는 사람들의 회상과 관점의 아우라가 서로 서로 다르기 때문이다. 고려인은 선험적이고 본질적이며 그 자체로 순수한 원동을 염두에 두고 있지만, 고려인 후손들에게 원동은 선대와는 다른 의미를 지닐 것이다. 더불어 남·북한에 거주하는 사람들과 고려인에게 있어 원동은 한민족의 수난사라는 역사 속에 자리하고 있는 상상의 공동체로 귀속시켜 주는 장소이기도 하다. 이런 점에서 강태수의 <밭 갈던 아씨에게>는 원동이라는 장소와 연관된 개인적·집단적 역사처럼 원동을 대하는 감정들이 사람에 따라 다양하게 채색될 수 있음을 보여주는 시이다.

서적이나 시각 매체들이 전할 수 없는 것을 감성적으로 직접 체험하게 장

---

24) 김필영, 『소비에트 중앙아시아 고려인 문학사』, 강남대학교출판부, 2004, 90면.
25) 이명재 외 6명 공저, 「책을 내면서」, 『억압과 망각, 그리고 디아스포라』, 한신문화사, 2004, 8면.

소의 아우라를 김세일의 <치르치크의 아리랑>에서 볼 수 있다.

> 오늘은 쉼 참에 거기 모였구나
> 목화 따는 꽃 나이 처녀들이
> 풍년 벌 탐스러워 흥겨워하누나
> 조선처녀 우스베크 처녀들이
>
> 여러 태 머리 우스베크 처녀
> 넌짓 앉더니 쥐는구나 돔부라를
> 어쩌면 그리도 잘 타느냐
> 조선민요 "아리랑" 곡조를
> …(중략)…
> 노래처럼 춤도 즐기는 처녀들이
> "아리랑" 곡조에 성수 나니
> 서로서로 손잡고 춤을 춘다
> 빙빙 돌며 친선의 연무를 춘다
>
> -<치르치크의 아리랑> 부분

 러시아식 이름이 김 세르게이이며 레닌과 소련 공산당에 충실한 사회주의적 사실주의 작가로 알려진 김세일[26]은 <치르치크의 아리랑>에서 조선 처녀와 우스베크 처녀들이 목화를 따며 돔부라의 연주에 맞추어 조선 민요 아리랑의 곡조 부르며 친선의 연무를 추는 이상적 화합과 친선을 노래하여 원주민과 이주민 사이에 갈등과 대립과 반목이 무화된 상태에서의 즐거운 노동을 형상화하고 있다. 장소란 사람들이 그곳에서 찾고자 하는 것, 그곳에 대해 알고 있는 것, 그리고 그곳과 관련된 모든 것을 말한다고 할 때, 치르치크는

---

26) 보다 자세한 내용은 김필영, 앞의 책, 312~317면 참조.

서적이나 시각 매체들이 전할 수 없는 것을 감성적으로 직접 체험하게 함으로써 매체로는 재생산 할 수 없는 장소의 아우라를 만들어낸다. 이와 유사한 의미로 이해할 수 있는 시작품들로 김인봉이 씨르다리야강을 세월과 더불어 끝없이 흐르는 젖줄기로 노래한 <강 언덕에 서서>, 아무르강을 우주의 이야기보다 줄기차고 유구한 우리나라의 자랑찬 이야기를 들려주는 장소로 노래한 주영윤의 <아무르강의 밤>, 20여년을 소련 북녘에 있는 아르헨겔스크의 수용소와 거주지 연금 생활을 해야 했던 강태수가 고향을 그리는 시적 화자의 애틋한 사랑을 담아 쓴 <고향원동을 사랑하노라> 등이 있다.

4. 고려인 시의 의미와 남는 문제

역사의 약화 추세는 기억의 부흥을 가져왔다. 공적인 성격을 띠어왔던 보편사가 다양한 미시적 영역의 역사들(histories)로 분할됨에 따라, 이제 남은 것은 개개인이나 개별집단의 주관적 체험들뿐이라는 견해가 설득력을 얻고 있다. 이러한 변화는 더 이상 기억을 역사의 이름으로 억압하지 않고, 양자의 본원적 관계에 대해서 처음부터 다시 성찰할 수 있는 계기를 마련해 주었다. 그러므로 고려인 시를 이해함에 있어 우리의 관점과 문학성만으로 평가하는 것은 온당하지 못하다. 본고는 고려인 시의 특성을 살펴보는 또 다른 방법으로 독일의 문화과학자 알라이다 아스만이 제시한 기억과 발터 벤야민의 아우라개념에 의지하여 기억과 망자추모와 송덕의 기능과 기억 공동체의 장소로 항목화하여 살펴보았다.

본고는 CIS 지역에 살고 잇는 60만 고려인들의 시에 나타난 망자(亡者) 추모의 특성을 식민지 시대 일본제국주의의 부르주아에게 삶을 송두리 째 빼앗겨 버린 고려의 프롤레타리아트의 참혹상을, 산문시의 형태로 기억해 놓은 조명희의 <짓밟힌 고려>에서 찾아보았다. 그것은 역사와 기억의 바람직한 복원 관계를 모색할 수 있는 가능성을 확인하여주는 시이다. 조명희의 <짓밟힌 고려>의 분석에서 분명해진 점은 일견 기억보다 우월해 보이던 역사-식민지인의 참혹한 삶의 모습-도 실은 포괄적인 기억문화의 일부에 지나지 않는다는 것이다. <짓밟힌 고려>는 고려의 프롤레타리아트의 참혹상에 대한 기억만으로 종결되는 것은 아니다. 그의 시는 세계 프롤레타리아트 몇 억만의 상하고 피 묻은 손과 손들이 주림의 골짜기, 죽음의 산을 넘어 굳건한 걸음으로 걸어 나아가 동쪽 하늘에 붉은 피로 물들인 태양을 떠받치어 올릴 것을 노래하고 있다.

조명희를 비롯한 고려인 문학에서 망자추모의 기능을 살필 수 있는 시들은 주로 10월 혁명,혹은 레닌과 연관된 것이다. 1937년의 고려인 집단 강제이주 정책은 단지 고려인에게만 국한된 민족말살정책이 아니라고 할 때, 고려인들의 시에 나타나는 이 같은 레닌과 10월 혁명에 대한 각별한 추모와 특별하고 경건한 대상으로의 추앙은, 고려인들의 공동체가 처했던 파멸의 재앙에서 기적처럼 생명을 구제받는다는 믿음을 소망한 것이라 하겠다. 이때 죽은 자의 혼령은 개인의 수호천사 내지 은인으로 나타난다. 따라서 레닌과 10월 혁명에 대한 고려인들의 추모에 나타나는 경건성은 고려인들 공동체의 기억에 상존하는 운명적 각인을 더 이상 위협하지 못하게 하는 기능을 수행한다. 망자기억의 보편성은 문화 타부에 대한 응답이라 할 때, 망자들을 추모하고 경건하게 안치하며 찬양하는 태도는 산 자들의 안녕과 다른 사람과의 원만한 관계를 유지하게 하는 수단이기 때문이다.

평범한 사람들과는 구별하여 명성을 지닌 사람을 노래하여 후세에 영구히 기억에 남게 하려는 의도를 지닌 시에는 송덕(頌德)의 기능이 우세하게 나타난다. 고려인 시인들은 불멸과 신성과 영생의 아버지인 레닌에게 칭송의 지속성을 보장해 줌으로써 인간의 제한된 운명을 넘어설 수 있게 하였다. 그 송덕 기능은 레닌의 이름을 오래도록 지속하게 함으로써 육체적 죽음을 극복하게 하여 후세의 수신자들에게도 절대적 영향력을 끼치게 한다. 또한 고려인 시인들은 긍정적 인물들을 시속에 등장시켜 긍정적 사고를 지향한다는 사회주의 리얼리즘의 특성을 살리려는 의도에서 노력영웅과 혁명가와 전사들, 인류 최초의 우주인 등을 시 속의 중요인물로 등장시키고 있다.

고려인 시에는 기억공동체의 장소로서 조선과 원동과 중앙아시아의 씨르다리야강·아무르강·알마아따·치르치크 등이 주로 나타난다. 고려인 시에 나타나는 공동체의 기억장소인 조선과 원동과 중앙아시아의 이들 지역들은 추모지 장소로서의 아우라라 할 수 있다. 이들 장소들은 고려인들에게 삶을 위협받는 장소인 동시에 삶의 터전이다. 조기천은 박해·수모·패전과 죽음의 피로 쓰인 비문의 내용들을 <두만강>이라는 시의 양식을 빌어 기억해 내고 있다. 고려인 시인들에게 또 다른 기억의 장소로 각인된 곳이 원동이다. 강태수의 <밭 갈던 아씨에게>는 원동이라는 장소와 연관된 개인적·집단적 역사처럼 원동을 대하는 감정들이 사람에 따라 다양하게 채색될 수 있음을 보여주는 시이다. 서적이나 시각 매체들이 전할 수 없는 것을 감성적으로 직접 체험하게 장소로서의 아우라를 김세일의 <치르치크의 아리랑>에서 볼 수 있다.

그러나 본고는 고려인 시를 연구함에 있어 통시적인 검토 작업에서 미흡함이 있다. 계기적으로 고려인 시에 나타난 기억과 '망자추모'와 '기억의 유형'과 '공동체 기억 장소'를 살폈더라면 고려인 시의 특성을 좀더 구체적으로 검증 할 수 있었을 것이다.

참고문헌

기초자료
공동작품집, 《꽃피는 땅》, 알마아따 사수싀출판사, 1988.
_____, 《시월의 햇빛》, 알마아따 사수싀출판사, 1971.
_____, 《씨르다리야의 곡조》, 알마아따 사수싀출판사, 1975.
_____, 《행복의 고향》, 알마아따 사수싀출판사, 1988.
김연수, 《소련식으로 우는 아이》, 주류, 1986.
_____, 《치르치크의 아리랑》, 인문당, 1988.
신문, 『레닌기치』, 크졸오르다 알마아따, 1938~1990.
신문, 『선봉(先鋒)』, 블라디보스톡, 하바로스크, 1923~1937.

단행본

강만길, 『회상의 열차를 타고』, 한길사, 1999.
고송무, 『쏘련의 한인들: 고려사람』, 이론과 실천, 1990.
국제문제조사연구소 편, 『해외 한민족의 현재와 미래』, 다나, 1996.
권영훈, 『고려인 사는 나라 까자흐스탄』, 열린책들, 2001.
김게르만, 『해외의 한인들-과거·현재·미래』, 알마아타, 1995.
김 뾰또르, 『우즈베케스탄의 한인들』, 타시켄트, 1993.
김 블라지미르, 조영환 역, 『재소한인의 항일투쟁과 수난사』, 국학자료원, 1997.
김윤식·정호웅 편, 『한국 근대 리얼리즘 작가연구』, 문학과 지성사, 1988.
김응교, 『사회적 상상력과 한국시』, 소명출판, 2002.
김종회 편, 『한민족문화권의 문학』, 국학자료원, 2003.
김필영, 『소비에트 중앙아시아 고려인 문학사』, 강남대출판부, 2004.
리 블라지미르 표도로비치 외, 『스딸린 체재의 한인 강제이주』, 건국대출판부, 1994.
박 환, 『러시아한인 민족운동사』, 탐구당, 1995.
＿＿＿, 『박환의 항일유적과 함께 하는 러시아기행』, 국학자료원, 2002.
＿＿＿, 『재소한인민족운동사』, 국학자료원, 1998.
발터 벤야민, 반성완 편역, 『발터 벤야민의 문예이론』, 민음사, 1983.
보흐단 나할일로·빅토르 스보보다 공저, 정옥경 역, 『러시아 민족문제의 역사』, 신아사, 2002.
슐킨·꼬쉬만·제지나 지음, 김정훈 외 옮김, 『러시아 문화사』, 후마니타스, 2003.
윤병석, 『국외한인사회와 민족운동』, 일조각, 1990.
＿＿＿, 『한국독립운동의 해외사적 탐방기』, 지식산업사, 1994.
윤인진, 『코리안 디아스포라』, 고려대출판부, 2004.
이광규, 『재외동포』, 서울대출판부, 2000.
이덕형, 『러시아 문화예술천년의 울림』, 성균관대학교출판부, 2004.
이명재, 『소련지역의 한글문학』, 국학자료원, 2002.
＿＿＿ 외, 『억압과 망각, 그리고 디아스포라』, 한국문화사, 2004.
장윤익, 『북방문학과 한국문학』, 인문당, 1990.
장춘희, 『중앙아시아』, 청아출판사, 2004.
전경수, 『까자흐스탄의 고려인』, 서울대출판부, 2002.
정덕준, 『조명희』, 새미, 1999.
조동걸, 『독립군의 길따라 대륙을 가다』, 지식산업사, 1995.

논문

권희영, 「한민족의 중앙아시아 이주의 배경과 과정」, 『민족문제발전연구』 2, 1998.3.
기광서, 「구소련 한인의 민족 정체성 상실과 회복: 역사와 현재」, 『재외한인연구』 제10호, 2001.6.
김열규, 「'어머니 땅' 중앙아시아에 피어난 푸른 꽃; 소련동포들의 문학 1」, 『전망』 46, 1990.10.
김재홍, 「재소 한인문학의 선구자: 조명희 편」, 『한국논단』 11, 1990.7.
김중관, 「카자흐스탄의 체재 전환에 따른 민족의 정체성과 고려인의 역할」, 『외교』 56, 2001.1.
리 진, 「러시아 속의 한국문학과 한국인」, 『한국문학』, 1996. 겨울호.
미하일 박·박노자, 「러시아 한국학의 개척자: 미하일 박 교수 '대담'」, 『정신문화연구』 25권 제3호, 2002.9.
양원식, 「중앙아시아 카자흐스탄 고려인 사회의 어제와 오늘」, 『한민족공영체』 7, 1999.6.
유학구, 「한민족공동체와 독립국가연합 고려인사회」, 『한민족공영체』 7, 1999.6.
윤인진, 「중앙아시아 한인의 언어와 민족정체성」, 『재외한인연구』 7, 1998.12.
_____ 외, 「독립국가연합의 정치경제적 상황과 고려인의 당면 과제」, 『아세아연구』 통권 106호, 2001.12.
이명재, 「북한문학에 끼친 소련문학의 영향: 소련과 고려인 문학을 중심으로」, 『어문연구』 116호, 2000년 겨울호.
이정희, 「고려인 문단의 문제들」, 『제10회 국제문학 심포지엄-IT시대 한국 문학의 세계화 방안』, 국제펜클럽 한국본부주최, 서울, 2003.7.24.
이정선, 「구소련 지역 고려인 문학의 형성과 시문학 양상」, 김종회 편, 『한민족 문화권의 문학』, 국학자료원, 2003.
이채문, 「한인의 러시아 극동지역 이주: 역사와 이론」, 『슬라브학보』 15권 1호, 2000.6.
장준희, 「카자흐스탄 고려사람의 민족정체성 변화과정 연구」, 『재외한인연구』 8, 1999.12.
정상진, 「재소련 고려인 문학의 정체성」, 『민족발전연구』 제6호, 2002.3.
채수영, 「재소 교민문학의 특징」, 『문화예술』 132, 1990.7.

2절 고려인 문학 원천으로서의 조명희

1. 머리말

조명희는 민족 해방과 사회주의 국가 건설을 위해 1928년 소련으로 망명하여 문학 활동을 하다가 1937년 9월 17일경 자신의 집에서 일본 스파이라는 죄명으로 비밀 경찰인 엔까웨데(내무인민위원부)에게 잡혀 간다. 그날 이후 그는 다시는 가족들에게 돌아오지 못하고, 그의 가족들은 그의 생사 여부를 알지 못한 채, 그해 10월 경 중앙아시아로 다른 많은 고려인들과 함께 강제이주당한다. 조명희는 조선에서 일본 경찰들의 박해와 억압을 피해 창작 활동을 하지만, 그 정도가 심해지고 생명의 위험까지 받게 되자 소련으로 망명하기로 결심을 한다.27) 망명지인 연해주에서 조선의 해방을 노래하고, 볼셰비키 혁명을 찬양하면서 사회주의 국가 건설을 위해 노력을 다한다. 그런데 새로운 삶의 근원지이자 프롤레타리아트 조국이 된 소련에 의해 아이러니하게도 배신을 당하고 만다.

한국근대문학사에서 이데올로기적 이상향을 쫓아 삶의 근원지를 옮긴 망명 작가가 조명희처럼 비극적으로 생을 마감한 여러 경우를 볼 수 있다. 특히 소련으로 망명하거나 북한으로 월북한 작가들에게서 그와 같은 사례를 찾을 수 있다. 그들은 일제 강점에 의해 민족과 국가를 빼앗긴 상실 의식을 사회주의 이데올로기 지향으로 보충하기 위해 망명과 월북을 선택하였을 것이다.

---

27) 『레닌기치』 1984년 8월 10일자 신문에 조명희 탄생 90주년 기념에 즈음한 기사가 실렸다. 여기서 그가 망명한 동기를 "작가의 선진적인 정치 및 사상적 무장·날카로운 정론적인 그의 필치·근로 대중의 이익을 옹호 지지하는 그의 문학·국내와 해외에서 날로 높아져가는 그의 명성과 위신-이 모든 조건들로 하여 조명희는 일본 경찰들의 박해와 억압을 받게 되었다"고 한다. 한편 이정숙 교수는 그는 극빈의 생활난으로 인하여 별 애정이 없는 처자식으로부터 벗어나고 싶어했고 생활에 권태를 느꼈으며 배고픔으로 인한 비참함과 함께 끊임없이 어딘가로 탈출하거나 부딪쳐 보고 싶은 충동"에 의해서라고 한다.
이정숙, 조명희 소설을 통해 본 내면 세계 고찰-망명 동기를 중심으로,《동아시아연구》2집, 한성대학교 동아시아연구소, 2002, 46면.

그러나 그들이 망명지에서 체험한 현실은 그렇지 못한 것 같다. 여기에 식민지 체험을 한 국가에서 공간과 공동체가 갖는 의미의 특이성이 있다. 삶의 준거라 할 수 있는 국가라는 공동체가 사라진 것은 마치 아버지라는 존재가 없어진 것과도 같다. 그와 같은 아버지 상실 의식이 작가의 내면 의식에 영향을 미쳐 작품의 미적 형상화의 원리로 작용을 한다. 최근 Diaspora에 대한 논의가 많이 이뤄지고 있는 데, 여기서 가장 중요한 것이 '여기와 저기'라는 공간 의식이자 공동체 의식이다. 민족과 국가를 떠난 새로운 공동체에서 자신의 존재성의 근거를 어디에 두는가는 상당한 의미가 있다. 더욱이 조명희처럼 자신이 그토록 원하던 사회주의 국가에서 작품 활동을 한 작가에게 그의 내면 의식에 어떤 공동체를 존재의 근거로 삼고 있는가 하는 점은 작품 해석에 있어서 중요한 요소이다. 즉 작품들이 사회주의 이데올로기를 찬양하는 것으로 되어 있어도 그 이면 속에 있는 작가의 공동체 의식이 표면에 드러난 것과 꼭 같다고 말을 할 수 없을 수도 있는 것이다.

조명희 망명 후의 문학 활동이 주목받는 또 다른 이유는 그가 고려인 문학이 형성되는 데 큰 기여를 한 점이다.[28] 그가 소련 연해주에 처음 갔을 때 창작된 시들이 옛 시조 가락에 혁명 가사를 붙여 노래를 부를 정도로 조선적인 것과 소련식인 것이 부조화를 이루고 있었다고 한다. 더욱이 문학이라고 할 수 없고 정치 표어와도 같은 선전문구와도 같았다고 한다. 그러하였던 것을 문학적인 작품으로 바꿔 놓으면서 새로운 문학의 표본을 보여 주었다. 그를 따르는 문학 지망생들이 늘어났다. 그들이 점차적으로 고려인 문단을 형성하고 중앙아시아로 강제 이주 당한 후에도 맥을 이어가 고려인 문학을 만들었

---

28) 정상진은 소련 조선인 문단을 회보하면서 조명희에 대해 다음과 같이 말을 한다. "소련에서 조선인문단이 형성되어 첫걸음을 하는 데는 포석 조명희 선생의 역할이 결정적이라고 봐야 할 것이다."
정상진, 「조명희로부터 김 아나톨리까지-소련 조선인문단을 회고하면서」, 『한길문학』 12, 한길사, 1992.3, 257~258면.
정상진은 해방 이전 소련에서 러시아문학을 가르치다가 해방 후 북한에서 문화부 부부장(차관급)을 지내다가 반종파 투쟁에 의해 소련으로 망명을 가 현재 카자흐스탄 알마티에 거주하고 있다.

다.29) 80년 이상 되는 고려인 문학 역사는 미국이나 일본, 중국 등의 이민 문학 못지않게 오래된 것이다. 소련이 붕괴되기 전까지는 외부와 단절된 폐쇄적 사회여서 외부에 그들 문학이 전달되지 못하였다. 소련 연방이 해체되고 난 뒤부터는 그곳 사정이 국내에 전해지기 시작하고, 다양한 자료들이 공개되면서 고려인 문학의 존재가 알려지게 되었다. 카자흐스탄에는 고려인 이주 작가들이 가장 많이 거주하고 있다. 그곳에 거주하는 작가들의 출신 지역을 보면, 일제 핍박을 피해 온 남한 출신, 북한 정권이 싫어 도망 나온 북한 출신, 일제 시대 사할린으로 끌려갔던 남북한 출신 등이 뒤섞여 있다. 이처럼 출신 지역이 다르지만 이들이 겪는 민족 공동체의 정체성 문제가 사회주의 이데올로기와 결부되어 있는 점에서 공통점을 갖고 있다. 그 연원이 강제 이주 당하기 이전인 연해주로 거슬러 올라간다. 1920~30년대 연해주는 각기 다른 지역에서 온 많은 조선인들이 사회주의 이데올로기를 지향하여 왔고, 그러면서도 민족 공동체 의식을 놓지 않고 있었다. 그 한 가운데에 조명희가 있는 것이다.

　조명희의 망명 이후의 문학 활동에 대한 기존의 연구는 망명 이전에 비하면 상대적으로 활발하게 이뤄지지 않았다. 작품 선집이나 전집은 최근 이명재가 편한 《낙동강(외)》(범우비평판한국문학 8-1, 종합출판범우, 2004) 외에 《조명희선집》(소련 과학원 동방도서출판사, 1959)·《포석 조명희전집》(동양일보 출판국, 1995)·『조명희』(정덕준 편, 새미, 1999) 등이 있다. 망명 이후 조명희에 대한 연구를 한 연구자는 김열규30)·이명재31)·민병기32)·김성수33)·김재홍34) 등이 있다. 조명희의 망명 이후의 행적과 작품 활동을 연구

---

29) 연해주에서 중앙아시아까지 이어지는 고려인 문학 1세대 대표 작가는 강태수·한 아나톨리·연성용·태장춘·김세일·전동혁·김증송 등이다.
30) 김열규, 조명희 문학에 나타난 '소비에트 모국관', 《전망》, 1993.2.
31) 이명재, 「포석 조명희 연구」, 『국제한인문학연구』, 국제한인문학회, 2004.10.
32) 민병기, 「포석 조명희 연구」, 『사림어문』 6, 창원대학 국어국문학회, 1989.
　　　, 「조명희론」, 《현대문학》, 1989.7.
　　　, 「망명 작가 조명희론」, 《비평문학》, 1989.8.
33) 김성수, 「소련에서의 조명희」, 《창작과 비평》, 1989.7.

하는 데 있어서 그에 관한 각종 자료들을 발굴해 내는 일이 연구 보다 선행되어야 한다. 그 만큼 그의 작품 원본부터 시작하여 그에 관한 각종 기록을 접하기가 쉽지 않았다는 이야기다. 그래서 그런지 선행 연구에서는 그의 작품 원본을 찾아내는 일을 하지 않았고, 그의 문학과 삶에 대한 증언을 많이 입수하지 못하였다. 제한된 자료와 정보로 표기나 오해가 많이 있었던 것이 조명희 문학 연구의 문제점이다. 특히 여러 자료와 정황을 종합하여 그의 망명 문학에 대한 성격을 규명하여야함에도 불구하고 사회주의 국가에 가 사회주의 이데올로기 찬양의 시들을 썼으니 사회주의자라고 쉽게 속단하는 잘못도 범하였다.

고려인들이 문학 작품을 발표한 지면은 연해주에서는 1923년에 창간된 『선봉』(1923~1937년) 신문과 그 이후 창간된 『로력자의 고향』잡지였고, 중앙아시아에서는 1938년 창간된 『레닌기치』(1938~1990년)와 1991년에 창간된 『고려일보』(1991년~현재) 신문이다. 『선봉』신문에는 조명희가 '조생'이라는 필명으로 시와 동시, 평론을 발표하였으며, 『레닌기치』와 『고려일보』에는 조명희의 딸과 아들, 연해주의 학교에서 공부를 배운 제자들, 그리고 문학 제자나 후배들이 그의 행적과 미 발표 작품을 공개하였다. 이와 같은 자료들이 어느 한 곳에 전부 소장되어 있지 않고 통일부 북한자료센터, 서울대학교 중앙도서관, 신문자료실, 한림대학교 동양학연구소, 역사편찬위원회 등에 마이크로필름이나 영인본으로 보관되어 있다. 선행 연구는 이들 자료를 제대로 찾지 않은 채 1959년 소련과학원에서 출판한 《조명희선집》(1959년)을 원본으로 삼아 작품 선집이나 전집을 만들었다. 가장 최근인 2004년에 발간된 《낙동강(외)》이라는 작품 전집 역시 『선봉』에 실린 작품 원본을 확인하지 않고 발표 시기·제목과 내용·띄어쓰기와 운율과 리듬과 같은 형식 구조 등에서 발생한 오류를 그대로 답습하고 있다.

기존 연구에서 조명희가 소련에서 어느 날 갑자기 잡혀가 사망하게 된 이

---

34) 김재홍, 「<낙동강>과 <짓밟힌 고려>의 한 고찰」, 『한국학연구』, 인하대 한국학연구소, 1989.

유를 정확하게 밝혀내지 못하고 있다. 그가 어떤 이유로 잡혀갔는가를 밝히는 일은 그의 문학 활동에 대한 성격 규명에서 매우 중요한 일이다. '그 어떤 이유' 속에는 인간관계·사회적인 분위기·역사적인 맥락, 그리고 작품 내재적인 것 등이 모두 담겨 있어서이다. 따라서 본 연구에서 조명희의 사망 원인을 여러 자료들을 통해 추적하여 문학 활동이 갖는 의미를 규명하겠다. 그리고 그와 같은 문학 활동이 작품 형상화에 어떻게 작용하였는지를 함께 찾아나가겠다. 물론 그렇게 하기 위해 먼저 그의 작품 원본을 확정 짓는 일을 하겠다. 작품 원본 확정을 통해 그의 시문학이 어떤 특성을 지니는지가 드러날 것이다. 본 연구를 위해 망명 작가의 특징이라 할 수 있는 공동체 의식에 주목한다. 프로이트의 공동체 의식에 관한 정신분석을 연구 방법론적 인식으로 삼아 논의를 전개시켜 나가겠다. 그렇지만 그의 이론에 기대어 그것에 걸맞은 개념을 해석하는 데 초점을 두지는 않을 것이고, 자료의 실증적 사실에 근거하여 연구 결과를 내도록 하겠다. 본 연구가 제대로 이뤄진다면 일제 강점기 해외로 망명이나 이민 간 작가들의 작품에 대해 공동체 의식의 양상에 따른 각각의 문학적 성격을 밝혀낼 수 있는 계기가 마련될 것으로 본다. 또한 한국근대문학사의 외연을 보다 확장시켜 해외 한민족 문학사를 쓸 수 있는 토대가 될 수 있을 것으로 본다.

2. 원본 확정과 시문학의 특성

『선봉』신문에 실린 조명희의 작품은 다음과 같다.

시는 <짓밟힌 고려>(『선봉』, 1928년 11월 7일), <볼세비키의 봄>(『선봉』, 1931년 3월 25일), <여자공격대>(『선봉』, 1931년 4월 4일), <10월의 노래>(『선봉』, 1930년 11월 7일), <맹서하고 나아서자>(『선봉』, 1934년 6월 3일), <'오일' 시위운동장에서>(『선봉』, 1931년 4월 4일), <아우 채옥에게>(『선봉』, 1935년 3월 8일), <까드르여 너의 짐이 크다-조선인 사범대학 제1회 졸업생들 앞에->(『선봉』, 1935년 6월 30일) 등이 있다. 평론으로는 <아동문예

를 낳자>(『선봉』, 1935년 3월 18일, 21일), <조선의 놀애들을 개혁하자>(『선봉』, 1935년 7월 30일부터 8월 3일까지) 등이 있다. 《로력자의 조국》에 실린 글로 <'로력자의 고향'에 실린 시들에 대하여>(《로력자의 조국》 2호, 1937), <시 '씨비리아 철도행'에 대하여>(《로력자의 조국》 2호, 1937), <소품 일편>(《로력자의 조국》 2호, 1937) 등이 있다. 그가 죽고 난 후 그의 작품이라고 하는 것들이 『레닌기치』신문에 <아무르를 보고서>(『레닌기치』, 1984년 8월 10일), <공장>(『레닌기치』, 1984년 8월 10일), <어린 두 나무군>(『레닌기치』, 1984년 8월 10일), <샘물>(『레닌기치』, 1984년 8월 10일), <눈싸움>(『레닌기치』, 1984년 8월 10일), <새들의 회의>(『레닌기치』, 1984년 8월 10일) 등이 있다.

지금까지 출판된 조명희 작품집과 연구서들은 1959년 황동민이 편하고 소련 과학원 동방도서출판사에 발간한 《조명희선집》을 판본으로 삼아 출판되었다. 1995년 동양일보에서 출간한 《포석 조명희전집》, 1999년 정덕준이 편찬한 《조명희》 연구서 등을 기준으로 하였다. 이들 작품집과 연구서들이 조명희가 연해주로 망명가 그곳 신문인 『선봉』에서 '조생'이라는 필명으로 발표한 작품을 원본으로 삼지 않았다. 황동민이 《조명희선집》을 만들 때 『선봉』 신문에 실린 작품들을 확인하지 않았음은 작품 발표시기가 제대로 기입되지 않은 것에서 알 수 있다. 조명희의 제자나 주변 사람들이 적어 놓은 노트에 의존하여 만들기도 하였다고 하니, 그것을 작품 원본으로 보기는 어렵다. 그러므로 『선봉』 신문에 실린 그의 작품 발견은 사료적 가치와 작품 해석에 있어서 중요한 의미를 준다.

『선봉』에 실린 작품과 그 후 발간된 작품집에 실린 것들을 비교하여 보면 다음과 같은 점이 서로 상이하다.

첫째, 작품 제목과 발표 지면·발표 시기 등과 같은 기본적 서지가 잘못되어 있다.

둘째, 맞춤법과 표기를 윤색하여 원본이 갖고 있는 운율과 리듬이 바뀌어 있다.

먼저 『선봉』 신문에 실린 작품을 기준으로 하여 지금까지 간행된 작품집과 연구모음집을 비교하여 어떤 오류를 범하고 있는지부터 살펴보겠다. 대상으로 삼은 작품집과 연구모음집은 《조명희선집》(소련 과학원, 1959)·《포석 조명희전집》(동양일보출판국, 1995)·《조명희》(정덕준 편, 새미, 1999) 그리고 《낙동강(외)》(이명재 편, 범우비평판한국문학 8-1, 종합출판범우, 2004)이다.

<깃밟힌 고려>는 『선봉』 신문에 1928년 11월 7일에 게재되어 있다. 그러나 《조명희선집》를 비롯한 《포석 조명희전집》·《조명희》·《낙동강(외)》 등에는 발표지가 밝혀져 있지 않으며, 발표 시기는 1928년 10월로 되어 있다. 《낙동강(외)》의 작품 연보에는 발표지와 발표 시기가 《조선지광》 80호, 1928년 9월로 잘못 기입되어 있다.

<볼세비키의 봄>은 『선봉』, 1931년 3월 25일에 실렸다. 발표지가 어디로 되어 있는지는 작품집과 연구모음집 어디에도 나와 있지 않으며, 발표 시기는 1931년 3월로 되어 있을 뿐 구체적인 날짜는 기입되어 있지 않다. 그런데 《낙동강(외)》의 작품 연보에는 발표 시기를 1931년 4월 4일로 되어 있는데, 이것은 명백한 오류이다.

<녀자공격대>는 『선봉』, 1931년 4월 4일에 발표되었다. 작품집과 연구모음집에는 시 제목이 '여자돌격대'로 되어 있으며, 발표지는 《낙동강(외)》를 제외하고는 모두 기입되어 있지 않으며, 발표 시기는 1931년 3월로 되어 있다.

<10월의 노래>는 『선봉』, 1930년 11월 7일에 실렸다. 발표지는 《낙동강(외)》을 제외하고는 모두 기입되어 있지 않으며, 발표 시기는 1931년 9월로 되어 있다.

<맹서하고 나아서자>는 『선봉』, 1934년 6월 3일에 게재되었다. 《조명희선집》·《포석 조명희전집》·《조명희》에서는 제목이 <맹세하고 나서자>로 되어 있고 발표지는 없으며, 발표 시기는 1934년 4월로 되어 있다. 그런데 최근 판인 《낙동강(외)》에는 발표지와 발표 시기가 나와 있지 않다.

<오일 시위운동장에서>은 『선봉』, 1931년 6월 3일에 실렸다. 《조명희선집》에서는 시 제목이 <五月 一日 시위 운동장에서>로 되어 있고, 다른 작품집과 연구모음집에서는 <5월 1일 시위 운동장에서>로 되어 있다. 한자를 사용하고 안하고는 별 문제가 아닌 것 같지만 조명희 자신이 한자 사용을 봉건적 잔재로 여겼음을 고려하여야 한다. 조명희가 살아 있어 작품집을 만들었다면 이와 같은 한자를 사용하지 않았을 것이다. 발표지와 발표 시기는 『선봉』 신문과 같다.

<아우 채옥에게>는 『선봉』, 1935년 3월 8일에 발표되었다. 작품집과 연구모음집에 표기된 제목·발표지·발표 시기 모두 동일하다.

<아동문예를 낳자>는 『선봉』, 1935년 3월 18일과 21일 게재되었다. 작품집과 연구모음집에서 발표 시기를 1935년 3월 18일 하루만 표기되어 있고, 다른 사항은 모두 같다.

<까드르여 너의 짐이 크다-조선인 사범대학 제1회 졸업생들 앞에->는 『선봉』, 1935년 6월 30일에 실렸는데 다른 판본과 모두 동일하다.

<조선의 놀애들을 개혁하자>는 『선봉』, 1935년 7월 30일부터 8월 3일까지 게재되었는데, 《조명희선집》과 《포석 조명희전집》·《낙동강(외)》에는 1935년 7월 30일로만 되어 있다. 《조명희》의 작품 연보에는 아무 것도 기록되어 있지 않다.

그가 죽고 난 후 <아무르를 보고서>와 <공장>과 같은 시와 <어린 두 나무군>·<샘물>·<눈싸움>·<새들의 회의>·<푸른 편지>·<소금쟁이> 등과 동시들이 『레닌기치』 신문, 1984년 8월 10일에 새로 발견된 유작이라고 하며 실렸다. 그 후 1988년 10월 27일에 같은 작품들이 같은 신문에 역시 최예까쩨리나가 보내온 유작이라고 하며 게재되었다. 그러나 같은 작품들인데도 어휘와 형식·내용이 조금씩 다르게 표기되어 있다. 이들 작품 중 <푸른 편지>와 <소금쟁이>는 조명희 작품이 아니라는 주장도 있다. 그렇다면 원본은 따로 있다는 가정이 성립된다. 신문사가 자체적으로 이들 작품이 실린 신문이나 잡지를 발견하고 그것을 토대로 게재한 것이 아니라 조명희의 연해

98

주 시절 학생이었던 최 예까쩨리나가 수업 시간에 칠판에 적힌 그의 시들을 받아 적은 노트를 입수하여 신문에 실리게 된 것이다. 어린 학생이 그의 시인지 아닌지 구분하지 않고 칠판에 적힌 시들을 받아 적었을 것이고, 그러다보니 그의 것이 아닌 다른 작가의 것도 함께 노트에 기입되었을 것이다. 아무튼 이들 시가 그의 것인지 아닌지를 명확하게 입증할 만한 자료들이 현재로서는 부족한 상태이다.

둘째, 작품이 개작되어 운율과 리듬이 뒤바뀐 경우가 많다. 본 연구에서 모두 대조하여 볼 수는 없고, 그 중 대표적인 작품 두 편을 통해 살펴보도록 하겠다.

(가)

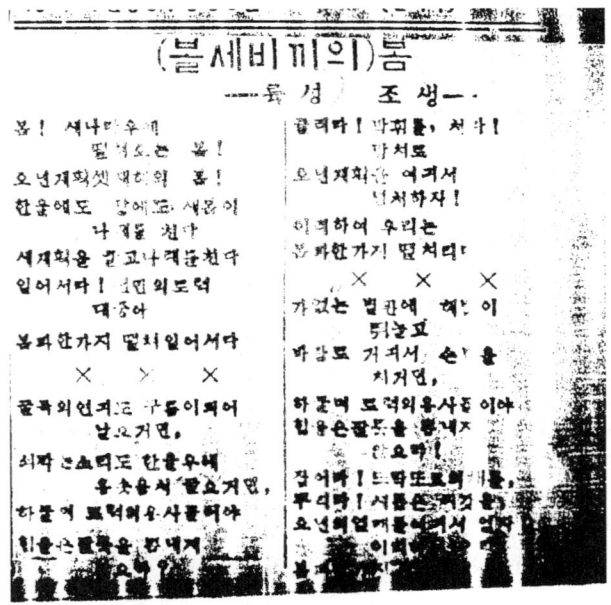

(나)
봄! 새 나라에 떨쳐오는 봄,
五년 계획 셋째 해의 봄,
하늘에도, 땅에도 새봄이 나래를 친다.
새 계획을 물고 나래를 친다.
일어 서라 천만의 로력 대중아!
봄과 한가지 떨쳐 일어 서라!

굴뚝의 연기도 구름이 되여 날으거던
쇠 깎는 소리도 하늘 우에 용솟음쳐 구르거던,
하물며 로력의 용사들이야
힘오른 팔뚝을 뽐내지 않으랴?
둘러라, 바퀴를! 쳐라, 망치로!
五년 계획을 여기서 넘쳐 하자!
이리하여 우리는
봄과 한가지 떨치리라.

가없는 벌판에 햇빛이 뛰놀고
바람도 거기서 손벽을 치거던,
하물며 로력의 용사들이야,
힘오른 팔뚝을 뽐내지 않으랴?
잡아라! 뜨락또르채를, 뿌리라! 새 씨앗을
五년의 열매를 여기서 얻다!
이리하여 우리는 봄과 한가지 떨치리라.
　　　　　－《조명희선집》(쏘련과학원 동방도서출판사)

(가)는 『선봉』신문에 실린 것이고, (나)는 소련 과학원에서 편찬한 《조명희

선집》에 게재된 것이다. 이 두 편을 비교하여 보았을 때, (나)가 (가)에서 어휘를 수정하고, 띄어쓰기를 문법 체계에 따라 고쳤음을 알 수 있다. 그러다 보니 운율과 리듬을 무시하게 되어 조명희 시가 갖고 있는 특유의 음악성이 사라져 버렸다. 『선봉』에 실린 작품을 보면 한 행에 2음보로 규칙적으로 되어 있다가 간혹 3음보로 되어 있기도 하다. 그러나 오른 편의 작품은 음보율이 완전히 무시되어 있다. 조명희 자신은 시 문학에 있어서 운율과 리듬을 상당히 중요하게 여겼다.

> 초기 프롤레타리아트의 반항적 감정이 문예적으로 아직 정서화되지 못하고 말이 아직 리듬화되지 못한 데서, 작가나 시인들이 아직 기교를 소유하지 못한 데서, 정치적 내용이 첫째로 중하기야 더 말이없지마는, 그렇다 하여서 그것만 중히 여기고 표현하는 기교는 중대시하지 않은 데서, 건전한 내용은 좋은 기교에 담아놓아야 선전의 효과가 더 많음을 깨닫지 못한 데서 일종의 정치표어 나열식의 작품들이 많이 나왔었다. (중략) 개념의 소산인 시, 번역 냄새가 나는 시, 다른 민족이 유창하지 못한 고려말을 억지로 하는 것 같은 시들이 나타났었다.
> −〈'로력자의 고향'에 실린 시들에 대하여〉(《로력자의 조국》 2호, 1937)
>
> (다에서35)

조명희가 당시 연해주에서 발표되고 있는 시들을 평가하면서 시란 리듬을 가져야 함을 역설한 것이다. 그런데 《조명희선집》은 조명희 시의 리듬을 완전히 무시하고 있어 그의 시문학에 대한 본질을 훼손하고 있다.

그리고 표기가 뒤 바뀌어 있다. 『선봉』에는 "굴러라! 박휘를, 쳐라! 망치로,"로 되어 있는 데 《조명희선집》에서는 느낌표와 쉼표를 서로 맞바꿔 "둘러라, 바퀴를! 쳐라, 망치로!" 로 되어 있다. 굴러라, 쳐라와 같은 경우는 명령형으로서 '!'와 같은 느낌표를 사용하는 것이 더 나으며, 쉼표 ','는 어구가 바

---

35) 소련과학원, 《조명희선집》, 동방도서출판사, 1959, 498면.

뀌는 것을 알리는 의미에서 뒤에 나와야 한다. 그리고 어휘에서 바퀴를 '둘러라'가 아니라 '굴러라'하는 것이 더 의미가 통한다. 이와 같이 표기를 뒤 바꿔 놓는 것을 그의 다른 작품에서도 많이 발견할 수 있다.

(가)

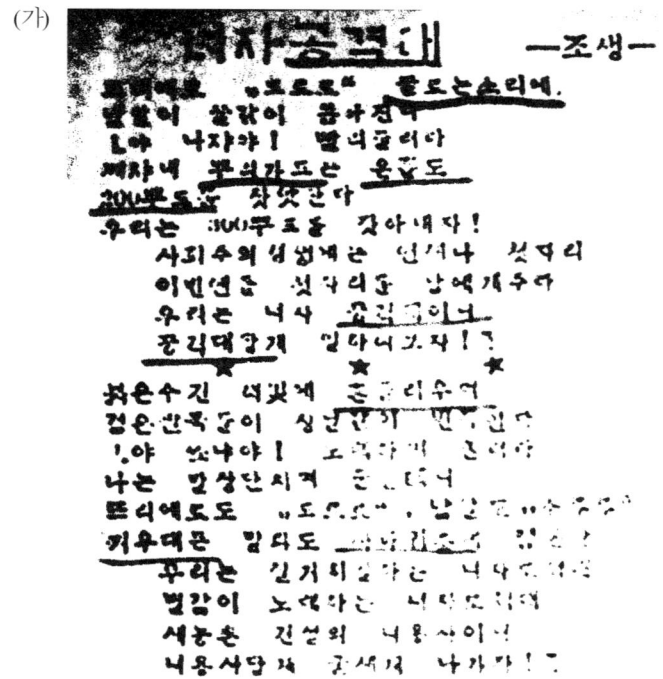

(나)
뜨리에르
'드르르' 돌아 가는 소리에
낟알이 물 같이 쏟아진다.
'야, 나자야,' 빨리 둘러라!
께샤네 보리가다는 오늘도
二〇〇 뿌드 잣았단다.

우리는 三〇〇 뿌드를 잣아 내자!

사회주의 경쟁에는 언제나 첫 자리,
이번엔들 첫 자리를 남에게 주랴,
우리는 여자 돌격대이니
돌격대답게 일하여 보자!

붉은 수건 햇빛에 흔들리며
검은 팔뚝들이 창날 같이 번득인다.
'야, 소나야,' 노래하며 둘러라,
나는 발장단치며 두를 테니
뜨리에르도 '드르르' 낟알도 '수루루'
자루를 든 말파도 싸보그춤에 맴돈다.
우리는 즐거이 일하는 녀자 로력대,
별 같이 노래하는 녀자 로력대,
새 농촌 건설의 녀용사이니
녀용사답게 굳세게 나아가자!

　　　　　　　　　－《조명희선집》

　(가)는 『선봉』신문에 실린 것이고, <나>는 《조명희선집》에 실린 것이다. 이 두 작품을 비교하여 보면, 먼저 작품 제목이 <녀자 공격대>에서 <여자 돌격대>로 바뀌었다. 그의 작품들 대부분 《조명희선집》이후 작품집에 와서 원본이 갖고 있는 음악성이 무시되었는데, 이 작품에서도 마찬가지로 원래 리듬이 깨져버렸다. 7행에서 10행까지를 보면, 『선봉』에는 3음보로 가다가 마지막 행에서만 2음보로 끝이 난다. 『선봉』에서는 띄어쓰기를 음보에 맞추고 있는데, 《조명희선집》는 음보라는 리듬을 무시하고 일반적 띄어쓰기 원칙에 의해 표기되어 있다.

(나)《조명희선집》이 (가)『선봉』의 시어들을 임의적으로 바꿔 놓았다. (나)의 밑줄이 그러한 것들이다. 맨 처음 나오는 '돌아 가는 소리에'는 '굴루는소리에'이다. 뜨리에르가 돌아간다 하지 않고 구른다고 표현한 것이다. 4행에 있는 '보리가다는' '뿌리가드는'이다. '돌격대'가 아니라 '공격대'이고, 2연 첫 행 '흔들리며'가 아니라 '흔들리우며'이다. '우'를 더 집어 넣음으로써 더 음악적인 리듬감을 준다. '자루를 든'이 아니라 '커우대든'이고, '싸보그춤'이 아니라 '사바귀춤'이다. 이처럼 시어들을 전혀 다른 단어로 바꿔 놓든지 아니면 운율을 무시한 채 표기하든지 하였다.

두 편의 시만 살펴보았지만, 1959년에 나온《조명희선집》이후 많은 작품집들이『선봉』신문에 실린 원본을 참조로 하지 않았다. 그러다 보니 이처럼 조명희 시의 본질인 음악성이 무시되었고, 시어들을 편찬자 임의대로 바꿔 놓는 등과 같이 원본이 훼손되었다.

지금까지 연구에서 조명희의 시문학이 이데올로기 지향성에 의한 관념성을 지니고 있다는 선입견에 의해 이와 같은 형식적인 측면을 과소평가하였다. 그러나 당시 연해주에서 발표한 그의 평론들을 살펴보면 그가 시에 있어서 형식을 얼마나 중요하게 여겼는지를 알 수 있다. 그의 시가 갖고 있는 형식적 특성을 먼저 살펴보고, 그런 연후 평론에서 형식에 대해 어떻게 논의하고 있는지를 함께 검토하겠다.

『선봉』과『레닌기치』에 발표된 단편 서정시는 모두 7편이다.『선봉』에 발표된 <볼셰비키의 봄>・<여자공격대>・<10월의 노래>・<맹서하고 나아서자>・<'오일' 시위운동장에서> 등과『레닌기치』에 실린 <아무르를 보고서>와 <공장>은 모두 시가 짧은 서정시로 되어 있다. 이들 시는 운율과 리듬이 역동적이며 청유형 어미('~하자')를 사용하여 미래 지향적인 세계를 드러낸다.

　　　　원수를 향하여 소리치라
　　　　동무를불너 소리치라 더 한층

높이치라
…(중략)…
망치여! 더힘있게 내려치라!
…(중략)…
태양이여! 더빛나게 내리쪼이라!
                    -<10월의 노래> 중에서36)

맹세하고 나아서자!
(중략)
단번에 칼을 박자 뭇지르자!
                    -<맹서하고 나아서자> 중에서37)

세계의 무산 형제들아!
우리의 손으로써 해방하여 나오는 그날
'세계는 우리의 세계' 소리쳐 외쳐라-
단합하자
국제 붉은 깃발 아래로……
                    -<공장> 중에서38)

어떻게 하자는 청유형 어미는 독자들에게 새로운 세계에서 변화하는 인물이 되어야 함을 강조하기 위해서 사용되어 있다. 그는 시 창작의 기본 원리를 설명하는 평론에서 독자들에게 변환의 길을 제시하기 위해서는 작품 속의 인물 역시 삶에 대한 각성을 통해 고상한 의식으로 변화해 나아가야 함을 역설한다.

---

36) 조명희, <10월의 노래>, 『선봉』, 1930년 11월 7일.
37) 조명희, <맹서하고 나아서자>, 『선봉』, 1934년 6월 3일.
38) 조명희, <공장>, 『레닌기치』, 1984년 8월 10일.

이 작품에 내세운 인물이 필경에는 진정한 각성-고상한 의식으로의 변환의 길을, 또는 그 필연성을 꼭 보여주어야 할 것이다.
　　-<'로력자의 고향'에 실린 시들에 대하여>(《로력자의 조국》 2호, 1937)[39]

이처럼 작품의 안과 밖에 있는 인물들이 변화해야 함을 이야기할 때 그것을 드러내는 언어를 원수·'망치'·'태양'·'칼'·'붉은 깃발과 같은 시어와 함께 사용하고 있다. 관념적이면서도 강렬한 이미지를 지닌 시어들이다. 그리고 시어들이 그 전에 비해 새롭고 신선하다.

용어라고는 거의 다 '백일청천', '방방곡곡'이라는 한문식 묶은 문자를 사용하였고 다만 한 마디라도 새로운 감각, 시적 감흥을 주는 말이라고는 얻어볼 수가 없다.
　　-<시 '씨베리아 철도행'에 대하여>(《로력자의 조국》 2호, 1937)[40]

그가 최호림의 <시베리아 철도행>이라는 시를 비판하면서 그의 시어들이 이처럼 한문식으로 되어 있어 낡았으며, 감각이나 시적 감흥을 주지 못한다고 한다. 결국 시란 조선시대 봉건적인 언어를 사용하지 말아야 하며, 독자들에게는 감흥을 주어야 좋은 시라고 할 수 있다는 것이다. 그의 시 전체에서 두드러지게 많이 사용되는 시어들이 '건설'·'혁명'·'태양'·'맑스-레닌'과 같이 관념적이면서 '피'·'핏줄'·'뼈'·'팔뚝'·'힘줄'과 같은 이미지를 드러내고 있는 점이다. 사회주의 이데올로기를 구현하는 시들이 지나친 관념성으로 인해 정치 표어와 같은 특색을 드러내는 문제점이 있으나, 조명희의 시는 관념적인 언어에 육체의 강렬한 이미지를 드러내는 언어를 함께 사용하고 있어 '~하자'는 청유형이 설득력을 지닌다. 그가 신인 작가들의 시를 평하는

---

[39] 조명희, <'로력자의 고향'에 실린 시들에 대하여>(《로력자의 조국》 2호, 1937 《조명희선집》, 소련과학원 동방도서출판사, 1959, 503면.
[40] 앞의 책, 512면.

자리에서 시가 그림을 지니고 있어야 한다고 말한다.

> 이 시에서 나타나는 그림도 나쁘지 않다. 그러나 이 시의 작자는 화려하고 선명한 수채화나 농후하고 심각한 유화는 그리지 못하고 순실미만 있는 연필화를 그린 셈이다.
> -<'로력자의 고향'에 실린 시들에 대하여>(《로력자의 조국》 2호, 1937)[41]

여기서 '그림'이란 이미지를 말하는 것이고, 그 이미지는 화려하고 선명하여야 하고 농후하고 심각한 유화여야 한다는 것이다. 관념적 언어가 사람의 머리라면 이미지가 있는 언어는 몸이 되어 이 둘의 조화에 의해 완성된 인간이 만들어지듯이 그의 시 역시 이 둘이 서로 잘 조응되어 있다. 이 둘은 이처럼 서로 상반되지 않고 조화를 이루면서 독자들에게 어떻게 살아가야 함을 각성시켜 준다. 분노와 울분, 그러면서도 미래에 대한 희망이라는 정서를 환기시켜주면서 말이다.

> 우리는 언제나 서정시를 읽을 때마다 우리의 정서를 흔들 만한 자극성의 음료를 요구한다. 그 음료수는 무르녹은 정서가 될 것이다. 정서가 무르녹은 데에서야 시상의 세계가 넓게 열리며 따라서 여러 가지의 빛, 형상, 향기가 나타날 것이다.
> -<'로력자의 고향'에 실린 시들에 대하여>(《로력자의 조국》 2호, 1937)[42]

정서의 울림이 없이는 좋은 시라 말을 할 수 없다는 그의 평론은 그의 시 전반에 걸쳐 나타나는 특색이다. 그의 제자들이 수업 시간에 <짓밟힌 고려>라는 시를 듣고 모두 일본에 대한 적개심을 갖고 앞으로 어떻게 해야 함을 결심하였다고 하는 것처럼, 그의 시는 이처럼 감동이라는 정서를 주고 있다.

---

41) 앞의 책, 502면.
42) 앞의 책, 505면.

정서의 환기를 불러일으키기 위해서는 그 만큼 현실을 묘사하는 데 있어서 사실적으로 해야 한다. 그 역시 이점을 강조한다.

> 이와 같이 정서의 유로와 기교의 성취만 보일 뿐만 아니라 취재 방면에 있어서도 실지성을 가졌으니……
> -<'로력자의 고향'에 실린 시들에 대하여>(《로력자의 조국》 2호, 1937)[43]

실지성이란 사실성이라는 뜻으로서 정서, 기교와 함께 시를 이루는 중요한 요소라는 것이다. 기교라는 것은 운율과 리듬에서 변형을 주어야 한다는 것이다.

> 이 '시벨리야 철도행'이라는 시의 전체가 4, 4, 5조로 되었으니, 한 절을 읽고 나서, 소리의 변화가 없는, 단조한 똑같은 것이 두 번째 절부터는 싫증이 나서 더 읽을 수 없다.
> -<시 '씨베리아 철도행'에 대하여>(《로력자의 조국》 2호, 1937)[44]

조명희의 시와 평론을 통해 나타난 형식의 특징은 다음과 같다. 첫번째 특성은 운율과 리듬과 같은 음악성이다. 이것을 그는 기교라 하여 기교가 없는 시는 개념적이며, 관념적이고 정치 표어에 지나지 않는다고 비판한다. 두 번째 특성은 관념어를 과대하게 많이 사용하지 않고 이미지와 조화를 이루고 있는 점이다. 사회주의 이데올로기를 표방한다 하여 무조건적으로 관념어의 노출이 심하다는 평가는 재고되어야 할 것이다.[45] 세 번째 특성은 독자들에

---

43) 앞의 책, 499면.
44) 앞의 책, 512면.
45) 김재홍과 이명재 같은 연구자들은 그의 시문학을 평가하는 데 있어서 이와 같은 사회주의 이데올로기 성향 때문에 지나치게 관념적이라고 평가를 내린다.
   김재홍, 「<낙동강>과 <짓밟힌 고려>의 한 고찰」, 『한국학연구』, 인하대 한국학연구소, 1989.

게 정서를 환기시켜 준다는 점이다. 독자로 하여금 시를 읽고 난 뒤 자신에 대해 자각하고 인식의 변화가 생겨나아야 한다는 것이다. 일반적으로 목적시 또는 경향시가 독자들에게 행동을 요구하며 정치적 구호로 된 자극적인 언어를 많이 사용하는 데 비해, 그의 시는 정서를 환기시켜 줌으로써 독자로 하여금 어떤 문제점을 느끼게끔 하여 자발적으로 행동하게 한다.

조명희 시의 이러한 형식적 특성을 지금까지 간행된 작품선집이나 작품 전집을 통해 제대로 파악하기 어려웠다. 그 만큼 원본이 훼손되었기 때문이다. 앞에서 살펴본 것처럼 그의 작품에 대한 원본을 확정하면서 사회주의 이데올로기를 표방하는 시들이 갖는 한계점이 드러나 있지 않다는 점이다. 다시 말해 정치구호적이며 관념적인 특성이 그의 시에서 그다지 큰 문제가 아니라는 점이다. 그의 시들 주제가 사회주의 이데올로기 지향으로 되어 있다 하여도 형식상으로는 오히려 상당히 시의 본질에 충실하고 있는 점에서 그러하다. 이와 같은 그의 시문학의 특성은 그의 연해주에서의 문학 활동 전반을 평가하는 데 중요한 기준점이 될 것이다. 이 점은 다음 장에서 그의 문학 활동이 갖는 의미 규정에서 자세히 논의될 것이다.

3. 연해주에서 문학 활동과 그 의미

조명희의 사망 원인이 정확하게 알려지기 시작한 것은 『레닌기치』, 1990년 4월 4일자 4면에 실린 '조명희 선생에 대한 몇 가지 새로운 자료'에 의해서다.46) 이 자료가 나오기 전까지는 그의 사망 원인이 '급성결체조직염'이라는 병 때문이고, 사망 시기가 1942년 2월 20일로 알려져 있었다. 조명희의 딸인 조 왈렌지나 명희에브나(조선아)가 그의 사망 원인에 대한 소문이 무성하다는 것을 알고 명확하게 알기 위해 여러 기관에 문의하였다고 한다. 그러던 중 하바롭쓰크시 안전위원회 고고문서과로부터 또 다른 사망 신고 서류를 받았

이명재, 「포석 조명희 연구」, 『국제한인문학연구』, 국제한인문학회, 2004.10.
46) 양원식, 「조명희 선생에 대한 몇 가지 새로운 자료」, 『레닌기치』, 1990년 4월 4일, 4면.

다. 그 서류에는 일본을 위한 간첩행위를 감행하는 자들을 협력한 죄로 헌법 제58조에 따라 취조와 재판도 없이 최고형-총살선고를 받아 사망하였으며, 사망 시기는 1938년 4월 15일로 되어 있었다.47) 그 다음해인 1991년에 조명희의 아들인 조 미하일 멘헤예위츠가 소련국가안전위원회 하바롭쓰크변강관리국에 있는 조명희의 처형 기록을 찾아냈는데, 그곳에는 앞의 사망신고 서류와 비슷하게 되어 있었다.48) 다만 1938년 4월 15일 사형 언도를 받고 그해 5월 11일 사형 집행으로 되어 있는 점과 처형 이유가 '민족주의자'로 되어 있는 것이 조 왈렌지나가 받은 것과 다르다.49) 그 이후 연해주에서 항일독립운동을 하다 스탈린 정권에 의해 처형을 당한 많은 독립투사에 대한 기록들에도 조명희의 사망 원인과 사망 시기가 조 미하일이 찾은 기록과 같게 되어 있다. 이와 같은 기록을 종합하여 볼 때 조명희는 1938년 5월 11일 '일본 간첩' 또는 '민족주의자'라는 죄명으로 스탈린 비밀경찰에 의해 총살되었다고 결론지을 수 있다. 그런데 조명희가 정말 일본 간첩이었을까, 아니면 민족주의자였는가. 지금까지 알려진 바에 의하면 사회주의 국가 건설을 위해 매진한 사회주의자라고 하는데, 이와 같은 이유들은 상당한 의아심을 준다.

『레닌기치』 신문사 문예부장이자 작가인 양원식50)은, 조명희 딸이 보내온 1990년 사망 신고 자료들을 보고 난 후 다음과 같은 반응을 보였다. "소름

---

47) 최 예까쩨리나, 「작가 조명희와 그에 대한 회상」, 『고려일보』, 1991년 1월 16일.
양원식, 「조명희 선생에 대한 몇 가지 새로운 자료」, 『레닌기치』, 1990년 4월 4일, 4면.
48) 김기현, 「조명희 선생 처형 사유는 소설 '만주 빨치산' 때문」, 『동아일보』, 2000년 4월 26일, 10면.
49) 앞의 글.
50) 양원식은 1932년 평안 안주군 태생, 1953~1958년 소련 국립 영화 대학교(모스코바) 졸업, 1958~1960년 러시아 TV카메라맨, 영화감독, 1960~1984년 소련에 망명, 러시아와 카자흐스탄의 국립영화촬영소 기록 영화 감독, 이 기간중 약 60편의 예술영화와 기록영화 제작, 1984~1991년 『레닌기치』(현 『고려일보』) 문학 예술부장. 1991~2000년 『고려일보』사 사장. 1997년 모스크바 유럽종합대학교에서 언어학 박사학위 받음. 현재는 고려일보사 고문, 창작활동(시와소설)소련작가동맹회원, 국제 팬클럽회원 카자흐스탄 작가동맹 산하 고려분과 회장, 한반도 민주평화통일 자문회 회원. 2000년 해외문학(미국)대상 수상.

이 끼칠 정도로 무섭고 란폭한 허위날조"이며 "스탈린과 그의 측근자들의 개인숭배정책이 빚어낸 비극"51)이라는 점이다. 그가 처형당하게 된 이유는 그의 행동과는 상관이 없으며 당시 정치적 상황에 의해 희생당하였다는 것이다. 역사학자들은 당시 상황에 대해서, 레닌은 볼셰비키 혁명을 통해 민족주의를 초월한 사회주의 국가를 지향하였으나, 그 후 정권을 잡은 스탈린은 민족자결주의가 오히려 소련 연방을 분열시키며 자신의 정권 유지에 해를 끼칠 수 있다고 판단을 하여 고려인을 비롯한 많은 이민족들을 강제 이주시켰다52)고 한다. 강제 이주당하는 비극을 맞은 고려인 양원식의 증언과 역사적 사실을 통해 볼 때 조명희의 죽음 역시 스탈린의 민족 분열 정책과 연관성이 있다고 말을 할 수 있겠다. 그러나 고려인 전체에 대한 논리가 한 개인에게 그대로 적용되는 것은 다소 무리가 있고, 그가 잡혀가게 된 직접적인 이유가 무엇이며, 어떤 경로를 통해 잡혀갔는지를 정확하게 밝혀져야만 그의 문학활동에 대한 의미가 해석될 수 있을 것이다.

그의 아들 조 미하일은 그의 아버지가 처형된 이유를 미완의 장편소설 《만주 빨치산》 때문이라는 사실을 최근 들어 새롭게 증언하였다.53) 비밀 경찰이 아버지를 잡아 갈 때 집에 있던 모든 원고들을 압수하여 갔고, 이들 속에 《만주 빨치산》도 있었다고 한다.54) 이 소설이 완성되지 않았고 세상에 출판된 적이 없기 때문에 현재까지 그 내용을 제대로 알고 있는 사람이 없

---

51) 양원식, 조명희 선생에 대한 몇 가지 새로운 자료, 『레닌기치』, 1990년 4월 4일, 4면.
52) 박환, 『항일유적과 함께하는 러시아 기행』, 국학자료원, 2002, 60~61면.
53) 김기현, 「조명희 선생 처형 사유는 소설 '만주 빨치산' 때문」, 『동아일보』, 2000년 4월 26일, 10면.
54) 조 왈렌찌나는 이 작품이 아버지가 체포되는 날 압수되었다고 한다. 그러면서 그 이전 사라진 《붉은기발 아래》 작품도 함께 사라졌다고 한다. 이 원고는 초고는 이미 김 아파나시 이후 어디론가 사라졌고, 그 이후 다시 쓴 원고이다.
 《붉은 기치아래》(《붉은기발 아래》의 다른 제목-인용자), 《만주 빠르찌산》-이 두작품의 원고의 운명에 대해서도 알아보고 싶다. 이 원고자료들은 체포되는 날 밤에 흔적 없이 없어졌다는 것을 우리는 알고 있다. 소설 《만주 빠르찌산》은 거의 완성된 작품이며 서로만 쓰면 출판할수 있게 준비된 원고자료였다."
 조 왈렌찌나, 「부친 <조명희작가>에 대한 추억담」, 『레닌기치』, 1990년 11월 8일.

다.55) 이기영만 어떻게 그 내용을 아는지, 이 소설이 홍범도와 김일성과 같은 항일 독립투사들의 빨치산 활동을 그리고 있다고 한다.56) 1922년 일본이 연해주를 침략해 들어 왔을 때 많은 고려인들이 빨치산 독립투사가 되었고, 그들이 일본군과 맞서 싸워 승리를 거두는 이야기들은 당시 고려인들에게 민족적 자긍심과 민족 해방의 기쁨을 주었었다. 이 소설의 내용에 민족의 자주성과 독립성을 고취시키는 것이 다수 포함될 수 있을 것이다. 이기영에 의하면 김일성이 자신의 독립운동 활동이 어떻게 해석되었는지에 대해 궁금하여 이 소설의 행방을 알고 싶어 하였다고 한다. 소설의 주제가 사회주의 국가 건설을 위하는 것으로 되어 있다고 하여도 스탈린 정권 입장에서는 어떤 식으로든지 민족주의를 드러내는 소설을 좋아하지는 않았을 것이다. 조 미하일이 증언하는 바도 자신의 아버지가 잡혀 간 이유가 바로 이 소설이 민족주의 색채를 드러냈기 때문이라는 것이다.57) 그런데 스탈린 정권이 아직 출판되지도 않은 소설의 내용을 어떻게 알았는지가 의문이다. 소련 소련작가동맹위원회가 제공한 건물에서 다른 소련계 작가와 함께 거주할 정도로 이미 공산당으로부터 사상 검증을 받았는데58)도 어느 날 갑자기 잡혀간다는 것은 소설 작품이 문제되지 않고 다른 이유가 있을 것이라고 생각하기가 어렵다. 그렇다면 이 소설의 내용을 미리 알고 있었던 사람은 당시 정치적 상황에서 어긋난다는 점을 알고 공산당에 고발하였을 것이고, 그 신고를 접한 비밀 경찰이 그

---

55) 일본에 있는 재일조선인 작가 이해성이 조명희의 작품들을 분석 연구하면서 이 작품을 찾기 위해 노력하였으나 결국 찾지 못하였다고 한다. 당신의 장편소설《만주빠르찌산들》이 어디에 있는가? 이 문제가 나를 괴롭힙니다."
   아. 쑤뚜린, 「귀환」, 『고려일보』, 1991년 8월 23일.
56) 이기영, 「조명희 동지를 추억함」, 《조선문학》, 1962년 7월.
57) 김기현, 「조명희 선생 처형 사유는 소설 '만주 빨치산' 때문」, 『동아일보』, 2000년 4월 26일, 10면.
58) 소련국가안전위원회 하바롭쓰크변강관리국이 조명희에 대한 평정서에서 전러시아 공산당 '볼세위크' 원인 김정희는 그에 대해 다음과 같이 썼다. 나는 조명희를 1929년부터 알고 있다. 조명희는 모든 일 특히 교육계에서 아주 열성 있고 성실한 일군이였으며 일군이다. 실무적 작풍과 도덕적 품성을 지적하면서 외국로동자출판사 고려부에서의 사업을 위하여 조명희를 추천한다. 1935년 3월 17일"
   아. 쑤뚜린, 「귀환」, 『고려일보』, 1991년 8월 23일.

를 잡아가면서 집에 있던 원고를 모두 압수하여 갔던 것이다. 그럼 누가 고발을 한 것인가.

조명희 주변에 있는 인물로서《만주 빨치산》의 내용을 가장 잘 알 수 있는 사람을 추적하여 보면, 이 작품을 러시아어로 번역하고 있었던 김 아파나시가 제일 먼저 떠 오른다.59) 당시 김 아파나시는 원동변경당위원회 군중선동부장이었다. 그는 이미 이전에 조명희와 깊은 악연이 있다. 조명희가 소련 망명지에서 쓴 또 다른 장편 소설인《붉은기 밑에서》60)가 있다. 소설을 출판하기 위해『선봉』신문사로 간 작품 원고가 그만 유실되고 말았다. 원고가 돌고 돌다가 김 아파나시 손에 들어간 이후 어디론가 사라졌다는 것이다. 조명희는 그를 의심하였다고 한다.61) 그렇다면 김 아파나시가 집에 보관하고 있었든지, 아니면 다른 누구인가에 전해주었든지 둘 중 하나일 것이다. 만약 집에 보관되어 있었다면 현재 그 원고를 찾기 위해서는 그의 후손들에게 물어 보아야 할 것이다. 그런데 조명희의 큰 아들 조 미하일은 소련내무위원회(KGB) 후신인 연방보안부 문서보관소에서 원고를 찾고 있다.62) 결국 그는 이 원고가 김 아파나시에 의해 비밀 경찰에 넘겨졌다고 본 것이다. 그의 이러한 생각에는 어떤 물증이 없다. 그러나 조명희가 잡혀 가던 날 그의 집에 온 사람이 비밀 경찰 3명 말고 고려인 한 명이 더 있었다는 그의 딸 왈렌지나의

---

59) 김기현,「조명희 선생 처형 사유는 소설 '만주 빨치산' 때문」,『동아일보』, 2000년 4월 26일, 10면.
60) 이 작품은 유실되고 없으나, 그의 제자인 강상호는 조명희로부터 원고를 받아 읽어 보았다고 한다. 강상호에 의하면 그 내용은 다음과 같다.
    서울에 있는 조선공산당 지하단체가 농민, 어민들이 일제를 반대하여 폭동을 일으킨 'ㅅ'섬으로 공산당원혁명가 한 사람을 파견하였는데 그는 캄캄한 그믐밤에 풍선을 타고 그 섬을 향하여 떠났다. 거센 바람에 노한 파도가 일어나 앞을 볼 수 없는 어두운 밤에 전장으로 내달리는 용장과도 같이 배앞머리에서 파도를 헤치고 'ㅅ'섬에 도착하는 그 에삐소드의 묘사는 진정 서사시였다. 일제는 군함을 동원하여 'ㅅ'섬 앞 바다에 정착시키고 무력으로 폭동을 진압하려 날뛰었다. 그러나 조선인민은 그에 굴복하지 않고 싸운다는 이야기가 이 소설의 내용으로 되어 있었다."
    강상호, 조명희선생을 회상하여,『고려일보』, 1992년 2월 19일.
61) 강상호, 앞의 글.
62) 앞의 글.

증언과 그의 사망 신고 서류에 같이 들어 있는 사진 한 장과 김 아파나시의 처형 기록이 김 아파니시와 조명희와 밀접한 관련이 있음을 입증하여 준다.63) 조 왈렌찌나는 조명희가 잡혀가던 날 3명의 내무원과 함께 러시아어를 통역한 고려인 한 명이 같이 왔었다고 한다. 그런데 1990년에 받은 사망 신고 서류에 보면 조명희 사진 옆에 있는 직업동맹증에 고려인 사진이 한 장 있다. 1991년에 받은 사망 신고 서류에는 김 아파나시가 조명희와 같은 죄명으로 처형되었다고 기록되어 있다.64) 조 왈렌찌나가 받은 사망 신고 서류에 있는 사진의 주인이 조 미하일이 찾은 사망 신고 서류에 있는 김 아파나시라고 할 수 있을 것이다. 이들 사망 신고 서류가 하나의 기록에 기초한 이본일 가능성이 높은 것으로 볼 때 김 아파나시일 개연성이 높다. 조명희가 잡혀가기까지 과정을 후손들의 증언과 사망 신고 서류에 의해 추론하여 보았다. 이 과정을 통해 소련 비밀 경찰에 잡혀가게 된 조명희가 《만주 빨치산》과 《붉은기 밑에서》와 같은 민족주의적 문학 작품 때문에 처형을 당한 것이라 할 수 있다.

유족들의 증언과 사망 신고 서류, 그리고 그의 죽음과 밀접한 관련이 있는 김 아파나시의 행적을 종합하여 볼 때 조명희는 민족주의자이다는 평가를 내릴 수 있겠다. 그가 얼마나 민족에 대한 애정이 강했는가 하는 점은 그가 국경을 넘을 때 에피소드에도 잘 나타나 있다. 그가 국경을 넘을 때 한복을 입고 있었고, 국경수비대에게 조선의 시인이라고 하여도 말이 통하지 않아 며칠 뒤 통역관이 와 조선을 대표하는 시인이라는 말을 하여 소련에 입국할 수 있었다고 한다.65) 통역관에게 조선을 대표하는 문사(文士)라고 할 때 한복을 입고 있었다는 사실은 그가 얼마나 민족적 자긍심이 대단하였는지를 알 수 있게 한다. 그러한 조선적임을 내세우는 속에는 일본에 대한 적개심에서 생겨났을 수 있다. 그의 가족이 하바롭쓰크 작가 동맹의 작가들이 사는 건물에

---

63) 양원식, 「조명희 선생에 대한 몇 가지 새로운 자료」, 『레닌기치』, 1990년 4월 4일, 4면.
64) 김기현, 「조명희 선생 처형 사유는 소설 '만주 빨치산' 때문」, 『동아일보』, 2000년 4월 26일, 10면.
65) 최 예까쩨리나, 「작가 조명희의 마지막 시기」, 『고려일보』, 1991년 8월 23일.

서 주로 살고 있을 때의 일이다. 그들이 사는 건물 다른 채에 일본영사관이 있었는데, 어느 날 그의 딸인 조 왈렌찌나가 그 건물에 가 일본사람과 함께 놀고 있는 것을 그가 보자 크게 화를 냈다66)고 한다. 그러면서 그는 자신의 딸에게 일본에 의해 핍박받는 조선의 현실을 이야기하고 조선인이라는 사실을 잊어서는 안 된다고 훈계를 하셨다고 한다.

이와 같은 모든 정황을 종합 정리하여 보면 그가 민족주의자인 것은 분명하다. 그런데 그의 문학 작품 역시 그와 같은 민족주의적 색채를 잘 드러내고 있는가 하는 점은 의문이다. 『선봉』에 발표된 그의 시들을 보면 한결같이 사회주의 이데올로기를 구현하자고 외치고 있어 그의 행적과 괴리가 있는 듯하기 때문이다. 그러나 당시 사회주의와 항일, 혹은 민족주의는 동의어로 파악할 수도 있음을 상정한다면 문제는 의외로 단순해질 가능성도 있다.

4. 문학 작품에 나타난 민족주의

소련 연해주로 온 그는 1929년 육성촌 육성농민청년학교에서 조선말과 조선문학을 가르쳤다. 그는 수업 시간에 자신의 시를 낭송시켰고, 학생들은 그의 시를 통해 일본에 억압받는 조선의 현실을 깨우쳤다고 한다. 그의 제자인 최 예까쩨리나는 그에 대해 "조선의 해방을 위해 문학을 무기로 하여 투쟁하신 분"67)이라고 평가를 하고, 강삼호 역시 "조선인들의 문화 사업과 문학 발전에 주력하였다"68)고 한다. 장인덕 역시 그의 작품인 <짓밟힌 고려>라는 작품을 예로 들면서 일본 제국주의자의 만행을 폭로한 그의 시들이 학생들에게 감탄을 하게 만들었으며, 작품 내용이 풍부하고 운율과 리듬이 뛰어 났다69)고 한다. 장인덕은 그의 문학의 특징은 "누구나 헐히 리해할수 있는 상

---

66) 조 왈렌찌나, 「부친(조명희작가)에 대한 추억담」, 『레닌기치』, 1990년 11월 18일.
67) 최 예까쩨리나, 「작가 조명희의 마지막 시기」, 『고려일보』, 1991년 8월 23일.
68) 강상호, 「조명희선생을 회상하여」, 『고려일보』, 1992년 2월 19일.
69) 장인덕, 「조명희 선생의 시를 읽을 때-회상기」, 『레닌기치』, 1986년 12월 22일.

용어를 쓴데 있으며 민족성이 뚜렷이 나타나는 문체로 문장을 구성한데 있다"고 한다. 제자들의 말을 종합하면 조선인이라는 점과 문학이라는 두 함수 관계에서 그를 평가하고 있다. 소비에트 공화국의 사회주의 국가 건설에 매진하여 나가자고 하면서도 조선의 현실과 조선인이라는 사실을 잊지 않고 있었다는 이야기이다.

조명희가 망명 이후 연해주에서 발표한 시들은 일제가 조선에서 저지른 만행을 규탄하거나 사회주의 국가 건설을 위해 노력하자는 내용으로 대부분 되어 있다. 일본에 적개심과 분노를 드러낸 작품도 결국에는 프롤레타리아트 동맹을 통해 사회주의 국가를 건설하는 데 매진하자는 주제로 되어 있어 내용이 결국 하나라고 하는 것이 더 나을 듯 하다. <볼세비키의 봄>(『선봉』, 1931년 3월 25일), <여자공격대>(『선봉』, 1931년 4월 4일), <10월의 노래>(『선봉』, 1930년 11월 7일), <맹서하고 나아서자>(『선봉』, 1934년 6월 3일), <'오일' 시위운동장에서>(『선봉』, 1931년 4월 4일) 등과 『레닌기치』에 실린 <아무르를 보고서>(『레닌기치』, 1984년 8월 10일)와 <공장>(『레닌기치』, 1984년 8월 10일) 등의 시들은 모두 사회주의 이데올로기 찬양으로 되어 있다. 이들 시의 내용만 놓고 보면 작가가 조선인인지 아니면 러시아인지 구분이 잘 되지 않는다. 그러나 <짓밟힌 고려>(『선봉』, 1928년 11월 7일)와 <아우 채옥에게>(『선봉』, 1935년 3월 8일), <까드르여 너의 짐이 크다-조선인 사범대학 제1회 졸업생들 앞에->(『선봉』, 1935년 6월 30일) 같은 작품은 조선의 현실과 연해주 조선인이 등장하는 점에서 조선적 작가에 의해 쓴 시라는 점을 알 수 있다. 앞에 있는 두 편의 시는 일본에 의해 억압받고 핍박받는 조선의 현실을 소재로 하는 점에서 공통점을 갖고 있다. 마지막에 있는 시는 연해주에서 조선인이 앞으로 어떻게 살아가야 할 지를 다루고 있다. 이 작품은 연해주의 조선인이 소비에트 공화국의 레닌이 베푼 민족자치의 은혜를 잊지 말아야 하고 사회주의 국가를 건설하는 데 조선사범학교 졸업생이 매진해야 함을 내용으로 하고 있다. 이 세 작품이 소재를 조선이나 조선인으로 삼고 있지만 주제는 모두 한결 같이 레닌의 혁명을 완수 하여 사회주의 국가를 건설하는 데 노력을 하자로 되어 있다. 이 밖에 다른 작품들의 주제 역시 프롤레타리아트 혁명 찬양과 과업 완수를 독려하는 것으로 되어 있다. 만약 조선과 조선인이라는 소재가 없다면 작품 내용만 놓고 보았을 때 조선적인 민족주의 색채를 찾기란 매우 어렵다.

그러나 작품 형식을 놓고 보았을 때는 사뭇 다른 양상이 나타난다. <짓밟힌 고려>와 <아우 채옥에게>, 그리고 <까드르여 너의 짐이 크다-조선인 사범대학 제1회 졸업생들 앞에->는 모두 산문시로 되어 있다. 이들 작품은 인물이 등장하고 사건이 일어나고 그것을 화자가 이야기하면서 자신의 생각을 드러내는 서사성을 지니고 있다. 조선인이 등장하여 일본으로부터 핍박받고, 이국땅에서 조선인이 어떻게 살아야 하는지에 대한 것을 사건으로 만들어 노래한다. 시적 화자는 등장인물과 사건에 서정적 동일성을 이뤄 벌어진 사건에 대해 같이 분노하고, 앞으로 어떻게 살아야 하는지에 대해 같이 고민한다. 산문시라는 형식을 작가가 취할 때는 노래라는 정서의 환기만으로 자신이 하고 싶은 것을 모두 다 표현할 수 없다는 인식에 의해서다. 조명희가 시라고 하기에는 운율과 리듬이 잘 드러나 있지 않고, 오히려 서사적인 산문시를 취한 데는 자신이 조선인이라는 사실을 잊을 수가 없고, 조선의 현실을 생각하면 해야 할 일이 많다고 생각하였기 때문이다. <아우 채옥에게>을 보면 다음과 같은 구절이 나온다.

> 이것이 건설을 위함이고 혁명을 위함이며, 무산자의 조국인 이나라를 사랑함이고 앞날의 무산자국가가 일 조선을 사랑함임을 네나 내나 잘 알고 있지않느냐?
>
> -<아우 채옥에게>(『선봉』, 1935년 3월 8일 2면) 中에서

소련 땅에서 열심히 건설 현장에서 일을 하고 프롤레타리아트의 조국인 소련을 사랑하는 이유가 앞날에 프롤레타리아 국가가 될 조선을 사랑하기 때문이라고 한다. 사회주의 국가 건설을 위해 매진하지만 조선을 해방시키는 것이

궁극적인 지향점이라고 밝힌 것이다. 따라서 그의 시들이 사회주의 혁명을 찬양하고 사회주의 국가 건설을 주제로 삼고 있지만, 조선의 현실을 노래하는 데 있어서는 이처럼 이야기로 자신의 심정을 토로하고 있어 그의 내면에 조선이 크게 자리 잡고 있었다고 할 수 있다. 이와 같은 점은 작가의 세계관이 미적 형상화의 원리로 작용하였기 때문에 가능하다. 조선의 현실을 생각하는 조선적 민족주의가 시를 창작하는 데 있어서 형식을 만드는 요소로 작용한 것이다. 프롤레타리아트 혁명을 찬양하고 새로운 국가 건설을 외치는 시들이 단편 서정시 형식으로 되어 있는 것을 통해 볼 때 세계관과 문학 작품의 미적 형상화가 상호 작용하고 있음을 보여준다. 조명희의 미적 형상화의 원리는 조선적 민족주의와 소련적 사회주의이다. 그것이 다음과 같은 평론에서 볼 수 있듯이 민족주의적 형식에 사회주의적 내용으로 구체적으로 나타난다.

> 사회주의적 내용에 민족적 형식을 갖춘 새롭은 놀애들을 군중에게 주기 위하여는, 조선의 낡은 놀애들의 형식을 비판적으로 가지어오며 또는 우리 조선의 무산계급의 감정에 맞는 새 곡조의 형식을 창작하여 거기에다가 사회주의적 내용을 담은, 새롭은 놀애들을 내어놓아야 하겠다.
> -<조선의 놀애들을 개혁하자> 中에서[70]

> 우리의 예술, 볼세비크적 예술은 사상과 감정이 건전하고 재료가 실지다우며 따라서 표현하는 기교가 어디까지든지 순실하고도 능란한데다가 또한 과거 시대의 낡은 방식을 추리고 거기에 새 것을 더 한 창조적인 것이라야 할 것이다.
> -<시 '씨베리아 철도행'에 대하여>(《로력자의 조국》 2호, 1937)[71]

위의 평론들에서 볼 수 있듯이, 그는 관념과 이념만 있는 시를 만들려고 하지 않았고, 기교나 리듬과 같은 형식을 강조하였다. 그 형식이란 조선적이

---
70) 조명희, 『선봉』, 1935년 7월 30일~8월 3일.
71) 《조명희선집》, 소련과학원 동방도서출판사, 1959, 509면.

면서 과거의 낡은 방식이 아닌 새로운 것이어야 한다고 한다. 이와 같은 시문학에 대한 인식은 작가 조명희의 내면 의식 속에 조선과 소련이라는 두 개의 공동체가 함께 자리 잡고 있음으로 인해 생겨난 것이다.

프로이드는 자신의 사회적 존재를 규정지어주는 공동체가 해체되었을 때 상상의 공동체를 만들고 그 속에서 자신의 존재성을 확인하고자 하는 성향이 강하게 나타난다고 한다. 일제 강점기에 민족과 국가라는 공동체 상실을 체험한 작가가 공동체를 해체시키고 존재성을 부정하게 만드는 일본과 심리적으로 대항하면서 '상상의 공동체'를 만들어 나가는 경우와 조선이 아닌 다른 공간에서 조선인들끼리 모여 공동체를 만드는 망명 정부와도 같은 '실재의 공동체'(조선이 독립되지 않은 상황에서는 상상의 공동체를 여전히 갖고 있다 는 상태에서 독립이라는 가상이 현실이 되는 실재의 공동체)를 만들어 나가는 경우로 나눠볼 수 있다. 후자는 연해주와 같은 곳에 있는 조선인들은 이데올로기에 의해 공동체 의식을 갖게끔 하기 때문에 '이념의 공동체'가 하나 더 추가된다. 더욱이 연해주는 상상과 실재, 이념의 공동체가 조화롭게 작동하여 유토피아적 세계라 할 수 있다. 당시 많은 조선인들이 이곳으로 망명하여 항일독립운동을 하고 사회주의 혁명을 할 수 있었던 이유도 이와 같은 공동체의 조화 내지 집합적인 성격에 의해서다. 그러나 유토피아란 현실적으로 성취되는 그 순간 사라지는 신기루와 같은 것처럼, 상상과 실재와 이념이 조화를 이룬 공동체가 오래 갈 수가 없었다. 장소를 빌려받은 망명인들이 장소의 주인이 될 수 있었던 것은 원 주인과 이념의 공동체를 공유하는 이유가 있었기 때문이다. 그러나 그 장소의 주인이 그들 자신의 실재의 공동체를 갖고 있는 권리를 주장하고, 그것이 고려인들과 다른 공동체 성격을 지닌다고 하면서 떠나 줄 것을 요구할 때는 할 수 없이 장소를 내 주어야 하는 것이 장소를 빌린 사람들의 운명이다. 더욱이 장소를 떠날 것을 요구하는 데 그치지 않고 생명까지 위협할 때는 지금까지 살아 왔던 공간이 현실이 아닌 가상의 세계가 되고 자기 환멸에 빠지게 된다. 그렇다면 그와 같은 상황을 미리 예측하였고, 그것에 준비를 하고 있었다면 어쩌면 유토피아란 처음부터 없었는지도 모른다. 오히려 현재 있는 장소를 잠깐 빌린 것이며, 자신의 존재에 대한 근거를 여전히 상상의 공동체에 두고 있는지도 모른다.

조명희의 문학이 표면적으로는 조선적인 민족주의와 소련적인 사회주의가 모두 결합된 것으로 보인다. 시 작품들의 주제가 프롤레타리아트 혁명을 찬양하고 사회주의 국가를 건설하기위해 노력을 다하자는 것으로 되어 있어도 그 이면의 주제가 모두 그렇다고 말을 할 수가 있을까. 사회주의 국가 건설을 외칠 때 사용된 '조국'과 '원수'가 구체적으로 무엇을 가리키고 있는가. 《로력자의 조국》 2호에 실린 머리말 속에 있는 시에서 이들 시어가 구체적으로 무엇을 가리키는지 분명하게 나타나 있다.

> 만일에
> 원수가
> 우리 조국 위에
> 폭풍을 몰아오는 날이면,
> 우리의 동산을 짓밟으려는 날이면,
>
> 만일에
> 원수의
> 이발이
> 우리 조국을 향하는 날이면,
> 너의 살, 나의 살인 우리 조국의 살을 물려는 날이면,
>
> 동무야, 한 줄기 늘어선 칼날같이 일어서 나아가자!
> 우리는 총과 꽃을 잡은 소비에트의 애국주의자!
> 젊은 심장을 바친 소비에트의 애국주의자!
>
> −<소품 일편>(《로력자의 조국》 2호, 1937)[72]

이 시에서 원수는 일본이고, 조국은 조선이라고 할 수 있다. 원수인 일본이 조선을 괴롭힐 때 젊은 심장을 바친 소비에트의 애국주의자와 같은 정신으로 맞서 싸워 나가겠다는 의지를 드러낸다. 결국 그가 현재 있는 소련이라는 실재의 공동체는 조선이라는 상상의 공동체 없이는 존재할 수 없다. 더욱이 그가 지향하는 이념의 공동체 역시 상상의 공동체 없이는 독립적으로 있을 수 없다. 위의 시에서 볼 수 있는 것처럼 궁극적으로 그가 지향하고자하는, 그리고 자신의 존재성을 확인하고 싶은 공동체는 조선이라는 상상의 공동체인 것이다. <아우 채옥에게> 끝부분을 다시 한번 보면, 이 시에서 프롤레타리아트의 조국인 소련을 사랑하는 것은 앞날에 프롤레타리아트 국가가 될 조선을 사랑하기 때문이라고 하고 있다. 겉으로 봤을 때 이념의 공동체와 상상의 공동체가 서로 공존하는 것처럼 보이지만, <소품 일편>에 실린 시를 보았듯이, 조선의 원수를 물리치기 위해 이념의 공동체가 필요로 한 것이다. 일본으로부터 빼앗긴 조선을 되찾기 위한 방법이 사회주의 이념일 뿐이지, 그러한 세계의 지향이 진정한 이상향이 아닌 것이다. 만약 사회주의 국가 건설만이 진정한 그의 이상향이라면 조선이라는 상상의 공동체를 염두에 둘 필요가 없는 것이다.

5. 맺음말

조명희의 소련 망명 이후 문학 활동을 그의 사망 원인과 작품을 중심으로 살펴본 결과 민족주의자라고 할 수 있다. 사회주의 이데올로기를 표방하였지만 그의 내면에 있는 공동체 의식은 조선적이었다. 일제에 강점당한 조선의 현실을 망명 이후에도 잊지 않았다. 학생들을 가르치는 교육이나 문학 창작 활동에 있어서 조선이라는 공동체 의식을 언제나 갖고 있었다. 학생들에게 <짓밟힌 고려>를 비롯한 많은 시를 통해 일제에 국권이 상실된 조선의 현실

---

72) 《조명희선집》, 소련과학원 동방도서출판사, 1959, 516면.

을 깨우치도록 하였다. 그의 시가 사회주의 이데올로기를 표방하고 있지만 관념적이거나 정치 구호와 같은 시를 창작하지는 않았다. 내용은 사회주의를 쫓는다 하지만 형식에 있어서는 민족주의에 의한다는 그의 말처럼 형식에 있어서 전통적인 시의 운율과 리듬을 따르고 있다. 오히려 시의 음악성을 망명지의 현실에 맞게 계승 발전시킨 것이다.

연해주에서 발표된 그의 시와 평론에 대한 원본을 『선봉』 신문을 통해 확인하였다. 그 이후 간행된 '선집'이나 '전집' 등이 모두 이 신문에 실린 작품을 원본으로 삼지 않고 1959년 소련에서 처음 출간된 '선집'을 근간으로 하였다. 그러다보니 작품이 윤색되어 그의 시 작품의 특성인 음악성이 사라져버렸다. 그의 시에서 음악성을 삭제하여 버리면 단순한 사회주의 이데올로기를 찬양하거나 고무하는 정치목적시로 전락하여 버린다. 많은 연구자들이 연구 텍스트로 이 선집을 대상으로 하다 보니 그의 시가 갖고 있는 음악성을 제대로 파악하지 못하였고, 그 결과 그의 문학이 사회주의 색채를 띠고 있다고 결론을 내렸던 것이다. 그러나 그의 원본을 통해 그의 시들이 상당히 음악성을 지니고 있음을 확인하였다. 원본 확정을 통해 그의 작품들이 사회주의적 색채보다 민족주의적 색채를 더 많이 갖고 있음을 알 수 있었다.

본 연구를 통해 얻은 조명희 문학의 민족주의적 성격은 고려인 문학과 같은 망명 문학을 이해하는 데 있어서 중요한 자료가 될 것이다. 자신의 이념을 쫓아 망명한 작가에게 있어서 어느 곳에 자신의 준거의 공간을 두고 있는가 하는 문제, 즉 공동체 의식을 어떻게 갖고 있는가 하는 문제는 표면적으로 작품들이 사회주의 이데올로기를 드러냈다고 하지만 그 속에 있는 주제는 충분히 달라질 수 있음을 예고한다. 조명희 문학은 바로 그와 같은 점을 잘 보여주는 사례가 될 것이다.

본 연구를 하면서 해외 한민족 문학 연구가 어떤 방향성을 갖고 진행되어야 하는 가를 모색할 수 있는 계기를 주었다. 그 어떤 무엇보다 공동체 의식을 작품에서 찾아내고, 그것을 다시 작가의 내면 의식에서 확인하는 과정이 정밀하게 이뤄져야 함을 인식하게 하였다. 또한 해외 작가 연구에 있어서 해외에 산재해 있는 자료들을 찾아내는 작업이 반드시 선행되어야 함도 재인식하게 하였다.

참고문헌

1차 자료
조명희, <짓밟힌 고려>, 『선봉』, 1928년 11월 7일.
조명희, <볼세비키의 봄>, 『선봉』, 1931년 3월 25일.
조명희, <여자공격대>, 『선봉』, 1931년 4월 4일.
조명희, <10월의 노래>, 『선봉』, 1930년 11월 7일.
조명희, <맹서하고 나아서자>, 『선봉』, 1934년 6월 3일.
조명희, <'오일' 시위운동장에서>, 『선봉』, 1931년 4월 4일.
조명희, <아우 채옥에게>, 『선봉』, 1935년 3월 8일.
조명희, <아동문예를 낳자>, 『선봉』, 1935년 3월 18일, 21일.
조명희, <까드르여 너의 짐이 크다-조선인 사범대학 제1회 졸업생들 앞에->, 『선봉』, 1935년 6월 30일.
조명희, <조선의 놀애들을 개혁하자>, 『선봉』, 1935년 7월 30일부터 8월 3일.
조명희, <'로력자의 고향'에 실린 시들에 대하여>, 《로력자의 조국》 2호, 1937.
조명희, <시 '씨비리아 철도행'에 대하여>, 《로력자의 조국》 2호, 1937.
조명희, <소품 일편>, 《로력자의 조국》 2호, 1937.
조명희, <아무르를 보고서>, 『레닌기치』, 1984년 8월 10일.
조명희, <공장>, 『레닌기치』, 1984년 8월 10일.
조명희, <어린 두 나무군>, 『레닌기치』, 1984년 8월 10일.
조명희, <샘물>, 『레닌기치』, 1984년 8월 10일.
조명희, <눈싸움>, 『레닌기치』, 1984년 8월 10일.
조명희, <새들의 회의>, 『레닌기치』, 1984년 8월 10일.

2차 자료 : 작품집 및 연구 모음집
조명희, 《조명희선집》, 소련과학원 동방도서출판사, 1959.
조명희, 《포석 조명희전집》, 동양일보 출판국, 1995.
정덕준 편, 《조명희》, 새미, 1999.

이명재 편, 《낙동강(외)》, 범우 비평판 한국문학 8-1, 종합출판범우, 2004.

2차 자료 : 『레닌기치』·『고려일보』에 실린 조명희에 대한 글
림 하, 「조명희 출생 70주년에 제하여」, 『레닌기치』, 1964년 8월 11일.
황동민, 「작가 조명희의 발표되지 않은 작품들에 대하여」, 『레닌기치』, 1984년 8월 10일.
「쏘베트 조선문학의 걸출한 작가-조명희의 출생 90주년을 즈음하여」, 『레닌기치』, 1984년 8월 10일.
최 예까쩨리나, 「선생을 회고하면서」, 『레닌기치』, 1984년 8월 10일, 14일.
장인덕, 「조명희 선생의 시를 읽을 때」, 『레닌기치』, 1986년 12월 22일.
최 예까쩨리나, 「작가의 부인」, 『레닌기치』, 1988년 11월 24일.
조명희「선생의 문학 유산 상설 전람회 개막식」, 『레닌기치』, 1988년 12월 14일.
리월로리, 「조명희 작가의 탄생일 기념야회」, 『레닌기치』, 1990년 1월 6일.
양원식, 「조명희 선생에 대한 몇 가지 새로운 자료」, 『레닌기치』, 1990년 4월 4일.
조성호, 「한국에서 보내온 한 편지-조명희 선생의 친척이 나짐과 관련하여」, 『레닌기치』, 1990년 7월 18일.
조 완렌찌나, 「부친(조명희 작가)에 대한 추억담」, 『레닌기치』, 1990년 11월 8일.
최 예까쩨리나, 「작가 조명희와 그에 대한 회상」, 『고려일보』, 1991년 1월 16일.
최 예까쩨리나, 「작가 조명희의 마지막 시기」, 『고려일보』, 1991년 8월 23일.
아·쑤뚜린, 「귀환」, 『고려일보』, 1991년 8월 23일.
강상호, 「조명희 선생을 회상하여」, 『고려일보』, 1992년 2월 19일.

논문
강태수, 「기억의 한 토막-조명희 선생을 회상하면서」, 『문학신문』(평양), 1959년 5월 7일, 3면.
고송무, 「조명희와 쏘련 한인문학」, 『구주신문』(서독), 1987년 4월 20일.
고송무, 『쏘련의 한인들』, 이론과 실천사, 1992.2.
고송무, 「재소 한인문학사의 거봉 조명희를 재조명한다」, 『한국일보 구주판』, 1989년 8월 27일.
고송무, 「소련 속 한인들, 말·문학·문화」, 『한겨레신문』, 1989년 9월 6일.
김성수, 「소련에서의 조명희」, 《창작과 비평》, 1989년 여름호.
김열규, 「조명희 문학에 나타난 '소비에트 모국관'」, 『대륙문학 다시 읽는다』, 대륙 연구소 출판부, 1992, 52~69면.

김재홍, 「在蘇 한인문학의 선구자」,《한국논단》 11, 1990.7.
김흥식, 「조명희 연구(1)」, 『인문학연구』 20집, 중앙대, 1992.
민병기, 「조명희 論」,《현대문학》 415, 1989.7.
민병기, 「망명작가 조명희론」,《비평문학》, 1989.8.
이기영, 「조명희 동지를 추억함」,《조선문학》, 1962년 7월.
이기영, 「포석 조명희에 대한 일화」,《청년문학》, 1966년 9월.
이기영, 「포석 조명희론-그의 저『낙동강』재간에 대하여」, 『중외일보』, 1946년 5월 28일부터 29일까지.
이명재, 「포석 조명희 연구」,《국제한인문학연구》, 국제한인문학회, 2004.
이정숙, 「조명희 소설을 통해 본 내면세계 고찰: 망명동기를 중심으로」,《동아시아연구》 2집, 한성대학교 동아시아연구소, 2002.
정상진, 「조명희부터 김아나톨리까지-소련 조선인 문단을 회고하면서」,《한길문학》 12, 1992.2.
정덕준, 『조명희』, 새미, 1999.
조벽암, 「사색적이며 정열적인 작가 조명희」, 『문학신문』, 1966년 7월 8일.

제3장 고려인 평론과 한국문학의 상호 관련 양상

1절 고려인 문학의 한국 문학 인식 및 수용 양상

1. 문제의 중요성 및 연구 반성

CIS 지역 문학과 한국문학의 상호 인식 및 수용에 관한 연구 논문은 현재까지 한 편도 발표된 적이 없다. 소련에서의 한국문학 연구와 소개·번역 현황을 정리 분석한 모스크바대학 교수인 마주르(Mazur Yu. N.)의 글이 우리나라에서 발표된 유일한 연구라고 하여도 과언이 아니다. 비록 일부이기는 하지만, 그는 러시아에서의 우리문학 수용에 관한 번역서·학위 논문·연구서·연구자들에 대한 정보를 구체적으로 제공하고 있다. 그러나 전체적으로 보았을 때 체계가 되어 있지 않아 보다 본격적인 연구가 필요하다. 본 연구에서는 CIS 지역에서의 한국문학 인식 및 수용 양상을 살펴보려고 한다. 이론적 인식이나 수용에 주로 초점을 맞추겠지만, 시나 소설 등에 관해서도 부수적으로 언급하게 될 것이다.

---

* 본 장의 논문을 작성하는 데 김유진(가톨릭대)은 직접 러시아를 방문하여 자료를 수집하고 이를 번역하는데 많은 노력을 하여 주었다.

2. CIS 지역에서의 한국문학 인식 및 수용

CIS 지역에서의 한국학이나 한국문학에 관한 연구의 역사는 100여 년 전 이미 태동할 만큼 장구하고, 다른 나라에서의 그것보다 오래 되었고 또 많이 이뤄졌다. 이미 1892년 러시아에서 한국에 관한 단행본이 출판되었고, 1898년 학술 탐험대장으로 한국을 탐사하며 민중의 입으로 전해 내려오는 구비문학을 채취해 기록한 작가 가린-미하일로프스키가 1899년 한국의 민담을 번역한 '한국의 이야기'를 펴내며 우리 문학은 수용. 연구되기 시작했다. 1900년에는 『한국학』지가 페테스부르크에서 나오기 시작했고, 여기에는 한국문학에 관한 얼마간의 자료도 있었다고 한다.[1] 그러나 이 정도의 수용 소개마저도, 1917년 혁명 이후 시작하여 1930년대 중반까지 이어져 오다가 1937년 중앙아시아로의 고려인 강제 이주와 그에 이은 인텔리 숙청 등으로 거의 중단되었다. 이후 1950년대 이후 북한과 소련과의 관계가 빈번해지면서 다시 부흥기를 맞게 되었고, 1990년 이후는 한국과 CIS 국가간의 국교 정상화로 남한과도 문학적 왕래가 빈번해지게 된다.

1) 러시아의 우리문학 인식 및 수용

이제, 러시아에서의 한국학에 대한 연구 자료가 크게 집적되면서 연구의 역사 자체만을 체계화하려는 노력이 나타나는 단계에까지 이르렀다. 소련 과학원 동방학연구소는 1917년부터 1970년까지 CIS에서 연구 발표된 한국에 관한 문헌들을 모아 1981년에 『한국학연구 문헌목록 1917~1970』(원제목: БИБЛИОГРАФИЯ КОРЕИ, 1917~1970)을 출판하였다.[2] 또한 요즈음도 구축중인 인터넷 사이트에는 많은 양의 논저 목록과 논저 자체가 집약되고 있

---

1) 유 마주르 「소련에서의 한국문학」, 『문학과 사회』 1990년 봄호, 379면.
2) 이 목록에 관한 자세한 사항은 한림대학교 아시아문화연구소에서 발간한 『아시아문화』 6호(239~310면)를 참조할 수 있다.

다. 뿐만 아니라 근래에 들어 많은 CIS 지역 연구자들은 이러한 연구 결과물을 모아 체계화함으로써, 연구에 큰 도움을 주고 있다.3)

이러한 자료 집적을 통해 CIS 지역의 한국문학에 대한 인식 및 수용 양상을 들여다 볼 수 있는 한국문학에 관한 논저만도 약 200여 편, 전집이나 선집 작가 또는 작품에 관한 번역 소개가 그의 약 2~3배가량을 추려낼 수 있었다.4)

---

3) CIS 지역에서의 한국학이나 한국문학에 관한 연구논저를 찾아볼 수 있는 목록을 찾아보면, 대체로 다음과 같은 것이 있다.
　АН СССР. Институт Востоковедения. Библиография Востока. 1932~1936. Ленинград. 1932~1936.
　АН СССР. Институт Востоковедения. Литература о странах Азии, Африки и Океании (1964~1965 гг.). М., 1972. 519с.
　Володина Л. Библиография Кореи. 1917~1970. М., 1981.
　Грождова Л.Н. - КНДР в художественной литературе. Указатель литературы. 1952. Ленинград.
　Дальний Восток. Библиография. В кн.: Советское востоковедение. 5. с. 185~190. 1955.
　Дальневосточное обозрение. Альфавитный указатель литературы по вопросам Азии и Дальнего Востока за 1911г., 1912. Петербург.
　Каталог библиотеки Восточного института. IVI (известия восточного института). 1900, 1: 1~34; 2, 1: 35~66; 1901, 2, 2: 67~84; 2, 3: 95~12. Влад.
　Концевич Л.Р. - Корейский фонд. Библиртека института востоковедения АН. СССР. 1963, Москва, с. 68~73 из: Востоковедные фонды крупнейших библиотек Советского Союза.
　Кюпер Н. - Корейские литературные памятники манчжурские архивные документы в Алма-Ате как этнографические источники. 1946. КСИЕ. Вьл.
　Ланков А. - Корейские сюжеты. Восточная коллекция. 2001. №3. с. 35~39.
　Полный список изданий Восточного Института. Владивосток. 1909. с. 104.
　Тен А. Традиции реализма в корейской классической литературе. Алма-Ата. 1980.
　Тен А. - К вопросу о романтизме в литературе Востока (на примере ранней лирики Чо Мёнхия. Из "Вестник АН КазССР". 1988, №5, с. 23~32.
4) 한국 문학자의 시각에서 보면 문학적 가치가 거의 없을 정도의 작품도 CIS 지역에 소개되고, 그것이 갖는 문학사적 의미망을 찾아 내지 못하고 있는 현실을 타개하기 위해서는 한국 문학 연구 전공자가 구소련 지역에 산재되어 있는 한국 문학 작품을 발굴하여 재정리하는 작업을 하루빨리 시작하여야 할 것이다. 그리고 이와 같이 러시아에 한국 문학이 편향되게 소개되다 보니 한국 문학의 전반적인 이해가 오히려 방해받고 있는 것과 같다. 그와 같은 면을 극복하기 위해서는 한국 문학 연구자가 적극적으로

CIS 지역 중 러시아에 수용 연구된 우리 근·현대문학의 양상을 살펴보면 다음과 같다.

첫째, 북한을 통해 한국 문학이 이입되다 보니 작품 선정 기준은 북한의 시각에 의해 이뤄졌다. 1990년 무렵까지는 대부분이 북한 문학에서 영향을 받았으며, 그 이후부터는 남한문학에 대한 소개나 번역이 많아지는 양상을 보인다. 1960년대 전후로 하여 북한에 생존하는 월북 작가의 작품보다는 북한에서 태생한 작가의 것이 더 많이 나타나기 시작한다. 물론, 그들이 발표한 작품의 경향은 사상편향적인 것이 대부분이었다. 우리문학의 역사적 변이가 CIS 지역에 소개되는 과정에서도 그대로 나타나 있는 셈이다.

둘째, 고전문학보다 근·현대 문학 작품 소개가 압도적으로 많다. 구체적으로는 현대문학에 관한 글이나 작품과 고전문학에 관한 글이나 작품이 거의 비슷한 분량으로 소개되어 균형을 이루었으나, 점차 현대문학이 많이 연구되는 현상을 나타낸다. 고전 문학의 정수라 할 수 있는 심청전·흥부전과 같은 작품들에 대한 소개는 찾아보기 힘들고 영웅의 일대기나 이념적인 시나 소설이 1950년대 후반에 들어서면서 압도적으로 많음을 알 수 있다.

셋째, 특정 작가에 편중되어 소개되었다. 즉, 고전 작가로는 박지원·김삿갓에, 현대작가로는 이기영·조기천·그리고 조명희에 대한 것이 압도적으로 많고5) 그 이외의 작가에 관한 것은 아주 적다. 카자흐스탄이나 우즈베키

번역 작업에 참여하여야 할 것이다. 러시아 문학 전공자와 한국 문학 전공자의 협력을 통해 한국 문학을 러시아에 올곧게 소개하는 작업을 수행하여 나갈 때 양국간의 문화 교류가 제대로 이뤄질 것이다.

5) 이기영에 관한 주요한 글은 대체로 다음과 같은 것이 있다.
Земля. Роман корейского писателя Ли Ги Ёна. Тю Сон Вон, <Новое время>, М., 1950, No. 36, c. 29~31.
Современная корейская литература после освобождения (формирование и становление социалистического реализма в корейской литературе по творчеству Ли Ги Ёна). Пак Тен Сик. Автореф. дисс. ..канд. филол. наук. М., 1953, 16 с. (МГУ).
Ли Ги Ён и его роман <Земля>. Иванова В.И., <Краткие сообщения Ин-та востоковедения АН СССР>. М., 1955, вып. 17, с. 28~29.
Отражение великих перемен в корейской деревне в романах Ли Ги Ёна.

제3장 고려인 평론과 한국문학의 상호 관련 양상 129

스탄 지역에 가장 많이 소개된 작가는 조명희이고, 러시아에 가장 많이 소개된 작가는 이기영이다. 러시아에서는 이기영을 조선의 현대문학을 창시한 사람이라고 할 정도로 높이 평가하고 있고 카자흐스탄에서는 조명희를 고려인 문학의 아버지로 숭앙하는 현상이 두드러진다. 이기영과 조명희에 관한 글들은 CIS 지역에 수용된 우리문학의 한 전형을 제공한다. 이기영에 관한 것은 주로 그의 문학이나 생애를 전체적으로 보며 칭송하는 것과 농촌의 변혁을 일으키는 작품을 소개한 것이 많다. 이와 같이 이기영이나 조명희만을 우리나라 현대문학의 대표적 작가라고 소개하는 것은 물론 우리 근·현대 문학 전반을 통해 본 결과는 아니다. 그것은 이데올로기 편향성에 의해 문학을 평가한 결과이기 때문이다. 이광수나 김동인·채만식·한용운 등은 물론, 이상을 위시한 모더니즘 작가들에 대한 소개가 거의 없는 것은 이를 증명한다.

넷째, 사조상으로는 고전문학이나 현대문학을 막론하고 사실주의에 대한 소개에 절대적으로 많은 분량이 할당되었으며, 장르면에서는 고전문학의 시조와 패설문학, 현대문학의 프롤레타리아문학에 치우쳐 있음을 볼 수 있다. 작품으로는 춘향전에 대한 언급이 가장 많다. 비교문학적 소개로는 조선문학에 나타난 레닌에 관한 것이 많다.

특이한 것은 북한에서는 소위 양반 계급의 유한 장르라고 부정적인 평가를 하는 시조에 대한 소개가 CIS에서는 많이 이루어진 점이다. 그들이 패

Цой Е.М. Автореф. дисс. ...канд. филол. наук. М., 1955. 16 с. (МГУ).
Творчество Ли Ги Ёна. Цой Е., <Иностр. лит>, М., 1955, No. 3, с. 211~215.
Старейший пролетарский писатель Кореи [Ли Ги Ён], Иванова В.И., <Соврем. Восток>, М., 1958, No9, с. 21.
Творческий путь Ли Ги Ёна. Иванова В.И. Автореф. дисс. ...канд. филол. наук. М., 1960. 19 с. (АН СССР. Ин-т востоковедения).
Ли Ги Ён. Один из основоположников современной корейской литературы. Иванова В.И., в кн.: <Труды двадцать пятого Международного конгресса востоковедов>, Т. 5. М., 1963, с. 280~285.
Ли Ги Ен и традиции корейского просветительства. Ли В.Н., в кн.: Материалы второй и третьей науч. конференции молодых ученых Узбекистана. (Ин-т яз. и лит. АН УзССР). Вып. 1. Ташкент, 1970, с. 64~66.

설6)이라고 부르는 패관문학은 양반의 창작이라는 측면보다는 민간의 풍속이나 정사를 살피기 위하여 거리의 소문을 모아 기록시키던 장르라는 측면이나 비정규적 문학, 혹은 양반 비판 등의 특성에서 민중의 의도를 반영한 장르로 평가한 듯하다. 이는 김삿갓의 경우처럼 민중 사이에 떠도는 구비문학적 작품을 중시하는 것과 일맥상통하는 일이라고 판단된다.

우리문학의 개요를 서술한 Ten A. N.의 「현대 조선문학 개요(조선문학에서의 민주적인 민족 전통과 사회주의적 사실주의)」, 프롤레타리아문학을 다룬 Li. V. N.의 「문학과 예술에 대한 조선의 진보적 작가들의 시각(20～30년대)」과 「조선의 프롤레타리아문학, 20～30년대의 산문」(1967), 해방 후 문학을 정리한 같은 사람의 「해방 후 초기(1945～1950)의 조선문학」, 『사회주의 국가들 문학의 예술적 경험』(1967), 대표적 이기영론이라고 할 「해방이후 현대 조선의 문학」(1953) 등은 러시아에 수용된 우리문학을 살필 수 있는 좋은 자료가 된다. Ten A. N.과 Li, V. N. 등은 한국문학에 대한 중요한 논문을 발표한 두 연구자이다.

Ten A. N.의 「현대 조선 문학 개요(조선 문학에서의 민주적인 민족 전통과 사회주의적 사실주의)」(1954)7)는 그의 레닌그라드 국립교육대학 박사학위를 위한 논문(1954)인데, 이기영, 한설야, 조기천을 특이하게도 《홍길동전》, 《춘향전》 등의 고전 작품의 발전선상에서 살피고 있는 것이 특색이다. 이런 것은 한국 현대문학을 서양에서 이식된 것으로 보는 단절의 관점을 극복하고

---

6) 여기서 사용하는 '패설'이라는 용어는 북한에서는 많이 쓰이지만, 남한에서는 거의 쓰이지 않는 용어이며 남한의 패관문학과 어의가 거의 비슷한 용어로 보인다. 그 용어가 쓰이게 된 연유와 의미는 다음과 같다.
원문(이숙권의 『패관잡기』를 지칭함-인용자)에는 '소설'로 되어 있는데, 1959년 국립문학예술서적출판사에서 발행한 『조선고전문학선집』 '패설집 1'에서는 '패설'로 번역하였다. 이것은 역자가 오늘날 문예학에서 쓰고 있는 '소설'과의 혼동을 피하기 위한 의도에서 그렇게 쓴 것이다(공저, 『조선문학사 3』, 평양; 사회과학출판사, 1991, pp.142～7).
7) Очерки современной корейской литературы (Демократические национальные традиции и социалистический реализм в корейской литература). Тен А.Н. Автореф. дисс. ...канд.филол.наук. Л., 1954. 23 с. (Ленингр. гос. пед. и н-т).

하나의 연속인 변증법적 발전으로 보는 것이 되고, 우리 현대문학사의 근본적 문제점을 극복한 것이 된다. 이 글은 또한 나도향, 현진건 에서부터, 사회주의 리얼리즘, 그리고 해방이나 전후 시기의 문학 등 현대 문학 총론까지 서술함으로써, C I S에 수용된 우리 문학 작가의 범위를 짐작하게 주는 좋은 예가 된다.

　Li. V. N.은 많은 우리 문학 관련 글을 통해 큰 영향을 준 대표적 평론가이다. 그의 「문학과 예술에 대한 조선의 진보적 작가들의 시각(20~30년대)」(『동양 나라들에서의 문학과 미학 이론 문제』, 모스크바, 1964)[8]은 최서해・이기영・조명희・이익상 등에서부터 한효나 안막 등을 거론하며 그들이 지닌 시각의 진보성을 논했다. 한편 같은 필자의 「조선의 프롤레타리아 작가동맹과 20~30년대 산문」(『민족 전통과 사회주의적 사실주의의 기원(인민민주주의 나라들의 문학에서)』, 1965)은 『폐허』와 『백조』의 붕괴에서부터 시작된 프로문학의 출발이 염군사나 파스큘라를 거쳐 KAPF의 결성에 이르는 과정을 상술하고, 최서해・이익상 조명희・이기영 등의 신경향파 운동 등을 소개한 후, 이기영론・조명희의 낙동강론・송영의 인도병사론・강경애론의 네 문제를 논의의 초점으로 삼아 상론한 글이다. 특이한 것은 이광수나 김동인과 같은 북한이 배척해 온 작가들과 김기진 임화 등 카프 계열이면서도 북한에서 외면당해 온 작가들에 대한 관심까지 보여, 균형 잡힌 논의를 전개하려는 노력을 보인 점이다.[9]

---

8) Очерки современной корейской литературы (Демократические национальные традиции и социалистический реализм в корейской литература). Тен А.Н. Автореф. дисс. ...канд.филол.наук. Л., 1954. 23 с. (Ленингр. гос. пед. и н-т).
9) Li. V. N.의 「조선의 프롤레타리아문학, 20~30년대의 산문」(1967) 은 그의 「조선 현대 문학사의 시대구분에 관하여」(1968)와 거의 동일한 내용의 글인데, 전자는 1900~1919, 1919~1925, 1925~1935의 3단계로 시대를 구분하였으나, 후자는 여기에 1935~1945를 추가하여 논하였다는 차이가 있다. 북한의 주체사상에 바탕을 둔 문학사 시대구분 방법이 이미 원용되고 있음을 보여 주는 글이다. 특히 셋째 단계를 '한국문학 발전의 신단계'라고 칭하여 그 출발점으로서의 성격을 강조한 반면, 마지막 1935년 이후 시기를 '반동의 시기'로 칭해 대조적으로 논했다. 그의 「해방 후 초기(1945~1950)의 조선문

「해방이후 현대 조선의 문학」(1953)[10])은 박종식의 모스크바 국립대학 박사학위 논문 제출 후보자 지정 신청 논문(1953) 개요인데, 이기영의 소설에 의한 사회주의적 사실주의의 형성과 해방 이후 김일성의 문예이론을 통해 사실주의의 확립을 다룬 글로서, 쥬다노브와 고리끼의 이론이 원용되기도 한 글이다.

우리 문학에 대한 이런 연구 중에서 가장 주목해야 할 글로는 푸시킨 어문대학에서 발간된 Vilorii Li의 『한국문학에서의 사회주의 리얼리즘-한국 작가들의 창작에 미친 숄로호프의 영향』(우즈벡 쏘비에트 사회주의 공화국 《판》 출판사, 타슈켄트, 1971)을 들어야 할 것이다. 이 책은 주로 이기영과 숄로호프의 영향 관계를 특히 이기영의 《고향》, 《땅》과 숄로호프의 《고요한 돈강》, 《개척되는 처녀지》를 집중적으로 비교 연구한 저서인데, 테마의 독창적 선택이나 논리의 치밀한 전개면에서 타 논저를 뛰어넘는 모습을 보일 뿐 아니라 한국과 러시아 양국 문학의 비교 연구에서 여러 가지 중요한 열쇠를 제공할 수 있는 주목할 만한 저서이다.

이 글은 네 편의 연속된 글로 구성되어 있다. 즉, 「30년대 한국의 프롤레타리아문학의 형성, 이기영과 숄로호프」와 「이기영의 작품탐구(《고향》)와 숄로호프의 《고요한 돈강》」이라는 두 편의 논문으로 구성된 전반부와, 「북한문학 발전의 주요 단계, 숄로호프와 이기영」 및 「장편소설의 새로운 인물의 구상」 후속 두 논문을 엮은 나머지 부분이 그것이다.

「30년대 한국의 프롤레타리아문학의 형성, 이기영과 숄로호프」, 「이기영의 작품탐구(《고향》)와 숄로호프의 《고요한 돈강》」에서는 한국 프롤레타리아문학의 형성 과정과 대표 작가, 그리고 소련 프롤레타리아 작가 등을 연관지어

학」, 『사회주의 국가들 문학의 예술적 경험』(1967)도 이 무렵 글인데, 주로 조기천과 이기영의 작품론이고 별다른 문제점은 제기하지 않았다.

10) Современная корейская литература после освобождения (формирование и становление социалистического реализма в корейской литературе по творчеству Ли Ги Ёна). Пак Тен Сик. Автореф. дисс. ..канд. филол. наук. М., 1953, 16 с. (МГУ).

비교 기반을 마련하였다.11)

　이어 이 글의 뒷부분인「북한 문학 발전의 주요 단계, 숄로호프와 이기영」,「장편소설의 새로운 인물의 구상」에서는 해방이후 북한문학을 중심으로 서술하면서 특히 이기영의《땅》과 숄로호프의《개척되는 처녀지》를 구체적 등장인물들의 성격 및 역할 등을 중심으로 비교하였다.《땅》은 북한에서 해방 후 제반 민주주의 개혁 과정을 취급한 첫 장편소설" 또는 우리나라에서 장편소설의 발전 모습을 보여 준 문학사적 의의"를 지니는 작품으로 고평되고 있다.12) 그리고 숄로호프의『개척되는 처녀지』는 1934년 개최된 제1차 전 소비에트작가연맹 회의에서 소비에트 연방에서의 농민들의 온갖 문제를 가르쳐 주는 훌륭한 교과서로 평가되는 사실이 그 비교의 가능성이다.

　러시아에서는 많은 한국문학 관련 박사 논문이 발표되었는데, 대체로 이기영·한국 사실주의 작가와 작품·박지원·시조·춘향전·패설문학·향가·중세기 한국소설에 관한 것이 거의 한 편씩 분포된 모습을 보인다. 다만 이기영에 관한 것만 여러 편이어서 역시 이기영에 관한 북한과 러시아의 일치된 중시를 볼 수 있다.13) 1988년 이후 한국문학에 대한 연구는 새로운 시각과

---

11)《고향》은 인텔리를 주인공으로 했고,《고요한 돈강》은 반혁명적인 인물을 주인공으로 하였으나, 농민 들의 생활을 배경으로 그들의 생활 전형을 이루고, 그 계도적 성격이 인정되었다. 양자 모두 최고의 작품으로 평가받은 공통점을 지닌다. 전자는 북한 최고의 사회주의 사실주의적 소설로 평가받았고, 후자는 세계문단에서 주목을 받아 노벨문학상을 받았다는 사실은 주지의 일이다.

12) 사회과학원 우리문학연구소 편『문학예술사전』하권, 평양: 과학백과사전 종합출판사, 1993.

13) 박사학위를 위한 논문으로 한국문학을 선택한 경우는 많다. 몇 개의 논문을 열거하면, 다음과 같다.
박정식, 해방 이후 현대 조선의 문학 (리기영의 소설에 의한 조선 문학에서의 사회주의적 사실주의의 형성과 확립), 1953, 모스크바국립대학교.
Ten A. N., 현대 조선 문학 개요. (조선 문학에서 민주적인 민족 전통과 사회주의적 사실주의), 1954, 레닌그라드 국립 교육대학.
Tsoi E. M., 리기영의 소설에 반영된 조선 농촌에서의 대변혁, 1955, 모스크바 국립 대학교.
Eremenko L. E., 조선의 뛰어난 작가 박지원의 삶과 작품(1737~1805), 1959, 소련 과학원 동양학연구소.
Ivanova V. I., 리기영의 창작의 길, 1960, 소련과학원 동양학연구소.

방법론에 의존된다. 엘 웨 깔기나의 『1920년대 한국 시문학』(극동 국립 종합대학 출판사)은 그 초기적 모습을 보여준다. 1996년에는 60년대부터 한국문학 연구에 전념해 온 니키티나, 트로쩨비치 교수 등이 한국문학 연구서를 내기도 하는 등 활발해졌다.14) 앞으로 이러한 현상은 더욱 진전될 것이 자명하다. 모스크바의 삼일문화원과 같은 민간단체까지 한국어문학을 알리는 학술행사를 하며 서로의 인식의 폭을 넓혀 가고 있다. 1997년 마주르 교수 외 5명이 한국문학 강좌를 시작하여 2003년에는 러시아와 한국, 새로운 문학 지형을 향하여"라는 캐치프레이즈를 내걸고 한·러 양국 문학연구자가 참여하는 모스크바 한국문학제를 개최하기도 했다.

이 지역에는 적지 않은 연구 번역자들이 나타났는데 니키찌나(M. N. Nikitina)·트로체비치(A. F. Trotsevich)·옐리세예브(D. D. Eliseev)·예레멘코(L. E. Eremenko)·쥬다노바, 등이 대표적이라고 한다. 우리나라 작품을 가장 많이 번역한 사람으로는 안나 아흐마또바 여사를 꼽는다. 이 사람은 1955년에 『외국문학』이라는 잡지에 「15~16세기의 조선 시문학」이라는 논문을 발표하였고, 그 다음해에는 우리나라 고전 시 212편을 번역한 『조선고전시문학』(모스크바 문예출판사)을, 1969년에는 사후에 『동양 나라의 고전 시문학』 등을 역간하며 많은 활동을 했다. 그는 1989년 유네스코의 결정에 의해 탄생 백주년 기념행사가 치러질 정도로 중시되는 인물이라고 한다.15)

　　Nikitina M. I., 시조와 장시조 장르에서의 조선 중세 시가, 1962, 레닌그라드국립대학교.
　　-Trotsevich A. F., '춘향의 정절에 관한 이야기'와 조선 중세 문학의 소설 장르, 1962, 레닌그라드 국립대학교.
　　Eliseev D. D., 조선 중세의 소설 패설문학(기원과 장르의 몇 가지 문제), 1966, 레닌그라드국립대학교.
　　Li V. N., 조선의 프롤레타리아 문학(20~30년대의 산문), 1967, 소련과학원 세계 문학연구소
14) 김현택, 「러시아에서의 한국학 연구의 역사와 현재 상황」, 『러시아 지역연구』, 한국외대, 1999, 32~33면.
15) 마주르 유 엔, 「소련에서의 한국문학 연구와 한국문학 소개 번역의 현황」, 『새국어교육』 47호, 1991, 242~243면.

작품을 통해 보는 수용 및 인식은 또 다른 양상을 드러낸다.

CIS 지역에서 번역 간행된 단행본 시, 소설, 희곡 작품집은 고전문학보다는 현대문학 작품집이 많고, 현대문학의 경우 해방 이전보다는 해방 이후 북한에서 간행된 것을 번역한 것이 많다. 남한 쪽 작가나 작품이 번역된 것은 거의 발견되지 않는다. 고전문학으로는 박인로의 《오색구름》(알마티; 카자흐 국립출판사, 1962)·《구운몽》(레닌그라드; 국립문학출판사, 1961)·《쌍천기봉》(모스크바; 동양문헌출판사, 1962)·『15~17세기 소설』(레닌그라드; 예술문학출판사, 1970) 등이 있고, 현대문학으로는 김소월의 <진달래꽃>(모스크바; 동양문헌출판사, 1962)·조명희의 《조명희선집》(소련 과학원 동방도서출판사, 1959)·강경애의 《인간문제》(모스크바; 국립문학출판사, 1955)·이기영의 《고향》·이기영의 《땅》(모스크바; 외국문학 출판사, 1959)·한설야의 《황혼》(엘레나 베르만 역, 국립예술문학출판사, 1958)·《대동강》(외국문출판사 1961)·조기천의 《시선》(모스크바; 국립문학출판사, 1956)·한윤호의 《보성마을에서 온 아이》(모스크바; 국립아동도서출판사, 1958)·천세봉의 《투쟁하는 농촌 사람들》(블라고비셴스크; 아무르도서출판사, 1958)·황건의 《포화 속의 섬》(모스크바; 군사출판사, 1960)·박웅걸의 《조국》(모스크바; 외국문헌출판사, 1962)·《상급 전화수》(모스크바; 군사출판사, 1963) 등이 있다. 한국시집은 거의 매년 번역 출간되었을 정도이다. 잡지 속에 번역 발표된 작품들은 대체로 『별』, 『불꽃』, 『외국문학』, 『원동』 등과 같은 소련 잡지를 통해 번역 소개된 것이 많다. 조기천의 작품이 압도적으로 많이 번역 소개되었다. 러시아 지역에서 한글로 출판된 작품집은 주로 한국의 고전문학 작품들과 북한의 현대시와 산문들, 그리고 CIS 고려인들의 시나 산문들이다.

2) 중앙아시아의 우리문학 인식 및 수용

CIS 지역 중 카자흐스탄과 우즈베키스탄 등 중앙아시아 지역에 강제 이주당해 모여 살며 민족적 문화 활동을 해 온 고려인들의 문학은 러시아 지역과는 또 다른 위치에서 우리 문학을 인식 수용해 왔다. 주로 한글을 통해 문학 활동을 영위해 왔으며, 이 지역에서 러시아어나 카자흐스탄어로 발간된 우리문학 관련 서적이나 작품집은 한국전래 설화·북한 대표 시인집·그리고 이기영이나 한설야 등의 작품이 있을 정도로 소략하다. 카자흐스탄어로 카자흐스탄에서 발간된『카자흐스탄의 작가들』이라는 문인사전에는 고려인으로서는 연성용·김광현·명동욱·박일 표트르·한재영 정도 등 정도의 작가가 실려 있어, 이들이 카자흐어로 작품 활동을 하고 있는 대표적 문인임을 알게 해 준다. 1990년대 이후 젊은 고려인들은 주로 러시아어로 작품 활동을 해 오고 있다. 켄리에트 강·드미트리 리·미하일 박·알렉산더 강, 스타니슬라브 리 등이 그들이다.

이 지역 문학과 우리 문학의 관계를 설명하는 데 있어 조명희는 원조적 의미를 지닌다. 그는 1928년 소련 연해주로 망명한 후, 곧바로 <짓밟힌 고려>를 발표하여 이 땅에서는 금지되었던 일본에 대한 적개심과 비판을 직접적 구체적으로 쏟아 놓았고 <10월의 노래>를 통해 사회주의 국가에 대한 강한 기대를 형상화하면서 소련의 고려인 문학을 개척하는 확실한 발자취를 남겼다. 당시 조명희에게 영향을 받아 문단활동을 시작한 사람들 중 김준과 강태수는 그 이후 C I S 고려인 문학 발전에 토대를 마련한다. 이러한 조명희의 공적은 그 후 고려인 작가들로 하여금 조명희 문학 유산 위원회(1956)를 만들게 했고,《조명희선집》(1959, 조명희 탄생 65주년)을 간행하게 했으며, 그의 탄생 90주년 되는 1984년에는 고려인들의 대변지『레닌기치』신문이 조명희 특집을 만들게도 했다. 뿐만 아니라, 조명희 문학 상설 전람관을 열게도 했고(1988년), 1994년에는 알리세르 나보이 국립박물관에서 '포석 조명희 탄생 100주년 기념' 행사를 크게 열기도 했다. 조명희, 그는 C I S 지역 고려인 문학의 아버지로 받아들여졌다.

이 지역 고려인들은 70~80년 동안 약 백 권의 우리글 작품집을 간행하며 남북한 문학의 영향 속에서 문학 활동을 해 왔다.『고려일보』(『레닌기치』)를 중심으로 수천 편의 우리 정서를 담은 우리글로 된 시·소설·희곡 등의 창작을 발표했으며, 조선극장을 통해 수십 편의 우리 정서를 대변하는 작품을 연극으로 공연해 왔다. 고려일보와 조선극장의 활동은 카자흐스탄 지역 고려인 문학의 온상이라는 의미부여가 가능하다. 1990년 들어서는 소련작가동맹 직속 출판사에서 이 지역에서 활동하고 있는 고려인 작가들, 즉 희곡작가 한 진, 그 후 남한에서도 매우 유명해진 아나톨리 김, 영상작가이기도 한 라브렌티 송 등의 중단편 소설집(《음력역서장》)을 러시아어로 출판하기도 했고, 이후 이러한 경향은 점차 활발해져 가고 있다. 카자흐스탄의 조선작가동맹 분과위원회와 사수식출판사는 해마다 여러 권의 고려인 문학 출판을 주도해 오고 있다.

우선 이들 고려인들이 CIS 지역에서 발행한 작품집들을 살펴보면, 대체로 보아 북한문학만큼은 많지 않으나, 사회주의 체제 옹호나 이데올로기적인 문제를 형상화한 작품, 또는 지도자 찬양 작품 등이 많음을 볼 수 있다. 그러나 북한문학과는 달리 사랑과 휴머니즘 또는 효를 주제로 한 작품도 꽤 많이 나타난다. 세계 각 지역 동포 고유의 동일 주제라 할 디아스포라의 문제, 즉 정체성의 문제나 향수의 문제를 다룬 작품도 대단히 진지한 모습을 보임은 물론이다. 김세일의 《홍범도》나 김준의 《십오만원 사건》과 같은 대작을 위시해 김광현의 《싹》·김연수 편의 《치르치크의 아리랑》·박일 편의 《조선시집》·합집의 《시월의 해빛》·합집의 《씨르다리야 곡조》·합집의 《오늘의 빛》 등을 출판하였다.16) 이들 작품은 카자흐스탄 고려인 문학의 원조격

---

16) 카자흐스탄 지역에서 발간된 작품집은 대략 다음과 같은 것들이 있다. (우즈베키스탄에는 더 많은 동포가 살고 있으나, 문화 활동은 대부분 카자흐스탄에서 이루어졌다는 특징적이 현상이 있다.)
 김광현, 《싹》, 카자흐스탄: 사수식출판사, 1986.
 김광현 외, 《행복의 고향》, 카자흐스탄: 사수식출판사, 1988.
 김기철, 《붉은 별들이 보이던 때》, 알마아따 출판부, 1987.
 김세일, 《홍범도》, 서울: 신문학사, 1989.
 김연수 엮음, 《치르치크의 아리랑》, 카자흐스탄: 사수식출판사, 1982.
 김준, 《그대와 말하노라》, 카자흐스탄: 사수식출판사, 1977.
 김준, 《숨》, 카자흐스탄: 사수식출판사, 1985.
 김준, 《십오만원 사건》, 카자흐 국영 문학 예술 출판사, 1964.

인 조명희에게 크게 영향 받았다.

『고려일보』와 조선극장은 고려인들이 한국적 정서를 지속적으로 보존하며 한국문학과 그 지역 문학을 동시에 수용하며 새로운 문학을 창조한 고려인 문학 활동의 중요한 현장이다. 『고려일보』는 블라디보스톡에서 1923년 『선봉』 신문으로 창간된 이후, 『레닌기치』, 『고려일보』로 시대 상황에 맞추어 개명하면서, 중앙아시아로 이주하면서도 80년이라는 오랜 세월 동안 끊이지 않고 고려인의 생각과 정보와 문학을 대표해 왔고 올해 그 80주년을 맞기도 했다. 문예페이지를 거의 매일 발행하며, 고려인 작가들의 작품을 발표 평가하며 고려인들의 애환을 대변했다. 이 신문에 실린 문예 페이지를 통해, 우제국이나, 강태수, 또는 리진이나 조기천 등의 시인과 김 아나톨리와 명철 같은 소설가 등이 수많은 작품을 발표하며 디아스포라를 형상화했다. 조선극장은 1932년 연해주에서 창립된 이래, 1935년 연극 춘향전을, 1936년에는 <심청전'을 상연하는 등 소련 땅 모든 동포들의 사랑과 믿음을 받았으며, 이후에도 꾸준하게 태장춘의 <종들>, <행복한 사람들>, <흥부전>, 김기철의 <홍길동>, 채영의 <옛 친구들>, <친선>, <아리랑>, 연성용의 <불타는 조국> 등 여러 작품들을 공연하였다. 1982년에는 국립극장 50주년 기념 모스크바 공연을 하기도 했고, 1989년에는 <아리랑> 가무단 한국 공연을 성취시키기도 했다. 우리의 민족 고전들과 교포 생활상을 그린 현대극을 주로 상연하는 한편, 러시아 및 세계 고전 작품도 상연하였고, CIS 전역을 대상으로 한 해에 5~6개월을 순회 공연함으로써 고려인들의 정서나 문학 뿐 아니라 러시아 문학에도 영향을 끼쳤다.

리진, 《해돌이》, 카자흐스탄: 사수쉬출판사, 1989.
박일 편, 《조선시집》, 카자흐 국영 문예서적 출판사, 1958.
연성용, 《행복의 노래》, 카자흐스탄: 알마아따 작가 출판사, 1983.
연성용, 《신들메를 졸라 매며》, 카자흐스탄: 사수쉬출판사, 1983.
한진외, 《오늘의 벗》, 카자흐스탄: 사수쉬출판사, 1990.
합집, 《시월의 해빛》, 카자흐스탄: 알마아따 작가 출판사, 1971.
합집, 《씨르다리야의 곡조》, 카자흐스탄: 알마아따 작가 출판사, 1975.
합집, 《오늘의 빛》, 카자흐스탄: 사수쉬출판사, 1990.

1990년을 전후하여 『고려일보』 등에는 한국이라는 단어가 처음으로 등장하기 시작하고, 한국문학을 소개하는 글을 싣거나 작품 자체를 싣는 모습이 현저히 늘어간다. 전자를 대표하는 것이 리진이 "오늘의 한국 시단"이라는 이름으로 『고려일보』에 연재한 글 등이고, 후자를 대표하는 것이 주로 아동시나 한국의 주요 시인들을 산발적으로 게재해 나간 일들이다. 이는 물론 세계 환경의 변화나 한국과 CIS 국가들과의 외교 관계 개선에 따른 현실 추수적인 현상이기는 하지만 CIS 지역 고려인들의 우리문학에 대한 인식을 넓게 하는 데 결정적 역할을 해냈다는 아주 중요한 의미를 지닌다. 또 하나, 2003년 카자흐스탄에서 열렸던 『고려일보』 창간 80주년 기념 학술대회와 러시아 성 페테스부르크 국립대에서 열렸던 모스크바 한국문학제 등은 한국문학의 CIS 지역 수용 및 인식에 하나의 전환점이 될 것으로 보인다. 한국 문학제에서는 N. 니꿀린의 「러시아에서의 한국의 구비문학」·I. 까사뜨끼나의 「한국 중세기 여류 시인들의 시조」·P. 레지낀의 「최인훈 소설 '광장'의 사회 도덕적 실험」·니 나탈리야의 「세계 서정시 장르 속의 한국 시조」 등의 논문이 발표되었다. 이들 논문이 아직 한국의 연구 시각을 소개하는 정도에 머물고 있기는 하지만, 우리와 전혀 다른 시각에서의 우리 문학 수용 연구 가능성을 제시하는 계기를 마련했다는 의미 부여는 가능하다고 하겠다.

3) 한국에서의 CIS 문학 인식 및 수용

새로운 문명을 향한 수용 변혁과 함께 민족자존의 수호가 개화기의 중요한 시대적 과제였던 만큼, 이 시기 각국 문학에 대한 관심과 이를 우리 문학에 접목시키려는 노력도 싹을 보이기 시작했음은 주지의 사실이다. 물론 그것이 일본을 통한 것이고, 일본의 문학적 환경이나 그들의 심성을 중개로 하여 이루어진 것이긴 하지만, 서양문학의 이입 그 단초를 여는 것이기에, 그 시원을 찾는 일은 중요하다. 우리나라에 러시아 작가나 작품의 이름이나 그에 대한 간단한 언급이 이루어지기 시작한 것은 1900년 전후로 한 시기이며,

주로 톨스토이나 투르게네프에 대한 소개로부터 시작된 것으로 보인다.17) 그러나 러시아문학에 대한 소개가 이루어지는 것은, 그 후 1910년대 말 안서 김억이『태서문예신보』에 발표한「로서아의 유명한 시인 이반 투루게네프와 19세기의 대표적 작물」(『태서문예신보』4호, 1918.10.26)이나,「솔로구프의 인생관」(동 1918.11.30~1919.1.13)을 위시해,「두옹(杜翁)의 인생관」(『一記者,『선민』1권 1호, 1919.1.30),「노국(露國) 문호 도스토예브스키씨와 그의『죄와 벌』」(『창조』1권 3호, 1919.12.10) 등에서부터라고 할 수 있다. 1917년 이미 10월 혁명이 일어난 3년 후인 1920년까지도 러시아문학을 대표하는 혁명문학에 대한 소개의 글은 우리 문학사에 전혀 나타나지 않았다. 당시 우리의 수용 과정은 꽤 늦은 편이라 할 수 있다. 당시의 정보 전파의 속도나 여타 여건 문제도 있기는 하겠지만, 일본은 이미 당시 러시아문학에 대한 단독 저서 즉, 『최근 러시아문학의 의의』(片上伸. 最近ロシヤ文学の意義, 世界思潮研究会, 1912),『현대러시아문학의 인상』(片上伸. 現代ロシヤ文学の印象, 二松堂書店, 1913),『신러시아문학의 서광기』(昇曙夢. 新ロシヤ文学の曙光期, 新潮社, 1914) 등이 출판되고 있었다.18) 이러한 현상은 우리문학이 러시아를 받아들

---

17) 김병철,『한국근대서양문학이입사연구』, 을유문화사, 1980, 7~103면.
18) 우리가 러시아문학에 관한 단행본 저서를 발간하게 되는 것은 그보다 약 40년 후의 일이다. 일본에서 발간된 해방 이전의 러시아문학 관련 주요 저서를 발간 연도순으로 보면 대체로 다음과 같다.
片上伸. 最近ロシヤ文学の意義, 世界思潮研究会, 1912.
片上伸. 現代ロシヤ文学の印象, 二松堂書店, 1913.
昇曙夢. 新ロシヤ文学の曙光期, 新潮社, 1914.
平林初之輔. プロレタリア文学綱領, 世界思潮研究会, 1923.
小牧近江. プロレタリア文学手引, 至上社, 1925.
山內封介. ロシヤ文学史, 金星堂, 1927.
社会思想全集. 第1~40卷. 平凡社, 1928.
昇曙夢. 革命後のロシヤ文学, 改造社, 1928.
マルクス主義文芸理論叢書. 白揚社, 1928.
プレハノーフ「他」階級社会の芸術, 叢文閣, 1929.
青野季吉. マルクス主義文学闘争, 神谷書店, 1929.
労農ロシヤ文学叢書. 第1~5輯. マルクス書房, 1929.
クロポトキン全集. 第1~12卷. 春陽堂, 1928~1930.
プマルクス主義芸術理論叢書. 第1~12. 叢文閣, 1930.

이는 내내 벗어날 수 없는 굴레가 되었으며, 결국 근대문학의 러시아문학 수용을 논하면서 일본이라는 전신자적 매개항을 지울 수 없게 만든다.

　1920년대에 들어서면 본격적으로 러시아 개별 작가에 대한 활발한 소개나 러시아문학 일반에 관한 소개 수용이 이루어지는데,『신생활』지는 그 선두를 달리는 중요한 역할을 담당했다.『신생활』은 우리나라에 가장 먼저 러시아문학 특히 사회주의문학을 본격적으로 소개한 잡지이다. 이 잡지를 통해 비로소 한국의 사회주의문학은 수용되기 시작했다.『신생활』은 우선, 잡지의 성격이나 그 잡지사 구성원들의 성향이 평민 중심의 사회주의 문화를 건설하겠다는 뜻을 분명히 하고 있다. 1922년 1월 박희도를 중심으로 창립 총회를 개최한 '신생활'사는 동년 3월에『신생활』지 창간호를 발간하였다. 창간호에서

　フリーチエ「他」. 芸欧洲文学発達史, 鉄塔書院, 1930.
　エス・ドレイデン「他」. レーニンと芸術, 叢文閣, 1930.
　蔵原惟人. プロレタリア芸術と形式, 天人社, 1930.
　ペ・エス・コーガン「他」. ソヴェート・ロシヤ文学の展望 叢文閣, 1930.
　蔵原惟人. プロレタリア文学のために, 戦旗社, 1930.
　山内房吉. プロレタリア文学の理論と実際, 紅玉堂書店, 1930.
　フリーチエ「他」. 二十世紀の欧洲文学, 鉄塔書院, 1931.
　マイケル・ゴウルド「他」, アメリカ・プロレタリア文学評論 .往来社, 1931.
　イ・マーツア「他」. 現代欧洲文学とプロレタリアート, 鉄塔書院, 1931.
　ソヴェート文学研究会. 芸術の起源及発達, 叢文閣, 1931.
　国際プロレタリア文学選集. 1~9, 四六書院, 1931.
　米川正夫. ロシヤ文学思潮, 三省堂, 1932.
　ペ・コーガン「他」. プロレタリア文学論, 改造社, 1933.
　川口浩. プロレタリア文学概論, 白揚社, 1933.
　日本プロレタリア作家同盟教育部. ロレタリア文学講座. 第1~3編 白揚社, 1932~33.
　セヴエリン,トリフォノフ「他」. 現代ソヴェト文学概論, ナウカ社, 1934.
　昇曙夢. ロシヤ文学の知識, 非凡閣, 1934.
　ナルプ常任中央委員会. 日本プロレタリア文学運動方向転換のために, ナルプ出版部, 1934.
　山田清三郎. プロレタリア文学の新段階, ナウカ社, 1934.
　現代ソヴェト文学全集. 第1~8巻. 三笠書房, 1935.
　米川正夫.ロシヤ文化の研究, 岩波書店, 1939.
　除村吉太郎. ベリンスキー選集. 弘文堂書房, 1941.
　エリヤスベルグ「他」. ロシヤ文学史 筑摩書房, 1943.
　アー・カダショーフ「他」.ロシヤ文学概論, 紀元社, 1944.

이미 "민중문예를 연구하고 일반사회 현상을 비평하여 민중의 요구와 열망과 동경에 반향판이 되고자" 한다는 뜻을 밝혔고, 창간호부터 발매금지를 당하고 2호는 압수당하였으며, 수많은 글이 삭제되는 등 수난을 겪었다. 창간사부터 대부분은 복자 처리되거나 '삭제'라는 문구로 되어 있어 읽기가 불가능할 정도이다. 이 잡지는 사회주의 이론과 거기에 바탕을 두는 문화론, 문학작품 등을 주로 싣고 사회 운동을 주도하려 했으나, 1922년 11월에는 '적화사상 선전' 혐의의 필화사건으로 『신생활』의 발매 금지와 사장 박희도등의 구속사건이 일어게 된다. 이것은 "한국초유의 사회주의 재판"일 뿐 아니라 "사회주의 사상가들이 징역언도를 받은 것도 이것이 한국역사상 처음이었다"[19]고 한다. 『신생활』지는 끝내 1923년 1월 "공산주의 계급투쟁 사회혁명 등을 창도 고취함에 이른 결과 안녕질서를 방해한다"고 하여 폐간되기에 이르렀다.[20]

『신생활』에 게재된 러시아 문화 및 문예 수용 관계 주요 논문으로는 김명식의 「구문화와 신문화」(2호)・김명식의 「노서아의 산 문학」(3호)・김현준의 「문화적 생활과 철학」・정백의 「노동 노서아의 문화시설」(이상 6호)・이성태의 「현대문화의 방향」(9호) 등이 있다.

정백의 「노농 노서아의 문화시설」(『신생활』 6호, 1922.6)은 1917년 이후 민중중심으로 전개된 러시아의 문화정책 개혁 상황을 소개한 글인데, 민중 문화 소개를 통한 문화 대외적 혁신과 사회주의 문화 제도의 소개를 통한 문화 대내적 혁명을 함께 제창하려 했던 것으로 보인다. 이 글은 교육인민위원회 산하 예술부가 행한 정책상 변혁으로, 첫째, 예술의 사회화 내지 민중화, 둘째, 귀족 중심의 구문화 비판, 셋째, 민중 중심의 신문화 고취, 넷째, 민중으로 하여금 창작욕 자극 시책 전개 등을 들고 있다. 이 글은 또 "계급차별에 입각한 재래문화는 소수의 특권계급을 위하야 법열의 장미원은 되어도 다수되는

---

19) 김준엽・김창순『한국공산주의운동사』2권, 청계연구소, 1986, 36~37면.
20) 이렇게 볼 때 한국현대문학사에 관한 주요 저서들이 한국 프로문학의 출발점을 1923년의 김기진과 박영희의 활동에서 보고 있는 것이 잘못임이 드러난다.

민중과는 몰교섭한 전 인류의 행복과 실생활을 떠난 사치품에 지나지 못하였다."라고 말하였다. 이것은 결국 단순한 민중문학의 제시라기보다는 무산자에 모든 바탕을 두려는 문학에의 제창이라고 하겠다. 프롤레타리아문학이 본격적으로 도입·소개·제창된 것이다.21)

1920년대 한국문예비평사는 대부분 프로문학 중심으로 전개되었고, 한국 근대문예비평사에 끼친 러시아의 영향이란 지대한 것이다. 대표적 영향원으로 들 수 있는 사람으로는, 고리끼·푸시킨·루나찰스키·프리체, 플레하노프 등이다. 우리나라에서 가장 많이 받아들여진 러시아 이론가이자 작가인 고리끼는 우리나라에서 1921년 무렵 소개되기 시작했다.

10월 혁명 10주년이 되는 1927년 무렵 러시아문학의 소개 수용은 하나의 봉우리를 이루는데, 이 해는 KAPF가 자연발생기를 지나고, 목적의식을 뚜렷이 하며, 조직을 재편하는 등 강경화로 치닫던 때이기 때문에 상승적 분위기를 형성했던 것으로 보인다. 혁명문학 10년을 주제로 한 글로는, 김온의 「구신 로서아의 사회성과 문학적 경향」(『조선지광』 71호, 1927.9), 작자미상의 「쏘베트문학 10년-사회상의 반영으로서의 각파, 혼란기에서 정돈기까지」(『동아일보』, 1927.11.4~5), 독인의 「노농 로서아의 문학 10년사」(『조선일보』 1927.12.3~12)와 「노농 로서아문학사-시대적 발달과 사상적 경향」(『중외일보』, 1927.12.16~30) 등이 있다.22) 이들은 한결같이 10년간의 문학을 개관하면서, 혁명시기, 신경제 개혁시기, 단체 시기 등으로 시기구분하며, 문학의 사회성을 강조하고, 프롤레타리아문학시기의 도래를 논했다. 논조나 내용으로 보아 일본의 장원유인의 논리에 크게 힘입었던 것이 아닌가 여겨진다.23)

---

21) 『신생활』지에 실린 문학 이외의 각종 시사 논문도 러시아의 문화와 프롤레타리아적 정신을 리드했다. 이성태의 「생활의 불안」(1호, 1922.3)·「마르크스주의 학설의 연구」(6호)·「크로포트킨 학설 연구」(7호)·「중국의 비종교 운동의 유래와 경향」(7호)·「자본주의와 철학사상」(8호)·「노농 러시아의 노동법규」(8호)·「사회주의의 이상」(9호)·「무산계급의 역사적 사명」(9호) 등 사회주의 운동에 관한 중요한 논문들이 많이 실려 있다.
22) 이 이외에도 이선근의 「여명기 로서아문단회고」(『해외문학』 1권 2호, 1927.7), 미상, 「혁명 10년 맞는 노국문학 개관-제 3기적 전환 -」, 『조선일보』, 1927.11.7) 등이 있다.

사회주의 리얼리즘이 제 1차 소련작가대회에 의해 유일한 창작방법론으로 확정 공표된 1934년 무렵에는 우리 문학이 이를 수용하여 사회주의 문학의 한 커다란 이론적 확립이 이루어졌다. 이는 한국에 일찍 수용되어 1930년대 중후반의 우리 문예비평사를 주도하게 되는 정도로 크게 수용되었고, 해방이후에는 북한에서 주체문예의 성립 이전까지 유일한 문학이론의 기본틀을 이루게 될 정도로 직접적 영향을 끼치며 수용되었다.24)

러시아에서 공식 발표되기 이전인 1933년 이미 백철과 추백(안막)은 「문예시평」(『조선중앙일보』, 1933.3.2~8)와 「창작방법 문제의 재토의를 위하여」(『동아일보』, 1933. 11.29~12.7)를 통해 각각 사회주의 리얼리즘을 우리나라에 소개하는 민첩성을 보였다. 그 이후 사회주의 리얼리즘은 당시 평단의 주쟁점으로 등장하고 많은 논쟁을 거치며 이데올로기 편중과 사회학적 실증주의, 또는 정치적 가치와 예술적 가치의 이원론을 극복하고 우리나라 문예이론 및 창작방법을 형성하기에 이르렀다. 수용찬반논쟁·리얼리즘과 로맨티시즘의 조화론·세계관과 창작방법의 우위문제·구체적 창작 실천 문제 등은 그 주요 대립점이었다. 사회주의 리얼리즘론은 러시아문학이 우리 문학에 끼친 영향의 가장 큰 부분이라고 할 수 있다.

사회주의 리얼리즘이 지니는 제반 문제를 체계적으로 종합적으로 소개 수용하며 예술적 인식의 특수성을 인식한 글로는 한효의 「조선문단의 현대적 제상」25)을 들 수 있다. 그는 문학의 토대성·전형의 실체·창조의 자유가 지니는 근본적 문제·그리고 프리체의 문학사 방법론 비판에 이르기까지 많은

---

23) 이 글을 쓴 김온과 독인 그리고 이외에 함대훈 등은 러시아문학을 본격적으로 소개 수용하는 데 큰 역할을 한 전문적 전신자이다.
24) 사회주의 리얼리즘 이외의 러시아문학의 수용 논문 중 중요한 것으로는 다음과 같은 것이 있다. 즉, 김온, 「로서아문학의 방향」(『중외일보』, 1930.1.1~7)·박춘역, 「근대 노문학의 주조」(『대중공론』, 1930.3). 안함광, 「Friche의 『구주문학발달사』」(『조선일보』, 1931.7.27)·함대훈, 「쏴베-트 로서아문단의 현세」(『문예월간』 2권 1호, 1932.1)·백철, 「5개년 계획의 발달과 쏘베트문학」(『혜성』 2권 2호, 1932.2.15)·유해송, 「로서아 예술의 현세」(『삼천리』 4권 4호, 1932.4)·함대훈, 「쏴베트문학의 주조」(『조선일보』, 1935.1.1~14)·함대훈, 「쏴베-트 작가와 국제문학의 연관성」(『조선일보』, 1936.1.4~5).
25) 한효, 「조선문단의 현대적 제상」(『조선일보』, 1936.3.1~8)

핵심을 수용했다.

　해방 직전까지의 러시아문학 소개가 주로 신문 잡지에 실린 논문으로 이루어진 데 반해, 해방문단에서는 러시아 문학 관련 전문적 저서의 출판이 많이 이루어졌다. 해방직후 문단에서의 좌익의 전횡은 소비에트문학을 수용하는 큰 계기가 된 셈이며, 1927년 무렵의 혁명 10년 시기의 혁명문학 수용, 1934년의 사회주의 리얼리즘 이론 수용에 이어 또 하나의 절정을 만든 결과를 가져온 것이 된다. 문학 이론서만도, 프리체의 『예술사회학』(김용호 역, 대성출판사, 1948.10)·콤 아카데미 문학부 편찬의 『문학의 본질』(백효원 역, 신학사, 1949.6)·누시노프외 여러 사람의 글을 모은 『창작방법론』(홍면식 역, 문경사, 1949.4)·비노그라도프의 『문학입문』(나선영 역, 신학사, 1948.3)·누시노프 쎄이트린의 『문학원론』(백효원 역) 등 헤아리기 어려울 정도로 많아 그 수용과 영향의 지대함을 직감할 수 있다. 그 외에 홍효민의 『로서아문학사』(동방문화사, 1947.9)를 위시한 문학사·『쏘련 시인집』(전동혁 역, 1947)를 대표로 한 번역 작품집, 『조쏘문화』 등의 많은 전신자적 간행물이 있었다. 조쏘문화협회와 같은 문화단체나 전소련작가대회와 같은 모임도 우리 문학에 절대적인 영향을 끼쳤다. 『문학예술』에서는 1949년과 이듬해에 걸쳐 '쏘련 및 인민민주주의 국가 문학예술의 감상' 특집을 연속적으로 발표하기도 했다.

　논문으로도 많은 글들이 소련 문학의 특성이나 우월성·마르크스주의 문학 이념·소련 작가 등을 수용하거나 김일성을 우상화하기 위한 스탈린 우상화 등을 주제로 한 글들이 해방문단 각 문예 잡지를 통해 소개되었다. 잡지 『별』과 『레닌그라드』에 대한 1946년 8월 14일부 쏘련 공산당 중앙위원회 결정서 발표 이후의 쏘베트문학(아파제에브 강정희 역, 『조선문학』 2집)은 소련 작가동맹중앙본부 제11차대회 보고문으로, 당시의 소련 문단을 전체적으로 소개한 전신 활동이다. 그 구체적 내용으로는 '향상하고 있는 쏘베트 문학'·'문학 예술 잡지의 개선'·'문학 제 기관의 상황'·'쏘베트 애국주의'·'부르조아 민주주의 문제'·'사상적 반대자들'·'사회주의 리얼리즘' 등이다.26) 이와 같은 소련 문학에 대한 호의적인 수용은 해방문단이 좌익의 월북과 우익의 점진적 득세로 바뀌어감에 따라 남한에서는 점차 줄어들거나 부정적인 수용으로 바뀌어 가는 반면, 북한에서는 1950년대까지는 대단히 호의적인 수용이 이루어졌다. 1960년대 이후에는 주체문예 이론으로 대치된다.

해방문단에서 소련문학이 끼친 영향에 대해 북한에서는 다음과 같이 정리한다.

> 해방후 조선문학은 과거 우리문학이 진보적 문예리론, 특히 카프문학의 혁명적 문예평론을 정당히 계승발전시킴과 함께 쏘베트문학이 달성한 문예과학을 광범히 섭취하였다. 우리가 섭취한 쏘베트 문학과학의 저작들 속에는 문학예술의 사회적 본질과 의의 및 특성, 예술의 계급성과 당성 및 인민성, 문학예술의 내용과 형식 및 수단, 문학예술 발전의 법칙성과 창작방법 및 형태 등에 관한 가장 철저한 맑스-레닌주의적 혁명이 포함되어 있다.
> 특히 1946년 8월 잡지 『별』과 『레닌그라드』에 관한 쏘련 공산당 중앙위원회의 결정을 비롯한 「극장 레파토리와 그 개선 대책」, 영화 「거대한 생활」, 무라델리의 오페라 「위대한 친선」에 관한 제 결정은 해방 후 우리문학에 잔존한 자연주의, 형식주의 및 반동적 부르주아 문예 사상을 반대하고 우리문학의 당성을 제고하는 사업에 있어서 큰 힘으로 되었다.27)

소련이 북한 문학 형성 초기에 절대적인 영향을 주었음은 주지의 사실이나, 이에 관련된 다음과 같은 증언에 바탕을 둔 영향관계 연구는 주목을 요한다. 즉 이명재 교수는 "전후 북한에 진주한 소련군은 중앙아 등지의 고려인 문학자인 조기천, 정율 등을 앞세워서 북한 문단을 용이하게 친소적으로 유도하여 통제해 왔다는 것이다."라는 요지의 연구를 발표한 바 있다.28) 그에

---

26) 이 글은 『문학신문』, 1947년 6월 29일에도 실려 있다.
27) 현종호, 「해방 후 조선문학과 쏘베트문학」, 『조선문학』, 1957.11, 130면.
28) 이명재, 「북한문학에 끼친 소련의 영향」, 『어문연구』 116호, 한국어문교육연구회, 2002. 12, 159~184면.

의하면, 북한 정부 수립 기간에 428명의 중앙아시아 고려인들이 각 부처 요직에 앉아 북한을 통제하게 되었다고 하는데, 문인으로는 세계 2차대전 이후 카자흐스탄에서 평야에 돌아 온 시인 조기천, 소련 진주군에서 발간하던 『조선신문』의 문화부장을 하였던 평론가 정율(문예총 부위원장과 문화선전성 부상)·명철·작가 림하·평론가 기석복(문화선전부 부장·노동신문 사장·군관학교 교장) 등과 그 이외에 전동혁과 허가이 등이 있다는 것이다. 구체적으로 북한문학에 끼친 소련의 영향으로는 마르크스 레닌주의 문학 이론·친소련적인 정서·수령 송가의 세 가지 면에서 영향 받은 것으로 요약될 수 있겠다.

1950년대를 들어서면 상황은 그 이전과 완전히 바뀐다. 1950년대를 통틀어 러시아문학에 대한 소개는 단행본은 물론 논문도 전멸이라고 할 정도로 없어졌고, 작가나 작품에 대한 것도 마찬가지이다. 러시아문학 수용사상 가장 큰 공백기라고 할 수 있다. 당시의 반공 일색의 분위기 속에서 러시아문학이나 혁명문학 대신 주로 영미문학이나 프랑스의 실존주의 문학의 소개가 이루어졌던 것은 북한과 극과극의 양상을 보인다. 이후 1960년대에도 간헐적으로 몇 편의 러시아문학 소개문이 발표되었으나, 별다른 진전이 없고 주로 외국어대학에서 학보 등을 통해 발표된 것이 몇 편 있는 정도이다.

북한은 1950년대 말까지는 정권성립 과정이나 한국전쟁 시기의 도움 때문인지, 소련에 대한 호의적인 수용과 소련에 대한 감사의 형상화를 계속하여 발표하였다. 1959년 열린 제 3차 소련작가대회의 소개는 소련문학 소개의 절정이자 대단원이었다. 1948년의 남북한 각각의 정권 성립과 분단 이후 이 때까지 발표된 소련문학 관련 글들은 대체로 소련 공산당 중앙위원회의나 작가동맹 전원회의 결정서·소련 문학 작품의 감상과 관련된 글·사회주의 리얼리즘과 관련된 이론·소련 작가대회와 관련하여 그 문헌 자체의 번역이나 토론 과정에서 집약된 문제점 소개 등이 주류를 이룬다. 다음과 같은 글은 소련문학 전체와 관련하여 소개하거나 번역한 글들이다. 즉, 리창환, 「최근 쏘베트 시문학과 시대정신」(『문학신문』, 1960.9.9, 4면)·번역, 「공산주의 건설에서의 쏘베트문학의 제과업-제3차 쏘련작가대회에서」(『문학신문』, 1959.5.28, 3면)·최봉규, 「우리나라에서의 쏘베트 문학」(『문학신문』, 1959.5.17, 3면)·이정구, 「쏘베트 시문학과 우리 시인들」(『문학예술』 3권 2호, 1950.2), 명월봉, 「위대한 조국전쟁시기에 있어서의 쏘베트문학의 역할」(『문학예술』 제3권 제1호, 1950.1)·현종호, 「해방후 조선문학과 쏘베트 문학」(『조선문학』, 1957.11) 등이다.

1950~60년대 반공 논리의 위압 속에서 러시아문학에 대한 수용이 아주 한산해졌던 데 반해, 1970년 무렵부터 1990년까지의 약 20여 년간은 박정희 군사독재에 항거하는 분위기와 산업화에 따른 노동문제의 직접적 대두, 그간 타의에 의해 억제될 수밖에 없었던 사회적 분위기에 대한 반작용 등은 이념적 러시아문학 수용의 큰 봉우리를 이루었다. 이는 1920년대 중반부터의 KAPF 문학 중심의 수용, 1945년 이후 해방문단에서의 좌익문학 중심의 수용에 이은 20년마다 돌아오는 세 번째의 러시아 문학 이론의 수용 붐이 되는 셈이다. 즉, 1980년대 중후반부터 1990년대 초반까지는 러시아 문학이론 관계 출판물의 중흥시대를 맞게 된다. 러시아 문예이론총서를 집중적으로 출판하기도 했고, 마르크스 레닌 문학론·소련 문학비평사·러시아 중심의 문학원론 등 많은 단행본 연구서의 출판을 보게 된다.29)

---

29) 주요 도서명을 거론해 보면, 다음과 같다.
  루카치, 조정환 역, 『변혁기 러시아의 리얼리즘문학』, 동녘, 1986.
  마르스 슬로님등 저, 『러시아文學과 思想』, 대명사, 1983.
  맑스 외 저, 『맑스주의 문학예술논쟁』, 돌베게, 1989.
  朴炯奎, 『러시아 文學의 世界』, 高麗大學校出版部, 1985.
  소련 과학아카데미 엮음, 신승엽 외 역, 『마르크스 레닌주의 미학의 기초이론』, 일월서각, 1988.
  소연방 과학아카데미 편, 편집부 역, 『미학사전』, 논장.
  소연방 과학아카데미 편, 편집부 역, 『레닌의 문학예술론』, 논장, 1989.
  소연방 과학아카데미 편, 편집부 역, 『마르크스 엥겔스의 문학론』, 논장, 1989.
  소연방 과학아카데미 편, 편집부 역, 『미학의 기초 I, II, III』, 논장, 1989.
  쉬체르비나 외, 이강은 편역, 『소련 현대문학 비평』, 한겨레, 1986.
  스타시 저, 이항재 역, 『러시아文學批評史』, 한길사, 1989.
  에르하르트 욘 지음, 『마르크스-레닌주의 미학입문』, 사계절, 1989.

1988년의 올림픽이나 1990년대의 한러 관계의 변화는 또다른 수용의 변화를 가져오게 되었다. 수많은 CIS 지역 문학 작품이 한국에서 출판되거나 소개되고 한국 작품이나 이론이 CIS 지역으로 전해지면서 서로의 직접적 영향권으로 들어오게 되었다. 작가로 우리나라에 제일 많이 번역 소개된 러시아 지역의 소설가 아나톨리 김과 카자흐스탄 지역의 시인 리진을 비롯한 새로운 경향의 CIS 문학은 그 이전과 달리 사상성이나 혁명성보다는 환상성이나 반전사상 등으로 환골탈태되어 나타나게 된 것이었다.30) 그러나 이 부분은 오히려 그들에게서 우리문학이 영향받는 부분은 극소화될 수밖에 없다.

오프스야니코프 지음, 마 『마르크스 레닌주의 미학원론』, 이론과 실천 1990.
이철, 『소련 문학 예술의 현대적 좌표』, 한양대학교 아태지역연구센타, 1979.
이헌화 편, 『러시아 프로문학운동론』, 화다, 1988.
칼 마르크스, 엥겔스 공저,, 모라브스키 외 편, 김대웅 역, 『문학예술론』, 한울 1988.
테리 이글튼, 윤희기 역, 『비평과 이데올로기-마르크스 문학 이론의 한 연구-』, 열린책들, 1987.
편집부 편, 『문학원론 -러시아문학을 중심으로-』, 형성사 1985.
편집부 편역, 『레닌의 문학론』, 여명, 1988.
홀거 지이겔, 정재경 역, 『소비에트 문학 이론』, 연구사 1988.

30) 서울에서 발간된 고려인 문학 관계 작품집으로는 다음과 같은 것들이 있다.
맹동욱, 『모스크바의 민들레』, 예음, 1992.
김연수 엮음, 『소련식으로 우는 한국 아이』, 주류, 1986.
리진, 『리진 서정시집』, 생각의 바다, 1996.
리진, 『싸리섬은 무인도』, 장락출판사, 2001.
리진, 『윤선이』, 장락출판사, 2001.
리진, 『하늘은 나에게 언제나 너그러웠다』, 창작과 비평, 1999.
명철, 『오르체크의 행복』, 인문당, 1990.
박 미하일, 『해바라기 꽃잎 바람에 날리다』, 새터, 1995.
박현, 『꼴호즈의 들길에서』, 의성출판사, 1997.
아나톨리 김 외, 김영란 역, 『러시아 한인작가 첫 소설모음』, 백의, 1993.
아나톨리 김, 『다람쥐』, 『신의 플루트』 『아버지의 숲』(고려원, 1994), 『초원, 내 푸른 영혼: 아나톨리 김 자전 에세이』, 김현택 역, 대륙연구소 출판부, 1995. 『켄타우로스의 마을(심민자역, 문학사상사, 2000), 『사할린의 방랑자들: 아나톨리 김 대표 단편선』(소나무, 1987),
이 스따니슬라브.양원식 역. 『재 속에서는 간혹 별들이 노란색을 띤다』, 서울: 새터, 1997.
합집, 『쟈밀라, 너는 나의 생명』, 인문당, 1989.
김학수, 이종진, 장실 역, 『소련현재시인선집』, 중앙일보사, 1991.

왜냐하면, 그가 추구하는 환상성이나 난해성, 합리주의에 대한 반발이나 플롯의 해체 등은 CIS 문학보다 오히려 우리가 더 익숙했던 문제이기 때문이다. 작가 아나톨리 김이 추구하는 지향점에 관한 다음과 같은 지적은 이를 뒷받침한다.31) 이런 상황은 리진이나 다른 작가들의 경우도 대동소이하다.

3. 문제의 귀결 및 전망

CIS 지역에서의 한국학이나 한국문학에 관한 연구의 역사는 100여 년 전 이미 태동할 만큼 장구하고 다른 나라에서의 그것보다 길고 또 많다. 이제, 러시아에서의 한국학에 대한 연구가 크게 집적되면서 연구의 역사 자체만을 체계화하려는 노력이 나타나는 단계에까지 이르렀다. 이러한 자료 집적을 통해 CIS 지역의 한국문학에 대한 인식 및 수용 양상을 들여다 볼 수 있는 한국문학에 관한 논저만도 약 200여 편, 전집이나 선집 작가 또는 작품에 관한 번역 소개가 그의 약 2~3배가량을 추려낼 수 있었다. 1990년 무렵까지는 대부분이 북한 문학에서 영향을 받았으며, 그 이후에는 남한문학에 대한 소개나 번역이 많아지는 양상을 보인다. 대체로 현대문학에 관한 글이나 작품과

---

31) 김현택이 논문 맺음말 부분에서 지적한 다음과 같은 부분이 그에 해당한다.
등단 이후부터 1980년대 초까지 약 10여년 동안 그가 꾸준히 발표한 단편들은 극동에 거주하는 한인들의 애환어린 삶에서 출발하여, 러시아의 중부 및 모스크바의 삶, 그리고 세계 여러 나라 사람들의 다양한 삶 등으로 관심 영역을 확장해갔다. 이 같은 외형상의 변화와는 별도로 일관성있게 지속되는 그의 단편들의 특징은, 전통적인 의미의 플롯에 대한관심이 최소화되고 인간 내면세계의 변화를 보여주는 중요한 순간들이서사의 중심축을 이루고 있다는 점이다. 따라서 그의 작품을 이해하기위해 소설의 줄거리를 요약하는 것은 무의미하며, 독자는 글 읽는 과정에 적극 참여하여 등장인물 정신세계의 섬세한 변화를 추적하는 일에 모든 관심을 기울여야 한다. 인간을 사회적 존재로 보는데 그치지 않고 영원한 세계와 연결되어 있는 정신적 존재로 파악하고 있는 아나톨리 김 소설의 형식상의 두드러진 특징은 현실 세계와 환상 속의 세계가 항상 함께 자리하고 있는 점이다. 합리주의와 실용주의가 팽배한 현실 삶의 근본적 한계를 보여주기 위해서 상상력과 직관에 의해서만 도달할 수 있는 초현실적 세계를 제시하는 것은 이 작가에게는 당연한 일이었다(김현택, 「한국계 러시아 작가 아나톨리 김의 문학세계 연구」(II), 『한국학연구』, 1998).

고전문학에 관한 글이나 작품이 거의 비슷한 분량으로 소개되어 균형을 이루었으나, 점차 현대문학이 많이 연구되는 현상을 나타낸다. 작가론은 편중이 심하다. 즉, 고전 작가로는 박지원과 김삿갓에, 현대작가로는 이기영과 조기천에 대한 것이 압도적으로 많고 그 이외의 작가에 관한 것은 아주 적다. 사조상으로는 고전문학이나 현대문학을 막론하고 사실주의에 대한 소개에 절대적으로 많은 분량이 할당되었으며, 장르면에서는 고전문학의 시조와 패설문학, 현대문학의 프롤레타리아문학에 치우쳐 있음을 볼 수 있다. 작품으로는 춘향전에 대한 언급이 가장 많다. 비교문학적 소개로는 조선문학에 나타난 레닌에 관한 것이 많았다.

　Li. V. N.은 많은 우리 문학 관련 글을 통해 큰 영향을 준 대표적 평론가이다. 그의「문학과 예술에 대한 조선의 진보적 작가들의 시각(20~30년대)」은 최서해·이기영·조명희·이익상 등에서부터 한효나 안막 등을 거론하며 그들이 지닌 시각의 진보성을 논했다. 한편 같은 필자의「조선의 프롤레타리아 작가동맹과 20~30년대 산문」은『폐허』와『백조』의 붕괴에서부터 시작된 프로문학의 출발이 염군사나 파스큘라를 거쳐 KAPF의 결성에 이르는 과정을 상술하고, 최서해·이익상·조명희·이기영 등의 신경향파 운동 등을 소개한 후, 이기영론·조명희의 낙동강론·송영의 인도병사론·강경애론의 네 문제를 논의의 초점으로 삼아 상론한 글이다. 우리 문학에 대한 이런 연구 중에서 가장 주목해야 할 글로는 푸시킨 어문대학에서 발간된 Vilorei Li의『한국문학에서의 사회주의 리얼리즘-한국 작가들의 창작에 미친 숄로호프의 영향』(타슈켄트, 판 출판사, 1971년)를 들어야 할 것이다. 이 책은 주로 이기영과 숄로호프의 영향 관계를 특히 이기영의『고향』·『땅』과 숄로호프의『고요한 돈강』·『개척되는 처녀지』를 집중적으로 비교 연구한 저서인데, 테마의 독창적 선택이나 논리의 치밀한 전개면에서 타 논저를 뛰어넘는 모습을 보일 뿐 아니라 한국과 러시아 양국 문학의 비교 연구에서 여러 가지 중요한 열쇠를 제공할 수 있는 주목할 만한 저서이다.

　작품을 통해 보는 수용 및 인식은 또 다른 양상을 드러낸다. C I S 지역에서 번역 간행된 단행본 시·소설·희곡 작품집은 고전문학보다는 현대문학 작품집이 많고, 현대문학의 경우 해방 이전보다는 해방 이후 북한에서 간행된 것을 번역한 것이 많다. 남한 쪽 작가나 작품이 번역된 것은 거의 발견되지 않는다. 박인로의 『오색구름』(알마티; 카자흐국립출판사, 1962)·『구운몽』(레닌그라드; 국립문학출판사, 1961) 등을 위시해, 김소월의 『진달래꽃』(모스크바; 동양문헌출판사, 1962)·이기영의 『고향』(모스크바; 외국문학 출판사, 1959) 등을 거쳐 북한의 작품인 박웅걸의 『조국』(모스크바; 외국문헌출판사, 1962)·『상급 전화수』(모스크바; 군사출판사, 1963) 등이 있다. 한국시집은 거의 매년 번역 출간되었을 정도이다.

CIS지역 중 우즈베키스탄과 카자흐스탄 지역에 모여 살며 민족적 문화 활동을 해 온 고려인들의 문학은 러시아문학과는 또 다른 위치에서 남북한문학과 영향 관계를 이루며 우리나라에 수용되었다. 소련 붕괴 이전에는 주로 북한과 붕괴 이후에는 주로 남한과 영향을 주고받았다. 이 지역 고려인들은 70~80년 동안 약 백 권의 작품집을 간행했고, 『고려일보』(레닌기치)를 중심으로 수천 편의 우리 정서를 담은 시·소설·희곡 등의 창작을 발표했으며, 조선극장을 통해 수십 편의 우리 정서를 대변하는 작품을 연극으로 공연해 왔다. 고려일보와 조선극장의 활동은 CIS지역 고려인 문학의 본격적 출발점이라는 의미부여가 가능하다. 1990년 들어서는 소련작가동맹 직속 출판사에서 이 지역에서 활동하고 있는 고려인 작가들, 즉 희곡작가 한진, 그 후 남한에서도 매우 유명해진 아나톨리 김·영상작가이기도 한 라브렌티 송 등의 중단편 소설집(『음력역서장』, 모스크바: 소련작가사, 1990)을 러시아어로 출판하기도 했고, 이후 이러한 경향은 점차 활발해져 가고 있다. 카자흐스탄의 조선작가동맹 분과위원회와 사수싀출판사는 해마다 여러 권의 고려인 문학 출판을 주도해 오고 있다.

우리나라에 러시아 작가나 작품의 이름이나 그에 대한 간단한 언급이 이루어지기 시작한 것은 1900년 전후로 한 시기이며, 주로 톨스토이나 투르게네프에 대한 소개로부터 시작된 것으로 보인다. 그리고 1920년대에 들어서면 본격적으로 러시아 개별 작가에 대한 활발한 소개나 러시아문학 일반에 관한 소개 수용이 이루어지는데, 『신생활』지는 그 선두를 달리는 중요한 역할을 담당했다. 『신생활』은 우리나라에 가장 먼저 러시아문학 특히 사회주의문학을 본격적으로 소개한 잡지이다. 이 잡지를 통해 비로소 한국의 사회주의문학은 수용되기 시작했다.

10월 혁명 10주년이 되는 1927년 무렵 러시아문학의 소개 수용은 하나의 봉우리를 이루는데, 이 해는 KAPF가 자연발생기를 지나고, 목적의식을 뚜렷이 하며, 조직을 재편하는 등 강경화로 치닫던 때이기 때문에 상승적 분위기를 형성했던 것으로 보인다. 혁명문학 10년을 주제로 한 글들은 한결같이 10년간의 문학을 개관하면서, 혁명시기·신경제 개혁시기·단체시기 등으로 시기구분하며, 문학의 시회성을 강조하고, 프롤레타리아문학시기의 도래를 논했다. 사회주의 리얼리즘이 제 1차 소련작가대회에 의해 유일한 창작방법론으로 확정 공표된 1934년 무렵에는 우리 문학이 이를 수용하여 사회주의문학의 한 커다란 이론적 확립이 이루어졌다.

해방 직전까지의 러시아문학 소개가 주로 신문 잡지에 실린 논문으로 이루어진 데 반해, 해방문단에서는 러시아 문학 관련 전문적 저서의 출판이 많이 이루어졌다. 해방직후 문단에서의 좌익의 전횡은 소비에트문학을 수용하는 큰 계기가 된 셈이며, 1927년 무렵의 혁명 10년 시기의 혁명문학 수용, 1934년의 사회주의 리얼리즘 이론 수용에 이어 또 하나의 절정을 만든 결과를 가져온 것이 된다. 문학 이론서만도, 콤 아카데미 문학부 편찬의『문학의 본질』·누시노프외 여러 사람의 글을 모은『창작방법론』을 위시해, 홍효민의 『로서아문학사』·그리고, 『쏘련 시인집』과 같은 시집·『조쏘문화』등과 같은 의 전신자적 간행물 등은 우리 문학에 큰 영향을 끼쳤다. 1950~60년대 반공 논리의 위압 속에서 러시아문학에 대한 수용이 아주 한산해졌던 데 반해, 1970년 무렵부터 1990년까지의 약 20여 년간은 박정희 군사독재에 항거하는 분위기와 산업화에 따른 노동문제의 직접적 대두, 그간 타의에 의해 억제될 수밖에 없었던 사회적 분위기에 대한 반작용 등은 이념적 러시아문학 수용의 큰 봉우리를 이루었다. 이는 1920년대 중반부터의 KAPF 문학 중심의 수용, 1945년 이후 해방문단에서의 좌익문학 중심의 수용에 이은 20년마다 돌아오는 세 번째의 러시아 문학 이론의 수용 붐이 되는 셈이다. 즉, 1980년대 중후반부터 1990년대 초반까지는 러시아 문학이론 관계 출판물의 중흥시대를 맞게 된다. 러시아 문예이론총서를 집중적으로 출판하기도 했고, 마르크스 레닌 문학론, 소련 문학비평사, 러시아 중심의 문학원론 등 많은 단행본 연구서의 출판을 보게 된다.

  이제 이러한 자료들을 정독하며, 그들이 우리문학을 어떻게 수용했으며, 우리가 그들을 어떻게 인식했는가를 좀더 세밀하게 연구해야 할 차례이다. 본고의 미진한 부분인 작품간의 직간접 수용이나 영향도 물론 더 밝혀 나가야 할 것이다. 그것은 양자의 관계를 밝혀줄 뿐 아니라, 양측의 문학 자체도 더욱 명확하게 밝혀 줄 것이 자명하기 때문이다.

참고문헌

단행본
고송무, 『쏘련의 한인들』, 이론과 실천, 1990.
공저, 『조선문학사』 1~15, 평양: 사회과학출판사, 1991.
김병철, 『세계문학논저서지목록총람 1895~1985』, 국학자료원, 2002.
_____, 『세계문학번역서지목록총람 1895~1987』, 국학자료원, 2002.
김현택, 『러시아 한인 강제 이주사』, 경당, 2000.
김현택, 『재외한인작가연구』, 고려대 한국학연구소, 2001.
이광규, 전경수 공저, 『재소한인-인류학적 접근』, 집문당, 1993.
이명재, 『소련 지역의 한글 문학』, 국학자료원 2002.
편집부 편, 『한국 현대문학 자료 총서』, 거름, 1987.

논문
간복균, 「이기영의 『고향』과 숄로호프의 『개척되는 처녀지』의 대비 연구」, 강남대학교 『논문집』 31호, 1998.

김연수, 「소련속의 한국 문학」, 『시문학』 210, 1989.1.
김현택, 「러시아에서의 한국학 연구의 역사와 현재 상황」, 『러시아 지역 연구』, 한국외대, 1999.
_____, 「한국계 러시아 작가 아나톨리 김의 문학세계 연구」(Ⅰ)(Ⅱ), 한국학연구, 1998.
서상범, 「1920~1930년대의 소련문학론과 한국 프로문학론의 영향관계」, 『비교문학』 17, 1992.12.
신정옥, 「러시아극의 한국수용에 관한 연구」, 『명지대인문과학연구논총』 8, 1991.2.
이명재, 「북한문학에 끼친 소련의 영향」, 『어문연구』, 한국어문교육연구회 116호, 2002.
윤정헌, 「중앙아시아 한인문학 연구」, 『국제비교한국학회』 10권 1호, 2002.6.
이왈렌찐, 「재소한인들의 문학활동과 한국어교육」, 『이중언어학』 8, 1991.
이정구, 「쏘베트 시문학과 우리 시인들」, 『문학예술』 3권 2호, 평양: 문학예술사, 1950.2.
정상진, 「재소련 고려인 문학의 정체성」, 『민족발전연구』 6호, 2002.3.
한만수, 「러시아 동포문학에 투영된 한국여성의 초상」, 『한국문학연구』 19, 1997.
현종호, 「해방후 조선문학과 쏘베트 문학」, 『조선문학』, 평양: 조선문학사, 1957. 11.
Mazur, Yu. N., 「소련에서의 한국문학」, 『문학과 사회』, 1990년 봄.
_____, 「소련에서의 한국문학연구와 한국문화 소개, 번역 현황」, 『새국어교육』, 1991.
「소련의 한국학연구 문헌목록 1917~1970」 14~16호, 『아시아문화』 한림대학교 아시아문화연구소.

CIS 논저

Тё Ги Чен-поэт корейского народа. Иванов Ю., <Уральский современник>, Свердловск, 1953, кн. 2, с. 222~232.
Поэма Тё Ги Чена <Пэктусан>. Угай В.А., <Учен. зап. Кзыл-Ординск. гос. пед. ин-т>, 1957, т. 3, с. 105~123.
Поэт-воин. [О творчестве Тё Ги Чена в период Великой освободит. войны кор. народа]. Угай В.А., <Учен. зап. Кзыл-Ординск. гос. пед. ин-т>, 1958, т. 4, серия гуманитарных наук, с. 97~116.
О создании повести о Чхун Хян. Троцевич А.Ф., В кн.: <Дальний Восто

н>, М., 1961, с. 91~94.
Об одном из ваоиантов повести о Чхун Хян. Троцевич А.Ф., <Народы Азии и Африки>, М., 1961, №. 3. с. 168~169.
<История о верности Чхун Хян> и жанр повести в корейской средневековой литературе. Троцевич А.Ф. Афтореф. дисс. ...канд. филол. наук. Л, 1962. 19 с. (ЛГУ).
Шолохов в Корее. Ли В. В кн.: <Вопросы литературоведения и языкознания>, Кн. 5. Ташкент, 1963, с. 267~274.
Ли Ги Ен и М. Шолохов. (К методологии вопроса). Ли В.Н., в кн.: Материалы второй и третьей науч. конференции молодых ученых Узбекистана. (Ин-т яз. и лит. АН УзССР). Вып. 1. Ташкент, 1970, с. 129~132.
Вилорий Ли. Социалистический реализм в корейской литературе (влияние М. Шолохова на творчество корейских писателей). Издательство «ФАН» УЗБЕКСКОЙ ССР Ташенкт. 1971.

Резюме

По исследованию данной работы обнаружено, что до 1990 года в территориях СНГ литература КНДР сильно влияло на корейскую литературу, но после этого периода творчества, переведенные с корейского языка, начали увеличиваться.
Сначала по количеству классическая литература и современная были уравновешены, но в течение нескольких времен число произведений современной корейской литературы занимало большую часть.
Писатели Пак Чжи Вон и Ким Сат Гат отличаются от друих тем, что они входят в группу классической литературы. Писатели Ли Ги Ен и Чжо Ги Чен относятся к числу группы современной литературы. Их общий характер заключается в том, что они сыграли большую роль представить народу реализм в своих произведениях.
В классической литературе огромное место занимали Сичжо и Пэхсоль, а в современной -пролетарская литература. В этих работах чаще всего упоминается о Чунхяьне. Следует отметить, что в сравнительной лите

ратуре очень часто речь идет о Ленине.

Среди работ, в которых содержися корейская литература, главной является 「Социалистический реализм в корейской литературе-влияние М. Шолохова на творчество корейских писателей」(Издательство «ФАН» УЗ БЕКСКОЙ ССР Ташенкт. 1971). Автор этой работы, Ли Вилорий, представляет собой один из важнейших исследователей корейской литературы в СНГ.

Произведения, которые издавали В СНГ, были современные (поэзия, стихи, роман, рассказы и т.д.). Большинство этих работ переводили в КНДР после освобождения. Найти работы корейских писателей было очент трудно.

Первое упоминание имен советских писателей и их произведений было к 1900 г., а с 1920 г. советская литература по-настоящему получила большое распространение. В Корее особенно журнал 「Новая жизнь」служил популярностью советской литературы. К 1934 г. корейская литература принимала советскую литературу как метод творчества.

До освобождния советская литература была опубликована в журналах, газетах, но после освобождения издавали специальные книги, в которых содержится советская литература.

В 1950-60 г. из-за антикоммунизма издание книг о советской литературе находилось в затруднительном положении.

В 1970-1990 г. издавали специальные книги, связанные с теориями советской литературы.

2절 『고려일보』 문예페이지의 전반적 특성

1. 들어가는 말

CIS지역 고려인 문학이 재미(在美)나 재일(在日) 동포 문학과 같은 선상에 놓고 볼 수 있지만, 한민족 공동체의 정서를 한글로 오랫동안 표현할 수 있었던 언론 매체를 갖고 있는 점은 이 지역 동포문학만이 갖는 특징이 된다. 중국 조선족 문학 또한 오랫동안 우리 문학을 보존 발전시켜 왔다. 그러나 조선족 자치 구역이라는 중국 정부의 정치적 보호에 의해 명맥을 유지하여 왔지만, CIS 지역은 아무런 제도적 보호 장치 없이 자발적으로 한민족 고유의 문화를 보존하여 왔다. 다른 지역과는 달리 CIS 지역의 동포들은 그들 스스로 선택하여 이주하여 간 것이 아니라 강제라는 타의에 의해 그곳에 거주하게 되었기 때문에 다른 지역 동포들 보다 더 조국과 고향과 같은 뿌리를 찾고 싶은 마음이 강하였다. 그래서 한민족 공동체 정신을 잃지 않으려 하였고, 조상으로부터 물려받은 전통을 계승하고자 한 것이 강하여 한글로 된 신문을 오랫동안 발간할 수 있었던 것이다.

연해주에서부터 중앙아시아에까지 고려인들에 의해 한글로 발간된 신문이 『선봉』·『레닌기치』·『고려일보』이다. 이들 신문에는 문예페이지가 있어 고려인들이 자신의 문학 작품을 이곳에 발표하곤 하였다. 당시에는 이들 신문의 문예페이지 말고는 문학 작품을 싣는 매체가 거의 없었으므로 고려인 문학 연구에서는 원 텍스트와도 같은 것이 문예페이지이다. 고려인 문학에 대한 연구는 윤정헌,[32] 이명재,[33] 김연수,[34] 채수영,[35] 김필영[36] 등과 같은 국

---

[32] 윤정헌, 「만주한인문학연구」, 『한민족어문학』 37, 2000.12.
　　　, 「역사기록소설《홍범도》연구」, 『한국문예비평연구』 8권, 한국문예비평학회, 2001.
　　　, 「중앙아시아 한인문학 연구」, 『국제비교한국학회』 10권 1호, 2002.6.
[33] 이명재, 『통일시대 문학의 길찾기』, 새미, 2002.
　　　, 「러시아 지역의 한글 문학 현황」, 『통일문학』 1권 1호, 2002.7.

내 연구자와 김 게르만37)과 고송무38) 등과 같은 현지 학자들에 의해 이뤄져 왔다. 이들은 단행본을 중심으로 고려인 문학을 살펴보았지 이들 신문 문예 페이지를 집중적으로 조명하지는 않았다. 그러다 보니 고려인 문학 전체를 파악하는 데 일정한 한계점이 있었다. 고려인 작가들에 대한 정확한 생애와 작품 연보, 작품 전체의 시대적 경향과 사조, 텍스트 확정의 문제 등의 문제를 해결하기 위해서는 작품 발표 무대인 문예페이지를 면밀히 검토하여야 할 것이다. 그리고 문예페이지에 활동한 조명희와 조기천, 정상진 등과 같은 한국과 북한 출신 작가와 평론가의 활동 상황을 파악하는 것은 한국 근대 문학사에서 제대로 해명되지 못한 이주 문학, 해외동포문학, 북한문학에 대한 연구 자료를 제공할 것이다. 이들 신문의 문예페이지를 연구하는 작업은 국내에만 국한되었던 한국 근대문학의 외연을 확장하여 한국 근대문학사를 풍요롭게 기술할 수 있는 계기가 될 것이다. 그리고 CIS 지역에 남한과 북한 출신 작가들 모두 활동한 사실은 남북한문학의 보편적 인자(因子)를 찾을 수 있는 방법을 제공하여 줄 것이다.

　　　　, 「국외 한글문학의 실체 연구: 구소련의 고려인 문단을 중심으로」, 『인문학연구』 33, 2002.2.
34) 김연수, 『모스크바 한국인』, 국풍, 1983.
　　　　, 「소련속의 한국 문학」, 『시문학』 210, 1989.1.
35) 채수영, 「재소이민 소설의 특질」, 『비평문학』 3, 1989.8.
　　　　, 「재소 교민문학의 특징」, 『문화예술』 132, 1990.7.
36) 김필영, 「소비에트 카작스탄 한인문학과 희곡작가 한진(1931~1993)의 역할」, 『한국문학논총』 27, 2000.12.
　　김필영, 「송라브렌띠의 희곡 "기억"과 카자흐스탄 고려 사람들의 강제 이주체험」, 『한국비교학회』 4, 1998.12.
　　필립스 김, 「레닌기치에 나타난 쏘베트 한인문학」, 『비교한국학』, 1997.8.
37) 강 게오르기·김 게르만·명 드미트리 공저, 장원창 역, 『카자흐스탄 고려인-사진으로 보는 고려인사 1937~1997』, 서울: 새터기획, 1997.
38) 고송무, 『쏘련의 한인들』, 이론과 실천, 1990.
　　　　, 『쏘련 중앙아시아의 한인들』, 한국국제문화협회, 1984.
　　　　, 「蘇 중앙아시아의 '고려사람'문화」, 『광장』 175, 1988.3.

2. 신문 약사 및 문예페이지 구성 방식

『선봉』39)은 연해주에 거주하고 있는 고려인들에 의해 만들어진 한글 신문으로서 한민족 공동체 의식을 형성하게 하였다. 고려인에 의해 한글로 만들어진 신문이지만 당시 소비에트 공화국이 건설되는 상황에서 한민족의 공동체 의식을 표면적으로 내세우기란 어려웠다. 신문사의 주된 임무를 '계급의식의 고취와 공산주의적 교양' 사회 건설에 대한 홍보와 소비에트의 혁명적 모범과 세계의 혁명적 소식을 전달하는 것40)으로 하고 있다. 신문 내용에 있어서도 대부분 사회주의 혁명을 선도하고 있다. 그러나 고려인의 생활과 소식에 대한 내용도 신문 한 면을 차지하고 있어, 고국을 떠나 이국 멀리 살고 있는 고려인의 디아스포라의 아픔을 달래주었다. 1937년 스탈린이 소수 민족에 대한 강제이주 정책에 의해 많은 고려인들이 중앙아시아(카자흐스탄, 우즈베키스탄, 키르키즈스탄 등)로 강제이주를 당하였다. 신문도 잠시 정간되었다가 1938년 5월 15일 카자흐스탄 크즐오르다에서 『레닌기치』라는 이름으로 다시 발간되었다.41)

신문 구성을 보면, 1면은 사설, 조선내의 소식 중 사회주의 운동에 관한 기사, 세계혁명 소식 등이 실렸고, 2면은 세계 각지 소식, 극동소비에트 지역 단신 등, 3면은 당 사업 보고, 강령, 지시 지령안, 각 기념식 연설문, 당이나 공

---

39) 『고려일보』 사장과 주필을 역임하고 현재 집필 활동에 전념하고 있는 양원식은 『선봉』 창간일을 1923년 3월 2일로 하고 있다(양원식, '부자유 속에서 태어난 신문-『고려일보』의 어제와 오늘', 『한민족공영체』 5, 해외한민족연구소, 1997.3, 270~282면). 그러나 『선봉』 신문 1925년 11월 21일자 2면을 보게 되면 "선봉신문은 1923년 3월 1일에 아명인, '三月 一日'이란 명칭을 가지고 세상에 나아왔다"(편집실, '선봉신문의 략사와 임무', 『선봉』, 1925.11.21, 2면)고 한다. 그리고 『선봉』 신문이 맨 처음 창간되었을 때 『三月 一日』라는 제호를 달고 있다가 4호부터 『선봉』이라는 이름으로 바뀌었다는 기사('조선인독립시위운동에 관한 건'(『선봉』, 1923년 3월 7일)도 있는 것으로 보아 창간일을 3월 1일로 하는 것이 옳다.
40) 편집실, '선봉신문의 략사와 임무', 『선봉』, 1925년 11월 21일, 2면.
41) 이광규·전경수 공저의 『재소한인』(집문당, 1993, 292~293면)에서는 『선봉』이 『레닌기치』 이름으로 개명되면서 재 창간된 날짜를 1938년 5월 15일로 하며 장소를 카자흐스탄 알마아타라고 하고 있으나, 장소가 알마아타가 아니라 크즐오르다이다.

화국 명의의 격문이나 결정서 등, 4면은 정치경제학 강의, 신경제안의 해설, 노동법 해설, 시나 소설과 같은 문예란 등으로 되어 있다. 발간 역사를 간략하게 살펴보면, 1923년에는 전부 34호에 500부 정도 발간할 정도로 발행부수가 미약하였으나 1924년부터 주 1회 2000부 정도, 1926년부터 1929년까지 주 2회 발행하면서 3,600부 정도, 1930년과 31년에는 주 3회 10,000여부, 1932년부터 35년까지는 격일간 10,000여부가 될 정도로 발행부수가 점차 늘어났다.

『레닌기치』[42]는 연해주에서 이주해 온 고려인들에 의해 한글로 발간되었으며, 처음에는 구역(한국의 郡에 해당) 신문으로 출발하였으나 1955년 공화국신문이 되었고, 1961년부터는 '공화국간 공동신문'으로 격상되었다. 『선봉』 신문과 마찬가지로 고려인들에 의해 만들어진 신문이지만 고려인의 민족 공동체 의식을 표방할 수가 없었다. '조국'·'고향'·'고국'이라는 단어의 뜻은 반드시 소비에트나 꼴호즈를 가리켜야 하며, '강제 이주'라는 단어나 어려운 생활상을 이야기하여서도 안 되었다. 그러던 것이 1990년대 들어서면서 소련 전역에 불어 닥친 개방화, 민주화 바람에 의해 고려인들이 자신의 고향과 조국을 표면적으로 얘기할 수 있게 되었다. 페레스트로이카에 의해 구시대의 유물이 된 '레닌'을 시대에 걸 맞는 새로운 이름으로 바꿀 필요가 생겼다. 신문사 지도부는 1991년 1월 1일부터 신문 제호를 『고려일보』로 바꾸면서 고려인을 위한 신문임을 공식적으로 표방하였다. 당시 신문사 사장이자 주필인 허진은 신문 이름을 개명한 것에 대해 '우리말(고려인 말)을 후손에게 전해야 하고 우리에게 생명을 주고 민족의 얼을 심어준 조상들 앞에 자손으로서의 신성한 의무를 다하는 것이' 신문사의 사명이라고 하였다.[43] 허진의 선언은 『선봉』·『레닌기치』로 이어지면서 같은 한민족의 뿌리를 갖고 있으면서 한민족의 정체성과 독자성을 이야기할 수 없었던 역사적 운명에서 벗어날 수 있게 된 것을 공식적으로 드러낸 점에서 상당한 의미를 지닌다. 그리고 '고려인'이라는 단어 속에 함축되어 있는 한국 근대 역사의 질곡을 표현할 수 있

---

42) 창간될 때 제호를 『레닌의 기치』로 하였으나 그 이후 『레닌기치』로 하였다.
43) 허진(허웅배), 「『고려일보』사의 사명」, 『고려일보』, 1991년 1월 1일, 1면.

는 길이 열린 점에서도 중요한 의미를 지닌다.

『고려일보』는 카자흐스탄 알마티에서 현재도 발행되고 있는 ＣＩＳ지역의 대표적 고려인 신문이다. 1991년 『고려일보』라고 제호가 바뀐 이후 실제로 연해주 꼴호즈에서 참혹한 생활상과 강제 이주의 뼈아픈 경험과 같은 그동안 금지되었던 이야기를 다양한 장르를 통해 드러내기 시작하였다. 공화국 신문에서 독립하여 자유신문이 되면서 국가로부터 재정의 도움을 받지 못하여 신문사 운영의 어려움을 겪게 되었지만 소비에트 사회주의 이데올로기를 고취시키고 찬양하던 논조에서 벗어나 고려인의 실제 생활을 취재하여 고려인의 삶의 모습을 생생하게 전달하게 된 점은 '고려인'의 역사적 지위와 가치를 평가할 수 있는 중요한 자료가 된다. 그러한 고려인의 역사가 문예페이지를 통해 보다 실감나게 독자에게 전달되었다. 독자인 고려인 역시 시나 소설을 통해 이방인의 외로움과 서러움을 달래곤 하였다. 신문 문예페이지를 통해 상상의 민족 공동체가 형성되었고, 여기를 통해 많은 시인・소설가・평론가 등과 같은 문학인이 탄생하였다. 잡지와 같은 다른 출판 매체가 거의 없는 상태에서 이들 신문의 문예페이지가 고려인 문학인의 유일한 활동 무대였다.

이들 신문에는 문예페이지가 독립 섹션으로 되어 있어 당시 작가들의 문학 작품 발표 무대가 되었다.

『선봉』의 문예페이지는 1933년 10월 3일 이후부터 생겨났다. 그때 기사를 보면, "연해주 쏘베트 문사동맹 고려쎅치야회에서 『선봉』신문에 문예페-지를 두어달라는 요구의 결정에 따라 매월 2회 문예페-지를 발간하기로 한다"고 한다.44) 이후 문예페이지는 연해주 고려인들의 작품 활동 무대가 되었다. 문예페이지 뿐만 아니라 그 이전 신문에 실린 작품의 편수를 보면, 시가 48편・소설이 2편・평론이 19편 등이 실려 있다. 시가 압도적으로 가장 많으며, 그 다음으로 평론이 많다. 여기에 활동한 작가는 조명희와 조기천과 같은 조선 출신 작가들도 있고, 독자 투고를 통해 등단한 신인들도 있다. 조명희는

---

44) 편집부, 「문예페-지를 발행하면서」, 『선봉』, 1933년 10월 3일.

시 8편과 평론 2편을 조생이라는 이름으로 발표하였다. 조선사범학교 학생인 조기천은 독자들의 적극적인 작품 투고를 권장하기 위해 신문 4면에 만들어진 '독자 문예'란을 통해 작품을 발표하였다. 김세일과 강태수도 이곳을 통해 등단을 하였다. 중앙아시아로 이주해 온 뒤에도 작품 활동을 한 작가로는 조명희의 제자인 강태수를 비롯하여 전동혁·김세일·김준·한 아나똘리·태장춘·연성용·김기철 등이 있다. 『선봉』의 문예페이지는 짧은 역사만큼 그렇게 많은 작품을 싣지 못하였지만 고려인들에게 나라 없는 국민의 서러움을 같이 나눌 수 있는 장(場)을 제공하였다. 이 신문에서 활동하던 작가가 중앙아시아로 이주한 후에도 계속해서 작품 활동을 계속하여 고려인 문학의 전통성과 연속성을 보증 받을 수 있게 되었다.

『레닌기치』는 1958년부터 전체 4면 중 제4면에 '문예페이지'가 개설되었다. 문예페이지는 아동문예페지·문예란·토요문예 등의 이름으로 1면 전체를 차지한다. 이들 중 문예페지가 압도적으로 가장 많이 발행되었으며, 두 번째가 아동문예페지, 그 다음으로 문예란이다. 간헐적으로 토요문예가 발행되기도 하였다. 한 달에 한번 정도 문예페지가 발행되고, 발행 요일은 토요일이 가장 많으며, 그 다음으로 목요일, 금요일 순이다. 문학 장르는 시와 소설이 가장 많다. 상단부에 시가 실리고, 그 옆에 노래 악보와 가사, 하단부에는 소설이 실렸다. 시는 시·동시·서사시 라는 명칭 순으로 실려 있으며, 산문은 단편·단편소설·소품·중편소설·실화·단막극·동화·풍자소설, 이야기 라는 명칭 순으로 실렸다. 소품은 1회에 끝날 정도의 분량이고, 단편이나 단편소설의 경우는 몇 회씩 연재되었다. 장편소설은 몇 편 되지 않으며, 실화가 1년 정도 연재되기도 하였다. 1962년부터 1990년까지 신문에 실린 소설 총 편수는 250여편이고, 시는 978편이며, 평론은 120편이다.

『고려일보』는 1991년부터 『레닌기치』를 이어 문예페이지가 계속적으로 발행되었으나 작품 편수가 현저히 줄어들었다. 90년대 초반에는 시보다 소설이 실린 경우가 드물었으나 후반부터는 그 양상이 달라졌다. 전반적으로 문예페이지 발행 일수가 줄어들었다. 이와 같은 사실은 한글을 해독할 줄 모르는 세대가 점차적으로 늘어났기 때문이다. 신문도 러시아와 한글어가 동시에 발간되었고 러시아어로 작품을 발표하는 경우가 거의 없었지만, 앞으로 늘어날 것으로 보인다.45) 현재 작품 활동을 하고 있는 작가로는 양원식 · 이정희 · 박미하일 · 라브렌티 송 정도이다. 1991년부터 2002년까지 신문에 실린 소설 총 편수는 30여편이고, 시는 200여편이며, 평론 60여편이다.

3. 각 장르의 시대별 작가 및 작품 분포

1) 소설

『선봉』에서부터 『레닌기치』를 거쳐 『고려일보』에 이르기까지 신문에 발표된 소설 편수는 총 280여편 된다. 이들 중 번역소설 · 한국소설 · 고전소설 등을 제외한 현지 고려인에 의해 쓰인 소설 편수는 250여편 된다. 『선봉』에 실린 소설은 정활의 <광부의 가정>(1935년 4월 18일 · 21일 · 24일 · 29일)과 강태수의 <공청회 조직원>(1937년 5월 12일 · 24일) 2편 밖에 없다. 『레닌기치』에 실린 소설은 215편이고 『고려일보』에 실린 소설은 18편이다. 시대별로 다시 살펴보면, 60년대 79편 중 번역소설을 제외한 소설은 34편, 70년대 103편 중 번역소설을 제외하고 작자 불명인 작품을 제외하고 46편, 80년대는 35편 중 번역소설, 작자 불명 작품 제외하고 20편, 90년대는 29편 중 13편이고 2000년대는 5편이다. 대부분 몇 회 연재된 단편소설이나 1회에 끝나는 소품과 1년 이상 연재된 대하소설도 있다. 대표적 대하소설로 김세일의 <홍범도>와 백한이의 <텐산 산맥>(1995년 4월 15일부터 1996년 2월 24일까지)이 있다. 『레닌기치』 시절 문예페이지에 실린 소설이 순수 창작과 러시아 문학 작품 번역이 주를 이루었다. 『고려일보』 시절에 와서는 한국 문학 작품을 소개하고, 해외문학작품상에 수상된 작품에 대한 지면을 할애하고, 한국 고전

---

45) 아나톨리 김 같은 경우는 처음부터 러시아어로만 작품 활동을 한 작가로서 한국어를 거의 구사할 줄 모른다. 이와 같은 작가가 점차적으로 더 늘어날 것이다.

소설을 연재하는 것이 늘어났다. 그리고 실화소설이라는 논픽션 서사가 생겨 나기도 하였다.

20년대 『선봉』 신문부터 시작하여 『레닌기치』・『고려일보』에 이르기까지 작품 활동을 한 작가들 중 조명희와 전동혁・김세일・김준・조기천・한 아나똘리 등은 『선봉』 신문 시절 시만 썼고, 『레닌기치』 시절에 와서 소설과 평론을 같이 하였다. 태장춘과 연성용은 『선봉』 시절부터 희곡을 중심으로 평론과 시를 같이 하였다. 『선봉』 시절부터 소설을 주로 쓴 작가는 강태수 밖에 없다.

신문 전체를 봤을 때 소설을 가장 많이 쓴 작가는 한진・김기철・리정희 등이고, 그 다음으로 한상욱・전동혁・조정봉・강태수・김광현・명철・김준・성정모・김빠웰・남석・김세일・김 보리쓰・강 알렉싼드르・기운・아나똘리 김・김두칠・김상철・리 와씰리・리동수・미하일 박, 장윤기 등이다. 이들 중 시나 평론이 아닌 소설만 창작한 작가로 한상욱・리정희・성정모・김보리쓰 등을 들 수 있다.

이들 작가의 작품 활동을 시기별로 나눠 보면 다음과 같다.

20년대부터 90년대까지 소설 창작 활동을 한 작가는 강태수가 유일하다. 60년대만 주로 작품을 발표한 작가는 한상욱이다. 60년대에서 70년대까지 작품 활동을 한 작가로 리정희・김광현・김준・김남석 등이 있다. 60년대에서 80년대를 걸쳐 90년대까지 작품 활동을 한 작가로 한진(주로 60년대・90년대 1편)・김기철・조정봉 등이 있는데, 이들 중 한진은 60년대에 주로 작품 활동을 하였으며 90년대 들어서는 1편만 발표 하였다. 70년대 들어서면서 작품 활동을 한 작가는 전동혁・김두칠・김세일 등이 있다. 70년대에서 80년대까지 작품 활동을 한 작가는 명철・김보리쓰 등이다. 80년대 들어서면 작품 활동을 한 작가는 양원식・박 미하일・장윤기・남철 등이다. 이들 중 양원식과 박 미하일・장윤기 등은 아직 생존해 있으며 2000년대 이후에도 계속해서 작품 활동을 하고 있다.

2) 시

『선봉』에 발표된 시 작품 수는 48편,『레닌기치』에 978편,『고려일보』에 200여편 실렸다. 년도 별로 보면, 20~30년대 48편, 60년대 111편, 70년대 543편, 80년대 324편, 90년대 200편 등, 총 1,226편이다. 70년대에 가장 많이 발표되었으며, 그 다음이 80년대이다.

20~30년대『선봉』시절 활동한 작가는 김승인·서재욱·다우지미 김춘우·박달분·자강·김병욱·옥평·김동길·조동규·계봉우·김단·리평산·허길헌·김상선·심약연·리재인·황일 등이며,『레닌기치』에까지 활동한 작가로는 조명희·전동혁·김세일·김준·한 아나똘리·태장춘·허성록·김기철·연성용, 강태수 등이다.

조명희는『선봉』신문에 조생이라는 필명으로 시를 발표하였다. 이 신문에 있는 조생의 시는 <짓밟힌 고려>(1928.11.7)·<볼쉐비크의 봄>(1931.3)·<여자공격대>(1931.4.4)·<10월의 노래>(1931.9)·<맹서하고 나아서자>(1934.6.3)·<'오일' 시위운동장에서>(1934.6.3)와 산문시 <아우 채옥에게>(1935.3.8)와 <까드르여 너의 짐이 크다-조선인 사범 대학 제1회 졸업생들 앞에->(1935.6.30)가 있다. 평론으로는 <아동 문예를 낳자>(1935.3/18, 21)와 <조선의 노래를 개혁하자>(1935.7.30)가 있다.『고려일보』에는 조명희의 시와 소설이 재 수록되어 있다. 시 작품으로는 <봄잔디밭우에>(1991.1.30)와 <인간초상찬>(1991.1.30)·<감격의 회상>(1991.1.30) 등이 있고, 소설로 <낙동강>(1994.8.20부터)이 있다.

60년대 가장 많은 작품을 발표한 시인은 강태수로서 11편, 그 다음 리진 7편, 김종세 5편, 김세일·김남석·김창옥·리은영 등의 4편 등이다.

70년대 가장 많은 작품을 발표한 시인은 주영윤으로서 38편·그 다음 강태수 25편·박현 24편·로사 17편·허성록 15편·리진 15편·우제국 10편 등이다. 강태수가 여전히 많은 작품을 발표하였고, 주영윤이 70년대 새롭게 등장하여 가장 많은 작품을 발표하였다. 그 다음으로 박현·로사·허성록 등이다. 허성록은 『선봉』시절부터 활동한 작가인데, 60년대에는 한 편도 발표하지 않다가 70년대 들어서면서 작품 활동을 재개하였다. 김세일·김남석·리은영 등은 2편, 1편, 4편 정도 발표하는 것에 그치고, 이후 전혀 작품 활동을 하지 않았다.

80년대에도 주영윤이 가장 많은 33편의 작품·강태수 15편·남철 27편·리동언 15편·리진 17편 무산 17편·연성용 12편·우제국 12편·원일 10편 등이 발표되었다. 60년대부터 작품 활동을 한 강태수는 여전히 많은 작품을 발표하였고, 70년대부터 등장한 주영윤 역시 가장 많은 작품을 발표하였다. 그 밖의 연성용·우제국·리동언 등도 마찬가지이다. 그러나 80년대에만 왕성하게 작품 활동을 한 작가로 남철·무산을 들 수 있다. 남철은 70년대 들어와 1편을 발표하면서 작품을 쓰기 시작하다가 80년대에 와서 가장 많은 작품을 쓰고, 90년대에는 4편만 발표하고 말아 80년대 시인이라 하여도 과언이 아니다. 무산 역시 남철과 마찬가지여서 80년대 시인이라 할 수 있다.

90년대 가장 많은 작품을 발표한 시인으로 박현으로서 15편이고, 그 다음 강태수 12편·박희진 10편 등이다. 박현은 70년대 왕성하게 작품을 쓰다가 80년대 6편 정도 쓰는 것에 그치다가 90년대 들어 다시 많은 작품을 발표하였다.

30년대부터 90년대까지 거의 70여년을 작품 활동을 한 작가는 강태수가 유일하다. 2002년까지 가장 많은 작품을 발표한 시인은 주영윤으로서 전부 78편을 발표하였다. 그 다음으로 강태수 63편·리진 48편·박현 45편·남철 32편·우제국 28편 허성록 19편 등이다.

3) 평론

『선봉』신문부터 『레닌기치』, 『고려일보』에 이르기까지 문학 평론 편수는 200여편에 이른다. 『선봉』에 19편·『레닌기치』에 120여편·『고려일보』에 60여편 실렸다. 연도별로 보면, 192~30년대 19편·60년대 80여편·70년대 20

여편·80년대 20여편·90년대 60여편·2000년에서 2002년까지 2편 실렀다. 90년대 들어 평론 게재 수가 급격하게 늘어났음을 알 수 있다.

연도별 발표된 평론의 양상을 보면 다음과 같다.

20~30년대 소설평 4편·시평 1편·연극평 2편·문학론 3·문학 시론 9편·시평은 없었으며, 총 19편이 실렀다.

60년대 소설평 19편·시평 7편·연극평 25편·작가론 8편·문학론 12편·문학 시론(時論) 7편·기타 3편, 총 80편이 실렀다. 가장 많이 실린 것이 연극평이었으며, 그 다음 소설평·문학론 순이다.

70년대 소설평 4편·작가론 5편·문학 시론 2편 실렀고, 시평과 연극평·문학론은 없으며, 기타 9편, 총 20편이 실렀다. 작가론과 소설평이 주를 이뤘다.

80년대 시평 3편·작가론 3편·문학론 6편·문학 시론 2편이 실렀고, 소설평은 없으며, 기타 6편·총 20편이 실렀다. 문학론과 작가론이 주를 이뤘고, 소설평이 없었다는 것은 그 만큼 소설 창작이 많이 이뤄지지 않았다는 반증이다.

90년대 소설평 4편·시평 8편·연극평 7편·작가론 13편·문학론 2편·문학 시론(時論) 20편·영화평 및 음악평 6편, 총 60편이 실렀다. 문학 시론이 가장 많이 실렀다는 것은 고려인 문학의 정체성에 대한 검토 작업이 이뤄지기 시작하였음을 입증하며, 작가론에 대한 평론이 많아진 사실 또한 고려인 문학이 그 만큼 토대를 이뤘음을 나타내준다. 90년대에 특이할 사항은 영화평 및 음악평이 새롭게 실렀다는 점이다.

장르별 문학 평론 편수를 보면 다음과 같다.

소설평 27편·시평 18편·연극평 32편·작가론 29편·문학론 20편·문학 시론(時論) 31편, 영화평 및 음악평 6편 기타 18편이다. 문학시론과 연극평이 가장 많고, 작가론과 소설평이 그 다음이며, 문학론·시평 등의 순서로 신문에 실렀다. 희곡이 신문에 발표된 것이 아주 드문데도 연극평이 많다는 것은 당시 고려인 사회에서 연극 공연이 많이 이뤄졌음을 반증하여 준다. 시가 신문에 1,170여편 발표될 정도로 문예페이지의 주를 이뤘는데도 시에 대한 평론이 적다는 것은 문학적 가치와 의미가 그 만큼 많지 않다는 것을 보여 준다. 문학시론은 당시 고려인 문학 공동체의 상황을 보여주는 중요한 준거점이 된다. 문학론은 소비에트 사회주의 이데올로기의 문학 예술 창작 방법론과 고려인 문학예술의 방향 지침이 된다. 작가론은 조선인 작가 조명희·이기영·조기천을 비롯하여 고려인 작가인 강태수·연성용·태장춘 등을 대상으로 한다.

가장 많이 활동한 평론가는 정상진과 정석이다.

정상진은 20여편·정석은 19여편·리진과 양원식이 12편·전동혁과 우 블라지미르가 각각 5편식 발표하였다.

시대별 2편 이상 발표한 평론가의 활동 시기는 다음과 같다.

60년대에 정석·한진·림하·강태수·한 예브게니 등이 있다. 60~70년대는 김세일·리동언·김기철, 전동혁 등이다. 60~80년대는 김광현·리상희 등이고, 60년대에서 70년대를 거쳐 90년대까지 이어지는 평론가로 정상진과 우 블라지미르가 있다. 80~90년대는 리진이 있고, 90년대는 최 예까쩨리나, 남해연·강상호·양원식 등이 있다.

4. 맺음말

『선봉』·『레닌기치』·『고려일보』 문예페이지의 문학 작품은 고려인 문학의 원형과도 같은 의미를 지닌다. 연해주 시절 고려인 문단이 형성되는 데 큰 기여를 한 조명희와 조기천의 발자취를 찾아보는 것은 일제 강점기 해외 이주 문학의 한 면모를 이해할 수 있게 한다. 그들을 통해 문단에 데뷔한 강태수·연성룡·김세일·태장춘 등의 작가들이 중앙아시아로 이주 한 후에도 작품 활동을 계속하여 고려인 문학을 발전시키는 데 큰 기여를 하였으며, 이들에 의해 오늘날 CIS 고려인 문학이 형성되었다고 하여도 과언이 아니다. 오늘날 문예페이지 면이 상당히 축소되어 예전만큼 작품이 많이 발표되지 않고 있지만, 한국과의 교류를 통해 민족 정체성을 찾아 가고 있다. 이들 신문 문예페이지의 문학 작품에 대한 연구는 해외이주문학의 연구에 국한되지 않고 이주문학의 실체를 파악하고 북한문학과의 연계성을 찾는 데 큰 도움을 줄 것이다. 작품의 상당수가 사회주의 혁명에 대한 찬양을 주제로 하고 있지만, 그 속에서도 한국 사람만이 갖는 보편적 정서인 따스한 인간애가 담겨 있음을 볼 수 있다. 소비에트 사회주의 이데올로기를 찬양한 것이 당시 상황과 지역 환경에 의해 할 수 없이 한 것임을 말해 주고 있다. 비록 지역과 환경이 달라졌지만 한민족 보편적 정서를 잃지 않고 간직하고 있었다는 점은 CIS 고려인 문학만이 갖는 특성이라 할 수 있다.

제4장 고려인 문학 기초 자료 분석

1절 CIS의 한국문학 관계 논저 목록

A. 논저 목록 I

1. Александре П. Ким-Станкевич-Новое о наркоме по иностранным делам Хабаровского совета [A new Facts about Alexandra Kim P. Stankevich-the People Commissar for Foreign Agffairs of the Khabarovsk Soviet] // Актуальные проблемы Россий ского востоковедения (памяти Ким Г.Ф. ЧК РАН), Москва, 1994, с. 299~306.

2. АН СССР. Институт востоковедения. Библиография Востока. 1932 - 1936. L vols. Ленинград 1932-1937. [소련 아카데미 학문. 동양학 연구소. 동양학 문헌. 1932-1936. L vols. 레닌그라드 1932-1937].

3. АН СССР. Институт востоковедения. Литература о странах Азии, Африки и Океании (1964-1965гг.) Москва 1972. 519 с. [소련 아카데미 학문. 동양학 연구소. 아시아, 아프리카와 오세아니아에 관한 문헌 (1964-1965년). 모스크바 1972. 519 페이지].

4. Ахматова А.А.-Классическая поэзия Востока. М., 1969 [아흐마또바. 동양의 고전시가문학. 모스크바. 1969].

5. Багульник в степи. Стихи корей ских поэтов Казахстана. Пер.

А. Жовтиса. [Bagulnik in the Steppe. The Poems of the Korean Poets in Kazakhstan. Translation into Russian by A. Zhovtis]. 1973. Алма-Ата.

6. Бамбук в снегу. Корейская лирика 8-19 вв. М., 1978 [눈속의 대나무. 8~19세기 한국의 서정시. 모스크바. 1978].

7. Булатников И.-О латинизации корейской письменности. [Bulatnikov I. About Latinization of Korean Writing System]// Культура и письменность Востока. 1930, No. 6, с. 106~109.

8. Вестник Центра корейского языка и литературы [Newsletter of the Centre of Korean Language and Literature] Вып. 1. Под ред. А.Г. Васильева и М.Н. Никитиной .-СПб.: Центр "Петербургское Востоковедение", 1996.

9. Володина Л.-Библиография Кореи. 1917~1970. [Volodina L. A Bibliography of Korea, 1917~1970]. М., 1981.

10. Галинка Л.В.-Корейская поэзия 20-х годов XX века. Учеб.пособие. Владивосток. Дальневост.ун-т. 1988. 80с. [갈린카 L.V. 20세기 20년대 한국의 시. 교과서적. 블라디보스톡. 극동대학. 80페이지.].

11. Гарин-Михайловский Н.Г.-Корейские сказки. Москва. 1956. [가린-미하일로프스키 N.G. 한국의 구전. 1956. 모스크바].

12. Гарин-Михайловский Н.Г.-Корейские сказки, записанные осенью 1898 г. 1904, [가린 마하일로프스키 N., 1898년도 가을에 기록된 한국의 구전], 1904, 쌍트뻬쩨르부르그.

13. Грождова Л.Н.-КНДР в художественной литературе. Указатель литературы. 1952. Ленинград [그로쥐도바 L.N. 예술문학작품속에 북한. 문학 색인. 1952. 레닌그라드].

14. Дальний восток. Библиография // Советское востоковедение. 5, 185~190. 1955, [원동. 문헌 목록, 소비에트 동양학. 5, 185~190].

15. Дальневосточное обозрение. Алфавитный указатель литератур

ы по вопросам Азии и Дальнего востока за 1911 г. 1912. Петербург. [동방평론. 1911년간에 아시아와 원동 문제들에 관한 문헌 알파벳순 색인. 1912. 뻬쩨르부르그].

16. Джарылгасинова Р.-Корейские мифы о культурных героях // Религия и мифология народов восточной и южной Азии. 1970, 모스크바 [자를가시노바 R., 1970, 문화상 주인공들에 관한 한국의 신화들 // 동방과 남 아시아 민족들의 종교와 신화, 모스크바].

17. Dreyer O.K.-Publication of Oriental Literature in the USSR and its Trends. In: B.G. Gafurov: Asia in Soviet Studies. Moscow. 365~377 페이지.

18. Джарылгасинова Р.Ш.-Историческая трансформация древнекорейского мифа о Тангуне. М., 1968 [쟈를가시노바. 단군에 관한 고대한국신화의 역사적 변화. 모스크바. 1968].

19. Джарылгасинова Р.Ш.-Корейские мифы о культурных героях. В кн.: Религия и мифология народов Восточной и Южно-Восточной Азии. М., 1970 [쟈를가시노바. 문화적 영웅에 관한 한국의 신화들. 동방 아시아와 남-동 아시아 민족들의 종교와 신화 중에서. 모스크바. 1970].

20. Елисеев Д.Д.-О характере литературы пхесоль. «Народы Азии и Африки». М., 1966. No. 1 [옐리세예프. 패설문학의 특징에 대하여. "아시아와 아프리카의 민족들" 중에서. 모스크바. 1966. 제 1호].

21. Елисеев Д.Д.-О некоторых средствах характеристики в корейской средневековой новелле пхесоль. М., 1970 [옐리세예프. 한국중세 패설문학에서의 몇가지 묘사수법에 대하여. 모스크바. 1970].

22. Елисеев Д.Д.-Корейская средневековая литература пхесоль. М., 1968 [옐리세예프. 한국 중세문학 패설. 모스크바. 1968].

23. Елисеев Д.Д.-Новела корейского средневековья. М., 1977 [옐리세예프. 중세시기의 한국단편소설. 모스크바. 1977].

24. Елисеев Д.Д.-Очерк в корейской средневековой литературе п хесоль. В кн.: Жанры и стили литератур Китая и Кореи. М., 1969 [옐리세예프. 한국 중세시기 패설문학에서의 수필. 책 «중국과 한국 문학 장르와 양식 중»에서. 모스크바. 1969].

25. Елисеев Д.Д.-К вопросу о роли Ким Сисыпа в становлении жанра корейской средневековой новеллы. В кн.: Теоретические п роблемы изучения литератур Дальнего Востока. М., 1974 [옐리세예프. 한국 중세 단편소설 장르 발전에서 김시습의 역할에 대하여. 책 "극동 문학연구의 이론적 문제들" 중에서. 모스크바. 1974].

26. Ерёменко Л.Е., Иванова В.И.-Корейская литература. Краткий очерк. АН СССР. Ин-т народов Азии, М., изд. Наука, 1964. [예료멘꼬, 이바노바, 한국문학. 짧은 개론. 소련 아카데미 과학원 아시아 민족 연구소. 모스크바. 학문 출판사. 1964년].

27. Жданова Л.В.-Жизнь и творчество поэта Чхве Чхивона. Л. 1986 [쥐다노바. 시인 최치원의 생애와 창작. 레닌그라드. 1986].

28. Жданова Л.В.-Поэтическое творчество Чхве Чхивона. СПБ. 1998. [쥐다노바. 최치원의 시 작품. 쌍트뻬쩨르부르그. 1998년].

29. Загорылько А.В.-К вопросу о предании про Тонмёна-Чумона. М., 1986 [자고를꼬. 동명-주몽에 관한 전설문제에 대하여. 모스크바. 1986].

30. Писатели Казахстана. Справочник. Алма-Ата. 1969. [카자흐스탄의 작가들. 안내서, 1969, 알마-아타].

31. Писатели Казахстана. Справочник. Алма-Ата. 1982. [카자흐스탄의 작가들, 안내서, 1982, 알마-아타].

32. Кан А.-Сны нерожденных. Повести и рассказы. [Kan A. The Dreams of Non-Bo Ким Анатолий. Голубой остров: Рассказы и повести. [Kim Anatoly. The Blue Island: Short Stories and Novels]. М., 1976.

33. Каталог библиотеки Восточного института IVI [Известия Восто

чного института (Влд.)]. 1900, 1: 1~34; 2, 1: 35~66; 1901, 2, 2: 67~84; 2, 3: 95~129. [동양학 연구소 도서관 카탈록. IVI [동양학 연구소 이즈베스찌야 (블라디.)]. 1900, 1: 1~34; 2, 1: 35~66; 1901, 2, 2: 67~84; 2, 3: 95~129].

34. Ким Анатолий -Нефритовый пояс. [Kim Anatoly. A nephrite Belt]. М., 1981
35. Ким Анатолий .-Белка. [Kim Anatoly. A Squirrel]. М., 1987
36. Ким Анатолий .-Отец-лес. [Kim Anatoly. The Father-Forest]. М., 1990.
37. Ким Анатолий .-Кентавры.[Kim Anatoly. Centaurs] М., 1992.
38. Ким Г.Н.-История, культура и язык коре сарам в советской литературе [Kim G.N. The History, Culture and Language of Kore Saram in the Soviet Literature. (in Korean)]. // Perspektive, 1992, No. 12, (на корейском языке).
39. Ким Г.Н.-The history, culture and language of the Korye Saram, Korea Journal 33 (1), 1993. p. 47~68.
40. Ким Г.Н. и Росс Кинг-История, культура и язык коре сарам. (Историография и библиография). [Kim G.N. and Ross King. History, Culture and Literature of Kore Saram. (Historiography and Bibliography)]. Алматы, 1993.
41. Ким Н.-Народное художественное творчество народов востока, 1985, М. [김 N., 1985, 동방 민족들의 민중 예술 창작, 모스크바].
42. Ким Роман-Кобра под подушкой . [Kim Roman. A Cobra under the Pillow. Novel]. М., 1962.
43. Ким С.-Исповедь сорен сарам-советского человека [Kim S. Confession of Soren saram-Soviet man] //Дружба народов, 1989, 4, с. 188~195.

44. Ким Се Ир-Хом Бомдо. Роман [김세일 홍범도. Novel] // Сеул, 1990. (на кор. яз.).

45. Ким Сисып, Новые рассказы, услышанные на горе Золотой Черепахи. М., 1972 [김시습. 새 금오신화. 러문판. 모스크바. 1972].

46. Классическая поэзия Индии, Китая, Кореи, Вьетнама, Японии. М., 1977 [인도, 중국, 한국, 베트남, 일본의 고전시가문학. 모스크바. 1977].

47. Классическая проза Дальнего Востока. М., 1975 [극동의 고전산문문학. 모스크바. 1975].

48. Концевич Л.Р.-Корейская поэзия. В кн.: Словарь литературоведческих терминов. М., 1974 [꼰쩨비치. 한국의 시가문학. 책 "문학 용어 사전" 에서. 모스크바. 1974].

49. Концевич Л.Р.-Стати по корейской мифологии. В кн.: Мифы народов мира. М., 1980 [꼰쩨비치. 한국신화. 민중세계의 신화 중에서. 모스크바. 1980].

50. Концевич Л.Р.-Корейский фонд. Библиотека института востоковедения АН СССР, 1963. Москва. с. 68~73 из: Востоковедные фонды крупнейших библиотек Советского Союза. Москва. [꼰쩨비치. 1963, "한국 폰드. 소련 아카데미과학 동양 연구소 도서관, 모스크바." 68~73 페이지. 소련 대 도서관 동양학 폰드 에서].

51. Корей ертергилери. [Korean Poetry] Алма-Ата, 1954

52. Корейская классическая поэзия (на казахском языке). [Korean Classic Poetry] М. 1956.

53. Корейские лирики. [Korean lyric Poets]. Алма-Ата, 1958.

54. Корейские новеллы. [Korean Novells]. М., 1959.

55. Корейские повести. [Korean Stories]. М., 1954.

56. Корейские предания и легенды. М., 1980 [한국구비전설. 모스크바.

1980].

57. Корейские сказки. [Korean Tales]. М., 1966.

58. Корея жырлары (Корея акындарынын, олен, поэмалар жый нагы) [Korean Poetry]. Алма-Ата, 1954.

59. Кроль За.Л.-Заметки о философской аллегории Лим Дзе "История цветов". В кн.: Страны и народы Востока. М., 1971 [끄롤리. 임제의 철학적 우화작품 '꽃들의 역사' 에 관하여. 책 "동방 국과 민족들"에서. 모스크바. 1971].

60. Кучерявенко В. Корейские сказки. «Советское Приморье». Сб. Владивосток. 1946. вып. 3. с. 62~66 [구체랴벤코. 한국의 옛날이야기. <소비에트 연해지방>. 선집. 블라디보스톡. 3번째 발행. 62~66페이지].

61. Кюпер Н.-Корейские литературные памятники и маньчжурские архивные документы в Алма-Ате как этнографические источники. 1946, КСИЭ, Вып. [큐페르. 1946, 민속학 근원으로써의 알마-아타 한국의 고대문헌과 만주인들의 고문서, KSIE, BYL].

62. Ланков А.-Корейские сюжеты. Восточная Коллекция. 2001. №3. с.35~39. [란코프. 한국의 주제들. 동양 컬렉션 중에서. 2001년 3호. 35~39페이지].

63. Ли В.-Взгляды прогрессивных писателей Кореи на литературу и искусство (1920~1930 гг.) [Lee V. The Views of progressive Korean Writers on Literature and Art (1920~1930) // Проблемы теории литературы и эстетики в странах Востока. М., 1964, с. 265~284.

64. Ли В.-Корейская ассоциация пролетарских писателей и проза 20~30-х годов [Lee V. Korean Association of Proletarian Writers and Prose in 1920~1930th] // Национальные традиции и генезис социалистического реализма (в литературах стран народной демократии). М., 1965, с.581~639.

65. Ли В.Н.-Сатирические традиции корейской литературы. [Lee V.N. Satirical Tradition of the Korean Literature]// Актуальные проблемы Российского востоковедения (памяти Ким Г.Ф. ЧК РАН), Москва, 1994, с. 201~217.

66. Ли Дин-Кольца годичные. Стихи. [Lee Don. The Rings of the Years. Poetry]. Алма-Ата, 1989 (на корейском).

67. Ли С.-Гряда. Книга стихотворений. [Lee S. A Row. A Book of Poetry]. Алматы, 1995.

68. Ли Хан Сен-Использование фольклора в атеистической пропаганде. [Lee Khan Sen. The Use of Folklore in the atheist Propaganda]. Алма-Ата, 1974.

69. Максимов А.-На Дальнем Востоке. Рассказы и очерки. 1887, 2-е изд. [막시모프 А., 1887, 원동에서. 소설과 개요. 두번째 출판, 쌍트-뻬쩨르부르그].

70. Малая история искусств. Искусство стран Дальнего Востока [A Short History of Art. The Art of the Far Eastern Countries]. М., 1979.

71. Монголов К., Рифтин Б.-Поэт и новеллист Ким Сисып. В кн.: Ким Сисып. Новые рассказы, услышанные на горе Золотой Черепахи. М., 1972 [몬골로프, 리프찐. 시인킞 단편소설가 김 시습. 책 "김시습, 새 금오신화" 중. 모스크바. 1972].

72. Нам жизнь дана. Литературно-публицистический сборник о корейцах Сахалина. [The Life is given to Us. An Anthology about Koreans in Sakhalin]. Южно-Сахалинск, 1989.

73. Никитина М.И.-Древняя корейская поэзия в связи с ритуалом и мифом. М., 1982 [니끼찌나. 의식과 신화와 연관된 고대한국 시가문학. 모스크바. 1982].

74. Никитина М.И.-Поэтическое слово в корейской литературе. В

кн.: Классическая поэзия Индии, Китая, Вьетнама, Японии. М., 1977 [한국문학에서의 시 어휘. 책 "인도, 중국, 베트남, 일본의 시조" 에서. 모스크바. 1977].

75. Никитина М.И.-Предисловие о Корейской поэзии 8-19 вв. в кн.: Бамбук в снегу, М., 1978 [니끼찌나. 8~19세기의 한국 서정시에 대한 서문. 책 "눈속의 대나무" 중에서. 모스크바. 1978].

76. Никитина М.И., Троцевич А.Ф.-Очерк истории корейской литературы до 14 века. М., 1969 [니끼찌나, 뜨로쩨비치. 14세기 이전의 한국 문학사 개요. 모스크바. 1969].

77. Никитина М.И., Троцевич А.Ф.-Корейская литература. Главы книги «История всемирной Литературы». вып.2, 1984 [니끼찌나, 뜨로쩨비치. 한국문학사. 책 "세계 문학사"의 여러 장들. 2번째 출판. 1984].

78. Пак В.-К вопросу о классификации корейских сказок. [Pak V. On the Question of the Classification of the Korean Tales] //Конференция аспирантов и молодых научных сотрудников Института народов Азии. 23~25 июня 1964 г. Тезисы и планы докладов. М., 1964, с. 76~77.

79. Пак В.-Из истории собрания и изучения корейского фольклора. [Pak V. From the History of the Collection and Study of Korean Folklore] // Литература и фольклор народов Востока. М., 1967, с. 242~254.

80. Пак В.-Корейская народная сказка (опыт исследования национа листов, 1979 // М.Т. Ким. Корейские интернационалисты в борьбе за власть советов на дальнем востоке (1918~1922). М., 3~38. [박 V., 한국의 민중의 구전 (민족주의자들의 연구 시험) // 김 M.T. 원동에서 소비에트 권력투쟁 속의 한국 민족주의자들 (1918~1922)], 모스크바, 3~38.

81. Пак Ир П.А. Просветительские идеи корейского поэта Ким Сакади (1804~1864) [Pak Ir P.A. The Enlightment Ideas of the Korean Poet Kim Sakkat] // Ученые записки КазГУ. Философия, том 40. Алматы, 1958.

82. Пак Ир П.А. Литературные памятники Кореи в Алма-Ате [Pak Ir P.A. Korean Literary Monuments in Alma-Ata] // Памятники истории и культуры Казахстана. Алма-Ата, 1984

83. Пак Ир П.А. О литературе советских корейцев [Pak Ir P.A. On the Literature of the Soviet Koreans] // Простор, 1987, N. 9.

84. Пак Ир П.А. Национальная литература советских корейцев [Pak Ir P.A. The National Literature of the Soviet Koreans] // Казахская энциклопедия, Алма-Ата, 1990.

85. Пак Ир П.А. (перевод) Корейские шестистишия. [Pak Ir P.A. (Translation). Korean Hexametric Poetry]. Алма-Ата, 1956.

86. Пак Ир П.А. (перевод). Пак Инно (1591~1642). Пятицветные облака. [Pak Ir P.A. (Translation). Pak Inno (1591~1642). Five Coloured Clouds]. Алма-Ата, 1962.

87. Пак Ир П.А. (перевод) Ким Соволь (1903~1935). Цветок багульника. [Pak Ir P.A. (Translation). Kim Sowol (1903~1935). The Blossom of Leder]. Алма-Ата, 1962 .

88. Пак Ир П.А. (перевод) Песня над озером. Лирика средневековой Кореи. [Pak Ir P.A. (Translation). The Song over the Lake. Lyric Poetry of the medieaval Korea]. Москва, 1971.

89. Пак Ир П.А. (перевод). Багульник в степи. Сборник стихов. [Pak Ir P.A. (Translation). The Leder in the Steppe. An Anthology of the Korean Poetry]. Алма-Ата, 1973

90. Пак М. Из истории освободительного движения корейского нар

ода. [Pak M. On the History of the Liberation Movement of the Korean People]. M., 1953.

91. По Корее, «Вестник иностранной литературы» 1, 215~225. [한국을 따라서, «외국문학 회보» 1, 1904, 215~225].

92. Подставин Г. 1909, «Корейская анекдоты и рассказы», Владивосток.[포드스타빈 G., 1909, «한국일화와 이야기들», 블라디보스톡].

93. Подставин Г. 1907, «Образцы сатирических произведений современной корейской литературы» Т. 1. Владивосток. [포드스타빈 G., 1907, «현대 한국의 풍자문학 작품의 전형들». 제1권, 블라디보스톡].

94. Полный список изданий Восточного Института. Владивосток 1909. 104 с. [동양학 연구소 출판물 전 목록. 블라디보스톡 1909. 104 페이지].

95. Поэзия и проза советских корейских писателей. Из: Простор 12, 1987. [소련한인 작가들의 시와 산문. Prostor 12, 1987 에서].

96. Приморский край : Рекомендательный указатель литературы. 1962. Владивосток. [연해지역: 참고문헌 권장 목록. 1962. 블라디보스톡].

97. Рифтин Б.Л.-У истоков корейской словесности. В кн.: Корейские предания и легенды. М., 1980 [리프쩐. 한국 서사문학의 근원에 대하여. 한국구비전설 중에서. 모스크바. 1980].

98. Родина счастья. Повести и рассказы корейских авторов. Алма-Ата, 1988. [행복의 고향. 한인작가들의 단편, 장편 소설], 1988, 알마-아타.

99. Син Гу Хен. Корейская литература после освобождения. Пхеньян. Артия. 1957. 66с. [신구현. 해방이후의 한국문학. 평양. 아르찌야. 1957년. 66 페이지].

100. Странницы лунного календаря. Сборник прозы корейских сове

тских писателей. Повести, рассказы. [The Pages of the Lunar Calendar. The Prose Collection of the Soviet Korean Writers. Novells and Stories]. М., 1990.

101. Siwel uy Haypich [October Sunlite (a collection of literary works by Korean writers and poets)]. 1971. Alma-Ata.

102. Татьяна Габрушенко. Корейская литература и российский читатель. «Русский журнал», 2000, 11월 28일. [따찌야나 가브루셴코. 한국문학과 러시아 독자. 러시아 잡지. 2000년 11월 28일자].

103. Тен А.Н.-Поэзия Ли Гюбо. Алма-Ата, 1977 [이규보의 시가 문학, 알마-아따, 1977].

104. Тен В. 1937-ой транзитный. Трагедия в 2-х действиях. [Ten V. 1937-Tranzit. Tragedy in two Acts] Алма-Ата, 1989.

105. Троцевич А.Ф.-Некоторые особенности структуры «Самгук Саги» как литературного памятника. М., 1967 [문학 문헌으로써의 "삼국사기" 구조의 몇가지 특징. 모스크바. 1967].

106. Тен Чу. Корейские песни в записи А. В. Затаевича. [Ten Chu. Korean Songs noted by A.V. Zatayevich] //Музыкознание, Алма-Ата, 1971, вып. 5, с.88~105.

107. Тен Чу. Корейские исторические песни. [Ten Chu. Korean historic Songs] // Музыкознание, Алма-Ата, 1973, вып. 6, с. 62~72.

108. Тен Чу. Новые песенные жанры советских корейцев. [Ten Chu. New Song Genres of Soviet Koreans] // Музыкознание, Алма-Ата, 1975, вып. 7, с. 39~48.

109. Тен Чу. Песенная культура советских корейцев. [Ten Chu. The Song Culture of the Soviet Koreans]. // ИАН АН КазССР. Серия филологическая. Алма-Ата, 1976, No. 2, с. 62~68.

110. Тен Чу. Песенная культура советских корейцев. [Ten Chu. The

Song Culture of Soviet Koreans]. // АКД. Алма-Ата, Ленинград, 1978.
111. Тё Мен Хи. Нактонган. Рассказы. [Cho Myon Khi. Naktonan. Novelss]. М., 1966.
112. Тэн А. Традиции реализма в корейской классической литературе. [Ten A.N. The Traditions of the Realism in the Korean Classical Literature]. Алма-Ата, 1980.
113. Тэн А. К вопросу о романтизме в литературе Востока (на примере ранней лирики Чо Мёнхыя) [On the Question of the Romantism in the Oriental Literature (on Example of the early Lyric of Cho Myon Khi) // Вестник АН КазССР, 1988, No. 5, с. 23~32.
114. Тэн А.Н. Чунвон-Ли Гвансу и его роман «Мучжон» // Известия корееведения Казахстана. [Ten A.N. 춘원 이광수와 그의 소설 무정]. Алматы, 1999, с. 87~103
115. Угай Дегук. Крылатое счастье. Стихи, поэмы, басни, сказки. [Ugai Deguk. Winged Happiness. Verses, Poetry, Fables, Tales]. Ташкент, 1983.
116. Хан Дин, 1988, «Пьесы», Алма-Ата (на корейском) [한진, 1988, «희곡», 알마-아타 (한국어본)].
117. Цвет времени. Рассказы советских корейских писателей [The Colour of the Time. The short Stories of the Soviet Korean Writers] Алма-Ата, 1990, (на корейском).

B. 논저 목록 Ⅱ

1. 문학 연구

1) 개론

** A. Trotsevich, 조선 문학에 관하여. 김태성,. 이기영, <별>, 레닌그라드, 1949, no.12, pp.147~148.

-О корейской литературе. Пер. с кор.: Ким Тхэ Сен, А. Троцевич. Ли Ги Ен, <Звезда>, Л., 1949, No. 12, с. 147~148.

** Ten A.N.. 현대 조선문학 개요. (조선문학에서 민주적인 민족 전통과 사회주의적 사실주의). 문헌학박사 학위 신청 논문. 레닌그라드, 1954, p.23, 레닌그라드 국립 교육대학.

-Очерки современной корейской литературы. (Демократические национальные традиции и социалистический реализм в корейской литературе). Тен А.Н. Автореф. дисс. ... канд. наук. Л., 1954. 23 с. (Ленингр. гос. пед. ин-т).

** Sytin V, 새 조선의 제 2차 작가 대회 [평양, 1956년 10월]., <외국 문학>, 모스크바. 1957, no. 3, pp.234~236.

-На втором съезде писателей новой Кореи. [Пхеньян, октябрь 1956 г.]. Сытин В., <Иностр. лит.>, М., 1957, No. 3., с. 234~236.

** Ivanova V. I., 조선의 프롤레타리아 문학운동 역사로부터 (1924~1934년). <소련 과학원 동양학연구소 짧은 소식>, 모스크바, 1958, 제24호, pp.38~50.

-Из истории пролетарского литературного движения в Корее (1924~1934 гг.). Иванова В.И. <Краткие сообщения ин-та востоковедения АН СССР, М., 1958, вып. 24, с. 38~50.

** Bragin S, 조선에서의 체호프., <문학의 제문제>, 모스크바, 1960, no. 8, pp.252~253.

-Чехов в корее. Брагин С., <Вопросы лит.>, М., 1960, No. 8, с. 252~253.

** 윤세평, 해방된 인민의 문학. <외국 문학>, 모스크바, 1961, no. 2, pp.215 ~218.

-Литература освобожденного народа. Юн Се Пхен, <Иностр. лит.>, М., 1961, No. 2, с. 215~218.

** Li. V., 조선 현대 문학사의 시대 구분에 관하여. <아시아와 아프리카의 인민들>, 모스크바, 1963, no. 4, pp.109~117.

-О периодизации истории современной корейской литературы. Ли В., <Народы Азии и Африки>, М., 1963, No. 4, с. 109~117.

** 박영근, 인류에 대한 증오심의 설교-이것이 실존주의 문학의 본질. <문학과 예술에서의 높은 이념성을 위하여>(해외 언론의 자료에 의거함). 모스크바, 1963, pp.313~318.

-Проповедь ненавести к человечеству-такова суть экзистенциалисцкой литературы. Пак Ен Гын., в кн.: <За высокую идеиность в литературе и искусстве (По материалам зарубежной печати>. М., 1963, с. 313~318.

** Eremenko L. E., 조선 문학에서의 사실주의 발전 문제에 대하여. <동양 문헌에서의 사실주의 확립의 문제. 토론자료>. 모스크바, 1694, pp.3~105.

-К вопросу о развитии реализма в корейской литературе. Еременко Л.Е., в кн.: <Проблемы становления реализма в литературах Востока. Материалы дискуссии>. М., 1964, с. 93~105.

** Eremenko L. E., Ivanova V. I., 『조선문학. 간단한 개요』<과학>, 1964, p.156(소련 과학원 아시아 민족 연구소. 동양 문학). 문헌목록: pp.143~145.

-Корейская литература. Краткий очерк. Еременко Л.Е., Иванова

В.И. М., <Наука>, 1964. 156 с. (АН СССР. Ин-т народов Азии. Лит. Востока. Библиог.: с. 143~145.

** Li V. N., 문학과 예술에 대한 조선의 진보적 작가들의 시각(1920~1930년대). <동양 나라들에서의 문학과 미학 이론 문제>, 모스크바, 1964, pp.265~284.

-Взгляды прогрессивных писателей Кореи на литературу и искусство (20-30 гг.). Ли В.Н., в кн.: <Проблемы теории литературы и эстетики в странах Востока>. М., 1964. с. 265~284.

** Li V. N., 조선의 프롤레타리아 작가 동맹과 1920~30년대의 산문. <민족 전통과 사회주의적 사실주의의 기원>(인민민주주의의 나라들의 문학에서). 모스크바, 1965, pp.581~639.

-Корейская ассоциация пролетарских писателей и проза 20~30-х годов. Ли В.Н., в кн.: <Национальные традиции и генезис социалистического реализма (в литературах стран народной демократии)>. М., 1965, с. 581~639.

** Li V. N., 해방 후 초기(1945~1950)의 조선 문학 <사회주의 국가들 문학의 예술적 경험>, 모스크바, 1967, pp.339~354.

-Корейская литература первых лет после освобождения (1945~1950). Ли В. Н., в кн.: <Художественный опыт литературы социалистических стран>, М., 1967, с. 339~354.

** Li V. N., 조선의 프롤레타리아 문학(20~30년대의 산문). 문헌학박사 학위 신청 논문. 모스크바, 1967, p.16(소련과학원 세계 문학연구소).

-Корейская пролетарская литература (проза 20-30-х гг.). Ли В.Н. Автореф. дисс. ... канд. филол. наук. М., 1967. 16 с. (АН СССР. Ин-т мир. лит.).

** Li V. N., 조선 현대 문학사의 시대구분에 관하여, <동양 인민 문학사의 시대구분 문제>. 모스크바, 1968, pp.154~165.

-О периодизации истории современной корейской литературы. Ли В. Н., в кн.: <Проблемы периодизации истории литературы народов Востока>. М., 1968, с. 154~165.

** Li V. N., 19~20세기 전환기의 조선 문학의 계몽적인 경향. <원동 문학 연구의 이론적 문제들. 제 3차 회의 발표 논문집>. (소련 과학원. 아시아 민족 연구소. 국립 레닌그라드 대학교 동양학부). 레닌그라드. 1968), 모스크바, 1968, pp.24~25.

-Просветительские тенденции корейской литературы на рубеже XIX-XX веков. Ли В.Н., в кн.: <Теоретические проблемы изучения литератур Дальнего Востока. Тезисы докл. з-й науч. конф. (АН СССР. Ин-т народов Азии. ЛГУ. Вост. фак.), Лениград. 1968>, М., 1968, с. 24~25.

** Tsoi E. M., 계몽시대 조선문학 문제에 대하여. <해외 동양의 문학사에 관한 대학간 학술회의. (1968년 12월). 발표 논문집>, 모스크바, 1968, p.52.

-К вопросу о корейской литературе эпохи Просвещения. Цой Е. М., в кн.: <Межвузовская науч. конференция по истории литератур зарубежного Востока. (Дек. 1968). Тезисы докл>. М., 1968, с. 52.

** Li V. N., 이기영과 M.숄로호프 (문제의 방법론에 대하여). <우즈베키스탄 젊은 학자들의 제 2회, 제 3회 학술회의자료 (우즈베키스탄 과학원 어문연구소)>, 제 1호. 타쉬켄트. 1970, pp.129~132.

-Ли Ги Ен и М.Шолохов. (К методологии вопроса). Ли В.Н., в кн.: <Материалы второй и третьей науч. конференции молодых ученых Узбекистана. (Ин-т яз. и лит. АН УзССР)>. Вып. 1. Ташкент, 1970, с. 129~132.

** Li V. N., 19~20세기 전환기의 조선 문학의 계몽적인 경향에 관하여. <원동 문학 연구의 이론적 문제들>, 모스크바, 1970, pp.167~172.

-О просветительских тенденциях корейской литературы на ру

беже XIX и XX вв. Ли В.Н., в кн.: <Теоретические проблемы изучения литератур Дальнего Востока>. М., 1970, с. 167~172.

2) 작가론

** Ivanov Iu, 조기천-조선 인민의 시인. <우랄의 현대인>, 스베르드로프스크, 1953, 제2권, pp.222~232.

-Те Ги Чен-поэт корейского народа. Иванов Ю., <Уральский современник>, Свердловск, 1953, кн. 2, с. 222~232.

** 박정식. 해방 이후 현대 조선의 문학(이기영의 소설에 의한 조선 문학에서의 사회주의적 사실주의의 형성과 확립). 문헌학박사 학위 신청 논문. 모스크바. 1953. p.16(모스크바국립대학교).

-Современная корейская литература после освобождения (Формирование и становление социалистического реализма в корейской литературе по творчеству Ли Ги Ена). Рак Тен Сик. Автореф. дисс. ... канд. филол. наук. М., 1953, 16 с. (МГУ).

** Tsoi E.M., 이기영의 소설에 반영된 조선 농촌에서의 대변혁. 문헌학 박사학위 신청 논문. 모스크바, 1955, p.16. 모스크바 국립 대학교.

-Отражение великих перемен в корейской деревне в романах Ли Ги Ена. Цой Е.М. Автореф. дисс. ... канд. филол. наук. М., 1955, 16 с. (МГУ).

** Tsoi E. 이기영의 작품. <외국문학>, 모스크바, 1955, no. 3, pp.211~215.

-Творчество Ли Ги Ена. Цой Е., <Иностр. лит.>, М., 1955, No. 3, с. 211~215.

** Ivanova V. I., 조선의 원로 프롤레타리아 작가 [이기영]., <현대 동양>, 모스크바 1958, no. 9, p.21.

-Старей ший пролетарский писатель Кореи <Ли Ги Ен>, Иванова В.И., <Соврем. Восток>, М., 1958, № 9, с. 21.

** Ugai, V. A., 전쟁 시인 [조선 인민의 대 해방 전쟁시기 조기천의 작품에 관하여]. <끄즐-오르다 교육대학 학보>. 1958, 4권, 인문과학편, pp.97~116.

-Поэт-вой н [О творчестве Те Ги Чена в период Великой освободит. вой ны кор. народа]. Угай В.А., <Учен. зап. Кзыл-Ординск. пер. ин-т>, 1958, т. 4, серия гуманитарных наук, с. 97~116.

** Ivanova V. I., 이기영의 창작의 길. 문헌학박사 학위논문제출 후보자 지정신청 논문. 모스크바, 1960, p.19(소련과학원 동양학 연구소).

-Творческий путь Ли Ги Ена. Иванова В.И. Автореф. дисс. ... канд. филол. наук. М., 1960. 19с. (АН СССР. Ин-т востоковедения).

** Ivanova V. I., 이기영. 생애와 창작. 모스크바, 동양문헌 출판사, 1962, 총 p.103(소련 과학원. 아시아 민족 연구사).

-Ли Ги Ен. Жизнь и творчество. Иванова В.И., М., Изд-во вост. лит., 1962. 103с. (АН СССР. Ин-т народов Азии).

** Ivanova V. I., 이기영. 조선 현대문학의 창시자 가운데 한 사람. <제 25회 국제 동양학자 대회 논총>, 5권, 모스크바, 1963, pp.280~285.

-Ли Ги Ен. Один из основоположников современной корей ской литературы. Иванова В.И., в кн.: <Труды двадцать пятого Междунар одного конгресса востоковедов>, Т. 5, М., 1963, с. 280~285.

** Ivanova V. I., 조선문학에서의 신소설과 이 인직. <원동 문학 연구의 이론적 문제들. 제 3차 회의 발표 논문집>. (소련 과학원 아시아 민족 연구소. 국립 레닌그라드 대학교 동양학부). 레닌그라드. 1968년. 모스크바, 1968, pp.49~61.

-Новая повесть (Син-сосоль) в корей ской литературе и Ли Ин Джик. Иванова В. И., в кн.: Теоретические проблемы изучения лит ератур Дальнего Востока. Тезисы докл. з-й науч. конф. (АН СССР. Ин-т народов Азии. ЛГУ. Вост. фак.), Лениград. 1968. М., 1968, с.23~24.

** Li. V. N., 이기영과 조선의 계몽적 전통. <우즈베키스탄 젊은 학자들의 제 2회, 제 3회 학술회의 자료(우즈베키스탄 과학원 어문연구소)>. 제1호. 타쉬켄트. 1970. pp.64~66.

-Ли Ги Ен и традиции корей ского просветительства. Ли В.Н., в кн.: <Материалы второй и третьей науч. конференции молодых у ченых Узбекистана. (Ин-т яз. и лит. АН УзССР)>. Вып. 1. Ташкент, 1970, с. 64~66.

3) 작품론

** 주성원.『땅』-조선 작가 이기영의 소설. <새 시대>, 모스크바, 1950, no. 36, pp.29~31.

-<Земля>-роман корей ского писателя Ли Ги Ена. Тю Сон Вон, <Новое время>, М., 1950, № 36, с. 29~31.

** 이기영.『땅』(평양. 1949. 조선어)에 대한 서평.

** Ivanova V. I., 이기영과 그의 소설『땅』, <소련 과학원 동양학 연구소 짧은 소식>, 모스크바, 1955, 제 17호, pp.28~29.

-Ли Ги Ен и его роман <Земля>. Иванова В.И., <Краткие сообще ния Ин-та востоковедения АН СССР>, М., 1955, вып. 17, с. 28~29.

** Ugai, V. A., 조기천의 시『백두산』, <끄즐-오르다 교육대학 학보>, 1957, 3권, pp.105~123.

-Поэма Те Ги Чена <Пэктусан>. Угай В.А., <Учен. зар. Кзыл-Ор динск. гос. пед. ин-т>, 1957, т. 3, с. 105~123.

** Li V. N., 20세기초 조선에서의 '신소설'의 변형 (이인직의『은세계』와

이광수의 『무정』. <해외 동양의 문학사에 관한 大學間 학술 회의. (1968년 12월). 발표 논문집, 모스크바, 1968, p.23.

-Трансформация <новой прозы> в Корее начала XX в. (Романы <Серебряный мир> Ли Инчжика и <Бездушие> Ли Гвансу). Ли В. Н., в кн.: Межвузовская науч. конференция по истории литератур зарубежного Востока (Дек. 1968) Тезисы докл. М., 1968, с.23.

4) 비교문학

** 김민혁. 조선에서의 막심 고르끼. <러시아 문학>, 레닌그라드, 1959, no. 1, pp.217~220.

-Максим Горький в Корее. Ким Мин Хек <Рос. лит.>, Л., 1959, No. 1, с. 217~220.

** Usatov D. M., 조선의 시에 나타나는 레닌의 모습. <동양학의 제문제>, 모스크바, 1959, no. 2, pp.24~27. 영어 요약문.

-В.И. Ленин в корейской поэзии. Образ Ленина В.И. в литературах Востока. Усатов Д.М. <Проблемы востоковедения>, М., 1959, No. 2, с. 24~27. резюме на англ. яз.

** Li V., 조선에서의 숄로호프, <문학과 언어학의 문제>, 제 5권. 타슈켄트, 1963, pp.267~274.

-Шолохов в Корее. Ли В., в кн.: <Вопросы литературоведения и язкознания>, Кн. 5. Ташкент, 1963, с. 267~274.

** Li V. N., 고르끼와 1920~30년대 조선의 프롤레타리아 문학, <고르끼와 해외 동양의 문학>, 모스크바, 1968, pp.49~61

-Горький и корейская пролетарская литература 20-30-х годов. Ли В.Н., в кн.: <Горький и литературы зарубежного Востока>. М., 1968, с. 49~61.

2. 전집과 선집

** A. Tiugai. 편집 V. Sugoniai. V. Petrov의 서문, 조선의 현대시, 모스크바. <외국문학> 출판. 1950.

-Современная корейская поэзия. Пер. с кор. Сост. А. Тюгай. Ред. В. Сугоняй. Предисл. В. Петрова. М., изд-во иностр. лит., 1950. 228 с. с ил.

** D. Usatov. 편집, N. Kim. A. Chakovskov의 서문. 조선은 싸우고 있다. 중편소설. 단편소설. 르뽀, 모스크바, <외국문헌> 출판, 1952, p.156.

-Корея борется. Повести, рассказы, очерки. Пер. с кор. Сост. Д. Усатов. Ред. Н.Ким. Предсл. А. Чаковского. М., Изд-во иностр.лит., 1952. 156 с.

** A. Gitovich. V. Petrov 의 서문과 코멘트, 「중국과 조선의 현대 시인」, 레닌그라드, 렌출판사, 1952, p.256.

-Современные поэты Китая и Кореи. Пер. с кор. A. Gitovich. Пердисл. и коммент. В. Петрова. Л., Лениздат, 1952. 256 с.

** Lim Su 외. A. A. Kholodovich 책임 편집, 서론, 코멘트., 조선의 중편소설. 모스크바, 국립문학출판사, 1954, p.203.

-Корейские повести. Пер. с кор.: Лим Су и др. Сост. общая ред., вступит. ст. и коммент. А.А. Холодовича. М., Гослитиздат, 1954. 203 с.

** Khvan Iudiun.편찬, E. Tsoi의 서문. G. Rachkov 의 조선어에서 편집 번역과 코멘트. 현대 조선의 노래, 모스크바, <예술>, 1957. p.440. (삽화 수록).

-Современные корейские пьесы. Сост.: Хван Юдюн. Вступ. ст. Е. Цой. Ред. пер. с кор. и коммент. Г. Рачкова. М., <Искусство>, 1957. 440 с. с ил.

** A. Zhovtis., P. Pak Ir. 조선의 서정시. 알마아타, 카자흐스탄국립 출판사,

1958, p.265.

-Корейские Лирики. Пер. с кор.: А.Л. Жовтис, П.А. Пак Ир. Алма-Ата, Казгослитиздат, 1958. 265 с.

** D. D. Eliseev의 번역, 서문과 주석. 조선의 소설. 모스크바, 동양문헌출판사, 1959. p.203(소련 과학원 동양학 연구소).

-Корейские новеллы. Пер., предисл. и примеч. Д.Д. Елисеева. М., Изд-во вост. лит., 1959. 203 с. (АН СССР. Ин-т востоковедения).

** V. Iurzanov의 서문.『나룻터에서. 단편소설』. 모스크바, 군사출판사, 1960, p.136.

-На переправе. Рассказы. Предисл. В. Юрзанова. М., Воениздат, 1960. 136 с.

** D. D. Eliseev의 원본출판, 번역, 서문.『백련초해. 연귀의 조선어 번역이 첨부된 서정시 모음집』. 모스크바, 동양문학출판사, 1960. 31, p.51(소련 과학원 동양학 연구소. 동양 인민들의 문학적 기념물. 텍스트. 작은 시리즈 6).

-Пекрен чхохе. Антология лирич. стихотворений ренгу с корейским переводом. Изд. текста. пер. и предисл. Д.Д. Елисеева. М., Изд-во вост. лит., 1960. 31, 51 с. (АН СССР. Инс-т востоковедения. Памятники лит. народов Востока. Тексты. Малая серия 6).

** V. Sikorskii. 편집『바다에서 온 아가씨. 조선 시인들의 시』. 모스크바, 외국문학출판사, 1961. p.80(현대 해외의 시).

-Девушка с моря. Стихи корейских поэтов. Ред. В. Сикорский. М., Изд-во иностр. лит., 1961, 80 с. (Соврем. зарубежная поэзия).

** V. Li. 편집 A. Gol'dman,『길에 선 청춘. 단편소설집』. 모스크바, 외국문학출판사, 1961. p.119.

-Молодость в пути. Сб. рассказов. Пер. с кор.: В. Ли. Ред. А. Гольдман. М., Изд-во иностр.лит., 1961. 119 с.

3. 개별 작가 및 시인들의 작품

** 김조규. V. Zhuravlev, 스딸린을 환영함 [시]. <새세계>, 모스크바, 1949, no. 12, pp.38~39.

-Приветствие Сталину. Стихи. Ким Де Гю. Пер. с кор.: В. Журавлев. <Новый мир>, М., 1949, No. 12, с. 38~39.

** 민병균. O. Ivinskaia, 소련군 전사들에게 [시].. <새세계>, 모스크바, 1949, no.7, pp.27~28.

-Вой нам Советской Армии. Стихи. Мин Вен Гюн. Пер. с кор.: О. Ивинская. <Новый мир>, М., 1949, No. 7, с. 27~28.

** Pak Si En. A. Gitovich. <별>, 스딸린에게 [시]., 레닌그라드, 1949, no. 12, pp.117~118.

-Сталину. Стихи. Пак Си Ен. Пер. с кор.: А. Гитович. <Звезда>, Л., 1949, No. 12, с. 117~118.

** A. Gitovich 의 서문, 편집, 새 조선의 시인들.. <원동>, 하바로프스크, 1949, no. 4, pp.90~95.

-Поэты новой Кори. Пер. с кор. Предисл. ред. А. Гитович. <Дальний Восток>, Хабаровск, 1949, No. 4, с. 90~95.

** A. Gitovich의 서문과 편집, 새 조선의 시인들. <별>, 레닌그라드, 1949, no 5, pp.107~111.

-Поэты новой Кореи. Пер. с кор. Предисл. ред. А. Гитович. <Звезда>, Л. 1949, No. 5, с. 107~111.

** 안용만. M. Pavlova, 나의 따발총. <불꽃>, [시]. 모스크바, 1950, no. 39, p.16.

-Мой автомат. Стихи. Ан Ен Ман. Пер. с кор.: М. Павлова. Огонек, М., 1950, No. 39, с. 16.

** Gitovich A., [편집], 조선에 관한 시. 레닌그라드, <소비예뜨작가>,

1950. p.74.

-Стихи о Корее. Гитович А., [Сост.]. Л., <Сов. писатель>, 1950. 74 с.

** 김상오. M. Pavlova, 증오의 포화 [시]. <불꽃>, 모스크바, 1950, no. 39, p.16.

-Огонь ненавиыгти. Стихи. Ким Сан О. Пер. с кор.: М. Павлова. <Огонек>, М., 1950, No. 39, с. 16.

** 김순석. 정동혁, 스탈린에게 인사함 [시]. <원동>, 하바로프스크, 1950, no. 5, p.3.

-Привет Сталину. Ким Сун Сек. Пер. с кор.: Тен Дон Хек. <Дальние Восток>, Хабаровск, 1950, No. 5, с. 3.

** 조기천. M. Pavlova, 그네 [시]. <불꽃>, 모스크바, 1950, no. 12, p.24.

-Качели. Стихи. Те Ги Чен. Пер. с кор.: М. Павлова. <Огонек>, М., 1950, No. 12, с. 24.

** 조기천, A. Gitovich. 백두산. [시]. <별>, 모스크바-레닌그라드, 1950, no. 6, pp.75~82.

-Пектусан. Поэма. Те Ги Чен. Пер. с кор.: А.Гитович. <Звезда>, М.-Л., 1950, No. 6, с. 75~82.

** 조기천, A. Gitovich, 백두산. [시], 두만강-을밀대. 시. <젊은 근위대>, 1950.

-Пектусан. Поэма. Туманган-Илмильдэ. Тэ Ги Чен. Пер. с кор.: А Гитович. <Молодая гвардия>, 1950, 48 с. с ил.

** 태장춘. 『38선 이남에서』. 3막극. 러시아어 대본 및 무대용 각색: I. Shtok. 모스크바, <예술>, 1950. p.84.

-Южнее 38-й параллели. Драма в трех д. Тхэ Дян Чун. Пер. с кор. Рус. текст и сценич. обраб.: И Шток. М., <Искусство>, 1950. 84 с.

서평: Solov'eva I., 평화의 불침번을 서면서, <극장>, 모스크바, 1950, no.

10, pp.53～58.

Slavin L., 모스크바 무대에 올려진 조선의 희곡, <불꽃>, 모스크바, 1950, no. 12, p.24 (Соловьева И., На вахте мира, Театр, М., 1950, No. 10, с. 53～58. Славин Л., Корейская пьеса на московской сцене, Огонек, С., 1950, No. 40, с. 25～26).

** 주성원. M. Pavlova 어머니 [시].. <불꽃>, 모스크바, 1950, no. 12, p.24.
-Мать. Стихи. Тю Сог Вон. Пер. с кор.: М. Равлова. Огонек, М., 1950, No. 12, с. 24.

** 백인준. S. Kirsanov., 증오 [시]. <평화를 위한 투쟁에 선 평화의 시인들>. 모스크바, 국립문학출판사, 1951, pp.387～389.
-Ненависть. Стихи. Бэк Ин Дюн. Пер. с кор.: С.Кирсанов, в кн.: Поэты мира в борьбе за мир. М., Гослитиздал, 1951, с. 387～389.

** Gribachev, N. [편찬].. A. Zharov 굴복하지 않는 조선. [조선 시인들의 시와 장시, 모스크바, <소비에뜨 작가>, 1951. p.78.
-Непокоренная Корея. Стихи и поэмы корейских поэтов. Грибачев Н. [Сост.]. Пер. с кор. Ред. А. Жаров. М., <Сов. писатель>, 1951. 78 с.

** Lukin Iu, 고통과 분노의 말, <새세계>, 모스크바, 1951, no. 11, p. 258～262 (Лукин Ю, Слово боли и гнева, <Новый мир>, М., 1951, No. 11, с. 472～474).

** 김규련. V. Zhuravlev, 아름다운 아가씨 [시]. <평화를 위한 투쟁에 선 평화의 시인들>, 모스크바, 1951, pp.472～474.
-Милая девочка. Стихи. Ким Гю Рен. Пер. с кор.: В. Журавлев, в кн.: Поэты мира в борьбе за мир. М., 1951, с. 472～474.

** 이원우. P. Zheleznov, 자유와 평화의 언어 [시]. <평화를 위한 투쟁에 선 평화의 시인들>, 모스크바, 1951, pp.511～512.
-Язык свободы и мира. Стихи. Ли Вон У. Пер. с кор.: П. Железно

в, в кн.: Поэты мира в борьбе за мир. М., 1951, с. 511~512.

** 조기천. V. Kornilov 번역, 불타는 거리로부터 [시]. <평화를 위한 투쟁에 선 평화의 시인들>, 모스크바, 1951, pp.611~612.

−С горящей улицы. Стихи. Те Ги Чен. Авториз. пер. в кор.: В. Корнилов, в кн.: Поэты мира в борьбе за мир. М., 1951, с. 611~612.

** 주성원. Ia. Khelemskii, 조선에서 손을 떼라! [시]. <평화를 위한 투쟁에 선 평화의 시인들>, 모스크바, 1951, pp.617~619.

−Руки проч от Кореи. Стихи. Тю Сон Вон. Пер. с кор.: Я. Хелемский, в кн.: Поэты мира в борьбе за мир. М., 1951, с. 617~619.

** 주성원. M. Pavlova, 서울 [시].. <불꽃>, 모스크바, 1951, no. 3, p.9.

−Сеул. Стихи. Тю Сон Вон. Пер. с кор.: М. Павлова. <Огонек>, М., 1951, No. 3, с. 9.

** 주성원. N. Glazkov, 폭포에서 [시]. <평화를 위한 투쟁에 선 평화의 시인들>, 모스크바, 1951, 모스크바, pp.620~621.

−У водопада. Стихи. Тю Сон Вон. Пер. с кор.: Н. Глазков, в кн.: Поэты мира в борьбе за мир. М., 1951, с. 620~621.

** Tsoi Sek Diu. V. Lugovskoi, 철조망. 단편. [시]. <평화의 전선>. 모스크바−레닌그라드, 1951, pp.397~398.

−Винтовка. Отрывки. Стихи. Цой Сек Дю. Пер. с кор.: фронт мира. М.−Л., 1951, с. 397~398.

** 백인준. A. Gitovich. 미국은 부끄러워 하라! [시]. <별>, 모스크바−레닌그라드. 1952, no. 2, pp.118~121.

−Стыдись, Америка! Стихи. Бек Ин Зун. Пер. с кор.: А. Гитович. Звезда, М.−Л., 1952, No. 2, с. 118~121.

** 김상오. A. Gitovich, 남쪽으로! [시]. <별>, 모스크바−레닌그라드. 1952, no. 2, pp.121~122.

−На Юг! Стихи. Ким Сан О. Пер. с кор.: А. Гитович. Звезда, М.−Л.,

1952, No. 2, с. 121~122.

** 고상준. G. Makarova, 새벽에. 단편소설. <소비예트 우끄라이나>, 키예프, 1952, no. 6, pp.67~71.

-На Рассвете. Рассказы. Ко Сан Дюн. Пер. с кор.: Г. Макарова. <Сов. Украй на>, Киев, 1952, No. 6, с. 67~71.

** 박정식. V. Zhuralev. 나의 조국 [시]. <새 세계>, 모스크바, 1952, no. 9, pp.3~4.

-Родина моя. Стихи. Пак Тен Сик. Пер. с кор.: В. Журавлев. <Новый мир>, М.,1952, No. 9, с. 3~4.

** 조기천. A. Gitovich. '여수 봉기'권으로부터 [시]. <별>, 모스크바-레닌그라드. 1952, no. 4, pp.104~110.

-Из Цыкла <Восстание в Есу>. Стихи. Те Ги Чен. Пер. с кор.: А. Гитович. <Звезда>, М.-Л., 1952, No. 4, с. 104~110.

** 조기천. A. Gitovich., 「詩選」. 모스크바, 국립문학출판사, 1952, p.60.

-Избранное. Стихи. Те Ги Чен. Пер. с кор.: А. Гитович. М., Гослиздат, 1952, 60 с.

** 조기천. A. Gitovich., 백두산. 서사시-두만강-을밀대-홀름. 시. <젊은 근위대>, 레닌그라드, 1952, p.55.

-Пектусан. Поэма.-Туманган.-Илмильдэ-Холм. Стихи. Те Ги Чен. Пер. с кор.: А. Гитович. <Молодая гвардия>, Л., 1952, 55 с. с ил.

** 조기천. A. Gitovich. 홀름 [시]. <별>, 모스크바-레닌그라드, 1952, no. 2, pp.115~118.

-Холм. Стихи. Те Ги Чен. Пер. с кор.: А. Гитович. <Звезда>, М.-Л., 1952, No. 2, с. 115~118.

** 주성원. E. Dolmatovskii. 스탈린그라드와의 대화. [시]. <소비예트 우크라이나>, 키예프, 1952, no. 5, pp.11~12.

-Разговор со Сталинградом. Стихи. Тю Сон Вон. Пер. с кор.: Е. До лматовский . <Сов. Украйна>, Киев, 1952, No. 5, с. 11~12.

** 주성원.. 한 조선인의 말. 시와 서사시, 모스크바, <소비에트 작가>, 1952, p.124.

-Слово корейца. Стихи и поэмы. Тю Сон Вон. Авториз. пер. с кор., М., <Сов. писатель>, 1952, 124 с.

** 이기영. E. Te, Iu. Karasev. 편집: A. Kostitsyn, D. Usatov. A. Perventsev 의 서문, 『땅』. 소설. 모스크바, 외국문학 출판사, 1953. p.488.

-Земля. Роман.Ли Ги Ен. Пер. с кор.: Е. Те, Ю. Карасев. Ред. А. Костицын, Д. Усатов. Предсл. А. Первенцева. М., Изд-во иностр. лит., 1953. 488 с. с ил.

** 박정식. V. Rosliakov. 금강. 시, <10월>, 모스크바, 1953, no. 3, p.90.

-Кымкан. Стихи. Пак Тен Сик. Пер. с кор.: В. Росляков. Октябрь, М., 1953, No. 3, с. 90.

** 조기천, 시, 모스크바-레닌그라드, 1953. p.95. 삽화 수록.

-Стихи. Те Ги Чен. Пер. с кор. М.-Л., 1953. 95 с с ил.

** 허운배. A. Kudreiko. 흰 덧신에 관한 회상. 시. <불꽃>, 모스크바, 1953, no. 35, p.21.

-Воспоминания о белых галошах. Стихи. Хо Ун Пе. Пер. с кор.: А. Кудрейко. Огонек, М., 1953, No. 35, с ил.

** 김두연. 류다. 단편소설. <소비에트 여성>, 모스크바, 1954, no. 6, p.38.

-Люда. Рассказ. Ким Ду Ен. Сов. женщина, М., 1954, No. 6, с. 38.

** P.A. Pak Ir, A.Zhovtis. 조선 시인들의 시, <원동>. 하바로프스크, 1954, no. 5, pp.146~147.

-Стихи корейских поэтов. Пер. с кор.: П.А. Пак Ир., А. Жовтис. <Дальний Восток>, Хабаровск, 1954, No. 5, с. 146~147.

** 강경애, 인간문제. 소설. 모스크바, 국립문학출판사, 1955, p.225.

-Проблема человечества. Роман. Кан Ген Е. Пер. с кор. и вступи т. ст. А. Артемевой . М., Гослитиздат, 1955, No. 255.

** 강성만. B. Gaikovich, 심장 [시]. <원동>, 하바로프스크, 1955, no. 5, pp.143~144.

-Сердце. Стихи. Кан Сон Ман. Пер. с кор.: В. Гайкович. <Дальний Восток>, Хабаровск, 1955, No. 5, с. 143~144.

** 김주련. V. Martynov. 열차 무리 속에서 [시]. <바이칼을 비추는 빛>, 울란우데, 1955, no. 3, pp.90~91.

-В купе поезда. Стихи. Ким Тю Рен. Пер. с кор.: В. Мартынов. <Свет над Байкалом>, Улан-Уде, 1955, No. 3, с. 90~91.

** 이원학. V. Martynov, 이루어지지 않은 만남 [시]. <바이칼을 비추는 빛>, 울란우데, 1955, no 3, pp.89~90.

-Несостоявшееся свидание. Стихи. Ли Вон Хак. Пер. с кор.: В. Мартынов. <Свет над Байкалом>, Улан-Уде, 1955, No. 3, с. 89~90.

** 리찬. V. Martynov, 붉은 병사들. 시. <바이칼을 비추는 빛>, 울란우데, 1955, no 3, p.89.

-Красные солдаты. Стихотворение. Ли Чан. Пер. с кор.: В. Мартынов. <Свет над Байкалом>, Улан-Уде, 1955, No. 3, с. 89.

** 박정식. V. Zhuravlev, 평양. 장시. <변화>, 모스크바, 1955, no. 15, p. 19.

-Пхенян. Поэма. Пак Тен Сик. Пер. с кор.: В. Журавлев. Смена, М., 1955, No. 15, с. 19.

** 이창섭. E. Savinov. 볼가에서-리따, [시]. <문학 야로슬라블>, 1956, 제 8권, pp.13~14.

-На Волге-Рита. Стихи. Ли Чан Соп. Пер. с кор.: Е. Савинов. Лит. Ярославль, 1956, кн. 8, с. 13~14.

** 조기천. L. Kim, 시선. 모스크바, 국립문학출판사, 1956. 119 p.

-Избранное. Те Ги Чен. Пер. с кор.: Вступит. ст. Л. Ким. М., Гослитиздат, 1956. 119 с.

** 조기천: Khokhlov. V., 서평, 시인이자 병사, <새 세계>, 모스크바, 1957, no. 8, p. 243~245 (서평: Хохлов Н., Те Ги Чен-поэт и воин, Новый мир, М., 1957, No. 8, с. 243~245).

** A. Zhovtis, P. Pak Ir. 6행시. 조선의 고전 시가로부터, <소비예트 카자흐스탄>, 알마아타, 1956, 제 7권, pp.95~100.

-Шестистишия. Из корейской классической поэзии. Пер. с кор.: А. Жовтис, П. Пак Ир. <Сов. Казахста>, Алма-Ата, 1956, кн. 7, с. 95~100.

** A. Zhovtis, P. Pak Ir. 조선의 서정시로부터. 미상 작가들 (17~18세기). <원동>, 하바로프스크, 1957, no. 3, pp.136~138.

-Из корейской лирики. Неизвестные авторы (XVII-XVIII вв.). Пер. с кор.: А. Жовтис, П. Пак Ир. <Дальний Восток>, Хабаровск, 1957, No. 3, с. 136~138.

** 김성만. B. Gaikovich. 조선에서 온 소식. [시], <젊은 근위대>, 모스크바, 1957, no. 4. p.148.

-Вести из Кореи. Стихи. Ким Сон Ман. Пер. с кор.: Б. Гайкович. <Молодая гвардия>, М., 1957, No. 4, с. 148.

** 김성만. B. Gaikovich, 해가 북쪽에서 떠오른다! 장시. <소비예트 여성>, 모스크바, 1957, no. 2, p.28.

-Солнце встает с Севера! Поэма. Ким Сон Ман. Пер. с кор.: Б. Гайкович. <Сов. женщина>, М., 1957, No. 2, с. 28.

** S. Evseeva, 봄. 시.. <양의 별>, 타쉬켄트, 1957, no.3, pp.102~103.

-Весна. Стихи. Угай Д. Пер. с кор.: С. Евсеева. Звезда Востока, Ташкент, 1957, No. 3, с. 102~103.

** 한윤호. A. Lednev. 오늘날의 아시아와 아프리카. 시. <외국문학>, 모스크바, 1957, no. 6, pp.3~5.

-Азии и Африка сегодня. Стихи. Хан Юн Хо. Пер. с кор.: А. Ледне в. <Иностр. лит.>, М., 1957, No. 6, с. 3~5.

** 한윤호. Iu. Smyshliaev. 내가 바라는 사랑. 시. <청춘>, 모스크바, 1957, no. 6, p.61.

-Любовь, которую я желаю. Стихи. Хан Юн Хо. Пер. с кор.: Ю. Смышляев. <Юность>, М., 1957, No. 6, с. 61.

** 한윤호. A. Lednev. 어머니의 마음-나라의 마음 [시]. <불꽃>, 모스크바, 1957, no. 15, p.16.

-Сердце матери-сердце страны. Стихи. Хан Юн Хо. Пер. с кор.: А. Леднев. <Огонек>, М., 1957, No. 15, с. 16.

** 한윤호. A. Lednev. 8월의 태양-빛-어머니 생각 [시]. <변화>, 모스크바, 1957, no. 15, p.18.

-Солнце августа.-Свет.-Сон матери. Стихи. Хан Юн Хо. Пер. с кор.: А. Леднев. <Смена>, М., 1957, No. 15, с. 18.

** A. Lednov. 세 번의 만남. V. I. 레닌에 관한 시, <외국문학>, 모스크바, 1957, no. 4, pp.42~44.

-Три встречи. Стихи о В.И. Ленине. Хан Юн Хо. Пер. с кор.: А. Леднев. <Иностр. лит.>, М., 1957, No. 4, с. 42~44.

** 한윤호. A. Lednev. 남쪽 [시]. <10월>, 모스크바, 1957, no. 8, pp.491~492

-Юг. Стихи. Хан Юн Хо. Пер. с кор.: А. Леднев. <Октябрь>, М., 1957, No. 8, с. 491~492.

** 허운배 (Kho Un Pe). La. Smeliakov. 수줍은 나따샤-나는 러시아어를 어떻게 배웠는가-유치원 [시]. <새 세계>, 모스크바, 1957, no. 4, pp.116~119.

-Робкая Наташа-Как я изучал русский язык.-Детский сад. Стихи. Хо Ун Пе. Пер. с кор.: Я. Смеляков. <Новый мир>, М., 1957, No. 4, с. 116~119.

** :I. Sarkisian. 첫 번째 시험. [시]. 최제순. <가족과 학교>, 모스크바.

1957, no. 10, p.7.

-Пепвый экзамен. Стихи. Цой Де Сун. Пер. с кор.: И. Саркисян. <Семья и школа>, М., 1957, No. 10, с. 7.

** Gitovich A.I. [편찬]. 편집: Gitovich A.I. Petrov V. V.의 서문, 중국과 조선의 시로부터.. 모스크바, 국립문학출판사.

-Из китайской и корейской поэзии. Гитович А.И. [Сост.]. Пер.: А. Гитович. Предисл. В.В. Петрова. М., Гослитиздат.

** 조벽암. F. Morgun. 삼각산이 보인다! 조선의 현대시로부터. <소비예트 카자흐스탄>, 알마아티, 1958, no. 8. p.10.

-Гора Самгаксан мне видна! Из современной корейской поэзии. Де Бег Ам. Пер. с кор.: Ф. Моргун. <Сов. Казахстан>, Алма-Ата, 1958, No8, с. 10.

** 김사량. V. Li. 병든 박 박사 [소설]. <현대 동양>, 모스크바, 1958, no. 9, pp.22~23.

-Больной доктора Пака. рассказ. Ким Са Рян. Пер. с кор.: В.Ли. <Соврем. Восток>, М., 1958, No. 9, с. 22~23.

** 김소월. 서울의 밤. 바다. 산꼭대기에서. 부모님. 길. 누이의 마지막! 엄마! <동양의 문집>. 제2호, 모스크바, 1958, pp.197~200.

-Сеульская ночь. Море. На Вершине. Родители. Путь. Конец Сестренка!. Мама!. [Из современной корейской поэзии]. Ким Со Воль., в кн.: Восточный альманах. Вып. 2, М., 1958, с. 197~200.

** A. Zhovtis, P. Pak Ir. 서울의 밤. 아버지. 고향을 떠난다. 바람과 봄. 걱정 덩어리. 저녁에. 미래의 행운. 낙관. 붉은 밀물. 바다 저편에 [시]. <원동>, 하바로프스크, 1958, no. 5, pp.132~134. 조선의 시인(1903~1935년).

-Сеульская ночь. Отец. Покидаю родину. Ветер и Весна. Комок печали. Вечером. Счастье будущего. Оптимизм. Красный прилив. По ту сторону моря. Стихи. Ким Со Воль. Пер. с кор.: А. Жовтис, П.

Пак Ир. <Дальний Восток>, Хабаровск, 1958, No. 5, с. 132~134.

** 김 순석. M. Vaksmakher. 나의 꿈. 시. <외국문학>, 모스크바, 1958, no. 9, pp.78~79.

-Моя мечта. Стихи. Ким Сун Сок. Пер. с. кор.: М. Ваесмахер. <Ин остр. лит.>., 1958, No. 9, с. 78~79.

** 김순석. A. Lednev. 당원증. [시]. <불꽃>, 모스크바, 1958, no. 34, p.5.

-Партий ный билет. Стихи. Ким Сун Сок. Пер. с кор.: А. Ледне в, <Огонек>, М., 1958, No. 34, с. 5.

** 이원우. N. Glazkov. 우정의 편지. [시]. <인민들의 우정>, 모스크바, 1958, no. 9, p.141.

-Письма дружбы. Стихи. Ли Вон У. Пер. с. кор.: Н. Глазков. <Дру жба народов>, М., 1958, No. 9, с. 141.

** Li Go Nam. V. Zhuravlev, 행운에 대해. [시]. <젊은 근위대>, 모스크바, 1958, no. 4, p.4.

-О счастье. Стихи. Ли Го Нам. Пер. с кор.: В. Журавлев. <Дружба гварлия>, М., 1958, No. 4, с. 4.

** 리창섭. E. Savinov. 혹독한 겨울에-대답하라, 내 친구여. [시]. <문학 야로슬라블>, 1958, 발행 9, pp.97~98.

-Лютой землой -Откликнись, мой друг. Стихи. Ли Чан Соб. Пер. с кор.: Е. Савинов. <Лит. Ярославль>, 1958, вып. 9, с. 97~98.

** 이창섭. E. Savinov. 그대 친구의 말. [시]. 야로슬라블, 책출판사, 1958. p.32.

-Слово вашего друга. Стихи. Ли Чан Соб. Пер. с кор.: Е. Савинов. Ярославль, Кн. изд-во, 1958, 32 с.

** 박팔양 (Pak Pkhar Ian). S. Metelitsa., 울란우데에서 [시]. <바이깔을 비추는 빛>, 울란우데, 1958, no. 5, p.91.

-В Улан-Удэ. Стихи. Пак Рхар Ян. Пер. с кор.: С.Метелица. <Све т над Байкалом>, Улан-Удэ, 1958, No. 5, с. 91.

　** 손봉렬 (Son Bon Rer). N. Glazkov, 책가방. [시]. <인민들의 우정>, 모스크바, 1958, no. 9, p.141.

　-Школая сумка. Стихи. Сон Вон Рер. Пер. с кор.: Н. Глазков. <Дружба народов>, М., 1958, No. 9, с. 141.

　** 손봉렬. A. Faingar. 책가방. [시]. <외국문학>, 모스크바, 1958, no. 9, pp.169~170.

　-Школая сумка. Стихи. Сон Вон Рер. Пер. с кор.: А. Фаингар. <Иност. лит.>, М., 1958, No. 9, с. 169~170.

　** 정동우. B. Lozovoi. 붉은 별. [시]. <외국문학>, 모스크바, 1958, no. 2, pp.38~39.

　-Красная звезда. Стихи. Тен Дон Ую Пер. с кор.: Б. Лозовой. <Иностр. лит.>, М., 1958, No. 2, с. 38~39.

　** Ten Mun Khian (정문향). A. Lednev. 소련 사람, 안녕하쇼! [시]. <불꽃>, 모스크바, 1958, no.18, p.2.

　-Здравствуй, советский человек!. Стихи. Тен Мун Хян. Пер. с кор.: А. Леднев. <Огонек>, М., 1958, No. 18, с. 2.

　** 주성원. Iu. Levitanskii. 자밀라. (젊은 수병이 보낸 편지). [시]. <외국문학>, 모스크바, 1958, no. 9, pp.75~78.

　-Жамила. (Послание юного моряка). Стихи. Тю Сон Вон. Пер. с кор.: Ю. Левитанский. <Иностр. лит.>, М., 1958, No. 9. с. 75~78.

　** 한진식. F. Morgun. 어머니들. 조선의 현대시로부터. <소비예트 카자흐스탄>, 알마아따, 1958, no. 8, pp.10~11.

　-Матери. Из современной корейской поэзии. Хан Дин Сик. Пер. с. кор.: Ф. Морган. <Сов. Казахстан>, Алма-Ата, 1958, No. 8. с. 10~11.

　** 한윤호. 화산.-바다에 말하다. [시]. <아쉬하바드>, 1958, no. 3, pp.26~28.

-Вулкан.-Говорят океаны. Стихи. Хан Юн Хо. <Ашхабад>, 1958, No. 3. с. 26~28.

** 한윤호. 영웅적 서정시, <쁘라브다>, 모스크바, 1958, 32p.. (<불꽃> no. 49 삽입).

-Героическая лирика. Хан Юн Хо. <Правда>, М., 1958. 32 с. (Б-ка <Огонек>, No. 49.

** 한윤호. 보성 마을에서 온 애. 시. 모스크바, <국립아동도서출판사>, 1958, p.61(화보첨부).

-Мальчик из села Бо Сен. Поэма. Хан Юн Хо. Пер. с. кор. М., <Детгиз>, 1958, 61 с. с ил.

** 한윤호. 갈림길. 4막극. 모스크바, <예술>, 1958, no. 3, p.135.

-Перепуте. Драма в 3-х д., 4 карт. Хан Юн Хо. М., <Искусство>, 1958. 68 с.

** 한윤호. A. Lednov. 우정의 열차. 시. <외국문학>, 모스크바, 1958, no. 3, p.135.

-Поезд дружбы. Стихи. Хан Юн Хо. Пер. с кор.: А. Леднев. <Иностр. лит.>, М., 1958, No. 3, с. 135.

** 최제선. E. Vishnevskii. 우정의 거리 [시]. <문학 브랸스크>, 1958, no.5, p.67.

-Улица дружбы. Стихи. Цой Де Сун. Пер. с кор.: Е. Вишневский . <Лит. Брянск>, 1958, No. 5, с. 67.

** 천세봉. 블라고비셴스크, 싸우는 마을 사람들. [중편소설], 아무르 도서출판사, 1958, p.99(화보 수록).

-Люди борющей ся деревни. Повесть. Чен Се Бон. Пер. с кор.: Благовещенск, Амурское кн. изд-во, 1958. 99с. с ил.

** 강혜순, 새로 온 여선생 [단편소설]. <가족과 학교>, 모스크바, 1959, no. 3, pp.35~38.

-Новая учительница. Рассказ. Кан Хе Сун. <Семья и школа>, М., 1959, No. 3. с. 35~38.

** 정동우. Iu. Razumovskii. 수성강 위의 묘 [시]. <외국문학>, 모스크바, 1959, no. 2, pp.5~6.

-Могила над рекой Сусон. Стихи. Тен Дон У. Пер. с кор.: Ю. Разумовский . <Иностр. лит.>, М., 1959, No. 2, с. 5~6.

** Ugai D. Ia. Il'iasov, 두 남매. [담시].. <동방의 별>, 타쉬켄트, 1959, no. 5, p.81.

-Два брата и сестра. Баллада. Угай Д. Пер. с кор.: Я. Илясов. <Звезда Востока>, Ташкент, 1959, No. 5. с. 81.

** 한윤호. G. Iaroslavtsev, 우주에는 아침이 [시]. <외국문학>, 모스크바, 1959, no. 11, p.7.

-В космосе утро. Стихи. Хан Юн Хо. Пер. с кор.: Г. Ярослвцев. <Иностр. лит.>, М., 1959, No. 11. с. 7.

** 김병두. V. Sikorskii, 선언. [시]. <인민의 우정>, 모스크바, 1960, no. 8, pp.157~158.

-Декларация. Стихи. Ким Бен Ду. Пер. с кор.: В. Сикорский . <Дружба народов>, М., 1960, No. 8. с. 157~158.

** 김규련. V. Tsvelev. 이른 봄. [시]. <바이깔을 비추는 빛>, 울란우데, 1960, no. 4, pp.101~102.

-Ранняя весна. Стихи. Ким Гю Рен. Пер. с кор.: В. Цвелев. <Свет над Бай калом>, Улан-Удэ, 1960, No. 4, с. 101~102.

** 김학영. P. Khalov. 레닌의 당원증 앞에서. [시]. <원동>, 하바로프스크, 1960, no.2, pp.4~5.

-Перед партбилетом Ленина. Стихи. Ким Хак Ен. Пер. с кор.: П. Халов. <Дальний Восток>, Хаборовск, 1960, No. 2, с. 4~5.

** 런조민. S. Bolotin. 예술가들 [짧은시]. <인민의 우정>, 모스크바, 1960,

no. 8, p.156.

-Художники. Стихотворение. Лен Чо Мин. Пер. с кор.: С. Болотин. <Дружба народов>, М., 1960, No. 8, с. 156.

** 박근. T. Sikorskaia 들장미. [시].. <인민의 우정>, 모스크바, 1960, no. 8, p.155.

-Шиповник. Стихи. Пак Гын. Пер. с кор.: Т. Сикорская. <Дружба народов>, М., 1960, No. 8, с. 155.

** Iu. Gordienko. 조선 시인들의 시. <외국문학>, 모스크바, 1960, no. 8, pp.3~11. 작가: 김철, 마우련, 리호남, 최연화, 김병두, 정동우, 안련만, 김초규.

Стихи корейских поэтов. Пер. с кор. и вступит. ст. Ю. Горденко. <Иностр. лит>, М.,1960, No. 8, с. 3~11.

** 조벽암. T. Sikorskaia. 림린 강 [시]. <인민의 우정>, 모스크바, 1960, no. 8, p.158.

-Река Рим-Лин. Стихи. Те Бек Ам. Пер. с кор.: Т. Сикорская. <Дружба народов>, М., 1960, No. 8, с. 158.

** Ugai De Guk. V. Liapunov. 쇠. [시]. <동양의 별>, 타쉬켄드, 1960, no. 9, p.120.

-Железо. Стихи. Угай Де Гук. Пер. с кор.: В. Ляпунов. <Звезда Востока>, Ташкент, 1960, No. 9, с. 120.

** 황건, L. V. Zhuravleva. 불타는 섬. 소설. 모스크바, 군사출판사, 1960. p.96.

-Остров в огне. Рассказы. Хван Ген. Пер. с кор.: Л.В. Журавлева. М., <Воениздат>, 1960. 96 с.

서평: Borzenko S. 그들은 자유를 지켜냈다. <외국문학>, 모스크바, 1961, no. 6, pp.256~257. Борзенко С., Они отстояли свободу. <Иностр. лит.>, М., 1961, No. 6. с. 256~257).

** 최서해. L. Eremenko의 서론. 탈주자의 고백. 단편소설. 모스크바, 국립문학출판사, 1960, p.176.

** 서평: Efimenko V., 목표를 달성한 기쁨. <원동>, 하바로프스크, 1961, no. 1, pp.181~184.

-Исповедь беглеца. Рассказы. Цой Со Хе. Вступит. ст. Л. Еременко. М., Гослитиздат, 1960. 176 с. (Ефименко В., Радость достижения цели, <Дальний Восток>, Хабаровск, 1961, No. 1, с. 181~184).

** 윤세중. D. Usatov. 시련. [소설]. 모스크바, <젊은 근위대>, 1960. p.287 (화보첨부).

-Испытание. Роман. Юн Се Дюн. Пер. с кор.: Д. Усатов. М., <Мол. гвардия>, 1960. 287 с. с ил.

서평: Efmenko V. 목표를 달성한 기쁨. <원동>, 하바로프스크, 1961, no. 1, pp.181~184.

Ivanova V., <외국문학>, 모스크바, 1961, no. 4, p. 258~259 (서평: Ефименко В., Радость достижения цели, <Дальний Восток>, Хабаровск, 1961, No. 1, с. 181~184. Иванова В., <Иностр. лит.>, М., 1961, No. 4, с. 258 ~259).

** 리정렬, 전쟁의 길로써 [단편소설]. <불멸의 빛>. 모스크바, 1961, pp.39~47.

-Дорогами войны. рассказы. Ли Ден Ер. В кн.: <Немеркнущий свет>. М., 1961. с. 39~47.

** 민희문. A. Zhovtis, 우리집에서 [16~17세기 어떤 시인의 시]. <열린공간>, 알마아타, 1961. no. 8. p.80.

-У себя дома. Стихи поэта XVI-XVII вв. Мин Хи Мун. Пер. с кор.: А. Жовтис. <Простор>, Алма-Ата, 1961, No. 8, с. 80.

** 조기천, Nadezhdin V. 행운의 가수와 투쟁 <원동>, 하바로프스크, 1961, no. 4, pp.160~161.

-Певец счастья и борьбы [Те Ги Чен]. Надеждин В., <Дальний Восток>, Хабаровск, 1961, No. 4, с. 160~161.

** 김 소월. A. Zhovtis, P. Pak Ir., A. Ten 의 서문. 진달래꽃. 모스크바, 동양문헌출판사, 1962, p.131(소련 과학원 아시아 민족 연구소).

-Цветок багульника. Ким Со Воль. Пер. с кор.: А. Жовтис, П. Пак Ир. Предсл. А. Тен. М., Изд-во вост. лит., 1962. 131 с. (АН СССР. Ин-т народов Азии).

서평: Kim L.K. 봄의 문턱에서, <외국문학>, 모스크바, 1962, no. 10, pp.249~250

(Ким Л.К., В преддверии весны, <Иностр. лит.>, М., 1962, No. 10, с. 249~250).

** 박웅걸. D. Usatov. T. Sumushkin의 서문. 조국. 소설. 모스크바, 외국문헌출판사, 1962, p.247(화보첨부).

-Отечество. Роман. Пак Ун Голь. Пер. с кор.: Д. Усатов. Предсл. Т. Сумушкина. М., Изд-во иност. лит., 1962, 247 с. с ил.

** 허진, 몽상가인 내가 사랑하게 된다면. 타슈켄트, 1962, 우즈베키스탄 국립문학출판사, 1962, p.71.

-И если я, мечтатель, полюблю... Хо Дин. Ташкент, Гослитиздат Узб. ССР, 1962, 71 с.

** 허진, Ia. L. Il'iasov. 지백의 집에서. 시. <동양의 별>, 타슈켄트, 1962, no. 2, pp.128~129.

-У Ди-Бек. Стихи. Хо Цзин. Пер. с кор.: Я.Л. Илясов. <Звезда Востока>, Ташкент, 1962, No. 2, с. 128~129.

** 박웅걸. 상급전화수. 단편소설. 모스크바, 군사출판사, 1963, p.123(화보첨부).

-Телефонист. Рассказы. Пак Ун Гер. М., Воениздат, 1963, 123с. с ил.

** 리정숙. 봄. 단편소설. <불청객>. 모스크바, 1965, pp.178~187.

-Весна. Рассказ. Ли Ден Сук. В кн.: Непрошенные гости. М., 1965, с. 178~187.

** Ugai Deguk. 아침 해. 시. 타슈켄트. <타슈켄트> 출판사. 1965, p.56.

-Утреннее солнце. Стихи. Угай Дегук. Ташкент, Изд-во <Ташкент>, 1966. 55 с.

** 조명희. E. Tsoi의 후기, 낙동강. 소설. <소비에뜨 작가>, 1966, p.112. 초상화 포함.

-Нактонган. Рассказы. Те Мен Хи. Пер. с кор.: Послесл. Е. Цой. М., <Сов. писатель>, 1966, 112 с. с портр.

** 이기영. V.Ivanova의 서문, 고향. 소설. 모스크바, 국립문학출판사, 1967, p.440(화보첨부).

-Рондая сторона. Роман. Ли Ги Ен. Пер. с кор. Предисл. В. Ивановой. М., Гослитиздт, 1967. 440 с. с ил.

** 정동우. B. Lozovoi, 말주강. 시. <돈강>, 라스또프나다누, 1967, no. 11, pp.37~38.

-Мальчуган. Стихи. Тен Дон У. Пер. с кор.: Б. Лозовой. <Дон>, Ростов н/Дону, 1967, № 11, с. 37~38.

** A. Zhovtis. 조선 농촌의 사라의 서정시. <열린공간>, 알마아따, 1968, no. 9, pp.80~82.

-Из любовной лирики древней Кореи. Пер.: А. Жовтис. <Простр>, Алма-Ата, 1968, № 9, с. 80~82.

** Len Cho Min (런조민?). 예술가들 [시]. 조선어에서 번역. <동양의 별>, 타쉬켄트, 1968, no. 9, p.136.

-Художники. Стихи. Лен Чо Мин. Пер. с кор.: <Звезда Востока>, Ташкент, 1968, № 9, с. 136.

** G. Iaroslvtsev. 태양에 인사하면서. 아시아 및 아프리카 시인들의 V. I.

레닌에 관한 시. 타쉬켄트, 예술문학출판사, 1970, p.306.

-Приветствуя Солнце. Стихи поэтов Азии и Африки о В.И. Ленине. Пер. Сост.: Г. Ярослвцев. Ташкент, Изд-во худож. лит., 1970. 306 с. (Чхве Дин Ен, Листовка. Пер. с кор.: Г. Юнаков, с. 43~44. Чхве Ен Иль, Читая Ленина. Пер. с кор.: Г. Юнаков, с. 46~47. Ким Гви Рен, С Лениным в сердце. Пер. с кор.: С. Северцев, с. 96~101. Хан Юн Хо, Три встречи. Пер. с кор.: А.Леднев, с. 162~165. Ким У Чхор, В предоктябрьскую ночь. Пер. с кор.: Г. Юнаков, с. 178~180).

** Ugai Deguk. Iu. Kushak. 피로맺은 형제. 시, 타쉬켄트. 문학과 예술출판사, 1970, p.61.

-Братья по крови. Стихи. Угай Дегук. Пер. с кор.: Ю. Кушак. Ташкент, изд-во лит. и искусства, 1970. 60 с.

** 최진영 (?), G. Iunakov. 레닌의 사상. [시]. <네만강>, 모스크바, 1970, no. 4, p.83.

-Идеи Ленинаю Стихи. Чхве Дин Ен. Пер. с. кор.: Г. Юнаков. <Неман>, М., 1970, No. 4, с. 83.

2절 주요 작가의 기초 사항

강태수

시인 강 태수는 1908년 10월 5일 함경남도 이원군에서 출생하여 1927년 이주한 후 블라디보스톡 朝鮮師範大學에서 문학을 전공하였다. 1933년에 시「나의 가르노」가 처음『선봉』신문에 발표된 후 <진정한 웃음>·<첫사랑> 등 시편과 여러 편의 단편을 발표하였다. 전 <레닌기치> 기자·포석의 제자·37년 강제 이주 때에 5년간 옥고 치렀다. 시인 강 선생은 원래 크즐오르다 시 배전소의 기사로 근무해 왔다.

김광현

필명이 '무산'인 시인 김 광현은 1919년 12월 27일 원동 연해주 쑤이푼 구역 류성촌에서 출생하였다. 타시켄트 뚜르크멘 사범 대학 문학부를 중퇴하였고 카자흐스탄 공산당 중앙위원회 직속 고급 당학교를 통신생으로 졸업하였다. 1939년에 처음 <중국 형제들에게>란 시가『레닌 기치』신문에 발표되었다. <씨르다리야> 외 여러 편의 장편 서사시와 <해명>·<호두나무> 등 수편의 단편 소설을 발표하였다. 김 광현은 쏘련 작가 동맹 맹원이며『레닌 기치』신문사 주필로 근무하였다.

김기철

김기철은 1907년 8월 8일 조선 함경남도 단천군에서 출생하였다. 중국 동만 룡정 대성중학을 졸업하였다. 1934년에 희곡 동면 <빠르찌산을 짓고> 그후 희곡 <실수>·<신부 없는 잔치>·<길이 아니면 가지 말라> 등 수편을 썼다. 또한 단편 소설 <나따샤>와 <칼자국>·중편 소설 <붉은 별들이 보이던 때>를 세상에 내놓았다.

김남석

1899년 3월 2일 조선 함경남도 북청군에서 출생하였다. 해삼 조선 사범 대학 어문학부를 졸업하였다. 1958년에 시 <평화를 위하여>가 『레닌 기치』 신문에 발표되었다. <승리의 새봄>·<교원의 한 평생>을 포함한 많은 시편과 <어머니의 사랑>·<청송> 등 단편 소설을 발표하였다. 김남석은 다년간 교육 사업에 이바지하였다.

김두칠

1914년 4월 27일 원동 니꼴쓰크 우쑤리쓰크에서 출생하였다. 1936년에 모쓰크와 인쇄전문학교를 졸업하였고 1942년에는 따스껜트 법과 대학을 졸업하였다. 번역 작가로 문단에 나서서 <대대는 서쪽으로>·<깊이 박힌 뿌리>·<백모녀> 및 기타 희곡 10여 편을 번역하였다. 장막 희곡 <논개>를 비롯하여 <맹세>·<옥순> 등 희곡을 창작하였다. 그 외에도 『레닌 기치』 신문에 소설과 시들을 많이 발표하였다.

김세일

김세일(쎄르게이 표도로위츠)은 1912년 3월 14일 원동 연해주 뽀시예트구역 박석골에서 출생하였다. 소왕령 조선 사범 전문 학교를 졸업하였고 따스껜트 사범 대학 수리학부(통신)를 중퇴하였고 쏘련 공산당 중앙 위원회 직속 고급 당학교(통신)를 졸업하였다. 장편 서사시 <새별>와 시 <청춘 대지> 및 기타 많은 시편과 장편 소설 《홍범도》를 발표하였다. 떼. 솁첸꼬의 중편 소설 <미술가>·<머슴군 녀자>를 번역하였다.

김종세

1918년 소련 원동 연해주의 쇼크토워 지역에서 출생하였으며, 그곳에서 대학을 중퇴한 후 타시켄트 시의 지미트로프 콜호즈 제85호 중학교에서 교편을 잡고 있다가 은퇴하였다. 1947년 첫 작품을 발표하였고 <우리 콜호즈>·<아

름다운 백일홍> 등 많은 시편을 발표하였다. 더욱이 1961년와 1965년엔 로어 (露語) 시집 《즐거운 편지》·《신기한 배》 등을 출판하였다.

김 준

1900년 10월 4일 원동 연해주 이만 어언발 촌에서 출생하였다. 해삼에서 원동 국립 종합 대학 로학원을 졸업하고 모쓰크와 종합 대학 철학부를 중퇴하였다. 1928년에 첫 작품 <한까의 가을>을 『선봉』 신문에 발표하였다. 50년대부터 중편 소설 《지 홍련》, 장편 서사시 <마흔 여덟> 및 기타 많은 작품을 발표하였으며 1964년에 장편 소설 《십오만원 사건》을 발표하였다. 김 준은 쏘련 작가 동맹 맹원이다. 김준은 '재소한인문학의 창시자'로 불리는 카프 (K.A.P.F)출신의 작가 포석 조명희(1894~1938)에 의해 발군된 문인(김증손· 김준·강태수·문금동 등) 중 한사람이다.

김증송

1918년 9월 11일 원동 해삼시에서 출생하였다. 원동 국립 종합 대학 어문학부를 중퇴하였다. 1938년에 처음 『레닌 기치』 신문에 그의 시편이 발표되었다. 시집 《평화의 시행들》(1950년, 로문판), 《아까시야꽃 필때》(1956년, 로문판)가 발간되었다. 김 증송은 쏘련 작가 동맹 맹원이다.

김창욱

1900년에 조선 함경북도 성진군 소작농의 가정에서 출생하였다. 서재와 사립 학교 꼬는 자습으로 중등 지식을 소유하였다. 1919년부터 향촌 사립학교에서 교편을 잡고 일하다가 1926년에 쏘련에 이주하여 와서 역시 교원 생활을 하였다 이미 오래 전부터 『레닌 기치』 신문에 서정시를 발표하여 지금에 이르기까지 수십 편의 서정시와 정론시들을 발표하였다.

남 철

원명이 '남 해원'인 작가 남철은 '남 안드레이'라는 필명도 사용한다. 알마아카에 있는 『레닌기치』 신문사 편집부에 근무하고 있다. 예명이 '남 철' 또는 '남 안드레이'이다.

라브렌티 송

1941년 카자흐스탄에서 태어나서, 1966년 모스크바에 있는 전소련연방 국립영화학교(VGIK) 각본과를 졸업한 후, 카자흐 국립 조선극장 등에서 각본가 연출가 작가 생활을 시작했다. 1986년 무렵부터 강제이주의 문제를 작품화하기 시작해서, 그해, 알마티의 종합지 《공간》에 고려인 강제이주를 다룬 자전적 단편 『삼각형의 면적』을 발표하고, 1988년에는 소비에트작가출판사에 의해 CIS 최초의 러시아어에 의한 작가 작품집인 《태음력의 페이지로부터》를 편집 간행했다. 그 이듬해에는 카자흐스탄 작가동맹 산하에 독립된 단체 '너와 나'를 설립하고 억압받는 소수민족의 문제를 다룬 기록영화를 만들기 시작하고, 1990년대에 들면서 일본 등지를 방문하여 CIS 고려인들의 현상과 문제점을 널리 알리는가 하면, 1997년에는 고려인들의 강제이주 60주년 기념행사를 하면서 자신의 기념극 《기억》을 연출하기도 했다. 기록 영화 작품으로도 강제이주된 고려인의 생존을 다룬 《후룬제 실험농장》,《고려사람》,《교장선생》,《숙달된 경제》 등과 고려사람 시인 강태수을 다룬 《묘지 방문》 등이 있다.

《삼각형의 면적》은 러시아 원동에서 카자흐스탄에 이주해 와서 1949년 속박이 풀린 후의 한 가족의 어머니의 이야기이다. 《기억》은 1997년 고려인 강제이주 60주년 기념행사 중 하나로 조선극장에서 상연된 희곡 작품으로, 1937년 가을부터 1942년 가을까지 다섯 해 동안 고려인들이 강제로 카자흐스탄에 정착되는 과정에서 겪은 고난과 설움을 통해 민족문제를 우리 글로 형상화한 것이다.

리 와씰리

1914년 3월 23일 원동 연해주 쑤이푼 구역 룡포동에서 출생하였다. 사범 전문 학교, 쏘베트 당 학교, 농업 전문 학교를 졸업하였다. 1964년 처음 단편 소설 <뜨락또르 운전수>를 『레닌 기치』 신문에 발표하였다. 그 후 단편 소설 <첫 걸음>·<물싸움>을 발표하였다

리은영

1915년 4월 10일 황해도 사리원에서 출생하여 1920년에 소련으로 이주해 블라디보스톡 韓人師範大學 語文學部를 졸업하였다. 1939년에 이 선생은 첫 번째 시인 「어머니」를 「레닌기치」에 발표하고 그 후 「백두산은 보일리라」·「처녀의 약속」을 포함해 많은 작품을 발표하였다.

리정희

1946년 9월 5일 싸할린 주 우글레고르쓰크 시에서 출생하였다. 중학을 졸업하고 사범 대학 문학부(통신)에서 수업 중이다. 1966년에 첫 단편 소설 <아름다운 심정>을 『레닌 기치』 신문에 발표하였고 그 후 또 단편 소설 <차'간에서>와 <상봉과 리별>을 발표하였다. 리 정희는 『레닌 기치』 신문사에서 일을 하였다.

리 진

1930년 함남 함흥에서 출생하였다. 1948년 평양 종합대학 영문과 입학. 1950년 6·25참전. 1951년 모스크바 유학, 국비생. 1950년대 초 시와 소설로 문단 데뷔. 1957년 소련 국립 영화예술대학 극작과 졸업. 1958년 반체제운동 참가(죄)로 부득불 소련에 망명. 한국의 문예지들에는 1980년대 말로부터 시·소설 발표. 지금까지 시선집 《해돌이》·《리진 서정시집》·《하늘은 나에게 언제나 너그러웠다》를 비롯하여 수많은 시·소설·평론·정론·번역물을 냄. 1992년 해외문학상(한국문인협회 주관) 수상.

리진이 망명의 길을 택하게 된 이유는 고등 중학생 시절부터 모순된 북한 정권의 체제에 상당한 불만을 가지고 있었고, 6.25 전쟁 때 한국 군관으로 참전한 후, 모스크바로 유학의 길이 열렸을 때 이미 망명을 결심했다고 한다. 허진의 회고에 따르면 그가 모스크바로 유학 떠나기 훨씬 전, 친구들의 권유로 공산청년동맹에 가입하려던 중, 가입하면 일본 군수품이었던 군화 한 켤레식을 준다는 말을 듣고 심한 불순감을 느껴 가입하지 않았다고 한다. 소련에 망명한 후, 이진은 새롭게 참된 삶을 살자는 뜻에서 두 문우와 함께 본명을 버리고 참 진(眞)자의 외자로 이름을 바꾸었다. 한진(작고)·허진(작고)·리진 이 세사람은 일본말로 '산바라가스'라 불리었는데, 이 말의 뜻은 '어떤 한 방면에 특출한 세 사람'을 일컫는 말로 특히 문학 방면에 특출했음을 일컫는 말이다. 리진은 무국적자이다.

리진의 중편소설 「윤선이」·「싸리섬은 무인도」·「안단테 칸타빌레」에는 김일성 정권의 모순된 체제와 폭정 그리고 그들이 일으킨 전쟁에 대한 강한 비판 의식이 수반되어 있으며, 이것은 반전사상과 휴머니즘과 연결된다.

림 하

1911년 4월 8일 세아시에서 출생하였다. 사립 소학교를 졸업하고 해삼시 중학교를 거쳐 1933년에 소왕령 조선 사범 전문 학교를 졸업하였다. 그 후 따스켄트 사범 대학 통신 어문학부 4학년에서 중퇴하였다. 창작 희곡 <항쟁의 노래>가 상연 되었고, 단편 소설 <불타는 키쓰>·<꾀꼬리 노래> 및 기타 시·가사들이 발표되었다. 림 하가 번역한 희곡들 <어두움에서의 상봉>(크노래 작)·가극 <카르멘>·<로씨야 사람들>(씨모노브 작)·<외과의 크레체트>(꼬르네이추크 작)·<푸른 거리>(싸프로노브 작)·<어느 한 나라에서>(위르따 작) 및 기타 작품이 있다.

블라지미르 우

1947년 카자흐스탄 끄즐-오르다 지역의 떼레노즈 마을에서 태어났다. 1963년에 활동하기 시작했다. 그는 콩크리트공·철근조립기사·전기기계조립공등으로 일했으며 군 복무를 했다. 1971년 카자흐스탄 국립대학 신문방송학부를 마쳤다. 오랜기간동안 투르크메니스탄의신문 잡지 편집국에서 일했다. 산문과 문학-비평 연구 서적 작가이며 중편, 단편 소설들은 영어·프랑스어·독일어·헝가리어·몽고어·아제르바이잔어·백러시아어·까라깔파끄어·몰다비아어·우크라이나어외 다른 외국어로 번역 되었다. "아쉬가바트" 잡지사 편집장과 투르크메니스탄작가동맹 이사회 서기를 역임했다.

명 철

본명이 명월봉인 그는 1913년 1월 7일 소비에트 원동 연해주 뽀시에트 구역 시지미 고려인 촌에서 출생하였다. 1934년 해삼시 국제조선사범대학 내의 조선어문학부에 입학하여 동 학부를 1939년 카자흐스탄 크즐오르다에서 졸업하였다. 1961년 타쉬켄트 고급 당학교를 졸업한 뒤, 『레닌기치』 신문사에서 근무를 하였다. 200여 편의 오체르크·정론 등과 많지 않은 양의 소설과 수십 편의 시를 발표하였다. 1985년 타쉬켄트 나사미명칭 국립사범대학에 조선어문학과가 조직된 후, 여기에서 조선어 문법을 교수하였다. 그의 수필과 소련에서의 삶을 다룬 《오체르크의 행복》(인문당, 1990)이 있다.

박 현

필명 '박 현' 또는 '박 예브게니'로 원래 『레닌기치』 신문사에 근무하다가 1985년부터는 《알마아타 조선말 방송부》의 기자로 근무를 하였다.

아나톨리 김

1938년 조선족 3세로 소련 카자흐스탄에서 출생했다. 고려인 작가 중에서 세계적으로 가장 잘 알려진 인물이다. 사할린 고등학교를 졸업하고 모스크바 미술대학, 고리키 문학대학을 거쳐 본격적인 작가의 길에 들어선 그는 1973년 최초의 단편 <수채화>를 발표하면서 문단에 데뷔했다. <사할린의 방랑자들>·<묘꼬의 들장미>·<수채화> 등의 단편이 실린 최초의 작품집 《푸른 섬》에 이어 1978년에는 《네 고백》·1980년에는 《꾀꼬리의 울음소리》·1981년에는 중편집 《옥색 띠》를 펴냈다. 《옥색 띠》의 성공으로 아나톨리 김의 중편이 널리 읽히면서 문단 내에서 그의 작품에 대한 비평과 논쟁이 활발해졌다. 1983년에는 <사할린의 사람들>·<구린의 유토피아>·<연꽃> 등을 실은 중편집 《사할린의 사람들》·1984년에 첫 장편 《다람쥐》, 그리고 1989년 장편 《아버지 숲》을 통해 러시아 문학계를 대표하는 작가로 확고히 자리 잡게 되었다. 1993년 아나톨리 김은 대표적 환상문학 작품인 《켄타우로스의 마을》로 모스크바 시(市) 문학상을 수상했다. 이어 1995년에는 같은 환상문학에 속하면서도 신과 인간의 문제를 시점이 뒤바뀌는 그만의 독특한 형식을 빌어 탐구한 신의 플루트를 발표하였다. 가장 최근 발표된 장편소설로는 음악 형식을 소설에 도입한 《바흐 음악을 들으며 버섯을 딸 때》가 있다. 삶과 죽음의 문제, 시공을 넘나드는 보편적 언어로 전세계인을 감동시켜 온 아나톨리 김의 작품은, 영어·독어·불어·이태리어·스페인어·한국어·중국어·일본어·베트남어 등, 세계 주요 16개국의 언어로 번역될 만큼 전세계적으로 널리 읽히고 있다. 그는 1995년부터 2년 동안 톨스토이 재단에서 발간하는 문학잡지 《야스나야 폴랴나》의 편집장을 역임했으며, 현재는 모스크바 남쪽에서 240킬로미터 가량 떨어진 랴잔 숲의 별장에 머무르며 집필과 그림 그리기에 몰두하고 있다.

알렉산드르 강

1960년 북한 평양에서 출생하였다. 모스크바 전기기술 학교 실험조수를 마친 후 활동을 시작 하였다. 이후 묘지기, 열차 차장과 종업원에서부터 『고려일보』 신문과 카자흐스탄 공화국 티비 특파원에 이르기까지 여러번 직업을 바꿨다. 1993년에 고리끼 문학 대학교를 마쳤다. 그의 작품 활동은 에세이 · 단편소설 · 중편소설 · 철학과 문학연구물에 이르기까지 많은 성과를 거두었다.

양원식

필명이 '원일'인 양원식은 1932년: 평안 안주군에서 태어났다. 1953~1958년: 소련 국립 영화 대학교(모스크바) 졸업. 1958~1960년: 러시아 TV카메라맨 · 영화감독. 1960~1984년: 소련에 망명, 러시아와 카자흐스탄의 국립영화촬영소 기록 영화 감독, 기간 중 약 60편의 예술영화와 기록영화 제작. 1984~1991년: 전 소련 고려인 신문『레닌기치』(현《고려일보》) 문학 예술부장. 1991~2000년:『고려일보』사 사장. 1997년: 모스크바 유럽종합대학교에서 언어학 박사학위 받음. 현재: 고려일보사 고문, 창작활동(시와 소설) 소련작가동맹회원, 국제 팬클럽회원 카자흐스탄 작가동맹 산하 고려분과 회장, 한반도 민주평화통일 자문회 회원. 2000년 해외문학 대상을 수상하였다. 2002년에는 그가 망명 시절 겪었던 고려인으로서의 괴로움을 읊은《카자흐스탄의 산 꽃》(시와 진실)이라는 시집을 펴내기도 했다. 「부자유속에서 태어난 신문: 고려일보」의 어제와 오늘」(『한민족공영체』, 1997), 「중앙아시아 카자흐스탄 고려인들의 사회문제」(『재외한인연구』, 1998) · 「중앙아시아 카자흐스탄 고려인 사회의 어제와 오늘」(『한민족공영체』, 1999) 등의 고려인 소개의 글을 발표한 바 있다.

연성용

재소 한인 문화 활동의 대표자 중 한 사람으로 극작가이자 시인이다. 고려인 중에서는 최초의 직업적인 연출가로 평가받는다. 그는 1909년 소련의 원동「쑤우푼」구역에서 출생, 국립 모스크바 극장대학을 중퇴한 후 1927년 교사로 사회 진출을 하였다. 그러나 1928년에 발표한 첫 희곡인「승리자와 사랑」이 소련 원동 변강 한인극작가상을 받게 되자 자신을 얻은 연성용은 1932년에 블라디보스톡의「조선극장」창립에 참가하였고, 1935년에 우리의 고전

<춘향전>을 각색하고 동시에 연출가로서 대성공을 거두게 되었다. 첫 시집인 <친선의 글줄>을 발표한 후 현재까지 수십 편의 시를 창작 발표했는데 1983년에도 <행복의 노래>란 책명으로 시·단편소설집을 출판하였다. 그는 1983년에 발표한 희곡 <지옥의 종소리> 이외에도 17편의 희곡을 발표하였는데, 그 중에도 <장평동의 햇불>·<올림피크>·<불속에 든 조선>·<양산백>그리고 <자식들>은 잘 알려진 작품들이다.

그리고 그는 가요도 많이 작사를 했는데 특히 1934년에 창작, 1937년에 소련의 전국 라디오 노래 축전에서 <씨를 활활 뿌려라>로 상을 받은 적이 있다. 이 노래는 재소 한인들이 오늘도 즐겨 부르는 민요적 성격의 노래가 되었다.

우제국

1920년에 원동 연해주 올가 구역 양명동에서 출생하였으며 그곳 대학에서 수학한 후 「우즈벡 공화국 중앙 통계국」에서 근무하였다. 1957년에 처음 그의 시편이 『스웨스타 워스토카』 잡지에 발표되었다. 그 후 신문과 잡지 등에 많은 시편이 발표되었는데 그중 동화집 <고기들이 가재미에게 준 교훈>(1964년, 노문판)과 시집 <아침 해>(1965년, 노문판)는 잘 알려진 저서이다.

전동혁

1910년 11월 23일 원동 연해주 스꼬또위 구역 청류애에서 출생하였다. 소왕령 조선 사범 전문 학교와 따스껜트 사범 대학 어문학부를 졸업했다. 1928년에 처음 시 <봄>을 『선봉』신문에 발표하였다. 그 후 <보초병>·<벼 베는 처녀> 등 많은 시와 가사를 창작 발표하였다. 번역 시집 《쏘련 시인집》(1947년)이 발간되었고 <탈주자>를 비롯한 수 편의 단편 소설이 발표되었다. 희곡 <모란봉>을 창작하였고 여러 편의 희곡을 조선어로 번역하였다. 전동혁은 쏘련작가동맹의 맹원이기도 하였다.

정상진

1918년 5월 5일에 쏘련 원동 블라지워쓰또크 시에서 출생하였다. 북한에서 원산시 교육부장, 함경남도 교육처장 등의 요직을 거쳐 52년 문화부 부부장(차관급)까지 지냈던 경력을 가지고 있으며, 숙청당한 뒤에는 카자흐스탄으로 망명하여 『레닌 기치』지의 기자로 활동한 바 있다. 1936년에 중학을 졸업하고 1940년에 크슬오르다 사범 대학 어문학부를 졸업하였으며 1961년에 따스껜트 고급 당학교를 졸업하였다. 1941년에 『레닌 기치』 신문에 그의 첫 시편이 발표되었다. 그 후 <시인과 현실>·<인민 창작에 대하여>·<로만찌슴에 대하여> 등 수십 편의 평론이 발표되었다. 2004년 12월 지식산업사가 주최하고 '한국인 기록문화상 운영위원회'가 주관하는 '제3회 나라 안팎 한국인 기록문화상'에서 '잊지 못할 순간들-북한의 문학예술인들'을 출품하여 당선작으로 뽑혔다.

정장길

1943년 소련의 화태에서 출생하였으며, 그 곳에서 조선중학교를 졸업하였다. 1977년에 알마아타 시에 있는 소련의 유일한 한글 전국지인 《레닌 기치》 신문사에 입사하여 기자생활을 하면서 알마아타 국립대학교 신문기자학과를 1982년에 졸업, 현재 작가 생활을 하고 있다.

조기천

러시아 원동 연해주 쓰빠쓰크에서(함경도 회령 출생설도 있음) 1913년에 출생하였다. 가난과 압박을 견디지 못해 시베리아로 이주했다. 사범 전문학교를 졸업하였고 옴쓰크 사범 대학 문학부를 졸업하였다. 1931년에 첫 시 파리꼼무나를 『선봉』 신문에 발표하였다. 이후 중앙아시아에서 출간된 고려인 시집에는 자주 작품이 실렸다. 《고려일보》에는 수양버들·동해바다(1963.11.16), 처녀지 개척자(1963.11.24) 등이 실려 있다.

그는 북한으로 귀국하여 북한문학의 기초를 사회주의화하는 데 많은 역할을 하였다. 북한과 소련의 친선을 문학적으로 주도해 갔다. 소련 문학의 번역 속에도 많은 역할을 하였다. 아울러 1946년부터 장편 서사시 <백두산>·<생의 노래>·서정시 <두만강>를 포함한 많은 시편을 발표하였다. 그의 시문학은 철저히 전투적 경향성과 선동적 구호성으로 특징지워지며, 노동당과 김일성에 대한 강한 숭배로 나타난다. 조 기천은 1951년에 한국 전쟁에서 전사하였다.

조명희

호 포석. 1894년 8월 10일 조선 충청북도 진천군 진천면 벽암리에서 출생하였다. 17세 때 네 살 연장인 여흥 민씨와 결혼. 서울 중앙 고등 보통 학교에 통학하였고 일본 동경 동양 대학 인도철학부를 중퇴하였다. 조명희는 일찍부터 첫 창작 시집《봄 잔디밭 위에》(1924)를 위시해 많은 시편과 희곡《김영일의 사》·《파사》 등을 발표하였다. <락동강>을 포함한 여러 편의 단편 소설을 발표하여 프로문학 작품의 목적의식적 영향을 선도하였다. 1928년 그는 중앙아시아(당시 소련)로 망명하였다. 이곳에서 그는 산문시 <짓밟힌 고려> 등을 발표하며 고려인문학의 시조가 되고 이 지역 대부분의 고려인 작가들에게 큰 영향을 끼치게 된다. 그는 일본을 위해 간첩 행위를 하였다는 혐의로 사형당하였다. 1938년 5월 11일로 알려져 있다. 사후 그는 1956년 후르시쵸프 해빙 정책으로 복권되었다. 1959년 그이 탄생 65주년을 기념하여《조명희선집》이 간행되었고, 1988년 우즈베키스탄의 타시켄트 박물관에 조명희 전시관이 상설되었다. 1992년 타시켄트에 조명희 거리 명명식이 있었고, 1994년에는 그의 탄생 100주년을 맞아 그이 출생지인 충청북도와 알리세르 니보이 국립문학박물관 등 국내외에서 많은 행사가 있었다.

조명희는 1928년 소련 망명이후, 숙청되기까지 근 10년간 볼세비키 혁명을 고무하고 무산계급의 분발을 촉구하는 시편들(짓밟힌 고려」·「10월의 노래」·「볼세비크의 봄」·「녀자 돌격대」·「맹세하고 나서자」·「아무르를 보고서」·「공장」) 과 사회주의 예술의 창작 지침을 제시하는 일련의 평론들을 발표하면서, 김증손·김준·강태수·문금동 등의 문인들을 길러내고 마침내 1934년 한글로 된 재소 한인 최초의 문예 작품집인 「노력자의 고향」을 하바로프스크에서 출판했다.

망명 후의 시들은 조선민족의 억압된 현실을 타개하려는 것과 소비에뜨 사회에 대한 벅찬 기대로 가득찬 감격을 노래한 두 가지의 것으로 구별된다. 전자가 「짓밟힌 고려」계열이며, 후자가 「10월의 노래」·「볼세비크의 봄」·「녀자 돌격대」 등이다.

주송원

주송원(주 알렉쎄이)는 1909년 12월 26일 함경남도 영흥군 장양리에서 출생하였다. 쇼년 때 쏘련에 입국하였고 소왕령 조선 사범 전문 학교·레닌그라드 사범 대학을 졸업하였다. 40년대부터 시·단편 소설 등을 『레닌 기치』 신문에 발표하였다. 시집 《나의 금선》·《조선 사람의 목소리》(1952년, 로문판. 1957년, 조선문판)가 발간되었다. 주 송원은 쏘련 작가 동맹 맹원이며 현재 모쓰크와 쁘로그레쓰 출판사에서 일하였다.

주영윤

1932년 함경남도 함주군에서 출생, 1934년 남사할린으로 이주하였다. 1948년 그 곳에서 조선인 7학년제 국민학교와 1958년 러시아 10년제 중학교를 졸업하고, 그후 1964년 하바로브스크 사범대학 역사학부를 졸업하였다. 시인 주 영윤은 1953~8년에 유스노 사할린스크에서 한글 신문인 『레닌의 길로』 신문사에서 기자로 활동을 하였고, 그후부터 지금까지는 하바로브스크 방송국의 기자로 근무하고 있다. 1972년에 첫 시작품인 <브라쯔크를 찾아서>를 『레닌기치』에 발표한 후 지금까지 250여 편 정도의 시를 발표하였는데 1973년에는 '레닌기치 신문 문학상'을, 그리고 1977년에 '레닌의 길로 신문상'을 수상하였다. 그리고 주영윤의 시는 알마아타에서 발행된 공동문학집 《해바라기》와 서울에서 발행된 김연수 엮음 《소련식으로 우는 한국 아이》에도 수록이 되어 있다.

차원철

1910년에 원동 변강 쑤이푼 구역 대왕령 빈농민의 가정에서 출생하였다. 소왕령 사범 전문 학교를 졸업한 후 다년간 교원 생활을 하였다. 1939년에 크슬오르다 사범 대학 어문학부를 졸업하고 또다시 교편을 잡고 일하다가 1952년부터 『레닌 기치』 신문사에서 일하였다. 대학 재학 시부터 『레닌 기치』 신문에 시와 가사 등을 투고하기 시작하여 오늘에 이르기까지 수십 편의 서정시들과 가사 및 정론시를 발표하였다.

채 영

1906년에 조선 강원도 이천군에서 출생하였다. 소년 시절에 쏘련에 건너왔다. 채 영은 서울 경신 중학, 모쓰크와 아르쫌 명칭 로동 학원, 모쓰크와 영화 대학을 졸업하였다. 1933년에 희곡 <만주 농민>이 중어로 발간되었다. 채 영은 희곡 작가로서 <동해의 기적>・<동트는 아침>・<돌이와 순탄>・<유쾌한 생활>・<무지개>・<불청객> 등 많은 희곡을 창작 상연하였으며 <심 청전>・<아리랑>・<팔 선녀> 등을 각색하였다. 채 영은 쏘련 작가 동맹 맹원이며 지금 카사흐 공화국 조선 음악 연극 극장 총연출가로 일하였다.

태장춘

1911년 9월 10일 원동 재피거우 촌에서 출생하였다. 중?(복)을 졸업하고 해삼 사범 대학 어문학부에서 공부하다가 중퇴하였다. 조선 극장 조직 초부터 태 장춘은 이 극장에서 계속 배우, 문학 부장으로 사업하였다. 그는 그 동안 <발지경>(1936)・<우승기>(1937)・<홍범또>(1942)・<생명수>(1945)・<해방된 땅에서>(1948)・<종들>(1948)・<38선 이남에서> 및 기타 희곡들을 창작하였다. 그 외에 여러 편의 시와 단편 소설들을 창작하였다. 태장춘은 1944

년부터 쏘련 작가 동맹 맹원이었다. 그는 1960년에 사망하였다.

한상욱

1919년 9월 22일 원동 니꼴라옙쓰크 마가촌에서 출생하였다. 농업기계화 대학을 중퇴하였다. 1958년에 첫 단편 소설 <출생>을 『레닌 기치』 신문에 발표하였다. 그 후 <향촌의 불빛>·<옥싸나> 등을 포함한 여러 편의 단편 소설을 발표하였다. 한 상욱은 현재 『레닌 기치』 신문사에서 일하였다.

한 아나똘리

1911년 9월에 조선 함경북도 갈주군 자채골에서 출생하였다. 1916년에 어머니와 함께 도강하여 원동 연해주 체르니곱까 구역에서 살았다. 소왕령 조선 사범 전문학교를 중퇴하였고 레닌아바드 사범 대학 문학부(통신)에서 공부하였다. 1933년 처음 <공청맹원증>이란 시가 『선봉』신문에 발표되었다. 그 후 <두 소원>·<사랑스러운 사랑> 등 많은 잘편 서사시를 발표하였다. 그리고 뿌스낀·레르몬또브 등 대가들의 작품을 많이 번역하였다. 한 아나똘리는 1940년에 사망하였다.

한 아뽈론

본명이 한병길인 그는 1932년 9월 19일 원동 변강 우쑤리 주 체르니꼽까 구역 비안꼬 촌 꼴호쓰원의 가정에서 출생하였다. 1956년 레닌그라드 제1호 국립 외국어 사범 대학 영어학부를 졸업한 후 지금까지 우스베끼쓰딴에서 교편을 잡고 있다. 그의 첫 시편들은 1959년도에 『레닌 기치』 신문에 발표되였다. 그 후부터 그의 작품들은 『레닌 기치』에 정기적으로 게재된다. 그의 작품들 중에는 <나는 언제든지 살아 있으리>, <가을>·<오늘의 이 봄> 등등 시들이 있다.

한 진

본명이 '한서영'인 그는 알마아타 조선극장 극작가이자 소련 카자흐스탄작가동맹 조선분과 책임자로 근무하였다. 《오늘의 빛》을 편찬하였다. 60년대 6편, 90년대에 1편의 작품을 발표하였다. <밤길이 끝날 때>(1962.12.16.) · <소나무>(1963.2.24.) · <녀선생>(1963.8.27.) · <축포>(1963.11.7.) · <땅의 아들>(1964.4/13, 15, 16.) · <서리와 볕>(1965.2.14) · 그리고 <그 고장 이름은?…>(1991.7.30)이 있다. 한진의 작품은 시대적 상황에 적극적으로 대응하며 살아가는 인간 군상에 초점이 맞춰져 있다. 미국에 대한 적개심을 드러내거나, 교육을 통해 사회를 계몽해야 한다고 하거나, 카자흐스딴 꼴호즈에서 살고 있는 고려인의 개척적 정신을 높이 평가하며, 그리고 사할린 강제 이주 당하며 고국을 떠나옴으로 인해 생겨난 민족적 이질감을 이야기하였다.

3절 고려인 주요 단행본 작품 개요

《조선시집》(박일 편, 카자흐 국영 문예서적 출판사, 1958)

고려인들이 최초로 펴낸 작품집으로 그 후의 고려인 문학에 큰 영향을 끼쳤다. 이 책은 우즈베키스탄 타슈켄트에서 열리는 아시아 및 아프리카 작가 대회와 모스크바에서 열리는 카자흐스탄 예술 문예 주간 행사를 앞두고 발간된 것으로, 그만큼 민족문학의 정리 분석 평가에 대한 자각을 갖게 되었다는 것을 설명해 준다. 이 작품집은 비록 시집이지만 CIS 고려인문학사에서 중요시되는 소설가들의 작품이 많이 게재되어 있기 때문에도 고려인문학의 원류로서의 특징을 지닌다고 하겠다. 고전 시조 등에서부터 김삿갓의 작품을 비롯한 고전시·그리고 김소월·조명희·조기천 등의 프롤레타리아 시인들의 작품을 중심으로 한 현대시, 그리고 "소련 조선인 작가"(고려인을 당시는 이렇게 칭하였음.)들의 시를 망라하여 게재한 시집이다. 고려인들의 시 작품으로는 계봉우·태장춘·한 아나똘리·김준·연성용·태장춘·주송원·조정봉·림하·김증손·김광현·리은영·강태수·김남석 등의 시가 실려 있다. 이 책의 편자 박일은 연해주에서 태어나서, 레닌그라드에서 사범대학을 다녔고, 그 이후에는 카자크 공화국에서 철학과 교수로, 해방 후에는 소련파의 제4진으로 1946년 여름 북한에 입국하여 김일성대학 부총장을 역임한 인물이다. 또한 김일성에게 마르크스 레닌주의 이념을 교수한 인물로 알려져 있다.

- 고대 조선 문인 시편
- 고대 여류 시가 선집
- 게생: 증취객
- 리옥봉: 규정
- 리옥봉: 호운 증기
- 란설현 허씨: 채연곡
- 고전 시조
- 게생: 추사
- 게생: 자한
- 리옥봉: 별한
- 리옥봉: 자적
- 란설현 허씨: 연모음

-란설현 허씨: 양류지사
-장씨: 경신은
-얼현: 추사
-서죽 박씨: 피레 소리
-취연: 달 구경
-영수함 서씨: 늦은 봄
-유한당: 차영명
-행역자 처: 거사연
-정씨: 영두견화
-송씨: 마천령 우에서 울음

-장씨: 히우지
-장씨: 소소은
-작가미상: 대동강상 송정인
-정일당: 세월 감을 늑낌
-영수함 서씨: 가을 리별
-안원: 봄 생각
-유한당: 고루에 올라서
-학자녀: 연모시
-김씨: 빈녀음 림벽당
-덕개씨: 송해

　-박 연암 시 7편: 혹독한 추위. 필운대에서 꽃 구경, 돌아가신 형님을 생각한다. 좌소산인에게 준다. 잠간 개인 날씨. 능가. 료동벌 새벽
　-정 다산 시 2편: 또한 상쾌하지 아니한가. 죽일 놈의 고양이
　-김 삿갓 시 선집: 가난한 살림. 가난한 집. 비를 만나 촌집에서 자고서. 로상에서 걸인의 시체를 보고. 량반의 아들을 조롱함(1). 량반의 아들을 조롱함(2). 산촌 훈장을 조롱함. 개성. 길주 명천. 늙은 영감. 삿갓돈. 연적. 매. 고목나무. 푸른 산이 물속에 꺼꾸러 와 누엇디. 눈. 여름 구름. 강가의 집. 대구 맞추기. 금강산(1). 금강산(2). 금강산으로 들어간다. 과부에게 주는 시. 가을 바람에 미인을 찾아 왔다 만나지 못하다. 안해를 잃고 스스로 슬퍼하노라. 한식 날 북루에 올라 을픈 노래.
　-구전 동요: 호랑 장군. 호양제 군사. 우지 말아. 눈. 뼈꾸기야. 종달새. 구구새. 종달아. 단풍닢. 나물 캐기 (민요)
　-김 소월 시 11편: 금잔듸. 달맞이. 만리성. 진달래 꽃. 님의 노래. 산. 칠석. 남의 나라 땅. 서울 밤. 제비. 바다.
　-리 상화 시 3편: 바다의 노래. 구루마군. 엿장사
　-조 명희 시 7편: 봄. 내 못견듸어 하노라. 온 저자 사람이. 어린 아기. 시월

의 노래. 짓밟힌 고려. 맹세하고 나서자
　-김 창술 시 2편: 쫓기어 가는 어둠. 출발
　-류완희 시 4편: 희생자. 아우의 무덤. 민중의 행렬. 산상에 서서
　-조 운 시 6편: 습작. 그림. 란초잎. 우리 집. 선죽교. 봄비
　-박 팔양 시 5편: 가을. 선구자. 건설자. 레닌그라드. 목화따는 마을에서
　-박 세영 시 3편: 떠나는 노래. 각서. 금강산.
　-조 기천 시 6편: 장편 서사시 '백두산'에서. 조선의 어머니. 우리는 조선 청년이다. 두만강 수양버들. 새해.

　-리찬: 즐거운 로력　　　　　　-서만일: 봉선화
　-한윤호: 아코디온 소리　　　　-박아지: 진달래
　-김북원: 어부의 합창　　　　　-정서촌: 녕변 아가씨
　-원진관: 량래머리 홀로 앉아 있네　-류지완: 사과 밭에서
　-허진세: 다듬이 소리　　　　　-민병균: 아침
　-리봉재: 그들을 못잊어　　　　-주태순: 그네' 줄을 꼬며

　-게 봉우 시 2편: 나의 느낌. 할아바지의 눈물
　-한 아나똘리 시 2편: 두 소원. 뜨락또리쓰트의 노래
　-김 준 시 3편: 열길 솟은 강. 내고향 '석천동'. 로씨야 병정
　-연 성룡 시 3편: 달노래. 봄을 맞어. 씨을 활활 뿌려라
　-태 장춘 시 4편: 아동 공원. 소원과 실천. 잘 있거라. 김 만상에게 대한 노래
　-주 송원 시 3편: 나의 사랑. 살뜰한 친구에게. 흰 돛단배.
　-조 정봉 시 2편: 개척차는 달린다. 먼저 가세요
　-림 하 시 3편: 시월동의 회상. 달밤. 강건너 천리 길
　-김 증손 시 2편: 시조 삼편. 위대한 시인
　-김 광현 시 3편: 노래야 흘러라!. 오늘의 빛난 자랑이여. 고요한 밤에
　-리 은영 시 3편: 처녀의 약속(노래). 어머니. 백두산이 보일러라
　-강 태수 시 3편: 진정한 웃음. 새 바다 새 물결. 순희 노래 소리
　-김 남석 시 2편: 차반 아저씨. 평화를 위하여

-김종세: 우리 꼴호스 -허 국 : 으뜸 노래
-최 민 : 승리의 래일 -춘 소 : 벗이여
-차원철: 비둘기 -김옐레나: 평화
-김철수: 집에 게신 어머니 -채동철: 나와 내 아들
-진 우 : 첫짜는 누님 -김야꼬브: 독수리와 두더지 (풍자시)
-동 철 : '극성'아 더 빛나라 -조정호: 파종에 나선 맘
-한까짜: 봄 아침 -조 라이싸: 8월 15일
-리용필: 아무다리야의 아침 -최 니꼴라이: 레닌 도시
-우 블라지미르: 손마선(동요) -리용수: 뜨락또르 운전수 노래

《조명희선집》 (황동민 편, 모스크바, 1959)
고려인문학의 원조격인 조명희를 기리기 위해 소련 작가동맹 내의 조명희 문학유산 위원회가 그의 탄생 65주년을 기념하여 출판한 선집이다. 고려인문학에서 일찍부터 차지하여 온 조명희의 위치를 증명하는 작품집이다. 책 앞부분에 황동민의 작가 조명희에 대한 해설이 있고, 뒷부분 부록에 이기영, 한설야 강태수의 조명희에 대한 회상기가 실려 있다.

작가 조명희 (황동민)
제 1부 봄 잔디 밭 위에
제 2부 락동강(소설, 수필, 희곡)
제 3부 시월의 노래
제 4부 정론, 평론, 소품, 서한
부록 조명희에 대한 회상기(리기영, 한설야, 강태수)

《삼형제》 (사할린: 유즈노 사할린스크: 싸할린서적 출판사, 1961)
1940~1960까지 사할린에서 운보·운봉·운각 삼형제가 일제치하 고난을 당하다가 해방 이후, 소련의 지도와 혜택을 받으며 공장의 기술 혁신을 이루

어 삼형제가 모두 성공하는 이야기.공장 혁신 합리화 운동과 소련에 대한 고마움이 주된 근간을 이룬다.

《십오만원 사건》 (김준, 카자흐스탄: 알마아따, 국영 문학예술출판사, 1964)

일제 강점기 우국 청년들이 독립자금을 구하기 위해 중국 용정 일본은행에서 십오만원을 훔친 사실을 바탕으로 한 소설이다. 이 소설은 김준이 당시 거사에 참여하였다가 살아남은 후 연해주에서 쏘비에트 세력을 위한 빨찌산 투쟁을 한 최봉설을 직접 만나 이야기를 듣고 작품화한 것이기에 역사적 가치도 지니고 있다. 작품의 중심은 최봉설의 활약이다. 당시 군자금 모집을 위한 15만원 탈취 사건을 통해 내.외부의 정황을 압축적으로 제시함과 동시에 이들 인물의 영웅적인 행적에 초점을 맞추고 있는 것이다. 1960년대 구 소련 체제에서 발표되었던 관계로 북한식 언어규범에 입각한 중앙아시아 한인의 고려말을 서술문체로 활용하고 있는데, 독자의 감성에 호소키 위해 설명적 서설의 보조 수단으로 대화체를 적극적으로 활용하고 있는 점이 특징이다. 전 7장으로 이루어지고 있다. 열혈 청년들의 의기 투합과 3·1운동의 좌절로 인한 폭력운동 다짐, 독립군 군수물자 조달을 위한 은행강도 모의, 실행, 무기구입 교섭 실패와 체포, 사형집행과 남은 인물들의 독립투쟁 결의의 내용을 담고 있다. 이 작품은 소비에트 공화국의 사회문화적 토양에 한인의 민족적 정체성을 융화시켜나가는 이행기적 도정에서 발표된 작품이다. 작품의 공간이 되는 러시아와 간도, 한반도는 각각 긍정적 희망의 공간·가능성을 가진 공간·해방해야하는 부정적 공간으로 형상화되고 있다. 이러한 작가의식은 타지에서 작품활동을 해야했던 이들의 민족적 생존의 필요성에 기인한 것으로 볼 수 있다.

《시월의 해빛》 (합집, 카자흐스탄: 알마아따 작가 출판사, 1971)

러시아의 10월 혁명을 기리는 제목을 단 이 책은 구소련권에 살며 한글 작품을 써온 문인들의 글을 한데 모은 종합작품집이다. 4·6판 크기에 359쪽 분량의 이 책에는 모두 25명에 걸친 시인, 작가, 평론가 등의 시, 소설, 희곡, 평론 등 139편의 작품들이 실려 있다. 특히 해당문인의 글 앞에다 드물게 간단한 프로필을 써놓아 일부 소련지역의 고려인 문인약력을 알아보기에 참고가 된다.

시인 조명희 시 4편, 한 아나똘리 시 5편, 그리고 조기천 시 4편과 김준 시 9편, 주송원 시와 가사 5편, 연성용 시와 가사 10편, 김광현 시 4편, 단편소설 1편, 김세일 시 10편, 한상욱 단편소설 2편, 차원철 시 8편 등이 계속되고 있다.

또한 림하 단편소설 2편, 리은영 시 7편, 우제국 시 9편, 김종세 시 5편, 리와씰리 단편소설 1편, 김창욱 시 7편, 김남석 시 5편이 게재되어 있다. 이어서 리정희 단편소설 1편, 김두철 시 5편, 한 아뽈론 시 6편, 채영 희곡 1편, 정상진 평론 1편이 실려 있는 것이다.

끝으로 책의 뒷장에는 7쪽의 수록문인과 작품목록이 적혀있어 참고가 되고 있다.

-조명희: 시월의 노래, 볼세위크의 봄. 녀자 돌격대. 맹세하고 나서자.
-한아나똘리: 두 소원. 김 만냐. 사랑스러운 사랑. 뜨락또리스트의 노래. 공청 동맹원. 전쟁이 나면.
-조기천: 두만강. 그네. 조선의 어머니. 불타는 거리에서. 조선은 싸운다.
-김 순 : 내 고향 땅에서. 나그네. 지홍련.
-전동혁: 레닌은 살앗다. 대돌물. 붉은 군인. 보초병. 벼 베는 처녀. 비밀. 기다림. 목화 따는 처녀들의 노래. 낚시터에서. 뼈자루 칼.
-김증송 : '가을'빛 한 묶음. 싸할린. 기념비 앞에서. 도로 찾은 땅에서. 아물의 발라다. 차르다스. 방울무우, 기중기. 눈이 내린다.
-주송원: 흰돛단배. 친선의 노래. 단풍'잎 편지. 신기한 별. 내 조국.
-연성용: 씨를 활활 뿌려라. 평화 실은 종이'장. 양키야 대답하라!. 싸우는 월남아!. 나는 자랑한다. 신년 축배. 신한촌. 얼싸 좋다 평화로세. 칠칙강아, 흘러라!. 씨르다리야.

-김광현: 씨르다리야. 나의 뜻. 어머니 나라의 별들. 일터로 가는 이의 마음. 새벽.
-태장춘: 어린 수남의 운명.
-강태수: 공장 가는 길. 우리의 하루. 내 심장에 새겨진 레닌. 나의 새 <이름>. 내 거문고야, 울려라!.
-김기철: 붉은 별들이 보이던 때.
-김세일: 영생의 일리츠에게 불멸의 영광을. 아프리까는 말한다. 청춘 대지여. 처녀지의 달밤. 내고향 원동을 자랑하노라. 치르치크여. 시월의 흐름. 씨르다리야의 시월. 우리는 새 땅에 살아요. 크슬꿈이여, 내 오늘 너를 노래하노라.
-한상욱: 보통 사람들. 경호 아바이.
-차원철: 시월의 불'길. 승리공원. 글을 쓰라. 둥근달. 렬사비. 승리절. 떳떳이 맞이하자!. 봄노래.
-림 하 : 불타는 키쓰. 꾀꼬리 노래.
-리은영: 달밤에. 그들의 기쁨 속에…. 잔디. 새소리. 마음만은 푸른 것만 같더이다. 당신의 사랑은(레닌 탄생일을 맞으며). 월남 시초. 봄웃음. 오늘도 나는 듣노라.
-우제국: 제비(미제가 도발한 조선 전쟁을 회상하면서). 조국에 대한 노래. 레닌 아버지. 바늘과 실. 흐르는 강물. 이슬. 걱정의 봄. 조국땅. 한피 물고 난 형제.
-김종세: 허물치 마시라. 산곡. 젊은 기쁨. 가을에 피는 꽃. 녀인의 심정.
-리와씰리: 첫 걸음.
-김창우: 시월의 불'빛. 월가-돈 운하(레닌 탄생 92주년을 맞이하여). 팔월. 어머니. 시월은 영원한 청춘…(레닌 탄생 95주년을 맞이하여). 내 푸르른 저 하늘을 사랑하오. 갈매기(우주 녀비행사 쩨레쓰꼬와에게 드리노라).
-김남석: 청춘을 바쳐(올 리가 전투를 회상하면서). 레닌의 기념비 앞에서. 쏘베트 헌법. 영광의 자서전. 교원의 한 평생. 이른 봄에.

-리정희: 아름다운 심정.

-김두칠: 봄. 사랑의 노래. 제비. 사막. 봄'비. 선희.

-한아뽈론: 아기야!. 나는 언제든지 살아 있으리. 가을. 황혼. 시. 오늘의 이 봄. 오늘은 잠자코 있다.

-채 영 : 잊을 수 없는 그 때.

《씨르다리야의 곡조》 (합집, 카자흐스탄, 알마아따 작가 출판사, 1975)

카자흐스탄에서 조선말로 출판된 소비에트 조선인 작가들의 세 번째 공동 작품집이다. 『씨르다리야의 곡조』에는 총 25명의 작가 98편의 시, 9편의 단편 소설, 3편의 서사시, 1편의 희곡과 3편의 오체르크(실화소설), 소품 1편, 이야기 1편이 게재되어 있다.

우 블라지미르는 『씨르다리야의 곡조』 머리말에서 "시월이 낳은 소비에트 조선문학은 조선인 근로자들이 소련에서, 자기네 두 번째 조국에서, 사회주의 조국에서 전체 소련 인민과 더불어 어떻게 공산주의 사회를 건설하는가함에 대하여 믿음성 있게 이야기하여 주고 있다"고 했다. 이러한 우 블라지미르의 언급은 『씨르다리야의 곡조』가 고리끼의 서한(1928.9.8. 조선신문 《선봉》의 노동자들에게)과 맥이 닿아 있음을 뜻한다. 『씨르다리야의 곡조』는 《레닌기치》와 막심 고리끼의 문학에 지대한 영향을 받았다.

이들 작품 중에서 서정시와 서사시의 주된 내용은 10월 혁명과 레닌의 찬양과 직·간접으로 연결되어 있다. 대표적인 작가로 김세일, 김준, 전동혁, 주송원, 리은영, 리동언 등을 들 수 있다. 김세일의 「레닌의 전기를 읽으며」(서사시, 1970)는 당과 레닌을 쌍동형제라고 노래한 마야꼽스키의 서사시 『블라지미르 일리치 레닌』의 영향 관계에 있는 것으로 추측된다. 김준의 뽀에마(서사시) 「땅의 향기」는 김수라는 조선 여자의 투쟁을 형상화하고 있다. 아무르강을 배경 시작되는 이 시는 사회주의 체제하에서 유난히 권장되고 있는 서사시로서 사회주의적 혁명의지를 노래한 특징이 있다. 전동혁의 장편 서사시인 「박령감」에서는 생일 잔칫날이, 옛날의 임금님 밥상이 부럽지 않을 정도의 생일잔치가, 모두 '시월의 혜택', '레닌당의 혜택' 등으로 예찬되고 있다.

『씨르다리야의 곡조』에 나타난 서사시는 '당과 수령에 대한 충성심, 인민들이 지닌 숭고한 염원과 의지'를 노래함으로써 사회주의 이데올로기를 전파하고 있다. 이들 시는 또한 영웅적 계급투쟁을 다룬다는 점과 인민에 대한 칭송과 사랑을 담고 있다는 측면에서 송가형식과 연관된다고 할 수 있다. 『씨르다리야의 곡조』에 나타난 오체르크는 첫째, 인물들이 집단농장에서 가장 선도적으로 생산성 향상에 기여한 인물이라는 점, 둘째, 이들 인물들은 자신의 능력과 부지런함을 개인의 이득이나 이윤추구가 아닌 집단을 위해 헌신한다는 점, 셋째, 집단농장은 이들의 노력에 의해 다수확과 풍년 농사를 짓는다는 점, 넷째, 그러한 결과로 당으로부터 훈장이나 영웅으로 대우받게 된다는 점에서 공통적이다. 끝으로 이들 인물들은 모두 집단을 위해 개인을 희생한다는 점에서 전형성을 보이는 인물로 형상화된다는 특성을 보인다.

-김광현: 이웃에 살던 사람들. 들의 생화 그립다오. 달노래. 봄이 온다. 마음의 진달래. 깨끗한 마음으로. 상냥한 말소린가 하노라. 그 단풍잎처럼. 웃자 웃어도. 한결 더 씩씩하게. 푸른 잎 볼때면. 고맙기도 하더니. 한낮의 노래를. 렬차는 주춤주춤. 에헤라, 노젓자.
-김두칠: 꽃이 필 전야. 봄. 청춘. 동창생.
-김세일: 레닌의 전기를 읽으며. 달과 사랑의 해. 치르께일리. 모쓰크와-평양직행차.
-김 준: 땅의 향기. 지다나무 꽃이 핀다. 고호한 방에서. 너도 열게 잠들었을 밤에.
-전동혁: 박령감. 위훈.
-주송원: 레닌이 살아게시다. 모쓰크와. 구원의 사자. 쏘련인민께 감사드리자. 폭포앞에서. 까라딸의 아침.
-채 영 : 천리길.
-연성룡: 카사흐쓰딴아, 나의 절을 받으라. 성삭앞에 로인. 오십고개. 알라

따우 소나무. 쭐빤의 봄. 걸어가는 저 처녀. 훈장. 추억. 웃는 저 달 고운 달.

−강태수: 예니쎄이강. 우리가 가지요. 아버지. 가을밤에. 녀성. 아리랑. 깝까스에서. 벗이여, 어서 오라. 그 때는 오구말구요.

−김기철: 첫사귐.

−김남석: 꾸르강에서.

−김종세: 고무 총. 형님의 뜻을 이어. 은제비 타고서. 고양이와 순희. 공상. 로인. 우리 유치원.

−김철수: 시내가의 오막살이집. 종달새 운다. 유치원을 지나다가. 개척자의 노래. 귀중한 나의 친구. 고운 댕기. 우리 엄마. 설날. 우리 고우니. 나의 피리. 어머니의 답장. 사랑하는 벗에게.

−리와썰리: 고친 생각.

−리은영: 레닌의 능묘앞에서. 인생의 맘. 희망탑. 발자국. 달구경 가자. 생의 고개. 보름 달. 환갑. 사랑. 위라, 마이나. 흙냄새.

−리동언: 쏘련창건 쉰돐을 당하여. 소나무. 이삭과의 문답. 사막에 흘러든 물소리. 목자의 생활. 불덩이.

−조정봉: 생활의 곬.

−주동일: 백양나무.

−한아뽈론: 별들은 왜. 아침. 눈썹달. 봄. 내 어찌 잊을소냐. 석천.

−한상욱: 옥싸나. 손수건.

−한병연: 내 어벌대기 큰 짓을. 대표증 제333호.

−허그리고리: 국화.

−양만춘: 늙지 말아, 청산아. 봄아침. 풀피리. 나그네의 아침. 가을 두루미. 국화. 비둘기. 노래고운 새. 북국별. 씨르다리야강 뱃놀이. 오늘 공중에 날줄. 두견새. 고개 길.

−우제국: 별을 따는 사람들. 불. 마음의 꽃송이. 바다와 강. 사람과 시내물, 머리와 손과 발. 발에 든 메돼지.

−윤수찬: 행복의 척도

《그대와 말하노라》 (김준, 카자흐스탄: 알마아따 사수식 출판사, 1977)
김준의 개인 시집이다.

- 첫 말의 탄생
- 제 것
- 마돈나
- 지다나무 꽃이 핀다
- 넘주
- 조국
- 국화
- 흰 상복
- 어머니의 무덤 앞에서
- 수마석
- 아버지의 흙대롱
- 흰 곰
- 직녀
- 연기
- 나발꽃
- 참대나무
- 향불
- 성혼한테서
- 다리야강
- 신기루
- 사슴의 오솔길
- 바위
- 푸른 꿈의 그림자
- 어머니

- 로파
- 락수물
- 상문
- 흙 물
- 쑤이푼 강
- 고드름
- 순임금
- 석경욱의 환갑날
- 선녀
- 광선
- 한식날
- 나의 흙
- 땅의 향기
- 나는 조선 사람이다
- 태양의 선장
- 선물
- 태양의 숨결
- 옥저
- 비석
- 새길
- 하느님
- 흰 눈
- 참대횡적
- 거짓말

-이사하는 시절
-나무 기러기
-참대의 노래
-둥지
-영원
-사랑의 하루
-버들가지 말
-초불
-행복
-여자
-시인
-불로초
-나의 밑천
-강의 흐름
-알리야

-벗을 따라
-감춘 한 마디 말
-빈 배낭을 진 흰 돛폭
-조선의 자장가
-통나무 돛배
-추억
-간호부
-양-비
-바다
-황진이
-사진
-북극성
-앵무새
-모래길
-후회

《해바라기》 (합집, 알마따: 사수싀 출판사, 1982)

-김광현
-강태수
-김세일
-박현
-조영
-리정희
-장윤기
-김빠웰
-맹동욱

-김기철
-연성용
-한진
-김두칠
-량원식
-주영윤
-리은영
-김종세
-한아뽈론

- 남경자
- 김증송
- 정장길

《행복의 노래》 (연성용, 사수쇠출판사, 1983)

연성용의 시, 소설, 희곡 작품을 모은 작품집이다. 서두 부분에 정상진이 쓴 연성용의 창작이 청년들에게 미친 역할과 영향, 그리고 고려인문단에서의 그의 역할에 대한 소개의 글이 실려 있다.

- 작가의 초상화

시편
- 레닌의 발자국
- 오, 하늘아!
- 석상앞에 서있는 로인
- 양키야, 대답하라!
- 알라따우 푸른 소나무
- 훈장
- 영웅도시
- 나는 자랑한다
- 오십고개
- 평화실은 종이장
- 《눈채프린 목화싹》
- 환갑잔치
- 목화산 조국에 선물드리자
- 동무
- 천추만대에 첫장사
- 정든 평야
- 풍년
- 카자흐쓰딴아, 나의 절을 받으라
- 길손
- 걸어가는 저 처녀
- 당신의 목소리 나는 듣소
- 우리를 부르는 기발
- 쫄빤의 봄
- 백발어머니
- 싸우는 월남아!
- 뇌졸의 봄
- 신한촌
- 사막의 노래
- 흰옷입은 아가씨
- 비
- 웬일인고? 무엇때문인고?
- 몬레알에사의 리별
- 봄
- 기다림

- 처녀
- 우리는 무덤앞에 섰다
- 신년축배
- 은밀히 오는 봄
- 씨를 활활 뿌려라
- 고향산천
- 푸슬푸슬 내리는 눈
- 아이들아, 노래하자
- 웃는 저달, 고운 달
- 보고싶은 네용모
- 먼하늘 창공에 노래띠우네
- 끝없는 옥야를 다 갈아내자
- 정정코 좋다
- 사랑의 노래
- 까쓰뗄로에 대한 추억
- 동무야, 친구야!
- 엄마의 생일날
- 님가실 때 떴떤 달
- 빠르찌산의 노래
- 비행기
- 만일 내가 화가였더면
- 초불
- 시월절
- 얼싸 좋다, 평화로세
- 함께 치는 두 심장
- 처녀의 손수건
- 봄노래
- 씨르다리야
- 깨쳐난 처녀의 맘
- 오, 알마아따
- 사막에 와 맺은 정
- 신식흥타령
- 엄마의 묘앞에 꽃을 심으자
- 손풍금
- 벼베는 로인
- 처녀지의 노래
- 행복의 노래
- 화단났소, 큰 화단났어
- 칠치크강아, 흘러라!
- 푸릇푸릇

소설편
- 영원히 남아있는 마음
- 금빛꾀꼬리

희곡편
- 자식들
- 강직한 녀성
- 양산백

《숨》(김준, 사수싀출판사, 1985)

-시인의 창작과 작시법
I
-레닌의 숨
-조국
-마흔여덟사람
-씨르다리야강변 사람들
-태평양의 새노래
-레닌의 공청동맹에
-신년송
-오월의 댕기
-천리마
-우리 땅
-소나무
-소야 꼬쓰모제미얀쓰까야
-카사흐땅
-살아있는 영웅들
-새해의 주인공으로
-오월의 노래
-나의 축배

II
-메데오
-금강산
-우리 집 처마끝에
-나의 습관
-떨어진 나무잎 다시
-꽃
-병과 보약
-푸른 돌옷냄새 풍기는
-산에서 굽이굽이
-쓰다가 다 못썼다
-해초
-어린선녀의 그림자
-삼림
-종달새
-승냥이 우는소리
-얼음속에서 불덩이를 안고
-나는 비밀에 푸르고싶지 않다
-별은 작으나
-낡은 눈
-혼자 하는 말
-낮은 산봉우리에서
-오는 바람의 자욱을
-박 웨라의 초상화
-가장 귀중한것
-내가 쉽게 뿜은 말앞에서
-나의 생일달

-비석이 없다하여
-인간의 만년 행복
-바람에 떠도는 구름이
-먼 앞날
-별은 밤에 맑다
-그저께도 래일을 기다렸고
-꿈
-겨울의 열매
-밤에 내리는 눈
-세월은 저절로 흐르는
-꾀꼬리는 봄이라 웃는데
-모래밭에서
-사시나무잎
-강역나루터에 해질무렵
-저녁피리
-봄의 첫꽃-복수초가
-무지개
-별빛에서 생겨난
-인생의 짧막한 길은
-새풍랑
-신혼부부

Ⅲ
-우리 수돌이 누구를 닮았누?
-내가 그리고저
-사슴의 몸에서 솟는 김
-얼굴이 통통 만월이 아니고
-바람이 자면 돛폭 떨어진다

-새해가 또 들어서는구나
-주부의 화기
-나의 연필화
-아힐레쓰
-굽히는 몸
-숫돌
-기쁨
-내 걷는 새벽길이
-남에서 북으로 가는 바람
-자는 애기의 미소
-봇나무
-법칙
-하늘이 발밑에 보이는듯
-벗에게 주는 시편
-하루종일 흘러간 물이
-나의 부채
-길에서 얻은 말
-봇나무숲에서는
-회오리바람에 일어난 먼지
-미인

-길다란 노래를 더 빨리
-금강산 수도승녀
-파도는 바람속에 잠든다
-아침빛 바닷가에서
-늘쌍 흰 산꼭대기에

-신성한 호수
-음성의 색채
-온종일 조잘대는 참새
-엘레기야
-바다밑굽
-너의 가슴에
-나의 먼길
-녹는 초
-아지랑이
-거울의 가난
-섣달 얼음구멍 물은 차되
-변천
-겨울 뢰성밑에 얼음파도
-억센 두가닥 큰 물줄기
-하얀 물결에서 반짝이는
-날개없는 뻬가쓰는
-지는 해는 창문을 뚫고
-금방 생겨난 초생달에
-나의 눈송이 같은 돌옷과
Ⅳ
-산 붓대의 힘
-명랑한 욕망으로 하고
-신비로운 사랑
-별없는 밤
-방수포
-희망
-이른아침 이슬방울이

-높은 산에 못오르고
-웃음과 울음
-금덩이와 달
-젖나무 묶어선 사이에
-길에서 만난 친구
-누른잎 떨어지는 소리에
-검은 공작
-사자의 한번 뜀에 달려
-뻐꾹새 앉아 노래하는
-날흐린 하늘우에서 너는
-물속에 자라던 늙은 암초
-조약돌
-반향
-파도우에서 쫓기는 달은
-내손으로 쌓아올린
-싱거운 강물에 자란 갈대
-련꽃
-기다림

-안차르 그늘밑에서
-돌아온 아침
-옛적 토담안에 핀
-거울같은 물우에서
-새집
-성숙
-이 밤이 무겁게 길고나

-봇나무즙에 희여진 껍질
-어제
-무게없는 믿음이란
-아름다운 비파곡조로
-불탄 마음의 연기에
-자연의 애인-네게는
-엷은 흥분에 튀는 흰불꽃이
-너의 집 푸른 정원에서
-나의 길
-말레옙까

-삶
-지난날 기쁨의 노래를
-내가 다 간 길에
-궂은 날씨에 보행객
-황진이
-나의 시줄에서 때로는
-모래알, 부나비, 새우
-탄생의 뿌리
-목동시

V

-사랑과 돌
-너의 밤공상의 웨침소리
-겨울날 뻐꾹새
-종달새와 약대
-쓰다가 남긴 종이에
-원쑤를 없애려거든
-맑은 날에 배를 쓸쓸 만지면서

-어릴 때
-절색
-남정
-시의 탄생
-사천년에 흐르는
-우리 다시 만났구나

VI

-김삿갓
-시인과 격언
-야쑤나리 까와바따
-풍자편

-양만춘을 기억함
-쮸트체브
-계월바위

《싹》 (김광현, 사수식출판사, 1986)

시

-시월의 태양
-당은 우리곁에서

-고요한 밤
-씨르다리야
-사랑의 노래
-오늘의 빛나는 자랑이며
-나의 뜻
-새야 새야, 울지 말아
-눈꽃
-한결 더 씩씩하게
-마음의 진달래
-그 소리 있으므로 하여
-상냥한 말소린가 하노라 -추위
-푸슬푸슬 내린다
-푸른 잎 볼 때면
-사랑
-그날은 오고야 말리니
-들의 생화 그립다오
-칠리 하늘에서도
-제나라 강토를 지켜
-삶을 위해
-령혼
-새벽달
-미장공부부
-에헤라, 노젓자
-봄이 온다
-비
-나하고 묻지들 말라
-무제시

-노래야 흘러라
-간호부
-기다림
-달
-어머니 나라의 별들
-두둥실 좋다면은
-평화의 노래
-한낮의 노래를
-깨끗한 마음으로
-그 단풍잎처럼

-웃자 웃어도
-고맙기도 하더니
-믿음
-함께 즐겼거니
-무제시
-어두움을 발길로 차며
-함께 갑시다
-우리가 반대하는 싸움은
-김 벨리
-내 고향
-렬차는 주춤주춤
-달노래
-다시 한번 머리를 숙이자
-매양 한빛으로 반짝이라
-시간을 흐르는가
-내 사랑

-초롱꽃
-가슴 포근히 안겨오는 정을
-맑은 하늘을 위하여
-무제시
-달리고만 싶은 맘
-하나인 목숨마저
-…눈냄새 풍기는 새벽
-가슴속에 불러일으키는것은
-안날에 궂던 날씨
-종달새 눈 비비며
-용용한 시대의 새봄에
-좋은 시대의 좋은 이야기를
-숨차는 이 나이-
-곧은 맘
-빛발과 어울려

-너 나 없는 두몸
-메데오
-레닌의 릉묘로 향한다
-가솔들은 나무람하여도
-멀리 미래에 보내노라
-장설
-정
-《꼭쮸베》
-향기 풍기는
-공원을 이룬
-어찌 우리의 자랑이라고만 하오리까
-시대를 따르는
-네와강
-경망
-력사의 바퀴는 제대로

서사시
-옥난
-초옥
-싹

-일터로 가는 이의 마음
-별들을 우러러

단편소설
-새벽

《소련식으로 우는 한국 아이》 (김연수 엮음, 서울: 주류, 1986)
"재소 한인 시문학 연구"란 부제가 붙은 이 책은 《레닌기치》에 실린 작품들과 편찬자 김연수가 러시아에서 수집한 시 작품들을 모아 놓았다. 고려인 시문학에 대한 약간의 정리 분석도 실려 있다. 특히 이 책 말미에는 "재소 한민족 문학의 거성 연성용"이라는 특집이 게재되어 있어, 그가 연성용을 고평하려는 의도를 나타냈다. 이 책과 뒤에 소개될 《치르치크의 아리랑》은 모두 편찬자가 고려인들과 한반도의 민족을 연결시키려는 의도에서 편찬한 시집이다. 이 두 작품집과 소설집인 《자밀라, 너는 나의 생명》, 세 권의 책은 모두 김연수가 한국에 최초로 고려인 작품들을 소개한 것이 된다.

강태수: 벌판에서. 봄날의 하루저녁. 어느 하루. 우등불. 호수가에서.
김두철: 봄. 사랑의 노래. 제비.
김종세: 매. 새. 새끼 독수리. 성공. 무제(無題).
우제국: 갓난애의 어머니를 보며. 백발 없는 늙은이. 아욱꽃. 장미화.
이은영: 마음만은 푸른 것만 같더이다. 새소리. 잔디.
정장길: 누낸린 공원에서. 섣달 그믐날 밤에. 삶의 자취. 인간. 혈연.
김안나: 기다리던 봄. 비가 오다(동시). 애들아 함께 놀자(동시).
남철: 그대의 생일 날. 기쁨(동시). 민들레 피는 봄날. 우리 학교(동시)회전 그네.
맹동욱: 나의 아기. 새해. 유산. 참다운 사랑.
무산: 내 사랑. 너나 없는 두몸. 서정시(1). 서정시(2). 장설. 정. 좋은 썰매. 초롱꽃. 하나인 목숨마져.
박영걸: 무지개. 봄빛. 싹싸울.
박예브게니: 갈매기. 그림 그려요(동시). 우리 보고 웃어요(동시).
박현: 달밤에. 땅에 대한 생각. 무제(無題). 우유. 호수가의 서정.
세종: 무제시(無題詩). 소낙비. 존재.
원일: 눈송이. 눈이 내리네. 다만 외로울뿐에서랴. 두 외침소리. 보슬비. 5월의 저녁하늘.
윤알렉세이: 봄나비. 상학종소리. 어머니 고맙습니다.
이석대: 속담에도 있네. 요술쟁이. 촛불.

조정봉: 오는 정 가는 정. 왜 아니 오셨어요. 초가을 밤비소리.
주동일: 봄향기 풍기여라. 우리 신문. 친구를 사귀라.
주영윤: 가을. 가을의 <아무르>강. 갈매기. 나의 반생. 눈물. 난초(蘭草). 민들레. 사랑(1). 사랑(2). 삶의 방향. 은방울꽃. 창문. 추위. 포도밭. 해당화.
한아뽈론: 별. 봄이 오네. 시냇물. 황혼. 어머니에 대한 생각.
연성용: 가을비. 길손. 꾀꼬리. 뇌조리의 봄. 신비로운 소리. 아 비야!. 어머니. 엄마의 사랑. 엄마의 생일날에. 은밀히 오는 봄. 은혜를 갚으라. 잠자는 갓난아기. 장미꽃 피였네. 첫눈 아침. 촛불(1). 촛불(2). 푸른 하늘 맑은 시내. 행복의 노래.

《붉은 별들이 보이던 때》(김기철, 사수식출판사, 1987)
김기철이 《레닌기치》에 발표했던 중편소설들의 작품집이다.

붉은 별들이 보이던 때
금각만
복별

《치르치크의 아리랑》(김연수 엮음, 인문당, 1988)
고려인들의 시집으로, 1983년 이후 《레닌기치》나 고려인 공동 작품집인 《해바라기》(1982년 알마티의 사수식 출판사 간행)에 발표된 것들을 모았다. 치르치크란, 우즈베키스탄의 타쉬켄트 북동쪽 30km, 시르다르야강의 지류 치르치크강 중류 유역에 위치한 도시를 말한다. 치르치크 강은 천산(天山)에서 시작돼 이 도시의 남쪽 끝을 따라 흐른다. 그 치르치크 강변에 있는 오아시스 도시가 바로 타쉬켄트다.

-강태수: 가을꽃. 그대의 그 노래. 길을 가면서. 동트기. 두루미. 무제시. 벗을 만나. 봄기운. 이른봄. 이슬과 해살. 저마다.

-김광현: 간호부. 걸음마다. 고요한 밤. 나의 뜻. 노래야 흘러라. 눈꽃. 은빛 김. 고울. 오월의 서곡. 별들의 우박도. 단풍. 달. 두둥실좋다면은…. 무제시. 사랑의 노래. 새야 새야, 울지마라. 어머니 나라의 별들.
 -김두칠: 선조의 고향집. 리별. 만주벌.
 -김세일: 녜와강. 치르치크의 '아리랑'
 -김승익: 깝차가이. 흐뭇한 우리 마음.
 -김종세: 그대가 부르는 노래. 마음 먹은 길.
 -김 준 : 가장 귀중한 것. 눈산. 도승산. 로파. 석천폭포. 우리 땅. 제것. 조국. 첫말의 탄생.
 -남 철: 길. 바라는 마음, 즐기는 기쁨. 봇나무. 삶의 뉘우침. 아침 길. 첫눈. 흰눈이 내린다. 격전터에
 -량원식: 구름장. 그대 마음 찾는 길. 남 먼저. 눈송이. 에델웨이쓰. 일의 마무리. 초원. 삼림의 아침.
 -류병천: 달밤. 처녀 시절.
 -리동언: 너는 진정 내 마음. 목화 따는 처녀. 생명수 흐른다. 순간. 해바라기.
 -리상회: 홍범도 장군 동상 앞에서.
 -리세호: 내 잊을 수 없노라. 자랑하고 싶어라. 좋기도 해라.
 -리은영: 가을의 해빛. 갓난애의 울음소리. 만날날 기다리며. 모쓰크와행 렬차에서. 좀. 차반의 가을. 평화는 생.
 -리진: 가을의 애가. 강가의 보통저녁녘. 그림자. 늙은사슴. 마을의 로병들. 망아지. 매새. 무제시. 4월의 숲에서. 상실의 날. 오늘도…. 차타. 창조할 것이다.
 -맹동욱: 그대. 나팔꽃. 순간.
 -명 철 : 봄비. 수양버들. 아무다리야 흐른다. 조국의 품. 종달새 노래
 -박 현: 건설장의 해돋이. 들길에서. 련락석 떠나가오. 목화밭 풍경. 물에 비낀 들산. 빨간 양귀비꽃. 시내가에서. 양떼들이 비행기를 탔네. 조국의 하늘.

한 그로 백양나무. 한줌의 흙. 해뜨는 바다. 호수가의 서정. 흑해로 가는 길.
  -연성용: 고향마을. 은혜를 갚으라. 전설의 용사들아!.
  -우제국: 갈가마귀. 불.
  -일 환: 걸어야 한다. 두 강물줄기. 성냥불. 벗. 아직 이편에서. 정적속의 무늬 창문의 그림. 콩나물. 무제시. 8월.
  -정장길: 그리운 할머님께. 금무늬로 수놓고저. 눈 내린 공원에서. 또 한해 지나갔구나. 선모하다. 섣달 그믐날 밤에. 혈연.
  -주영윤: 기계를 다루는 형님. 나는 깨달았습니다. 별. 비둘기. 사랑의 계절. 사랑이란. 시계. 어디로 가니. 연놀이. 진달래. 하바롭쓰크의 밤. 카자흐 속담 중에서.
  -한아뽈론: 고개. 어머니에 대한 생각. 오, 태양이여. 유리창 불빛을 보고. 해돋이.

《꽃피는 땅》 (종합시집, 알마아따: 사수싀출판사, 1988)
  고려인 20명의 종합 시집으로, 고려인 문학의 원조격인 조명희에서부터 조기천, 그리고 강태수 등의 작품으로 구성되어 있다. 이전 발간된 시집들과 비슷한 형태를 보인다. 주제별 분류를 해 보면, 친체제적 송가, 고향에 대한 향수, 개인 서정, 자연 서경, 등으로 나뉜다.

  -조명희: 시월의 노래. 동요 3편.
  -조기천: 수양버들. 휘파람. 시월.
  -한 아나똘리: 두 소원.
  -강태수: 카사흐쓰딴. 푸르무레한 눈. 숲속의 아침. 호수가에서. 새들의 우짖음. 거문고. 여기도 크실 꿈. 잠 오지않는 밤에. 앞으로! 앞으로!. 기차에서. 회상. 가을밤에. 다만 하나만은…. 그윽한 한 구석만은…. 삶의 노래. 어느 하루. 어린철. 휴식의 하루 밤. 할머니와 손자. 젊은 두빨찌산.
  -김광현: 애향가로 들린다. 맘속에 심는가. 삶이 넘친다. 고운 오월의 서곡.

제4장 고려인 문학 기초 자료 분석 253

기를 펴고 움직이네. 비소리에. 우박도. 화락의 씨앗을. 가시풀. 자애로운 그
맘. 북극성. 새날이 다가온다. 별들은. 젓나무. 이꽃 저꽃. 그 연고 모르겠소.
가슴에 뿌리를 둔채. 새벽놀이 나온듯. 그 뒤로 풀리는 맘. 로동이 키워준다.
첫눈. 은빛 길. 참배 맛으로.

　-남경자: 기념비 앞에서. 나는나는 부러워요. 숨박곡질. 상봉. 유치원아, 잘
있거라.

　-남　철: 알마아라싼계곡에서. 지름길. 그 이름. 그대의 생일날. 악불라크의
여름. 가을밤에. 마흔번째 봄날에. 꽃농장의 처녀야. 삶의 뉘우침. 고향. 청춘
이 닻을 내린 땅(박사 리창원교수에게 드립니다). 나의 도시. 봇나무. 민들레
피는 봄날. 샘터에 대한 생각. 봄.미리 앞서는 마음. 겨울에도 풍년. 어머니 그
리도 귀중함을…. 사람마다 로병을 존경함은…(원동땅에서 쏘베트 주권을 위
한 투쟁에 헌신한 국제주의자 황운정투사에게 드립니다).

　-량원식: 잠없는 밤. 복별. 아들의 첫 편지. 시초《어머니》, 섬광. 노래. 그
안개속엔. 기념사진. 보슬비. 5월의 저녁하늘. 에델웨이쓰. 바다가에서. 봄날
아침에. 보름달. 가을엘레기야.

　-리　진: 밤소나기. 봄에. 비소리. 자위. 겨울날 저녁. 메도요사냥. 밤눈.
《애숭이》에서 토막 세기, 우리 세기(서시대신). 정적. 늪기슭에서.

　-리길수: 나의 '사랑'(조선극장 창립 열돐 즈음하여). 친구를 추억하며. 다
정한 봄. 보내지 않은 편지. 사랑의 노래. 잊으리까.

　-리상희: 크레믈리 탑시계. 기다리는 마음. 말. 목소리. 홍범도장군 동상앞
에서.

　-명월봉: 조국의 품. 벼이삭. 평화를 지키자. 목화라고 불러보면…. 로씨야
봇나무. 샘물. 충성의 참뜻.

　-맹동욱: 생각하세요. 사랑. 나의 아기. 창문의 불빛. 새해. 어머니. 유산.
한순간. 나팔꽃. 그대.

　-박 보리쓰: 조국땅이여!. 레닌적친선의 노래. 밤하늘의 백조. 사랑의 봄이
여. 무용가.

-박　현: 강변에서. 처녀. 장미. 과수원에서. 가을. 제 아무리 행복해도. 땅에 대한 생각. 알라따우. 네가 그리는 그림에…. 산속의 처녀. 젖소. 파도. 달밤에. 물소리. 하늘에도 별, 땅우에도 별. 가도가도 정다운 고장. 비내리는 거리. 우레소리 들려올때면. 묘비. 왈렌끼에 대한 발라드.

　-정장길: 신비한 달밤에. 꿈속에서. 서로의 비밀약속. 인간. 삶의 자취. 삶의 조화.때늦은 착각. 병사의 무덤앞에서. 영구한 인연.

　-주영윤: 사랑의 계절. 별. 시인의 눈. 인생. 세월. 시. 숙고. 추억. 기념탑. 사랑. 창문. 아무르간반의 단풍. 삶의 방향. 은방울꽃. 산까치. 농촌처녀.

　-연성용: 전쟁을 막자. 위대한 공훈. 우스베끼쓰딴의 봄. 치나라. 정든 마을. 나의 별. 장미꽃 피였네. 레닌의 초상. 님가실 때 떴던 달. 꾀꼬리.

《행복의 고향》(편자 없음, 알마티: 사수쇠 출판사, 1988)
고려인 소설집이다. 내용은 주로 이민족과의 갈등 및 삶의 애환이다.

김광현, 명숙 아주머니, 반가운 기별
량원식, 락엽이 질 때
리진, 고초
강태수, 기억을 뚜지면서
연성용, 동창생
정장길, 빨간 왈렌끼
리정희, 소나무
박성훈, 살인귀들의 말로,
남철, 민들레꽃 필 무렵

《홍범도》(김세일, 신문학사, 1989)
레닌 예찬론자 김세일에 의해 『레닌기치』에 1965년부터 1969년까지 연재되었는데, 1989년 국내에서 고송무에 의해 전5권으로 서울 제3문학사에서 발간된 바 있고, 신문학사에서도 3권으로 발행되기도 했다. 홍범도라는 실제 영웅적 인물을 부각시켜 당시 독립운동사의 주요한 일부분을 서술하고 있다. 이 작품은 독립운동사의 일단면을 살펴볼 수 있는 역사적 자료임과 동시에 CIS 고려인 문학사에 있어서 대표적인 장편역사소설이기도 하다. 재소 독립운동가 이인섭이 소장한 홍범도의 일기, 기타 서류들을 바탕으로 소설화된 것이다. 그 후 고려인들의 정신적 원천으로 큰 영향을 미친다.

《쟈밀라, 너는 나의 生命》(김연수 엮음, 서울: 인문당, 1989)
김연수가 고려인들의 소설을 편찬하여 한국에서 최초로 펴낸 단편집으로, 이 단편들은 공동작품집인 《해바라기》에 실린 작품을 제외하면 모두가 1983년 이후 《레닌기치》에 발표된 작품들이다.

이 책 앞 부분에는 재소 한글 소설가들에 대한 간략한 소개가 있다. 위에서 소개된 시집 《소련식으로 우는 아이》나 《치르치크의 아리랑》과 더불어 고려인 문학 작품이 한국에 소개되기 시작한 처음의 작품집이다.

-강태수: 기억을 더듬으면서. 우정.
-김빠웰: 신비로운 꽃.
　　　　쟈밀라, 너는 나의 생명이다.

-김블라지미르: 메아리.
-김오남: 기념비.
-남경자: 생일날 아침.
-남해연: 사랑의 힘.
-리드리뜨리: 불멸. 수직.
-리왜체쓸라브: 저 멀리 산이 보인다.
-리한표: 부모의 초상.

-김경자: 갈림길.
-김보리쓰: 갈림길에서.
　　　　집으로 가는 길.
-박미하일: 쬐가노쯔까.
-김용택: 그를 어데서 찾는담.
-남철: 못잊을 추억.
-량원식: 년금생.
-리만식: 이붓 어머니.
-리정희: 검은 룡. 선물.
-명철: 그들의 운명. 마을
　　　　사람들.

-박성훈: 살인귀의 말로.

-오쌈쏜: 한 집에 두 어머니가.
-웨, 아포닌: 고요한 만.
-한진: 녀선생.

전사의 편지. 흠집의 사연.
-연성용: 금빛 꾀꼬리. 희곡/동창생.
희곡/영원히 남아있는 마음.
-와흐땅그 아나냔: 배신자.
-전동혁: 천연배필.

《해돌이》 (리진, 카자흐스탄: 사수싀출판사, 1989)

천산 중가르에서의 생활를 읊은 시편이나 유목 민족만의 이동천막인 유르따에서의 밤을 노래한 시 등을 중심으로 유목생활과 관련된 시편을 모은 "Ⅰ. 《즁가르산시초》에서"와 서정시들을 모은 "Ⅱ. 봄에도 가을에도", 신각과 신돈 등을 읊은 "Ⅲ. 이야기시"의 세 장으로 구성되어 있다.

Ⅰ. 《즁가르산시초》에서
-생명수
-악싸칼
-즁가르산
-이 불에서 저 불을 찾아
-이동상점에서
-잘 있어가, 즁가르산아!
-아리크
-벼랑바위그림
-따마리크스
-신기루
-검정종다리

-길손대접
-험한 길
-쟈일랴오의 새벽
-유르따의 밤
-산양
-챠반의 노래
-빈판
-저 벼랑의
-무너진 무덤
-모래폭풍

II. 봄에도 가을에도
-수수꽃다리
-진 해의 그림자도 사라져
-꺼진 별의 자취를 밟으면서
-지름길을 알면서야
-다리밟이
-차스뚜슈까
-그는 십칠세였다
-은빛이라도 긁듯
-밤 꾀꼬리
-마가을
-여름비
-얼마나 들큰한 옛이야기를
-나는 구름을 모은다
-벌레도 짐승도 그리고
-어머님에게
-삼월에
-봄에
-그저 골라 엮은 동그란 운과
-메도요사냐
-수선화
-어제는 리성을 노래하고
-쑤지미르까마을
-우선 인간이여라!
-온 여름 제꺽하면 비가 오더니,
-사시나무잎이
-소심스러운 바람세에도

-하국사리는
-바삐 파서
-어느덧 나는 또다시
-번거로워진 추억속에서는
-무엇이 그리우냐
-텅 빈 백사장에서
-에르미따쥬에서
-달래주는 바람 없이도
-밤에 창문가에서
-그림자
-물방울
-저녁꽃
-반디불
-사색의 기술을 배우라
-츄프리야놉까의 겨울
-강이 풀린다
-이른봄에
-남의 사랑을
-땅의 주인
-밤소나기
-어려서는
-애들과 더불어에서
-하루 이틀...
-반생을 살아오며
-침침한 찬기운에
-세상살이의 이 모 저 모만

-노루
-소나무노래
-어려서에서
-래일
-가사 기러기
-중로씨야의 새봄

-어진 씨앗은
-나무를 찍다
-꽃을 꺽어가라

-괜히 사람을
-네가 잔잔한 강물에 돌을 던지자
-좋아서 안 가슴도
-점
-옛 수도원
-또다시 이에 대하여
-그대들에게 리롭기만 하리라면
-여울가에서
-봇나무
-말에 의하며, 사람은

-오늘 밤도
-기계가 날아가고
-저녁녘
-비 소리

아니라
-어제 너의 깜박이는
-잠 안오는 밤
-가을풍경
-가사 젊은 운전수
-너와 나
-써야 할 글을 아마 힘이
 모자라
-목수간에서
-그늘, 그림자
-걸핏하면 도끼를 드는
 이웃하고
-자장가가 들려 오는가
-네 떡을 손님마다
-묻지 말어라
-알고서든
-먼 길에 나무 한그루
-눈이 내린다
-풀에 덮인 전호
-강골의 새벽
-아마도 온 여름
-처마에서 다좇치듯 떨어
 들지는
-녀자
-왜 온실에서
-꽃은 피고 싶어 한다
-또다시 혁명가들에 대해서

-더디기를 바라는지
-락수물이 돌을 뚫는다 혹은 저마다 제 자가 있다
-새벽이슬
-어려서는
-그런 사랑
-옛노래
-밤꾀꼬리

-꺼지지 않는 불
-너를 아마 바로 모르면서도
-늙은 사슴
-사그라진 탄피
-숲속길에서
-우리 말

-세월이 쉴줄 몰라
-나의 길
-어떤 치욕과
-첫눈
-연두보라
-무지개
-너의 눈의
-방심의 기억
-나는 산기슭에서 나서 자라다보니
-우리는 응당 해야 할 일의
-빈다
-잔잔한 가을

-많은, 많은 겨울밤
-새 주인이
-강가의 보통저녁녘
-작별
-나라는 사람 속에서
-머리도 역사
-언제나 구체적일수밖에 없는
-또다시
-차타
-4월의 숲에서
-다시 그림붓을 들었다
-가을비
-번거로운 나날의 버릇된 사색
-서리
-어느 하루
-무엇이 너와 나를
-선을 행하라
-가을의 애가
-오늘 아침
-령감도 계시도 없는 사상을
-자연은
-그 해 그 가을은
-창조할것이다
-위훈
-자유는 이 세상에

-칠월 초생달
-아버님의 집을 떠난지 나는 오래오
-숲속의 풀밭
-가느다란 너의 목에
-또
-지내온 날을 지워버리지는 않는다
-메새
-밤눈
-또 봇나무를 그린다
-요즘은 아마
-내가 심고 가꾼 꽃나무는

-이 식 저 식의
-비를 듬뿍 머금은 구름
-오늘도
-이 말 저 말
-동물원에서
-저녁녘
-상실의 때에
-자위
-해마다
-난파의 예감에 질겁한

Ⅲ. 이야기시
-신각
-신돈
-어리광대처단

-법의 노래
-상처 입은 노래
-애숭이 (토막)

《쟈밀라, 너는 나의 생명》(재소한인작품집, 인문당, 1989)

강태수
-기억을 더듬으면서   -우정
김경자
-갈림길
김빠웰
-신비로운 꽃   -쟈밀라, 너는 나의 생명이다
김보리쓰
-갈림길에서   -집으로 가는 길

김블라지미르
-메아리
김오남
-기념비
김용택
-그를 어데서 찾는담
남경자
-생일날 아침
남철
-못잊을 추억
남해연
-사랑의 힘
량원식
-년금생
리드미뜨리
-불멸-수직
리만식
-이붓 어머니
리왜체쓸라브
-저 멀리 산이 보인다

《오체르크의 행복》(인문당, 1990)

-너와 나 -아름다움을 찾노라
-나의 도시 알마타여 -기념 사진

《오늘의 빛》 (한진 편, 카자흐스탄: 사수식출판사, 1990)

이 책에는 아래와 같은 소설 작품 이외에도 1932년 원동 변강 조선극장이 블라디보스톡 신한촌에 세워지게 된 과정과 그 후의 조선극장의 운영일지 그리고 인민배우 김진에 대한 글 등이 실려 있고, 시 창작법에 대한 글도 실려 있다. 이 책을 편찬한 한진은 조선말과 조선문학이 사라져 가는 현실을 안타까워 하고 있다.

- 한진: 공포, 고장 이름은?   - 강 알렉싼드르: 놀음의 법
- 송 라브렌티: 삼각형의 면적   - 리 진 : 살아나는 그림
- 박 미하일: 밤 샐 무렵   - 부 뾰뜨르: 니나의 재산, 회상
- 리수: 조선극장   - 리진: 우리 말 시

《하늘은 나에게 언제나 너그러웠다》 (리진 시선집, 창작과비평사, 1999)

제1부 세월의 어깨를 짚고

하늘은 나에게 언제나 너그러웠다	해탈교
행복이란	벗들에게
기창을 활짝 열어제치고	동해 감포에서
천당도 지옥도	주현절 추위가 끝났다
사흘을 해가 나자	첫 소나기
밤소나기도 다녀간 뒤	나는 어떤 서약으로도
마지막 날이	마치도 나도
또 봄이 보고프다	이 아침은
피리새	깊은 여름 밤
병원에서	노을빛 사위어가는
내 팔에서 건너뛰어	마지막 봄?
붉게 물든 커튼	

제2부 러시아 숲
　구부정 소나무
　저녁 풍경
　사흘째
　봇나무 가지
　이 고장의 부연 겨울 하늘에
　서설
　남의 사랑을
　수선화
　초가을비
　아마 고장
　동그랗게 다듬고
　노래
　아침잠

　모닥불
　경계하라!
　시란 언제나
　진 꽃
　저녁
　강이 풀린다
　멧도요 사냥
　밤소나기
　나의 눈을
　망아지
　강동에 강동, 강남에 강남
　왜 또?

제3부 흐르는 물
　흐르는 물같이
　영생에 대한 꿈은
　단 울타리문만은
　우리말
　저녁녘
　마른풀의 향기
　4월의 숲에서
　창가에서
　초가을비
　언제나 이른 첫 추위에 놀란
　엄한의 철 낮은 해

　붓꽃
　내가 심고 가꾼 꽃나무는
　무지개
　이슬아침 마당에 나섰더니
　강가의 보통 저녁녘
　늙은 사슴
　늦은 보슬비
　의리
　백당나무 붉은 열매
　그림에
　상록의 은

눈석임 한창일 때

제4부 천산의 비탈, 천산의 기슭
    쟈일랴오의 새벽   타마리크스
    레초는 열세살   따마라
    마른 나무   양몰이꾼의 노래
    싹싸울   독수리
    산길   새끼양
    낙타가 간다   찌르레기떼
    모래에 묻힌 무덤

제5부 길머리
    바삐 파서   운명은 나에게……
    쿠반벌의 노래   속요의 토막
    노란 저녁이었다   또 봄에 취했나보다
    별   바깥바다
    물방울   어머님에게
    너를 모르고서는   첫눈길
    죄다 우연   저녁노을
    앵초의 봄   고른 말
    새 광장   동상
시론: 저마다 자기 시가 있다
편집 후기 / 이시영

《켄타로우스의 마을》 (아나톨리 김, 문학사상사, 2000)
    아나톨리 김의 환상문학 시리즈 첫 번째. 먹고, 자고, 배설하고, 섹스하는 것만이 유일한 존재 이유인, 신의 잘못된 창조물 켄타우로스. 이 기괴한 존재를 통해, 한 세계의 생성과 소멸을 그려냈다. 켄타우로스는 그리스 신화에 나오는 얼굴은 사람이요 몸은 말인 괴물. 장편 '켄타우로스의 마을'은 작가의 상상력에 의해 이 반인반마의 사회를 그리고 있다.

《신의 플루트》 (김 아나톨리, 이혜경 옮김, 서울: 문학사상사, 2000)

아나톨리 김의 환상문학 시리즈 두 번째. 첫 번째 화상문학으로는 《켄타로우스의 마을》(1993)이 꼽힌다. 이 작품은 신과 인간의 문제를 시점이 뒤바뀌는 독특한 형식을 빌어 탐구한 소설로 인간의 죽음의 공포를 먹고 사는 악마를 통해 유한한 인간 존재의 비밀을 끝없이 탐색해 나갔다. 예수의 재림과 천년왕국이라는 기독교적 세계관을 바탕으로, 인간의 죽음과 불멸을 화두로 하여, 저 신의 천지창조부터 천년왕국의 도래까지 종횡무진 상상력을 발휘한 작품이다.

-프롤로그
-날개 없는 비행
-바라만 보는 자의 아픔
-잡히지 않는 악마
-죽음 그 후
-난쟁이 와타나베
-죽음을 죽이다
-온리리야.

-평화의 플루트
-오르페우스
-예브게니
-삶 이후
-악마의 눈에 비친 세상
-죽음에 후에도 계속되는 것들
-시간을 넘어서

《싸리섬은 무인도》 (리진, 서울: 장락출판사, 2001.)

리진의 첫 소설집. 여주인공 로자는 인민군 소대장으로부터 자신의 정절을 지켜 준 상준과 함께 외딴 싸리섬의 동굴 속에서 숨어지내다 결국엔 죽음에 이르는 <싸리섬은 무인도>와 <안단테 칸타빌레> 두편의 중편소설을 담았다. 작가는 고뇌하는 지식인의 목소리를 통해 반전 의지를 형상화했다.

-싸리섬은 무인도
-안단테 칸타빌레

《윤선이》 (리진, 서울: 장락출판사, 2001)
중편 <윤선이>를 비롯해 <나루치의 노래> 등 10편의 단편을 실었다. 그로 하여금 북한을 버리고 카자흐스탄으로 망명의 길을 걷게 만든 김일성 정권의 폭정과 무자비한 전쟁에 대한 강한 비판이 곳곳에 스며있다. 미군 비행사가 쏜 로케트탄이 인생의 가장 큰 복인 윤선이와의 사랑을 망쳐 버렸다고 작가는 말한다. 이 작품들을 작가는 발표하기 30-40년 전인 1960-70년대에 집필한 것으로 설명하고 있다.

-윤선이
-공금
-이끼 푸른 바위
-청렴
-도깨비 장난

-나루치의 노래
-엄둥이
-고초
-살아나는 그림
-나의 밤 꾀꼬리

《카자흐스탄의 산꽃》 (양원식, 서울: 시와진실, 2002)
카자흐스탄에서 활동하고 있는 양원식이 칠순을 맞아 출간한 시집이다. 그 내용은 북한으로부터 카자흐스탄으로 망명하던 시절 겪은 고려인들의 어려웠던 삶을 회고하여 형상화한 시편들이다.

1. 고려인의 송가
-무지개
-바라는 바
-산꽃
-카자흐 사람들의 미소

-고려인 송가
-우리의 상속은
-카자흐스탄 땅이여
-영원히 잊을 수 없으리라(초)

-할머니와 손녀. 그이들을 대신하여 　-내 그리는 곳 고향이라네
-내 고향마을 　　　　　　　　　　-고향 땅으로 날아다오
-달편지 　　　　　　　　　　　　-기다림
-어머님 생각 　　　　　　　　　　-할머니 생신날
-단풍 　　　　　　　　　　　　　-알마티우 산

2. 호수가에서
-수풀 속에서 　　　　　　　　　　-아가씨 심정
-그녀의 슬픔 　　　　　　　　　　-함박 눈송이
-5월의 저녁하늘 　　　　　　　　-봄바람
-사랑의 노래 　　　　　　　　　　-바다 가에서
-무정 세월 　　　　　　　　　　　-초생달
-짝사랑 　　　　　　　　　　　　-사랑의 첫꿈
-강가의 애저녁 　　　　　　　　　-나 역시
-호수 가에서 　　　　　　　　　　-밤하늘
-보슬비 　　　　　　　　　　　　-예감
-그 풀은 　　　　　　　　　　　-세 송이 민들레꽃
-꽃시절 　　　　　　　　　　　　-심정의 봄

3. 사랑의 진실을 알려면
-오솔길 　　　　　　　　　　　　-생의 본능
-부모의 사랑 　　　　　　　　　　-복은
-그대인가 했노라 　　　　　　　　-눈 무더기
-고요 　　　　　　　　　　　　　-참된 생
-행복이란 　　　　　　　　　　　-영예
-시간과 이별 　　　　　　　　　　-이정표
-철새들 　　　　　　　　　　　　-종이꽃

-생활이란
-기차와 세월
-운명이여
-너 아가씨야
-사다리.

-무용가
-사랑의 진실을 알려면
-나의 공상
-갓난 아기의 첫 울음소리

4. 나의 도시 알마타여
-너와 나
-나의 도시 알마타여
-악몽
-축복하노라
-봇나무 숲
-어떤 웃음이건
-병신들의 논쟁
-카자흐 초원

-아름다움을 찾노라
-기념 사진
-나의 북극성
-천당
-침묵하자
-빈 물통
-딸 아이의 미소
-평설/이명재: 알카타의 시인 양원식론

4절 『고려일보』 문예페이지 게재 주요 작품 경향

1. 소설

1) 주요 작가 작품 경향

강태수는 30년대 『선봉』신문에 소설 한편을 발표 한 뒤 30여년 정도 소설 창작 활동을 하지 않다가 70년대 들어 5편, 80년대 1편, 90년대 1편을 각각 발표하였다. 작품으로 <공청회 조직원>(1937.5/12.24), <악싸낄>(1970.7.28), <휴가 중에 만난 사람들>(1971.8/3~6), <두 아바이>(1973년, 5.27~6.15), <한 아버지의 고백>(1975.11.29), <우정>(1978.1.13), <기억을 더듬으며>(1984.11.1), 그리고 <그날과 그날밤>(1991.6.28)이 있다. 강태수의 작품은 서정적이며 인간의 따스한 정을 주로 드러낸다. 아버지와 자식간의 혈육의 정, 노인에 대한 정, 개와 고양이의 깊은 우정, 남녀간의 사랑을 주로 이야기하였다. 90년 이후에는 밀림의 수용소에서 있었던 일을 회상하지만 사회 현실을 비판하지 않고 인간의 따사로운 정을 주로 다룬 점에서 다른 작가의 이주의 체험 이야기와 다른 선상에 놓여 있다.

전동혁은 20~30년대 『선봉』시절 시 창작활동을 하다가 60년대 들어 소설 1편, 70년대 5편을 발표하였다. 작품으로는 <뼈자루 칼>(1965.6.6~8), <흰두라마기 입은 레닌>(1970.4.10), <아들의 선물>(1971.4.17), <하모니카>(1975.7.12), <강에서 있은 일>(1978.7.22), <권총>(1979.11.21)이 있다. 전동혁의 작품 경향은 사회주의 사상에 의한 소비에트 정권 수립의 정당성과 레닌 찬양, 사회주의 혁명의 타당성을 이야기한 대표적 작가이다. 전 작품이 동일한 주제로 되어 있는 점은 전동혁만의 특징이라 할 수 있다.

한상옥은 5편의 소설과 1편의 회상기를 『레닌기치』에 발표하였다. 가장 먼저 발표한 작품은 1962년 5월 20일 발표한 <경호 아바이>이고, 1963년 10월 13일 <옥싸나>, 1965년 1월 20일부터 23일까지 <손수건>, 1966년 3월 8일과

10일에 발표한 <어머니의 생일>, 1968년 10월 23일부터 12월 14일까지의 <꽃송이>가 있다. 그리고 회상기로 1964년 1월 26일 발표한 <바다>가 있다. 한상옥 작품의 주제가 올바른 인간 관계, 전쟁 중에도 잃지 않은 인간애, 정의로운 남자에 대한 한 여자의 순수한 사랑, 어머니에 대한 사랑 등으로 되어 있는 것으로 보아 휴머니즘 정신이 작품 전면에 걸쳐 발현되어 있음을 알 수 있다. 한상옥 다음으로 주로 60년대에 작품 활동을 한 또 다른 작가로 한진을 들 수 있다.

김기철의 소설 작품은 60년대 3편, 80년대 2편, 90년대 1편을 발표하였다. 작품으로 <붉은 별들이 보이던 때>(1963.11/17, 19, 20, 22, 23, 24, 27, 29, 30, 12/1), <시험>(1965.11.27), <복별>(1969.11.15), <금각만>(1982.10.23, 26, 28, 29/11.2, 4, 13), <이주초해(두만강-싸르다리야강)>(1990.4.11∼), 그리고 <첫눈>(1983.12.28)이 있다. 중편 분량의 작품이 3편 있다. 이들 작품은 소비에트 정권 수립의 정당성을 이야기 하고, 레닌과 빨치산 운동에 대해 이야기하였다. 그러나 80년대 후반부터 소련 정권이 붕괴되면서 나타난 페레스트로이카의 분위기에 의해 90년에 발표한 <이주초해>라는 작품은 강제 이주의 부당성을 고려인의 핍박받은 실상을 중심으로 이야기한 것으로 바뀌게 된다.

한진은 60년대 6편, 90년대에 1편을 발표하였다. <밤길이 끝날 때>(1962.12.16), <소나무>(1963.2.24), <녀선생>(1963.8.27), <축포>(1963.11.7), <땅의 아들>(1964.4/13, 15, 16), <서리와 별>(1965.2.14), 그리고 <그 고장 이름은?…>(1991.7.30)이 있다. 한진의 작품은 시대적 상황에 적극적으로 대응하며 살아가는 인간 군상에 초점이 맞춰져 있다. 미국에 대한 적개심을 드러내거나, 교육을 통해 사회를 계몽해야 한다고 하거나, 카자흐스딴 꼴호즈에서 살고 있는 고려인의 개척적 정신을 높이 평가하며, 그리고 사할린 강제 이주 당하며 고국을 떠나옴으로 인해 생겨난 민족적 이질감을 이야기하였다. 연해주 신한촌에 거주하고 있는 고려인들이 이국땅에서 어떻게 적응하며 살아남아야 하는지, 그리고 그 속에서 겪게 되는 뼈 아픈 현실적 어려움이 무엇인지를 60년대에 주로 이야기하였다면, 90년대 발표한 소설에서는 강제 이주의 부당함을 폭로하는 것으로 보아 현실에 대한 부정적 생각의 단편을 드러내었다. 한진과 함께 주로 60년대에 작품 활동을 하다가 80년대 2편, 90년대에 1편의 작품을 발표한 김기철 역시 사회 현실과 밀접한 주제를 다루었다.

리정희는 60년대 4편, 70년대 3편, 2002년에 1편을 발표하였다. 80년대부터 90년대까지의 공백기가 있었다. 작품으로는 <아름다운 심정>(1966.4.20), <차간에서>(1966.8.12), <상봉과 리별>(1967.5.12), <청춘의 랑만>(1969.2.22), <푸대접>(1971.12.4), <선물>(1977.4/30, 5/9, 5.13), <검은룡>(1979.9.21), 그리고 <희망은 마지막에 떠난다>(2002.4/5, 12, 19, 26)가 있다. 리정희의 작품은 남녀간의 사랑이나 인간의 정을 중요시 여기는 휴머니즘 사상이 강하다. <검은룡>과 같은 작품에서 혁명적인 배수로 사업의 성공을 이야기하지만 사회주의 혁명의 정당성을 선전하지 않고 인간의 단합된 힘이나 서로를 믿는 믿음과 신뢰 등을 주된 주제로 삼고 있다. 가장 최근 발표된 <희망은 마지막에 떠난다>와 같은 작품은 90년대 후반에 발표된 다른 작가의 많은 작품들처럼 중앙 아시아에 살고 있는 고려인 자신들이 누구인가 하는 민족 정체성을 문제 삼고 있다. 다른 작가들의 동일한 주제와 다른 점이 있다면 서정적이며 따스한 인간애가 작품 밑바탕에 깔려 있는 점이다.

2) 작품 목록

『선봉』 1930년대
정활, 광부의 가정, 『선봉』, 1935.4.18/21/24/29.
강태수, 공청회 조직원, 『선봉』, 1937.5.12/24.

『레닌기치』 1960년대
김광현, 새벽, 1968.2.8.
김광현, 해명, 1962.8.11/12.
김광현, 호두나무, 1963.5.12/14/15/17.

김기철, 붉은 별들이 보이던 때, 1963.11.17/19/20/22/23/24/27/29/30, 12.1.
김기철, 시험, 1965.11.27.
김기철, 복별, 1969.11.15.

김남석, 어머니의 사랑, 1962.10.21.
김남석, 청송…, 1967.1.3/4/6.
김두칠, 옥금의 일생, 1969.9.11.
김로만, 무르헤드 의사와 그의 치료 환자, 1967.12.26.
김상철, 앙갚음, 1966.12.5/7/9.
김준, 주옥천, 1966.9.28, 30, 10.1/ 4/5/7/8/14.
리용수, 구원자, 1962.12.31.

리정희, 아름다운 심정, 1966.4.20.
리정희, 찻간에서, 1966.8.12.
리정희, 찻간에서, 1966.8.12.
리정희, 상봉과 리별, 1967.5.12.
리정희, 청춘의 랑만, 1969.2.22.

아 알렉진, 잔치 전날밤, 1966.10.30.
전동혁, 뼈자루 칼, 1965.6.6/8.

조정봉, 보배, 1968.2.22.
조정봉, 재생, 1962.8.19/21/24.

한상욱, 경호 아바이, 1962.5.20.
한상욱, 옥싸나, 1963.10.13.
한상욱, 바다, 1964.1.26.

한상욱, 손수건, 1965.1.20/22/23.
한상욱, 어머니의 생일, 1966.3.8/10.
한상욱, 꽃송이, 1968.10.23, 12.14.

한진, 밤길이 끝날 때, 1962.12.16.
한진, 축포, 1963.11.7.
한진, 녀선생, 1963.8.27.
한진, 소나무, 1963.2.24.
한진, 땅의 아들, 1964.4.13/15/16.
한진, 서리와 별, 1965.2.14.

『레닌기치』 1970년대
강태수, 악싸낄, 1970.7.28.
강태수, 휴가 중에 만난 사람들, 1971.8.3/6.
강태수, 두 아바이, 1973.5.27.
강태수, 우정, 1978.1.13.
강태수, 한 아버지의 고백, 1975.11.29.

기 운, 류바, 1972.6.16.
김 보리쓰, 노웰라 멜로시아, 1979 영인본 841쪽.
김 보리쓰, 할머니, 1972.7.29.
김 야제스다, 초원의 딸들, 1974.9.21.
김경자, 갈림길, 1979.6.30.
김광현, 명숙 아주머니, 1971.7.17.
김광현, 반가운 기별, 1975.10.2.
김남석, 못 잊을 추억, 1979.7.3.
김두칠, 꽃이 필 전야, 1972.4.8.

김두칠, 애순, 1974.6.8.
김빠웰, 쟈밀라, 너는 나의 생명이다. 1972.5.13.

김세일, 사랑, 1970.8.18.
김세일, 금별이 어떻게 반짝였는가, 1973.9.16.
김세일, 노을, 1971.3.13.

김야제스다, 불행사고, 1976.3.24.
김 준, 밟지 않은 오솔길, 1971.4.3.
남 철, 못잊을 추억, 1979.10.13.
리 와씰리, 자일랴우, 1972.3.13.

리정희, 푸대접, 1971.12.4.
리정희, 선물, 1977.4.30, 5.9/13.
리정희, 검은룡, 1979.9.21.

리 진, 살구꽃 필 때, 1973.6.21.

명 철, 어머니들, 1978.2.21.
명 철, 그들의 운명, 1979.8.21.
명 철, 자책, 1979.12.12.

무 명, 시월의 나날에, 1978.4.29.
블라지미르 리진, 아버지, 1975.10.4.

전동혁, 흰두라마기 입은 레닌, 1970.4.10.
전동혁, 아들의 선물, 1971.4.17.

전동혁, 하모니카, 1975.7.12.
전동혁, 강에서 있은 일, 1978.7.22.
전동혁, 권총, 1979.11.21.

전향문, 씨비리에서 보내는 편지, 1975.12.13.
조정봉, 의사부부, 1971.9.25.
조정봉, 그들의 사랑, 1974.6.22.
주동일, 백양나무, 1970.12.5.
한 아뽈론, 새 날이 밝아올 때, 1977.9.8.

『레닌기치』 1980년대
강태수, 기억을 더듬으며, 1984.11.1.
김 보리쓰, 나자야, 울지 말어! 1984.7.31, 8.2.
김 아나똘리, 푸른 섬을 향해(중편소설 《약초채집자들》에서 발췌), 1982.4.14.
김기철, 금각만, 1982.10.23/26/28/29, 11.2/4/13.
김기철, 첫눈, 1983.12.28.

김빠웰, 옛친구, 1984.8.31.
김빠웰, 신비로운 꽃, 1985.1.26.
김빠웰, 빠브릴크의 꾀, 1986.1.31, 2.8/12/16.

김용택, 추억, 1980.5.17.
남 철, 민들레꽃 필 무렵, 1983.8.31, 9.1/2.
남 철, 민들레꽃 필 무렵, 1983.8.31, 9.1/2.
리동언, 즐거운 날에, 1981.1.30.
명 철, 마을사람들, 1981.9.30, 10.1/2/3.
명 철, 첫선생과의 상봉, 1980.4.11.

박 미하일, 숙명, 1986.12.27.
박성훈, 살인귀의 말로, 1985.7.19/20/24/25/26/27.
양원식, 년금생, 1984.9.28.
원 일(양원식 필명), 락엽이 질 때, 1986.10.30.

장윤기, 불운, 1984.5.31
장윤기, 어머니의 마음, 1980.3.15.
조정봉, 우연의 길이였던가?, 1984.7.6.

『고려일보』 1990년대
김사량, 빛 속에, 1991.8.6/7/9/13/14/16/21/27.
강 알렉싼드르, 놀음의 법, 1991.8.28.
강 알렉싼드르, <도라지 까페>의 한토막, 1990.9.14.
강태수, 그날과 그날밤. 1991.6.28.
김 아나똘리, 서울에서 어머니를 그리워하며, 1991.4.12.
량원식(양원식), 녹색거주증, 1990.2.28.
리영광, 단풍 나무아래에서, 1990.11.27.
박 미하일, 나비의 꿈, 1990.5.24, 29.
이원우, 부모의 초상, 1994.11.26.
장윤기, 환향길 오십년, 1991.1.30.
조정봉, 첫 순정을 못잊어…, 1991.12.25.
태장춘, 어린 수남의 운명, 1991.11.5.
한 진, 그 고장 이름은?…, 1991.7.30.

『고려일보』 2000년대

박 미하일, 해바라기(2001년도 재외동포재단 공모 소설부문 대상 수상작),

2002.2.22, 3.1.

양원식, 봄은 다시 오건만, 2002, 3.8/15/22/29.

이정희, 희망은 마지막에 떠난다, 2002.4.5/12/19/26.

정장길, 싸이가는 소리없이 죽는다, 2002.1.11/18/25/, 2.1/15.

정장길, 양대가리(한국 재외동포재단 및 국제펜클럽한국본부 가작상 수상작), 2002.7.12.

2. 시

1) 연도별 주요 작가의 작품수

작가 \ 빈도	1960년	1970년	1980년	1990년	2000년	총작품수
강태수	11	25	15	12		63
김광현	2	10	1			13
김니꼴라이		9				9
김두칠		9				9
김미론		6				6
김세일	4	2				6
김승익		6	4			10
김안나		10	4			14
김인봉	2	7				9
김종세	5	3		3		11
김중세		4				4
김창옥	5	4				9
김춘택			4			4
남철		1	27	4		32
남해연			1	7		8
로사		17				17
리동언		13	15			28
리상희			3	1		4
리석대		11				11
리세호		6	10			16
리은영	4	(번역3)1				8
리진	7	15	17	8	1	48

리창달			1			11
맹동욱		4	2	4		10
무산		2	17	3		23
문명래				10		10
박영걸	2	7	2			11
박헌	1	4	1			6
박혜보게니		1				1
박현		24	6	15		45
박희진				10		10
연성용	1	3	12	2		18
우제국	3	11	12	1		28
원일		3	10	1		14
전동혁		3	1			4
정민	1	2	1	1		5
정석	1					1
정우섭		1	4			5
정장길		1				1
정장진		1	1			2
조기천	1		3			5
조룡남				5		5
조명희				3		3
조영		2	2			4
조정봉	2	11	4			17
주영윤		38	33	7		78
태장춘	1					1
한아뿔른		9				9
허성록		15	4			19

2) 주요 작가 작품 경향

강태수는 『선봉』시절부터 『레닌기치』, 『고려일보』에까지 작품 활동을 한 유일한 작가이다. 『선봉』에 시인이 아닌 독자의 자격으로 <김만냐-장편 서사시의 한부분>(1937.5.12)을 발표하였다. 이후 총 63편의 작품을 발표하였다. 그의 작품 경향을 살펴보면 다음과 같다.

첫째, 자연을 소재로 하여 자신의 심회를 풀어낸 것들이 가장 많다.
<첫 눈이 내립니다>(1964.1.12)에서는 첫눈이 내리는 기쁨을 노래하고,

<가을>(1975.1.11)에서는 귀뚜라미가 울고 들에는 마른풀이 밟히고, 하늘에는 기러기가 날라 다니는 가을에 대낮에도 노을이 보였더니 좀 있으려니 하늘에 시퍼런 보름달이 떴다는 가을 풍경을 노래한다. 자연의 대상이 서정적 화자의 마음속에서 존재의 의미를 새롭게 하기도 한다. <숙망>(1975.3.22)을 보면, 세상의 아름다운 꽃들 가운데 가장 아름다운 꽃은 사시사철 피는 숙망일 것이며 그 꽃을 바라보면 일손도 가벼워지고 멀리 떠나간 님도 만나볼 수 있다고 하며, 이 꽃을 높이 들고 살아가는 사람은 늘 행복하다고 한다. 그러면서도 자연이 훼손당하는 것에 대해 안타까워하기도 한다. <야속하기 그지없으리!>(1984.2.25)을 보면 자연을 마구 훼손시키면서 별다른 가책을 느끼지 않고 함부로 행동하는 모습을 보며 야속함을 토로하고 있다. 그리고 자연과 인간과의 상관 관계를 통해 삶의 의미를 깨닫는 과정을 노래한 시들이 있다. <무제시 3편>(1991.4.12)을 보면, 송아지가 태어나서 살아보겠다고 움직이는 모습들을 보며 삶과 죽음에 대한 아픔과 열망등에 대한 생각을 이야기한다. <무제 2편>(1992.8.12)을 보면, 인체의 장기들과 자연물을 대비시키면서 선과 악을 구분코자 하며, 진정한 선과 악에 대한 고민을 노래한다.

둘째, 현재 자신의 어려운 처지를 토로한 작품들이 있다.

<우리의 하루>(1965.1.10)에서는 매일 비슷한 삶을 살아가고 시간은 덧없이 흘러가고 삶이 고되지만, 우리의 이런 고된 순간들이 훗날을 위해 그리고 이 땅을 위한 시간들이 될 것을 희망한다.

셋째, 과거를 회상하면서 후회와 미련의 감정을 이야기한 작품들이 있다.

<회상>(1972.9.15)에서는 사랑하는 남편을 몇 십 년 기다리다 소경된 여자가 늙어 돌아온 남편에게 원망하거나 미워하지 않고 모든 것을 포용하는 사랑을 보이지만, 그 할머니의 사랑은 흘러간 시간만이 증명해주며 회상을 할수록 후회와 미련의 감정이 떠오름을 이야기한다. <어린철>(1986.12.1)을 보면, 일찍이 집을 떠나 살아가면서 늙은 버드나무와 어머니의 눈물, 귀여운 차돌이를 떠올리며 쓸쓸해진다. 그래도 그리운 내 어린 것들은 웃으며 삼림의 소용돌이에 숨기도 하고 다시 내 지친 기억 속으로 돌아오기도 한다는 내용

으로 되어 있다. <멀어만 가는구려>(1992.5.8)에서는 80세 이상의 노인의 지난 날을 회상하며 세월의 무상함을 노래하고 있다.

넷째, 일상적 삶의 여유를 노래한 작품들이 있다.

<동트기>(영인본 1975, 593쪽)를 보면, 동틀 무렵 하늘에서 해가 점점 떠오를 때 마을 사람들이 하나 둘 모여논밭으로 나가 일을 시작한다. 한가로운 농부들의 하루 시작을 그리고 있다. <어느 하루>(영인본 1978, 962쪽)에서는 해는 이미 나절이나 겼지만 그늘도 쓸모없고 강물도 쓸모없고 감잎들은 강물 속의 그림자가 아직도 푸르러 하늘이 아니라 개울이 그런 것으로 착각을 한다. <우리집 아침은…>(1980.6.7)에서는 아침에 어머니의 일로 시작되는 화자의 하루를 떠올리며 잠에서 슬며시 깨어나 어머니가 움직이는 소리를 들으며 모습을 상상하는 내용으로 되어 있다. <봄날의 하루저녁>(1983.6.29)에서는 해가 지는 봄날의 저녁이 찾아올 무렵 꽃들은 흐려지고 풀들은 흐느적거리고, 별들이 하나씩 켜지면 이렇게 잎낳던 하루도 어제의 품에 안기게 된다는 것을 이야기하면서 하루의 정리를 하고 있다.

다섯째, 고향과 조국에 대해 노래한 작품들이 있다. 고향을 노래하면서 어머니에 대해 그리워하는 심회를 드러내기도 한다.

<카사흐쓰딴>(1980.8.22)에서는 카사흐스딴 땅에서 우리들은 삶을 찾아왔고 땅은 우리들 모두를 받아주었고 보살펴주고 먹여주고 입혀주고 품에 안아 사랑하니 진정 우리의 고향이라 할 수 있으며 이 땅을 위하여 땀을 흘림은 당연하다는 내용으로 되어 있다.

<어머니>(1981.4.17)에서는 젖먹이 아기를 안고 있는 어머니는 아기와 함께 웃고 아기가 자라는 마음을 보면서 언제나 마음을 놓지 못하고 걱적을 하고, 아이들이 성장하여도 눈을 감을때까지 근심을 버리지 못하는 어머니의 사랑을 노래함. <옛말인가>(1984.2.25)에서는 내가 태어난 곳이 어디인줄 모르나 기억되니 그곳은 꾀꼬리도 슬퍼서 울고 꽃잎은 눈물을 흘렸다. 나의 어린것들은 그런 나라가 없다고 말하고 이런 나라를 처음부터 몰라 다행이라는 마음을 이야기하고 있다.

연성용 역시 『선봉』시절부터 활동한 작가이다. 『선봉』에 1935년 5월 15일 <에헤넬널봄이와>를 처음 발표하였다. 이 시는 봄이 따사로움을 예찬한 시이다.

그의 시는 소비에트 혁명을 이야기하면서 어머니에 대한 그리움을 동시에 나타내고 있는 점이 특징이다. 90년대 발표한 시는 남북 분단된 조국의 현실에서 통일되기를 바라는 마음을 서정성을 통해 드러내고 있다.

첫째, 전쟁의 역사 속의 영웅을 찬양한다.

<영웅도시>(1967.12.10)를 보면, 레닌그라드, 영웅도시 앞에서 머리 숙여 경의를 표하며 과거의 역사와 투쟁의 역사, 영웅의 역사 속의 인간비극을 떠올린다. 영웅들이 이루어낸 일들을 떠올리며 무릎 꿇고 절하면서 그들의 도시는 변했지만 그들의 업적은 후손들에게도 남을 것이라는 것을 이야기한다. <우리를 부르는 기발>(1970.4.10)과 <레닌의 발자국>(1976.5.1) <전설의 용사들아>(1985.1.26)를 보면, 북풍이 불 때 역사에 거룩한 업적을 남긴 용사들을 찬양하는 송가를 지어 그들을 기리며 대대손손 노래할 것이라는 내용으로 되어 있다.

둘째, 어머니에 대한 그리움을 노래한다.

<엄마의 생일>(1982.9.18)을 보면, 엄마의 생일에 꽃을 드리고 노래를 불러야겠다는 계획을 세운다. <초불>(1982.12.25)을 보면, 초불과 같이 꺼질 줄 모르고 날 기다리는 어머니의 사랑이 꺼지지 않기를 바라는 마음을 노래한다. <은혜를 갚으라>(1985.1.26)를 보면, 어머니의 키워주신 은혜, 어머니의 깊은 사람을 잊지 말고 자주 찾아뵙고 따뜻하게 대해드려 은혜에 보답하라는 내용으로 되어 있다. <어머니>(1984.11.1), <치나라>(1986.12.1)를 보면, 정든 마을에 다시 찾아와보니 어머니는 돌아가셨다. 어머니의 그 사랑에 보답도 하지 못한 채 세상을 떠나버린 어머니에 대한 후회와 죄송스러움이 커져만 가는 마음을 노래한다. <환갑잔치>(1976.9.10)를 보면, 환갑을 맞은 할머니를 위한 잔치자리에서 일찍이 과부가 되어 자식들을 키워낸 것은 조국의 은혜가 있었기 때문이라고 고마움을 나타내는 마음을 그리고 있다. 이것은 조국와

어머니를 같은 선상에 놓고 생각하였다는 점에서 의미가 있다.

　셋째, 통일에 대한 염원을 노래한다.

　<남조선아, 일어나라!>(1986.10.30)와 같은 시에서는 분단된 조선의 현실을 타파하기 위한 노력을 해야 함을 역설하고 있다. <나 비록 늙어 백발이나>(1994.12.10)를 보면, 나 비록 늙어 백발이나 통일의 날을 위하여 한몸 바치려 맹세를 다진다. 통일에 대한 염원을 그리고 있다.

　주영윤은 가장 많은 시를 창작한 작가이다.

　첫째, 그의 시는 소비에트 공화국을 찬양한 시가 상당수를 차지할 정도로 사회주의 이데올로기에 대한 깊은 경도를 보여준다. <고마운 우리나라>(1975.8.30)를 보면, 일본제국주의에서도 해방시켜 주고, 하고 싶은 공부도 할 수 있게 해주고 자식들을 훌륭하게 키울 수 있도록 해준 소련에 대한 고마움을 노래하고 있다. 그리고 레닌에 대한 추앙과 존경심을 드러내기도 한다. <수도에 가거든>(1975.9.18)을 보면, 수도로 수학여행을 가는 아이들에게 다른 곳은 다 들러보지 못하더라도 레닌의 묘에는 꼭 가보라고 당부하는 내용으로 되어 있다. <레닌릉묘 앞에서>(1982.5.20)를 보면, 수도 모스끄바의 레닌 묘 앞에 붉은 광장은 고요하고 묘를 지켜서있는 위병들의 숭엄한 자세들위로 평화의 상징 비둘기가 날아간다. 수령의 위엄은 지금도 살아있으며 그의 가르침대로 미래를 향해 혁명과 투쟁의 길로 나아갈 것을 이야기함. 공산주의 찬양을 하기도 하는데, <축배를 들자>(1976.1.10)를 보면, 인민의 생활을 향상시켜주고 평화와 만민의 세계평화를 위해, 그리고 미래를 위해 공산주의를 바라보며 전진하는 우리 인민을 위해 축배를 들자고 한다. <그 은공 잊을 소냐>(영인본, 1977, 640쪽)를 보면, 해바라기 만발한 8월이 오면 해방의 그날이 눈에 선하게 떠오르며 어제일과 같다. 그리고 그날 만나고 그날 처음 들었던 일들에 가슴이 후련하고, 일본군들이 꼼짝 못하는 모습을 보며 가슴이 또 후련하다. 우리에게 해방을 안겨준 소련의 은공을 깊이 느낀다는 내용으로 되어 있다. 영웅들을 찬양하기도 한다. <기념비>(1977.2.26)를 보면, 아무르강 연안의 현대도시들과 노동자들, 세야강 발전소의 불빛들은 태평양으로 뻗어가는 두 줄기의 길로 이것이 지난날 정의가 부정의를 반대하여 싸웠던 영웅들을 찬양하는 기념비이다. <조국>(영인본 1979, 22쪽)은 사람에겐 귀중한 것이 많지만 무엇보다 귀중한 것은 하나밖에 없는 어머니 조국이다. 조국이 있으므로 우리는 안식을 얻고, 용기도 낸다. 이런 쏘베트 조국을 위해서라면 자신의 생명을 아껴도 아깝지 않다는 것이다. <울리야놉쓰크>(1980.2.8)는 월가강변의 유서 깊은 도시중에서도 울리야놉쓰크와 비길 도시는 없으며 월료자가 배운 학교가 이곳에 있고 혁명의 큰 뜻을 키운 그 강변이며, 레닌의 위대한 사상이 키워졌고, 이 강변으로 이 도시를 찾아온 사람들은 레닌의 숭고한 뜻을 실현하는 사업에 몸과 마음을 바칠 것을 다짐한다. <원동의 진주>(1977)은 아무르강 기슭에 건물이 생기고 공장과 집들이 생기고 사람들의 모습도 바뀐 것을 보면서 과거 공산당원들의 모습들을 떠올린다. 슬기로운 쏘련 인민의 손에 의해 이 도시가 성장함을 노래한다.

<못잊을 도시>(1980.5.8)는 역사 시간에 들었던 브레쓰트의 조국을 위해 희생한 용사들을 위해 삼가조의를 표하고, 그들의 위훈을 되새겨본다.

<제대병사가 돌아 오네>(1980.2.24)는 제대 날을 손꼽아 기다리던 병사가 셋째 날이 되어 사랑하는 처녀가 기다리는 마을로 돌아와 꿈꾸던 꼴호즈에서 농사일을 시작하고 사랑하는 조국을 위해 이제는 곡물을 보장하는 농부가 되려 한다는 내용이다.

<우리는 삐오네르>(1985.1.26) 동시로서, 우리는 쏘련의 씩씩한 어린이로 삐오네르 깃발아래 굳게 뭉치고 우리조국, <위대한 사회주의 나라를 위해 굳센 마음 다짐하며 앞으로 나아가 공부와 사회사업을 더욱 잘하여 당과 나라의 참다운 후배가 될 것을 다짐하는 내용이다.

둘째, 미래에 대한 희망과 삶에 대한 의지를 노래한다.

<기차>(1975.9.18)에서는, 고요한 밤 어디론가 달리는 기차 안에는 이런 저런 사연을 지닌 많은 사람들이 희망을 가지고 어디론가 이동해가고 있다. 기차가 어서 달려 그들의 희망을 성취하도록, 행복해지도록 해주기를 바라는

마음을 노래한다.

<꽃과 나비>(1975.7.26)는 꽃은 처녀에 비하고, 나비는 총각에 비하고, 나비가 봄을 노래한다면 나비는 가을을 맞이한다. 젊은 시절을 아끼고 생활을 열심히 꾸려야 한다는 의지를 노래한다.

<사랑>(1976.3.24)은 이런저런 자연재해와 고된 생활속에서도 둘의 사랑이 존재한다면 힘든 줄 모른다는 내용이다.

<꼼쓰물쓰크>(1977.7.28)는 아무르강의 왼쪽 언덕에서 여러 고난을 듣고 세운 청사에 길이 빛날 기념물들과 발전해가는 마을들을 노래한다.

<어린아기>(1977.9.30)는 천진난만하게 어머니의 품에 안겨 젖을 빠는 어린 아기를 보며 그가 자라 미래의 밝은 주인이 되기를 희망한다.

<제비>(1980.6.7)는 제비가 남쪽나라에서 돌아와 작년의 헌집이 없어진 것을 보면서, 자신들이 문화주택 새집으로 이사했으니 제비에게도 함께 새집을 짓고 살자는 내용이다.

<아기얼굴 귀여워>(1980.1.9)는 젖먹이고 재우는 아기의 귀여운 얼굴을 보며 빛나는 미래를 꿈꾸는 것을 묘사한다.

<사랑의 계절>(1985.9.14)은 봄이 오고 사랑의 계절이 오면 처녀들은 푸른 가슴에 큰 꿈을 안고 살아간다. 사랑을 하면 꽃이 피어나고 사랑을 하면 어여뻐진다는 이야기로 되어 있다.

<새해는 부른다>(1986.1.31)는 소비에트 원동 땅에 새해가 오면 도처에서 혁신의 불꽃이 일고 새 5개년계획수행 투쟁이 벌어지고 노동계급은 벅차게 뛰고, 농민들도, 지식인들도 모두 힘차게 나아가 나라를 부강케 하도록 하자는 다짐의 내용이다.

<추위>(1982.2.9)는 한 겨울의 추위에 아이들은 썰매 타며 좋아하고 농부들은 풍년의 가을을 상상하며 봄 여름이 찾아올 것을 믿는다는 내용이다.

<무지개>(1984.8.31)는 오랜 세월 흘러 허허 벌판에 생명의 기운이 들고 행복한 삶을 살아가는 우리 시대의 흐름은 우리의 땅에서 함께 일구어 내었다는 내용이다.

<이사 가는 날>(1984.2.25)은 오늘은 새로 지은 고층집으로 이사 가는 날로 짐을 자동차에 싣고 넓고 밝은 집으로 이사를 간다. 이렇게 좋은 살림을 마련해준 나라의 은례에 보답하기 위해 공부를 더 열심히 하겠다는 다짐을 해본다.

셋째, 지난 인생을 되돌아보고 자신의 삶을 성찰한다.

<반생을 돌이켜보며…>(1975.12.13)는 세월이 흘러 반생을 살아왔고 과거를 돌이켜 보니 부끄럽다. 남은 반생을 보람 있게 살아가는 것이 내가 할 수 있는 유일한 일이다 라고 한다.

<안개긴 호수가>(1975.7.26)는 며칠째 달리는 여객열차가 새벽녘의 호수를 지나는데, <동쪽하늘이 밝아올 무렵 호수위로 안개가 껴있었다. 희미하게 보이는 아름다운 풍경을 바라보며 추한 자신의 얼굴에 무한함을 느낀다는 것으로 되어 있다.

<세월>(1980.12.27)은 시간의 무한함에 비해 인간의 일생은 짧으니 후회 없이 생을 보내야 한다는 것, 인생은 두 번일 수 없다는 내용이다.

<나의 반생>(1982.10.2)은 삶에 있어서 봄이 어제 같은데 이제는 반백의 가을이 찾아왔다. 꿈은 컸는데 다 이루지 못한 포부들을 생각하며 지향은 컸지만 일생이 짧음을 안타까워한다.

<인생>(1980.12.27)에서는 꾸밈없는 자연의 조화, 푸른 하늘에서 삶의 기쁨을 찾아내었고 보람 있게 살려는 말뜻이 남 못지않게 높게 살았다는 자신의 인생을 이야기함

<추억>(1986.12.1)은 지나온 아득한 노정으로 다시는 새길 수 없는 반생의 기억들이다. 해방자에 대한 감사의 마음, 아물지 않는 상처, 혈육에 대한 슬픔들이 모두 생각나고 추억들은 다시 돌아오지 않는 시간 속에서 떠오른다.

<간이역>(1996.6.1)은 예순이 넘어 지나온 길을 보니 잠깐 머무른 고장이 적지 않으니 그것들 모두 인생의 간이역이다. 인생을 뒤돌아보면서 스쳐 지나간 것들에 대해 생각을 하고 있다. 삶에서 스쳐 지나가는 것들에 대한 단상을 노래한다.

넷째, 고난과 역경을 이겨낸다.

<빠미르의 짤빤>(1975.3.22)은 사람의 손이 아니 스스로 비바람 맞으면서 핀 들꽃이므로 더욱 아름답다고 한다. 고난과 역경을 이겨내려는 마음을 노래한다.

다섯째, 일상적 삶의 풍요와 여유로움, 자연의 싱그러움을 노래한다.

<나호드까>(1977.6.11)는 바다를 통해 어선들과 여객선들, 화물선등이 오고가는 도중에 싱그러운 햇살과 처녀총각이 산보하면 갈매기도 그들을 축복하는 듯 즐겁게 인사를 한다. 평화로운 항구의 모습을 묘사한다.

<꽃>(1977.9.30)은 세상에는 꽃들이 많고 다들 아름답지만, 그중에서도 봄을 맨 먼저 알리는 복수초와 늦가을까지 시들지 않는 패랭이꽃을 좋아한다는 내용으로, 새로운 시작과 변하지 않고 오래 지속되는 태도를 좋아하는 마음을 노래한다.

<갈매기>(1979.6.2)는 고기잡이하는 배들을 찾아다니며 물고기가 있는 곳을 가리키는 갈매기들은 어부들의 친한 길동무이다. 먼 바다 갔다 돌아오는 어부 아저씨들 마음을 기쁘게 하고 물고기를 한 배 가득 실어왔다. 갈매기에 대한 고마움을 노래한다.

<겨울>(1979.2.14)은 소리 없이 찾아오는 겨울은 하루밤 사이에 세상을 은세계로 만드는 요술쟁이이다. 겨울은 어린이들의 반가운 동무이고, 눈이 많이 내리는 겨울은 나라의 식량을 보장하는 농부들에게 대풍작을 기약하는 계절이다.

<인형>(1979.6.2)은 소녀가 세수시켜 분을 발라주니 인형을 미인이 되었고 소녀가 안아주면 인형은 울지 않고, <자장가를 불러주면 살며시 잠든다. 일터의 어머니가 늦게 와도 인형과 아이가 동무하니 심심하지 않다. 인형을 가지고 노는 아이의 모습을 묘사한다.

<국화꽃>(1980.1.9)은 향기롭고 아름다운 국화꽃은 다른 꽃이 시든 후에도 시들지 않고 피어있는 모습을 예찬한다.

<무지개>(1981.9.30)는 며칠 째 내리던 비가 멎고 맑게 개인 하늘에 무지

개가 드리워 사람들의 상한 기분을 위로하고, 햇빛을 인도하는 무지개는 땅에서 하늘로 떠오른 꽃이다.

하늘로 떠오른 꽃

<시인의 눈>(1981.7.18)은 주위의 사소한 사물과 현상들을 보면서 시의 소재로 만들어나가는 것이 시인의 눈이 아닌가라는 내용.

<시계>(1985.3.30)는 동시로서, 우리 집 벽시계는 쉬지 않고 돌아가고 매일 새날이 온다고 알려준다. 시계는 부지런히 일을 하면 언제라도 제 뜻을 이룬다고 말한다. 부지런함

<연놀이>(1985.3.30) 동시로서, 푸른 하늘에 하얀 연을 날리면 연은 계속 높이 올라가 마음은 벌써 우주로 올라가 있다는 내용으로 되어 있다.

<산까치>(1986.12.1)는 반가운 새로, 까치가 오면 좋은 일이 생기고, 우리 님이 온다는데 까치가 어디론가 날아가려 하자 가지 못하게 말리고 나의 소원을 들어달라는 마음을 이야기함.

<깜차뜨까>(1996.8.30)는 한폭의 그림같은 반도의 아름다움을 지켜나가는 염원을 노래한다. 조국의 아름다운 자연을 보존하려는 의지를 드러낸다.

<산촌>(1996.11.23)은 하바에서 차를 타고 세 시간 남하한 곳에 있는 심산벽촌의 산촌에 가면 공기도 맑고 인심도 후하다. 때 묻지 않은 자연의 아름다움을 노래한다.

남철은 총 32편의 작품을 발표하였지만 80년대만 24편을 발표하여 80년대 작가라 하여도 과언이 아니다. 그의 시 경향을 통해 80년대 시의 단면을 볼 수 있다.

<정다운 일터>(1979.10.6)를 보면, 시원한 아침바람을 맞으며 일터로 나가면서 나의 정든 공장에서 서로 맡은 일은 달라도 우리들의 우정은 이곳에서 더 깊어진다. 이 공장보다 좋은 일터는 나에게는 없다는 내용으로 되어 있다.

<새 연대기가 시작되는 2월>(1981.2.27)을 보면, 새 연대기가 시작되는 2월에 건설장에서 사람들의 노동들이 이 땅의 세월 속에 그날을 빛낼 거룩한 업적

들로, <공산주의 밝은 그날을 위해 나아가자는 내용이다. <사랑의 물소리>(1984.8.31)를 보면, 골짜기에서 무지개 빛이 피여나고 옥을 굴리는 듯한 소리를 내는 정겨운 물소리와 함께 노동을 하면 물소리가 노동의 찬가를 부르면 생의 젖줄기로 흘러 가슴의 힘과 즐거움을 전해준다고 한다. <즐기는 기쁨>(1985.8.17)을 보면, 우리는 조립공으로 일을 하다가 옥상에 올라 시원한 바람을 맞으며 담배 한개피를 피워 물고 서로 이야기를 주고받으며 웃는다. 이곳에서의 긍지도 높지만 앞으로 옮겨갈 새 일터생각이 앞선다고 한다. 노동의 즐거움을 노래한 것이다.

둘째, 시월 혁명 예찬이나 전쟁 상황을 노래한다.

<그날의 이 언덕에>(1980.2.24)를 보면, 영웅 도시 해안통로에 과거 전투를 위해 자신들을 희생했던 해군병사들이 해방의 조국을 저 멀리서 지켜보고 변함없이 서있을 것이라는 내용으로 되어 있다. <불멸의 영웅고지《미우쓰》>(1980.5.8))를 보면, 전쟁지였던 <미우쓰>에서 과거 병사들의 후더운 숨결과 붉은 피가 스며있고 가슴에 안겨드는 바람결에 승리의 함성을 떠올리면서 영웅들의 군공을 노래하고 있다. <붉은 광장으로>(1980.7.31) 사람들을 한 품에 안아주는 붉은 광장에 모여 인류의 스승 레닌을 찾아본다. 그 이름은 인류의 태양이며 투쟁의 기치이고 우리는 그 뜻을 되새긴다는 것을 노래한다. <시월이여>(1980.11.29)는 10월에 온갖 착취와 압박에서 벗어나 자유와 해방을 위한 길로 나섰고 투쟁을 위해 나섰던 우리의 애국자들의 전선과 단결의 마음들은 영광으로 남아 있다고 한다.

셋째, 평화로운 일상사를 그리고 있다.

<알마아따의 밤>(1980.8.22)에서는 약동하는 청춘 도시 알마아따의 밤은 수많은 밎들과 가로등, <별빛들로 아름답고 새 5개년의 화폭을 펼쳐 그려놓은 듯 하다. 공산당의 광휘로운 빛아래 많은 사람들의 평화롭고 행복한 삶이 비쳐지고 미래에까지 비쳐진다.

<요람 속의 꽃 봉오리>(1980.2.8)은 어린 아이를 요람차에 태우고 가는 젊은 아이엄마의 기쁨과 행복을 그리고 있다.

<어머니 그리도 귀중함을…>(1982.5.20)은 귀중한 어머니에게 낳아주신 은혜를 생각하고 사랑으로 키워주신 은혜를 생각하면서 평생을 따르며 떠받드는 그 이름인 어머니를 생각하면서 그 사랑을 기리는 송가를 부른다.

<청춘이 닻을 내린 땅(한 학자의 수기에서)>(1982.12.25)은 한 학자가 새롭게 개척한 땅을 이야기하면서 도시와 함께 자라고 성장하고 아이들도 성장한 이곳 역시 진정한 나의 고향이라는 이야기를 하고 있다.

리진의 시는 자연을 대상으로 한 시가 주를 이룬다. 물론 60년대에서 70년대 초반에 발표된 시를 보면 레닌이라든가 소비에트 혁명을 찬양한다든지, 그리고 전쟁의 당위성을 노래한 것이 상당수 있지만, 산, 나무, 구름, 새 등과 같은 자연물을 대상으로 자신의 심회를 드러내는 것이 가장 많다.

첫째, 소비에트 혁명의 정당성을 노래하다.

리진, <그리마우거리>(1964.11.15)는 골리안이라는 혁명투사의 이름을 따서 만든 수도의 한 거리 '그리마우거리'에서 그의 과거의 업적들을 생각해보면서 이제는 하나의 거리만이 남아있지만 거리의 이름속에 남은 그의 흔적과 함께 그가 생을 바쳐 이룩하고자 했던 새 세상의 기쁨이 올 날은 희망한다.

<제르신스끼 광장에서>(1965.1.10)는 제르신스끼 광장 앞에 서서 레닌의 위대한 업적을 떠올리며 그 숭고함을 되새기고 있다.

<마을의 로병들>(1985.6.29)은 마을의 사내들이 앞장서서 싸움터로 나갔었고 젊은 그들은 승리를 이끌었다. 그러나 이제 그들은 주름살도 생기고 나이 들어 늙었다. 세월은 갔고 그들은 지난대전의 노병으로 이 세상에 단 한사람도 남아 있지 않을 날이 올 것이지만 그들의 위훈에 대한 기억은 후손들의 머리와 가슴 속에도 인류역사에도 길이 남을 것이다.

둘째, 자연물을 대상으로 노래를 하다.

<아침>을 보면, 아침이 되어 온 동네에 눈이 내린 모습을 보면서 한 해 농사가 겨울부터 마련되고, 아침부터 시작된다고 생각을 하며 한해 농사를 걱정하고 있다.

<숲속길에서>(1976.1.10)는 가을의 숲은 너무나 아름답고, <사랑의 설움을 가져주는 계절이지만 기쁨의 웃음을 짓는 것은 돌아온 병사의 아내의 살림살이를 내가 아는 탓인가 보다 라는 내용.

<자일랴우의 새벽(중가르산시초 중에서)>(1983.6.29)은 별빛이 남아있는 이른 새벽에 유르따임자들을 따라 오늘도 밤에 나선다. 네가 세기를 두고 보아온 것의 일부만이 이 산에 있고 한시간 뒤에 도착한 바위산 우에 사명 다한 령장의 동상같이 그는 솟게 된다. 소박한 아침상을 받고 나서 령우에 떠오른 해를 보면서 만족스레 미소를 지은 그의 얼굴은 하늘 못지 않게 빛난다. 그것을 보며 먼 길을 온 보람을 느낀다는 내용으로 되어 있다.

<<길손대접> '중가르산시초' 중에서>(1983.2.26)에서는 처음 오르는 높고 깊은 산을 헤매다가 불빛을 찾아갔더니 길 잃은 아기 물어가며 전하는 찻잔을 주고 자리도 펴주고 먼산 길잡이 걱정하지 말라며 밤인사를 대신한 경험을 이야기한다.

<<산양> '중가르산시초' 중에서>(1983.2.26)에서는 산위의 양떼들이 겨울 방목장으로 몰려 가는 것을 보면서 겨울이 오는 것을 느낀다.

<<싹싸울> '중가르산시초' 중에서>(1983.2.26)에서는 떨기나무의 싹싸울을 보면서 신 뿌리를 땅에 박아서 모래 언덕에서도 자라는 싹싸울을 보면서 생명의 강인함을 노래하고 있다.

<<악사깔> '중가르산시초' 중에서>(1983.2.26)에서는 책으로만 지식을 넓힌 옛 현인들은 몸의 게으름도 두뇌의 게으름도 모르지만 그들에게는 슬기가 있는 악싸깔이다라고 한다.

<<암벽화> '중가르산시초' 중에서>(1983.2.26)에서는 처음으로 옛사람들이 절벽에 새긴 그림을 보며 이런 벽화가 있다는 것에 놀람을 이야기하면서 그 그림속의 주인공들은 비단 현재 살고 있는 사람들만의 조상이 아닐 것이라고 생각하면서 사람이 사람으로 된 순간의 숭고함을 노래하고 있다.

<<차반의 노래> '중가르산시초' 중에서>(1983.2.26)산길에서, 비탈길에서, 모래길에서 차반이 콧소리로 단조로이 부르는 노래를 들었다는 내용으로 되

어 있다.

<<험한길> '중가르산시초' 중에서>(1983.2.26)는 얼마전에 새로 개척된 여름방목장으로 오가는 길을 오가면서 자연을 노래하고 있다.

<늙은 사슴>(1984.11.24)에서는 때가 되면 지금의 피와 달리 지혜로 무리의 안녕을 지키고, <신작로를 앞서 건널 수 있고 권세와 사명을 혼돈하지 않을 것이라는 사슴에 대한 노래이다.

셋째, 생의 의지를 노래하다.

<상처입은 노래>(1972.4.22)는 아직 채 날개가 굳지도 않은 어린 새가 노래를 부르자 누군가 활을 쏘아 어린새는 날개가 부러져서 골짜기에 떨어졌다. 그러나 어린 새의 노래는 바람을 타고 산, <벌판에 퍼져 나갔고 그 노래는 어디에서나 사람들의 귀에 울렸다. 활가진 사람은 이번에는 노래를 겨누었고 화살을 쏘았지만 상처를 입을 때마다 피는 흘렸지만 노래는 죽지 않았다. 이제 활가진 자는 하루종일 활을 쏘았지만 그는 이미 노래가 새가 아니고 노래라는 것을 알지 못했다. 그에게는 노래는 없었고 비슷한 것들은 시켜 만들어냈지만 그 노래와는 달랐다. 약한 자가 받는 핍박과 모진 생명력을 노래한다.

<여자>(1986.12.27)에서는 사내의 힘들고 고된 삶을 부축해주고 위로해주고 함께 해주는 것은 여자임을 노래한다.

넷째, 서정적 사랑을 노래하다.

<그런 사랑>(1976.1.10)을 보면, 사랑하는 두 남녀가 이별을 하게 되고 남자는 자신이 잃은 그 여자를 생각하며 두려움을 느낀다. 고결성과 잃어버린 것에 대한 두려움을 노래한다.

무산은 민족 의식을 어머니와 땅의 대비를 통해 드러내는 시를 많이 발표하였으며, 자연물에 대한 서정적 정서를 드러낸 시를 발표하기도 하였다.

첫째, 민족 의식을 노래하다.

<가슴 포근히 안겨오는 정을>(1981.9.30)은 수도로 돌아와 웅대한 건물,

가로수들을 보면서 나를 포근히 안아주는 따스함을 느낀다는 내용으로 되어 있다. 잃어버린 향수 뿐만 아니라 땅에 대한 그리움을 함께 드러낸다.

<너나 없는 두 몸(1981.9.30)은 서로의 감정들을 함께 가지고 서로 아껴주고 건져주고 소박한 마음을 노래한다.

<맑은 하늘을 위하여>(1981.11.6)는 인간이 세상에 태어나 처음 애중하게 말하는 어머니, 젖, 떡은 우리의 목숨이다. 그 목숨을 빼앗으려는 악한들에게서 이 땅의 생물을 지켜내고 이 땅의 맑은 하늘과 푸른 수풀을 위해 싸움을 이겨내자는 내용으로 되어 있다.

<멀리 미래에 보내노라>(1982.1.14)는 이 시대에 사는 재미와 만족스런 마음을 미래에까지 보내고 싶어 하는 마음을 노래한다.

<꼭쥬베>(1982.12.25)는 나는 꼭쥬베에 올라 발길을 옮기고 전세의 영웅들을 생각한다. 그리고 전란의 불길 속에서의 향촌의 거리, 우랄쓰크 어머니의 얼굴을 그리면서 전진했던 그들을 떠올린다. 따스한 햇살과 푸르른 녹음, 산열매들이 있는 가운데에서 그 영웅들에게 사례하고 싶다. 그리고 이 이야기들은 후세에도 멀리 전해질 것이며 좋은 구경거리를 보기 위해서 꼭쥬베에 한번 올라와보라는 이야기를 하고 있다.

<북극성>(1985.4.13)은 일본의 압제에서 벗어나기 위해 쏘련군은 힘을 쓰고 결국 해방을 맞이한 조선인들은 만세를 부른다. 그 때 그녀들은 북극성을 우러렀고 두만강물결에 안겨 지나갈 때이고 그들은 제 나라 운명, 새 운명을 북극성을 바라보며 의지를 불살랐다. 인민의 정권이 세워지고 제 나라를 세우는 백성의 마음은 소위의 맘과 함께 어울리고 조선의 선명한 노을을 타고 영웅전사들의 호흡은 전해져 온다는 내용으로 되어 있다.

둘째, 자연을 노래한다.

<무제시>(1981.5.16)는 자연의 노래를 듣는 우리의 마음을 노래한다.

<초롱꽃>(1981.9.30)은 창가의 초롱꽃은 밤과 낮 모두 곱게 피어 생기 있는 모습을 보여준다. 하나 지면 또 한송이가 펴서 그 성의가 높으니 보는 사람들 모두 반기는 선한 꽃이다라고 한다.

<좋은 썰매>(1982.9.18)는 가파른 언덕에서 썰매위에 배를 깔고 내려가는 아이들의 모습을 보면서 앞날의 휘항한 좋은 시절들을 날리면서 활기찬 기분을 느끼라는 내용이다.

3) 작품 목록

『선봉』 1920년대

毒 人, 바다가에서, 『선봉』, 1928. 4. 20.
毒 人, 봄은 오건만, 『선봉』, 1928. 4. 20.
전동혁, 봄, 『선봉』, 1928. 5. 1. 동요
김승인, 自由와 그들, 『선봉』, 1928. 5. 1.
연성룡-신한촌데二호九年制學校에서, 遠響, 『선봉』, 1928. 5. 17.
大 隱, 강동륙십년(一) <세계일주가>곡조로, 『선봉』, 1928. 5. 23.
大 隱, 강동륙십년(二), 『선봉』, 1928. 5. 27.
大 隱, 강동륙십년(三), 『선봉』, 1928. 6. 9
김 준, 새 농촌, 『선봉』, 1928. 6. 3.
리호연, 붉은 구석(노래), 『선봉』, 1928. 9. 30. 노래
조생-해삼위에와서, 짓밟힌고려, 『선봉』, 1928. 11. 7.
마 청, 오월의 노래, 『선봉』, 1929. 5. 1.

『선봉』 1930년대

자 강, 영광의 죽엄, 『선봉』, 1930. 1. 13.
김병욱, 십진곡(새1오네르노래), 『선봉』, 1930. 1. 13.
옥평-해삼위에서, 빠뜨라크아르랑이, 『선봉』, 1930. 5. 19.
시랑-얼두거우에와서, 쑤이푼구역남쪽을돌아보고, 『선봉』, 1930. 5. 19.
조기천, 파리꼼무나, 『선봉』, 1930. 5. 19.
김동길, 꼴호즈십자가, 『선봉』, 1930. 5. 22.

전동혁, 농장,『선봉』, 1930. 5. 22.
전동혁, 공장,『선봉』, 1930. 5. 25.
조동규, 쓰러지는녓자최,『선봉』, 1930. 5. 25.
김 단, 봄노래들, 1930. 5. 30.
김동길, 봄노래들,『선봉』, 1930. 5. 30.
리평산, 봄노래들,『선봉』, 1930. 5. 30.
허길헌, 봄노래들,『선봉』, 1930. 5. 30.
김상선, 봄노래들,『선봉』, 1930. 5. 30.
김세일, 봄노래들,『선봉』, 1930. 5. 30.
심약연, 봄노래들,『선봉』, 1930. 5. 30.
리재인, 봄노래들,『선봉』, 1930. 5. 30.
황 일, 봄노래들,『선봉』, 1930. 5. 30.
조 생, 10월의 노래,『선봉』, 1930. 11. 7.
조 생, 볼쉐비크의 봄,『선봉』, 1931. 3. 25.
조 생, 여자공격대,『선봉』, 1931. 4. 4.
림 산, 투쟁의 오월일일,『선봉』, 1931. 4. 29. 서사시
시 랑, 조선은 어대로가느냐,『선봉』, 1931. 5. 7. 서사시
김 준, 풀은뜰에가을,『선봉』, 1931. 8. 18. 서사시
리호연, 십월의 십사주년,『선봉』, 1931. 11. 14.
김 준, 십월의열네번,『선봉』, 1931. 11. 17.
김만영-쓰빠쓰크에서, 열넷재십월을맞는때에,『선봉』, 1931. 11. 18.
문희천-쓰꼬톱으에서, 벼가을,『선봉』, 1931. 11. 18.
긔 자 안까짜, 여자로력대,『선봉』, 1931. 11. 18.
김 준, 레닌의 뜻,『선봉』, 1932. 1. 22.
김 준, 40여장의벽신문에문예로시다섯편-하급출판물변강꼰꾸르쓰를긔회
로하고문예에대하여,『선봉』, 1932. 4/8. 4/10. 14. 18.
김 준, 셋재해의봄,『선봉』, 1932. 4. 24.

시   량, 크레믈리!, 『선봉』, 1932. 11. 10.
편즙부, 문예페-지를 발행하면서, 1933. 10. 3. 기사
강주먹, 나의가르노, 『선봉』, 1933. 10. 『선봉』, 25.
한 아나똘리, 사랑스럽은사랑, 1933. 11. 3.
남   진, 타곡전선의 용사들, 『선봉』, 1933 12. 5.
김두억, 꼴호즈의 가을, 『선봉』, 1933. 12. 5.
한 아나똘리, '오!', 『선봉』, 1934. 1. 1.
김 알렉쎄이, 륙개훈시, 『선봉』, 1934. 1. 1.
태장춘, 리춘백에게, 1934. 3. 24.
전동혁, 붉은 군인, 『선봉』,1934. 3. 24.
편즙부, 문예재료집 발행을 위하여, 『선봉』,1934. 3. 24. 기사
한 아나똘리, 깨끗하게 살자!(4월 6일 신한촌의 청결사업을 보고서), 『선봉』,
    1934. 4. 6.
전동혁, 보초병, 『선봉』, 1934. 4. 6.
태장춘, 봄!, 『선봉』, 1934. 4. 6.
허성록, 파종의 봄, 『선봉』, 1934. 5. 5.
안   입, 봄, 『선봉』, 1934. 5. 5.
한 아나똘리, 뜨락또리스트의 늡애, 『선봉』, 1934. 5. 19.
에백 랴오 원작, 한 아나똘리 번역, 상해자장곡, 『선봉』, 1934. 6. 3.
조   생, 맹서하고 나아서자, 『선봉』, 1934. 6. 3.
한 아나똘리, 이렇게 맹서한다, 『선봉』, 1934. 6. 3.
안수일, 부두의 밤, 『선봉』, 1934. 6. 3.
송인석, 건설의 봄, 1934. 6. 3.
조   생, 맹서하고 나아서자, 『선봉』,1934. 6. 3.
조   생, '오일' 시위운동장에서, 『선봉』, 1934. 6. 3.
자   강, 튼튼히 직히자, 『선봉』, 1934. 7. 13.
김혜운, 어부의 놀애, 『선봉』, 1934. 7. 13.

안 일, 금각만, 『선봉』, 1934. 7. 13.
리필수, 아츰놀, 『선봉』, 1934. 8. 1.
허성목, 안되리라, 『선봉』, 안되어, 1934. 8. 1.
김동춘, 아물강의 이쪽 저쪽, 『선봉』, 1934. 8. 1.
윌 이, 동방의 불길, 『선봉』, 1934. 8. 1.
정 환, 야장의 아들, 『선봉』, 1934. 8. 15. 동요
유일용, 노다리의 네철, 『선봉』, 1934. 8. 15.
조 생, 아우 채옥에게, 『선봉』, 1935. 3. 8. 산문시
태장춘, 선봉어선, 『선봉』, 1935. 4. 9. 문단
안동선, 주력대의 마음, 1935. 5. 12. 시조
연성용, 에헤널널봄이와, 『선봉』, 1935. 5. 15.
유일용, 일ㅅ군을 가리라, 『선봉』, 1935. 5. 15.
조 생, 까드르여 너의 짐이 크다-조선인 사범 대학 제1회 졸업생들 앞에-,
    『선봉』, 1935. 6. 30. 산문시
조 생, 조선의 놀애들을 개혁하자, 『선봉』, 1935. 7. 30-8. 3.
전동혁, 삼월 일일, 『선봉』, 1936. 3. 1.
김옹국, 새해, 『선봉』, 1936. 4. 11.
배충렬, 타곡장, 『선봉』, 1936. 4. 11.
니릐지, 녀름철, 『선봉』, 1936. 4. 11.
손 일, 봄제비와 어리니(동요), 『선봉』, 1936. 4. 11. 동요
전동혁, 새봄, 『선봉』, 1936. 4. 11.
이상혁, 편자로 불어, 『선봉』, 1936. 4. 11.
전동혁, 리웅호, 『선봉』, 1936. 5. 1.
정 환, 봄놀애, 『선봉』, 1936. 6. 12.
유일용, 쓰타하노브적 봄, 『선봉』, 1936. 6. 12.
유일용, 깃음첩, 『선봉』, 1936. 7. 24.
김우진, 연돌, 『선봉』, 1936. 7. 24.

강태수, 김만냐-장편 서사시의 한부분, 『선봉』, 1937. 5. 12. 서사시
유일용, 일ㅅ군을가리라, 『선봉』, 1937. 6. 12.
정　활, 광부의 놀애, 『선봉』, 1937. 6. 12.
김택룡, 봄싹, 『선봉』, 1937. 6. 12.

『레닌기치』 1960~1964년
강태수, 기러기, 1962. 12. 31.
강태수, 첫사랑, 1963. 2. 24.
강태수, 별 나라는 가없는 나라, 1963. 10. 13.
강태수, 첫 눈이 내립니다, 1964. 1. 12.

김광현, 월의 태양, 1962. 10. 30.
김남석, 강가에서, 1964. 1. 26.
김남석, 해와달, 인형, 1962. 2. 16. 동시
김세일, 김중석, 김창옥, 1962. 5. 20.
김세일, 월의 흐름, 1962. 11. 2.
김송익, 까닭, 1962. 8. 19.
김엄자, 첫 눈, 1964. 1. 12.
김인봉, 꿈을 꾸어보세, 아기의 첫 웃음, 1963. 2. 24.
김종세, 철준의 공부, 쑥꽃, 선물, 1963. 5. 19.
김종세, 수확비기, 1963. 10. 13.
김종세, 아름다운 백일홍, 1963. 12. 22.
김창옥, 레닌의 이름, 1962. 4. 22.
김창옥, 월의 청춘, 1962. 6. 23.
김창옥, 락동강, 1964. 8. 11.
김철수, 우리 엄마, 1963. 7. 28.
김호날, 총각의 심정, 1964. 1. 26.

리광수, 바다, 1964. 11. 15.
리원우, 박완진, 박영봉, 1963. 5. 10.
리은영, 잔디, 가을의 해빛, 1963. 12. 22.
리 준-류바 아주머니, 눈사람, 1962. 2. 16. 동시
리준열, 거친 벌 우에도, 1963. 2. 24 .
리준영, 밝은 달밤에, 1962. 12. 31.
리준영, 봄꿈, 1963. 5. 19.
리 진, 배우라, 사색의 가슴을, 어머님에게, 1963. 2. 24.
리 진, 생명수, 유르따의 밤, 차반의 노래, 1963. 12. 22 .
리 진, 그리마우거리, 1964. 11. 15.
리진선, 공화국 찬가, 1964. 11. 15.
림하, 시랑송, 1963. 11. 16. 회상기
박순수, 두 소년과 우물, 1964. 11. 22.
박영걸, 리진, 김창옥, 1963. 9. 10.
박영길, 달 아래서, 1962. 6. 23.
박한진, 평화의 새, 1964. 1. 26.
신OO, 밭가는 처녀를 보고서, 1963. 10. 13.
예브게니 예브뚜쎈꼬, 스딸린의 후계자들, 1962. 12. 2.
오님O, 로력 영웅 우리 누나, 1963. 5. 19.
우제국, 류바, 큰사람, 시어미와 며누리, 1963. 7. 28.
원철, 흡진기, 1963. 12. 22.
윤영봉-함박 눈이 내린다, 1962. 2. 16. 동시

장만길, 저녁마을, 1962. 8. 19.
장만금, 처녀지의 봄, 첫 선물, 1963. 2. 24.
장만금, 로력에서 정든 사랑, 친우를 만나, 1963. 7. 28.
장만금, 풍작의 가을, 1963. 10. 13.

장만금, 1963. 10. 27.
장만금, 기억산, 1963. 12. 22.

장원일, 설날에, 1962. 12. 31.
저자모름, 눈손님, 겨울밤, 1963. 12. 22.
저자모름, 조국에드리는 맹세, 아침노을, 1963. 12. 22.
정 민, 비둘기를 사랑하는 어머니, 1963. 11. 24.
정 석, 피아노 노래, 1963. 7. 28.

조기천, 수양버들, 동해바다, 1963. 11. 16.
조기천, 처녀지 개척자, 1963. 11. 24.

조정봉, 가슴을 열어서, 1962. 12. 2.
조정봉, 시월의 봉화, 1962. 11. 7.

중학교6년생 리 아나똘리, 붉은 넥타이, 1963. 5. 10.
차원철, 렬사비, 1963. 10. 13.
한 예까께리나, 강태수, 황만금, 김인봉, 김남석, 1963. 4. 14.

『레닌기치』 1965~1969년
강태수, 우리의 하루, 1965. 1. 10.
강태수, 내 거문고야, 울려라!, 1967. 6. 14.
강태수, 또피여요, 1968. 10. 23.
강태수, 12월 당원들의 기념비 앞에서, 1968. 12. 23.
강태수, 두산베, 1969. 11. 15.

기 알렉산드르, 나의 제비, 1968. 10. 23.

김광옥, 내 한밤중 이불속에서 웃어요, 1969. 11. 15.
김광현, 눈꽃, 1968. 10. 23. 동시
김남석, 불노래 2수, 1965. 2. 14.
김세일, 우리는 새 땅에 살아요, 1966. 10. 30.
김종세, 두그림자, 첫눈길, 1965. 2. 28.
김종세, 조국의 어머니, 여우코, 여름공원, 1969. 11. 15.
김창파, ○○중에 이 땅이 푸르러, 1965. 2. 28.
로공혁, 행복을 주자고 사랑을 주자고, 무쇠 팔둑으로, 1966. 12. 5.
리 니꼴라이, '힘바다'에 '푸른배' 떴다, 1966. 10. 30.
리갑룡, 내가 건설자라면, 1966. 10. 30.
리성기, 말해주렴, 1965. 9. 5. 동시
리은영, 꿈과 시총, 1965. 1. 10-리진, '나 자신과의 담화'에서, 1965. 11. 27.
리은영, 행복은 우리의 손에 있더이다, 나와 우리, 1965. 10. 31.
리은영 역, 아버지의 뜻, 어머니의 눈물, 1968. 10. 23. 역시
리 진, 동틀 무렵, 오늘과 내일, 1967. 12. 10.
리 진, 아침, 제르신쓰끼 광장에서, 1965. 1. 10.
맹용인, ○○○는 듯, 1967. 12. 10.
맹용인, 알라따우를 우러러 보면서, 1967. 5. 12.
박영걸, 인생의 불을 찾아, 1965. 2. 14.
박 현, 싸할린 풍경, 들길에서, 1966. 10. 30.
연성용, 영웅도시, 1967. 12. 10.
우제국, 산행, 조국땅, 비와구두, 1965. 11. 27.
우제국, 별을 따는 사람들, 1968. 10. 23.
위영자, 뜨거운 마음, 양털외투, 1966. 12. 5.
유경선, 앵무새, 1965. 9. 5. 동시
유레닌치, 동트는 새벽, 1968. 10. 23.
자 규, 전사들 무덤 앞에서, 1965. 10. 31.

장만금, 나의노래, 1967. 9. 13.
장준일, 새집들이, 1967. 5. 12.
정몽주, 남인구 시조 2펴 시조, 1968. 12. 23.
정 추, 꾸이간의 아침, 바흐 바흐띠의 첫 가을, 1967. 12. 10.
조정봉, 인간향상, 까산역, 1968. 10. 23
주동일, 숙련공아가씨, 어머니에게, 1969. 5. 17.
진항문, 노호하는 메콩강아!, 1966. 12. 5.
차원철, 봄, 봄눈, 꽃봉오리, 1965. 2. 28.
차원철, 유리창을 닦는 아가씨, 1967. 5. 12.
태장춘, 리 춘백에게, 선봉 어선, 1966. 10. 23.
한 아나똘리, 석천, 아침, 1968. 12. 23.
한 아뽈론, 나는 언제든 앉아 있으리, 가을, 1965. 11. 27.
한 예브게니, 세청년, 1967. 5. 12.

『레닌기치』 1970~1974년

OOO, 꼴호스마을의 한나절, 1970. 12. 19.
가푸 까이르베그브, 역, 도동갑, 1971. 3. 13. 역시
강도리야, 엘브르쓰의 푸른 호수를 보고서, 1973. 3. 3.
강백일, 님의 정, 1972. 4. 8.

강태수, 예이쎈이강, 1970. 4. 10.
강태수, 새해의 새희망, 1971. 1. 1.
강태수, 무제시, 1972. 4. 8.
강태수, 벗이여, 어서 오리, 1972. 1. 8.
강태수, 봄비, 1972. 6. 16.
강태수, 회상, 1972. 9. 15.
강태수, 꽃은 붉든 희든, 1972. 10. 28

강태수, 저마다, 1972. 10. 28.
강태수, 나의 환상, 1973. 1. 27.
강태수, 삶의 노래, 1974. 3. 2.
강태수, 길을 가면서, 1974. 9. 12.

게오르기 네크라쏘브, 쏘네트, 1972. 8. 25.
고르가르, 싸말간드의 노래, 1972. 6. 16.
김 니꼴라이, 나의 일터, 1973. 8. 7.

김광현, 제나라 강토를 지켜, 1971. 3. 27.
김광현, 들의 생화 그립다오, 1972. 7. 1.
김광현, 그날은 오고야 말리니, 1973. 9. 20.
김광현, 함께 즐겼거니, 1973. 9. 20.
김광현, 믿음, 1973. 9. 20.
김광현, 사랑, 1973. 9. 20.
김광현, 무제시, 1974. 4. 27.
김광현, 칠리 하늘에서도, 1974. 4. 27.

김기철 역, 이르싸이도 이르사쟈르, 명감의 새, 1970. 4. 10. 역시
김남석, 배달부 아가씨, 1972. 11. 25.

김니꼴라이, 당의 품에서, 1970. 7. 28.
김니꼴라이, 레닌의 동상앞에서, 1971. 3. 13.
김니꼴라이, 눈, 1973. 11. 3. 동요
김니꼴라이, 공휴일저녁, 1975. 10. 2.

김두석, 가을, 1972. 1. 8.

김두칠, 봄, 1971. 1. 9.
김두칠, 청준, 1972. 1. 22.
김두칠, 동창생, 1972. 1. 22.
김두칠, 게르쩐의 무덤 앞에서, 1974. 5. 25.
김두칠, 선생님에게, 1974. 9. 12.

김막영, 오는 봄, 1972. 4. 22.
김무새, 동전하나, 1974. 4. 27. 동요

김미론, 아침, 1972. 6. 16.
김미론, 배우자!, 1972. 5. 13.
김미론, 아소브해, 1972. 9. 15.
김미론, 가을, 1972. 11. 25.
김미론, 봄, 1973. 4. 26.
김미론, 봄의 하루밤, 1973. 8. 7.

김박새, 봄이 온다, 1974. 5. 25.

김뽀뜨르, 로씨야여, 나는 그대를 사랑합니다, 1972. 4. 22.
김뽀뜨르, × × × × ×, 1972. 6. 16.
김뽀뜨르, 홍범도의 무덤 앞에서, 1973. 5. 19.

김상옥, 이른 겨울, 누에를 두고 생각할 때, 1971. 1. 9.
김세일, 치르치크의 아리랑, 1970. 12. 5.

김안나, 꿈에 본 처녀, 1973. 3. 3.
김안나, 어머니 생각, 1973. 4. 26.

김안나, 해빛아래 따스껜트, 1973. 9. 16.
김안나, 님이 보낸 금가락지, 1973. 11. 3.
김안나, 술은 사람의 웬수, 1973. 12. 25. 번역시
김안나, 보초병, 1974. 6. 8.

김연복, 노래하노라, 1972. 4. 8.
김인봉, 내 조국, 1971. 1. 9.
김인봉, 나의 원이여!, 1972. 1. 8.
김인봉, 가을에 또 오시라, 1974. 9. 12.
김일종, 불타고 있다네, 1974. 6. 22.
김장옥, 레닌의 아들딸들에게, 1970. 4. 10.
김종애, 그대가 부르는 노래, 1972. 5. 13.
김종애, 젖짜는 아주머니, 1972. 5. 13.
김종익, 마땅한 청, 1973. 5. 19.
김종익, 우리는 공산주의를 보고 있노라, 1974. 12. 8.
김창옥, 까쮸사, 1971. 3. 13.
김창옥, 봄이오내. 일하러 오네, 1972. 6. 16.
김철수, 락수물소리 엿들으면서, 1973. 4. 26.
김철수, 설맞이, 1972. 12. 30.
김학O, 새해를 맞이하면서, 1974. 3. 2.
김O세, 평화의 하늘은 왔다, 1973. 9. 16.
까. 아까에브(끼르기시아), 로씨야말, 1974. 9. 12.
니꼴라이 그리바쵸브, 우리의 별, 1974. 2. 2.
량중건, 발하스호에서, 1973. 9. 20.

로 사, 새날, 1974. 9. 12.
로 사, 앵무새, 1974. 9. 12.

로 사, 강물, 1974. 12. 21.
로 사, 뱃놀이, 1974. 12. 21.

롤라 무르트, 내 조국을 노래한다, 1973. 1. 27.
류이 간, 밭갈이 필하고…, 1973. 9. 16.
리광수, 붉은 피 용솟음 치네, 1972. 1. 8.
리광수, 새해, 1971. 1. 9.

리동언, 강물의 노래, 1970. 12. 5.
리동언, 얼마나 기쁘랴!, 1972. 6. 16.
리동언, 술취한 사람을 조롱함, 1973. 9. 16.
리동언, 화가의 그리는 꽃, 1973. 11. 3.

리만식, 바다, 1970. 7. 28.
리만식, 돌아왔네, 1973. 5. 19.
리만식, 따스껜트의 밤, 1973. 11. 24.
리만식, 뢰시탄 아가씨, 1974. 3. 2.
리만식, 봄바람, 1974. 4. 27. 동요
리만식, 수청아가씨, 1974. 4. 27.
리만식, 진달래, 1974. 4. 27.
리만식, 기차, 1974. 6. 8.
리만식, 달, 1974. 9. 12.

리석대, 푸른 숨결, 1972. 4. 8.
리석대, 전사들의 령전에, 1972. 5. 13.
리석대, 오월의 색조, 1972. 7. 1.
리석대, 함박꽃, 1972. 7. 29.

리석대, 어린 "천사"들, 1972. 9. 15.
리석대, 은세계 가로수, 1972. 11. 25.
리석대, 가을농가, 1972. 12. 14.
리석대, 편지, 1973. 4. 26.

리원근, 나의 도시 알말릐크, 1974. 6. 22.
리임석, 새 크슬오르다, 1973. 1. 27.

리종언, 평화, 1972. 4. 8.
리종언, 꼼바인 운전수, 1972. 10. 28.
리종언, 지질탐사절을 맞으면서, 1973. 4. 26.
리종언, 끝없는 대결, 1973. 9. 20.

리 진, 에르미따스에서, 1971. 3. 27.
리 진, 여울목에서, 1972. 1. 8.
리 진, 반디불, 1972. 1. 22.
리 진, 밤에 창문가에서, 1972. 1. 22.
리 진, 꽃을 꺾어가라, 1972. 4. 8.
리 진, × × × × ×, 1972. 6. 16.
리 진, 상처입은 노래, 1972. 4. 22.
리 진, 모자를 벗고 꽃을 놓는다, 1972. 12. 30.
리 진, 별들, 1972. 12. 30.
리 진, 인민의 승리, 1973. 3. 3.
리 진, 벗, 1973. 4. 26.
리 진, 시조, 1973. 4. 26.
리 진, 또다시 혁명가들에 대해서, 1974. 3. 30.
리 진, 둥둥이, 1974. 6. 22. 동시

리창달, 용감한 초병, 1972. 4. 22.
리황술, 허풍군과 아첨쟁이, 1974. 6. 22. 풍자시
막씨아 땅크(리은영 역), 빨찌산의들의 붓나무, 1973. 12. 25. 번역시
막씨아 땅크(리은영 역), 얀카 꾸빨라의 비석앞에서, 1973. 12. 25. 번역시

맹동욱, 고용병, 1972. 9. 15.
맹동욱, 너도 그 길로!, 1972. 11. 25.
맹동욱, 조안화, 1972. 12. 30.
.맹동욱, 미국 흑인에게!, 1973. 3. 3.
맹동욱, 이 고장의 오월, 1973. 5. 19.
맹동욱, 모국어, 1973. 8. 7.
맹동욱, 사랑, 1973. 4. 26.
맹동욱, 삶의 뜻, 1975. 10. 2.

미르뻬미르, 위대한 혁명, 1972. 12. 14.
박근만, 쏘베트의 땅, 1973. 5. 19.
박기환, 강물, 1972. 1. 8.
박니꼴라이, 그리운 옛 친구, 1973. 8. 7.
박니꼴라이, 이밤에도, 1973. 12. 25.
박영걸, 누에, 1974. 6. 22.
박영걸, 단풍이 든 가을, 1973. 9. 20.
박영걸, 말리장강, 씨르라리야, 1972. 6. 16.
박영걸, 삐오네르 대군, 1974. 3. 2.
박영일, 위대한 쏘련, 1972. 12. 30.
박천, 밀림속의 천막촌, 1974. 12. 21.
베. 보곤바예브(끼르기시야), 주동일 역, 청춘, 1974. 12. 8.
브에웰로드 로제쓰기웰쓰기. 네와 강가에서, 1972. 8. 25.

블라지미르 이야꼽쓰끼, 레닌과의 담화, 1975. 10. 2.
빠누이로 쌔와크(아르메니야), 사랑, 1973. 11. 24.
신형문, 평화의 비둘기, 1974. 6. 8.
쎈. 쓰미로노브, 견장에 대한 발라드, 1972. 7. 29.
쎈. 쓰미로노브, 때늦은 상봉, 1972. 7. 29.
씽룽사, 보따고스, 1974. 6. 22.
아. 알레(에쏘도니아), 고향, 1974. 6. 22.
아나톨리 크라쓰노브, ×, 1972. 8. 25.
안일, 꽃밭가을, 1972. 3. 13.
애쓰. 씨데로비, 리은임 역, 레닌, 1974. 2. 2.
애쓰. 씨데로비, 리은임 역, 바다가에서, 1974. 2. 2.
에이번 웨웨런쓰(와트위야), 당중, 1973. 11. 24.
엘. 하끼모와(바지끼쓰딴), 주동일 역, 레닌, 1974. 12. 8.
연성용, 알라따우 청솔나무, 1970. 7. 28.
연성용, 우리를 부르는 기발, 1970. 4. 10.
연성용, 네가 떠나가던 날, 나는 기다린다, 1970. 12. 19.
연성용, 야단났다, 큰 화단났어, 1972. 5. 13.
오헌호, × × × × ×, 1972. 6. 16.
오헌호, 가을벌에서, 1972. 7. 1.
웨. 즐로우친, 천진란만, 1972. 7. 29.
웨. 즐로우친, 하이퐁의 어린애들, 1972. 7. 29.
위딸리 리순, 따라쓰의 어린 버들가지, 1972. 10. 28.
유모르 강권, 브리가지르, 1972. 9. 15.
유보리쓰, 목장의 처녀, 1971. 3. 13.
유보리쓰, 우리 당의 은덕이라네, 1973. 11. 3. 가사
유보리쓰, 은혜로운 내 조국에, 1971. 3. 27.
윤봉석, 봄을 맞이하여, 1972. 4. 8.

운　영, 탑, 1972. 9. 15.
장만금, 아첨주, 1971. 1. 9. 풍자시
장만금, 황이 선생님, 1970. 12. 5.
전동혁, 기계공, 1974. 2. 2.
전동혁, 손자놈, 1974. 9. 12.
전동혁, 착유공, 1974. 2. 2.
정　민, 당종, 1974. 12. 21.
조병도, 봄, 1972. 5. 13.
조　영, 까라꿈율하, 1972. 3. 13.

조정봉, 옥야천리 치르치크벌, 월남처녀의 맹세, 1971. 3. 13.
조정봉, 조국은 부른다, 1971. 3. 27.
조정봉, 굳이 믿는 마음, 1972. 7. 29.
조정봉, 흘러흘러라, 씨르다리야!, 1972. 9. 15.
조정봉, 대승리, 1973. 4. 26.
조정봉, 련못, 1973. 1. 27.
조정봉, 사람, 1973. 11. 3.
조정봉, 젖먹이 손자더러…, 1973. 11. 3.
조정봉, 봄비 내린다, 1973. 9. 20.
조정봉, 사회주의의 배, 1973. 9. 20.
조정봉, 세기의 목소리, 1974. 3. 30.
조정봉, 은물결, 1974. 12. 21.
조정봉, 랑만의 벌판, 1974. 12. 8.
조정봉, 새당종, 1974. 2. 2.
조정봉, 신심, 1974. 12. 21.
조정봉, 진리, 1974. 9. 12.
조정봉, 최대의 행복, 1974. 2. 2.

조정봉, 자랑병, 1975. 10. 2.
조정봉, OOO, 1975. 10. 2.

조해룡, 쏘치, 1972. 5. 13.
주병천, 가을바람, 1972. 11. 25.

주영윤, 브랏쓰크를 찾아서, 1972. 12. 14.
주영윤, 평화의 종소리, 1973. 1. 27.
주연윤, 첫 로어선생, 1973. 9. 16.
주영윤, 선반공, 1973. 5. 19.
주영윤, 들의 앵두나무, 1973. 12. 25.
주영윤, 오늘의 유스노싸할린쓰크, 1974. 3. 2.
주영윤, 바이깔호반에서, 1974. 6. 8.
주영윤, 아들에게 하고 싶은 말, 1974. 6. 8.
주영윤, 집들이, 1974. 4. 27.
주영윤, 원동의 진주, 1975. 10. 2.

주 촌, 가는 봄 아쉬워, 1973. 9. 16.
주 촌, 봄날 들에 나가, 1973. 8. 7.
주 촌, 극성, 1972. 7. 1.
주 촌, 두견새도 유심쿠나, 1972. 9. 15.
주 촌, 비둘기, 1972. 10. 28.
주총O, 여름의 하루, 가을 두루미, 1971. 1. 9.
주통일, 방목장의 봄아침, 1974. 5. 25.
최막성, 버들가지, 1975. 10. 2.
최희진, 선산산맥, 1972. 4. 22.
카이테 아주미, 방글라데스, 1972. 1. 22.

태상학, 깝까스산들, 1972. 4. 8.
파수 알리게와, 내가 바라는 바, 1973. 1. 27.
한록순. 꼴호스의 봄, 1970. 4. 10.
한성덕, 따스껜트 달, 1972. 6. 16.
한아뿔른, 별들은 왜, 1972. 7. 1.
한아뿔른, 아침, 1972. 5. 13.
한아뿔른, 가을밤, 1972. 10. 28.
허남녕, 겨울아침, 1975. 10. 2.
허남녕, 보름달아, 밝아라!, 1974. 3. 30.
허남녕, 싸할린 날씨, 1974. 3. 30.
허남녕, 어머니, 1974. 3. 30.

허성록, 내리는 눈, 1972. 4. 8.
허성록, 파종의 노래, 1972. 6. 16.
허성록, 꼴랴와 왈랴, 1972. 12. 14.
허성록, 봄꽃들, 1973. 9. 20.
허성록, 웃음, 1973. 9. 20.
허성록, 4,900원의 똔, 1973. 12. 25.
허성록, 우스베끼스딴!, 1974. 12. 8.
허성록, 악몽아들, 1974. 12. 8.

홍용춘, 행복의 동산, 1973. 9. 16.

『레닌기치』 1975~1979년
강태수, 숙망, 1975. 3. 22.
강태수, 두루미, 1975. 7. 12.
강태수, 이른봄, 1975. 7. 12.

강태수, 동트기, 1975. 7. 26.
강태수, 봄 기운, 1975. 10. 31.
강태수, 가을꽃, 1975. 10. 31
강태수, 가을, 1975. 11. 11.
강태수, 벌판에서,1978. 11. 7.
강태수, 어느 하루, 1978. 11. 7.
강태수, 구쭐의 노래, 1979. 11. 21.
강태수, 아침, 1979. 11. 21.
강태수, 오솔길, 1979. 11. 21.
강태수, 우등불, 1979. 11. 21.

권 일, 그들의 승리 영원하리라, 1979. 2. 14.
권칠날, 감자추수 신난다, 1975. 11. 15.
권칠날, 우리 도시 호ㅁ 쓰크, 1975. 12. 13.
권칠남, 새해 결의, 1978. 1. 13.
김경자, 숨박꼭질, 1979. 6. 2.
김광현, 미장공부부, 1975. 10. 4.
김광현, 우리가 반대하는 싸움은, 1975. 10. 31.
김남철, 그대의 생일날, 1979. 8. 4.

김니꼴라이, 레닌적공산당을 노래합니다. 1975. 1. 11.
김니꼴라이, 레닌을 추억하라, 1975. 2. 15.
김니꼴라이, 위대한 레닌당이여!, 1976. 3. 24.
김니꼴라이, 새해가 왔다, 1976. 1. 10.
김니꼴라이, 시월의 도시 레닌그라드, 1976. 12. 11.
김니꼴라이, 내와강이 잇다ㅎ은 곳은…, 1977. 7. 14.

김동세(단행본 목록에는 김종세), 매, 1978. 1. 13.
김동세(단행본 목록에는 김종세), 새, 1978. 1. 13.
김동익, 레닌의 초상화를 보며, 1975. 2. 15.
김동익, 봄 비, 1976. 5. 15.

김두칠 시, 송게오르기 곡, 봄날인양 기뻐하네, 1977. 2. 26. 노래
김두칠, 꽃다발, 1977. 9. 8.
김두칠, 농부일생, 1977. 9. 8.
김두칠, 무제시 2편, 1977. 7. 14.
김두칠, 봄날인양 기뻐하네, 1975. 2. 15.
김두칠, 사회주의 로력 영웅 가비르 선생님!, 1975. 2. 15.

김리사, 5월의 명절, 1979. 5. 4.
김리지야, 봄바람, 1979. 6. 30.
김막섭, 희ㄴ 금가을!, 1975. 1. 11.
김빠웨루, 나의 정든 도시, 1978. 7. 22.
김빠웨루, 선물의 낟알, 1978. 11. 7.
김세일, 무명전사, 1976. 5. 15.

김승익, 봄, 1975. 3. 22.
김승익, 가을, 1977. 9. 8.
김승익, 비온뒤에, 1977. 6. 11.
김승익, 이른 아침, 1978. 1. 13.
김승익, 장수, 1977. 2. 26.
김승익, 풍년으로 수놓는 땅, 1979. 10. 18.
김승익. 깝차가이의 가을, 1979. 9. 21.

김아나똘리, 호수가에서, 1976. 9. 23.
김안나, 그림 그리는 처녀, 1975. 5. 17.
김안나, 기다리던 봄, 1979. 6. 30.
김안나, 목화풍년, 1975. 10. 4.
김안나, 우리아기, 1975. 1. 11.
김알레싼드르, 나의 우스베끼쓰딴, 1977. 8. 18.

김인봉, 그대들과 더불어, 1975. 8. 30.
김인봉, 꽃피워가네, 1975. 6. 21.
김인봉, 로동은 노래를 낳고 있다, 1977. 9. 8.
김인봉, 미더워라, 1975. 6. 21.
김인봉, 발자국, 1975. 2. 15.
김인봉, 씨르다리야강, 1975. 4. 28.
김인봉, 이 길을 걸으며, 1977. 4. 14.
김인봉, 처녀 "함장", 1975. 9. 18.
김인봉, 해안도시 네웰쓰크, 1977. 4. 14.

김중세, 꽃피는 초원, 1978. 7. 22.
김중세, 기계공 누나, 1976. 12. 11.
김중세, 꽃단지, 1977. 5. 24.
김중세, 일곱 마리 수소, 1976. 9. 23.
김중세, 조국이여!, 1976. 12. 11.
김중세, 카사흐쓰딴이여!, 1977. 9. 8.
까. 끌리에브, 당이여!, 1976. 1. 24.
까. 싸모노브, 기다려주오, 나는 돌아오리다, 1978. 5. 6.
남철, 정다운 일터, 1979. 10. 6.
데. 굴리아, 레닌묘에서, 1978. 4. 29.

량원식, 첫상봉, 1979. 10. 6.

로　사, 싹사을나무, 1975. 2. 15.
로　사, 누에, 1975. 2. 15.
로　사, 백일홍, 1975. 7. 12.
로　사, 해바라기, 1975. 7. 12.
로　사, 가을, 1978. 11. 7.
로　사, 겨울, 1979. 1. 25.
로　사, 새해, 1979. 1. 25.
로　사, 낫과 마치, 1979. 5. 4.
로　사, 홍범도거리에서, 1979. 12. 12.

류보리쓰, 미더운 일군, 1975. 11. 15. 가사
류승렬, 벽시 3편, 1975. 12. 13.

리동언, 비행기, 1975. 4. 5.
리동언, 미소, 1975. 4. 5.
리동언, 비 내린 뒤에, 1975. 7. 12.
리동언, 아버지와 딸, 1975. 8. 30.
리동언, 자백, 1975. 12. 13.
리동언, 당대회를 맞으며, 1976. 1. 24.
리동언, 신문을 받을 때마다, 1976. 9. 23.
리동언, 어린이들이 학교로 간다, 1976. 9. 23.
리동언, 풍작의 가을에, 1976. 12. 11.
리동언, 꽃피는 마을, 1977. 6. 11.
리동언, 농막아바이, 1977. 8. 18.
리동언, 까라말, 1978. 1. 13.

리동언, 초병, 1978. 7. 22.
리동언, 별들이 반짝이는 밤, 1978. 7. 22.
리동언, 새별, 1978. 11. 7.
리동언, 새날의 진군, 1979. 9. 14.
리동언, 신혼부부, 1979. 10. 18.

리막성, 우쑤리 밀림, 1976. 5. 15.
리석대, 속담에도 있네, 1979. 1. 25.
리석대, 요람, 1978. 2. 11.
리석대, 요술쟁이, 1979. 5. 4.
리세호, 관수공, 1979. 5. 4.
리세호, 그대나 날아보소, 1979. 5. 4.
리세호, 그대의 로력으로, 1976. 9. 10.
리세호, 면모된 마을에서, 1979. 10. 18.
리세호, 윤령감, 1979. 11. 21.
리세호, 응당한 일, 김종세, 형제 치나라, 1977. 2. 26.

리영희, 새 힘이 솟네, 1975. 3. 22.
리용언, 까라딸은 춤춘다, 1977. 7. 28.
리원근, 눈, 1975. 2. 15.
리원근, 봄, 1975. 4. 5.
리은영, 평화는 생, 1977. 6. 11.
리중언, 아들을 보내면서, 1976. 1. 10.

리 진, 그런 사랑, 1976. 1. 10.
리 진, 기념비, 1976. 1. 24.
리 진, 숲속길에서, 1976. 1. 10.

리 진, 억만장자들, 1975. 12. 13.

리창달, 시월의 명절을 노래하자, 1977. 7. 14.
리화영, 세월, 1975. 11. 29.
리 훈, 씨비리로 달리네, 1975. 10. 31.
맹독욱, 참다운 사랑, 1978. 7. 22.
맹동욱, 바이깔아무르 철도건설장, 1976. 7. 10.
무산, 김넬라, 1976. 7. 10.
무산, 평혼, 1976. 7. 10.
박 예보게니, 전우의 몫까지, 1975. 4. 28.
박꼬도르, 공청동맹증을 볼 때마다, 1976. 9. 23.
박꼬도르, 소나기 내린 전야에, 1976. 9. 10.
박또로브, 고향마을, 1976. 12. 11.
박또로브, 국경경비 초소에서, 1976. 12. 11.
박로만, 풍년의 선물 드리자, 1977. 6. 11.
박보리쓰, 로씨야여, 그대는…, 1976. 9. 10.

박뽀로드, 쏘련의 국경초병, 1976. 1. 24.
박뽀드르, 국경의 아침, 1977. 6. 11.
박뽀드르, 나의 모쓰크와, 1977. 7. 14.
박뽀드르, 풍년가을, 1977. 9. 8.
박뽀드르, 하싼호여,1978. 7. 22.
박뽀뜨르, 성스러운 쏘련국경, 1979. 1. 25.
박뽀드르, 기다리는 봄, 1979. 5. 4.

박성온, 이씩글이여!, 1975. 8. 30.
박성O, 공장으로 가는길, 1976. 7. 10.

박영걸, 젊은 과부, 1975. 1. 11.
박영걸, 제일 귀여운 것, 1975. 4. 28.
박영걸, 하늘에서의 상봉, 1975. 8. 30.
박영걸, 레닌의 동상 앞에서, 1977. 7. 14.
박영걸, 내 조국의 기발, 1978. 2. 11.
박영걸, 싹싸울, 1979. 9. 21.

박 현, 그때는 8월이였다, 1975. 8. 30.
박 현, 휴일의 호수가, 1975. 7. 26.
박 현, 달밤의 고기잡이, 1975. 6. 21.
박 현, 들판에서, 1975. 5. 17.
박 현, 련락선 떠나가오, 1975. 6. 21.
박 현, 메아리, 1975. 7. 12.
박 현, 목화밭풍경, 1975. 10. 4.
박 현, 뿔 소리, 1975. 3. 22.
박 현, 세 빠르찌산, 1975. 4. 5.
박 현, 시내가에서, 1975. 11. 29.
박 현, 얄궂은 바람, 1975. 6. 7.
박 현, 올해도 풍년이야!, 1975. 9. 18.
박 현, 전선처녀, 1975. 2. 15.
박 현, 젖을 많이 짜주렴!, 1975. 11. 29.
박 현, 청춘의 궤도, 1975. 7. 12.
박 현, 한그루 백양나무, 1975. 2. 15.
박 현, 건설장의 해돋이, 1975. 12. 13.
박 현, 흰들국화, 1975. 7. 26
박 현, 양떼들이 비행기를 탔네, 1975. 10. 31.
박 예브게니, 팔호스의 밤, 1976. 1. 24. * 박 예브게니는 박현의 필명.

박 현, 눈내리는 아침에, 1976. 1. 10.
박 현, 삼리보호원처녀, 1976. 7. 10.
박 현, 1976. 3. 24.
박 예보게니, 조국의 하늘, 1976. 9. 10.
박 현, 우리 시대의 풍습, 1977. 6. 11.
박 헌, 해바라기, 1977. 5. 24.
박 예브게니, 병사의 묘비앞에서, 1977. 8. 18.
박 현, 꼴호스로 가는 길, 1977. 9. 8.
박 현, 사과가 빨가니…, 1977. 9. 8.
박 예브기니, 정다운 고장을 지나며, 1978. 1. 13.
박 현, 축포꽃이 피였어요. 1979. 6. 2. 동시
박 현, 우유, 1979. 6. 2. 동시

박형걸, 달밤의 낚시질, 1976. 7. 10.
발하나끌미, 꾀꼬리와 노래, 1976. 5. 15.
신변균, 겨울밤, 1976. 3. 24.
아. 그리나OO, 그녀는 영원히 살아계시다, 1978. 4. 29.
아. 꼴리츠, 약속, 1979. 12. 12.
아. 보드로노브, 브랴ㄴ 쓰크삼림 설레이네, 1978. 5. 6.
아. 쑤르고브, 손풍금아, 노래 불러라, 1978. 5. 6.
에. OO희인, 산딸기, 1977. 5. 24. 동시
에. OO희인, 요술막대기, 1977. 5. 24. 동시
에. OO희인, 운전수, 1977. 5. 24. 동시
에쓰 시빠쵸브, 전사한 사람들에게, 1978. 5. 6.
에쓰, 미할꼬브, 웨.이. 레닌박물관에서, 1978. 4. 29.
에쓰. 마르사고, 어리석은 생쥐 이야기, 1979. 6. 2.
엠 우진, 승리자, 1978. 5. 6.

엥. 따리아니체와, 마지막 전쟁의 참가자, 1978. 5. 6.

연성용, 레닌의 발자국, 1976. 5. 15.
연성용, 만일 내가 화가였다면, 1976. 9. 23.
연성용, 정든 평야, 1976. 1. 24.
연성용, 환갑잔치, 1976. 9. 10.
연성용, 잠자는 갓난애기, 1978. 2. 11.
연성용, 초불, 1978. 2. 11.
연성용, 행복의 노래, 1978. 2. 11.

예. 뜨루르네와, 평화를 위하여, 아동들을 위하여!, 1979. 6. 2.
왜. 니꼴라이, 그리운 선희에게, 1978. 1. 13.

우제국, 능금나무, 1976. 9. 10.
우제국, 보통로동자의 흔적, 1976. 9. 23.
우제국, 쌍둥이, 1977. 2. 26.
우제국, 코끼리에 관한 이야기, 1977. 5. 24.
우제국, 장미화, 1979. 2. 14.
우제국, 인자한 녀자, 1979. 5. 4.
우제국, 목화재배업자들이여, 1979. 6. 30.
우제국, 백발없는 늙은이, 1979. 7. 20
우제국, 풍년든 그때면, 1979. 10. 18.
우제국, 따스겐트 지하차도, 1979. 11. 21.
우제국, 자두나무, 1979. 11. 21.

울알렉세어, 봄나비, 1979. 5. 4.

원 일, 눈이 내리네, 1979. 1. 25.
원 일, 보슬비, 1979. 6. 30.
원 일, 꽃다발, 1979. 7. 20.
원 일, 초원, 1979. 10. 6.
원 일, 눈송이, 1979. 12. 12.

원칠날, 홀쓰크바다에, 1976. 9. 10.
웨. 꼴르그리브, 전화, 1979. 6. 2.
웨. 뮈야브이스, 렬차 안에서, 1976. 1. 24. 렬차안에서
웨. 으릅로브, 물뿌리는 자동차, 1979. 6. 2.
웨. 인베르, 레닌, 1978. 4. 29.
유 보리쓰, 땅의 주인 누구냐, 1975. 6. 7.
유 보리쓰, 새 봄을 노래하네, 1975. 4. 28.
유 보리쓰, 새 시험의 노래, 1975. 6. 7.
유. 드루니나, 무제시 2편, 1978. 5. 6.
유보리쓰, 어머님이 하신 말씀, 1976. 9. 23.
육보리쓰, 건설공의 자랑, 1976. 9. 10.
장윤기, 새집들이, 1979. 1. 25.
장윤기, 탄부의 감사, 1978. 11. 7.
전 복아지미르, 그가 부른 노래, 1975. 7. 26.
전 복아지미르, 축하하노라, 1975. 7. 26.
전 블라지미르, 내 고향 싸할린, 1975. 9. 18.
전 블라지미르, 쎄와쓰또뽈리여!, 1975. 4. 28.
전 블라지미르, 충성의 길, 1975. 4. 28.
전동혁, 꽃과 사랑, 1975. 10. 31.
전동혁, 륙십고개, 1975. 10. 31.

전항문, 영광의 생애여!-레닌의 동상 앞에서, 1975. 3. 22.
전항문, 투사의 길은…, 1975. 3. 22.
전항문, 벼포기가 솟아났소, 1975. 6. 21.
전항문, 처녀의 눈물방울 떨어지기 전에, 1975. 6. 21.
전항문, 행복, 1975. 10. 31.
전항문, 단풍잎, 1975. 10. 31.

정망석, 호식의 하루, 1975. 12. 13.
정우섭, 잘가라 겨울아!, 1977. 4. 14.
정장길, 눈 내린 공원에서, 1979. 1. 25.
정장길, 삶의 자취, 1979. 12. 12.
정장길, 인간, 1979. 12. 12.
정장진, 금무늬로 수놓고저, 1978. 2. 11.
제니꼴라이, 고요한 밤에, 1975. 1. 11.
조영, 씨르다리야강, 1977. 7. 14.
조정봉, 새 건설장으로!, 1975. 8. 30.
조정봉, 속삼임, 1975. 11. 29.
조정봉, 은덕, 1975. 11. 15.
조정봉, 해방자, 1975. 11. 15.
조태봉, 삐오네르야영, 1975. 3. 22.
조해룡, 평화의 하늘을 사랑하오, 1977. 8. 18.
주동일, 봄향기 풍기여라, 1979. 6. 30.
주동일, 우리 신문, 1978. 11. 7.
주동일, 친구를 사귀라, 1979. 6. 30.

주영윤, 싸마르깐드의 마욜리카, 1975. 7. 12.
주영윤, 해당화, 1975. 5. 17.

주영윤, 안개낀 호수가, 1975. 7. 26.
주영윤, 아침마다 만나는 처녀, 1975. 11. 29.
주영윤, 고마운 우리나라, 1975. 8. 30.
주영윤, 반생을 돌이켜보며…, 1975. 12. 13.
주영윤, 부하라의 고성을 찾아, 1975. 1. 11.
주영윤, 수도에 가거든, 1975. 9. 18.
주영윤, 기차, 1975. 9. 18.
주영윤, 가을밤에, 1975. 11. 29.
주영윤, 꽃과 나비, 1975. 7. 26.
주영윤, 빠미르의 짤빤, 1975. 3. 22.
주영윤, 공원에서, 1976. 12. 11.
주영윤, 사랑, 1976. 3. 24.
주영윤, 소나기, 1976. 7. 10.
주영윤, 축배를 들자, 1976. 1. 10.
주영윤, 시, 1976. 7. 10.
주영윤, 꼼쓰믈쓰크, 1977. 7. 28.
주영윤, 그 은공 잊을 소냐, 1977. 8. 18.
주영윤, 기념비, 1977. 2. 26.
주영윤, 나호드까, 1977. 6. 11.
주영윤, 시의 화원, 1977. 4. 14.
주영윤, 현실로 된 전설, 1977. 4. 14.
주영윤, 예레완, 1979. 10. 18.
주영윤, 갈매기, 1979. 6. 2.
주영윤, 사랑, 1979. 5 4.
주영윤, 인형, 1979. 6. 2.
주영윤, 조국, 1979. 2. 14.
주영윤, 창문, 1979. 5. 4.

주영윤, 삐쓰까료브기념비, 1979. 9. 21.
주영윤, 가을의 아무르강, 1979. 9. 21.
주영윤, 겨울, 1979. 2. 14.

주영준, 니꼴라엘쓰크, 1978. 1. 13.
주영준, 해당화, 1978. 1. 13.
주천, 기쁨, 1977. 6. 11.
채 니꼴라이, 나의 고향, 1975. 6. 7.
초베로의, 련꽃, 1976. 1. 10.
최락영(최막씸), 한까호의 뱃놀이, 1975. 6. 21.
최막빔, 당의 품, 1977. 8. 18.
최막씸, 건설공에게, 1975. 4. 5.
최막씸, 꽃나무, 1975. 1. 11.
최막씸, 시냇물, 1975. 1. 11.
카O호유로프, 깍뽀이, 1977. 5. 24.
카O호유로프, 꾀있는 목동, 1977. 5. 24.

한아뿔른, 어머니에 대한 생각, 1977. 4. 14.
한아뿔른, 비행기, 1977. 5. 24.
한아뿔론, 꽃은 피여라!, 1977. 6. 11.
한아뿔론, 유리창 불빛을 보고, 1977. 7. 28.
한아뿔론, 남들이 잠든 밤에, 1977. 8. 18.
한아뿔론, 불빛은 저리도 밝은가. 1977. 8. 18.
한아뿔론, 시내물, 1979. 1. 25.
한아뿔론, 이 밤의 깊이를 재다,1979. 1. 25.
한아뿔론, 오 시간이여!, 1979. 2. 14.
한아뿔른, 봄이 오네, 1979. 5. 4.

한아뿔른, 황혼, 1979. 5. 4.

허 그리고리, 가을, 1975. 11. 15.
허그리그려, 첫상봉, 1976. 1. 24.
허성록, 선생에 대한 생각, 1975. 5. 17.
허성록, 꼴호스의 저녁, 1975. 7. 26.
허성록, 수박, 1975. 9. 18. 동시
허성록, 포도, 1975. 10. 4.
허성록, 올까, 1976. 1. 10.
허성록, 귀중한 벗이여, 1976. 7. 10.
허성록, 그날은 꼭 올것입니다. 1977. 2. 26.
허성록, 도랑물이 출렁출렁, 1977. 5. 24.
허성록, 소낙비, 1977. 7. 28.
허성록, 과수원, 1979. 2. 14.

허학렬, 아들-병사에게, 1976. 5. 15.
현성덕, 씨르다리야강, 1978. 1. 13.
황용석, 꼴호스의 금가을, 1979. 10. 18.
황용석, 씨르다리야, 락원의 강이여!, 1979. 12. 12.

『레닌기치』 1980~1984년
강태수, 무제시 4편, 1980. 2. 8.
강태수, 여기도 크슬꿈, 1980. 3. 15.
강태수, 우리집 아침은…, 1980. 6. 7.
강태수, 카사흐쓰딴, 1980. 8. 22.
강태수, 어머니, 1981. 4. 17.
강태수, 호수가에서, 1983. 6. 29.

강태수, 봄날의 하루저녁, 1983. 6. 29.
강태수, 올해도 몰랐다…, 1983. 9. 28.
강태수, 멀어만 가는 구려, 1983. 9. 28.
강태수, 잠오지 않는 밤에, 1983. 8. 31.
강태수, 야속하기 그지 없으리!, 1984. 2. 25.
강태수, 옛말인가, 1984. 2. 25.

경희홍타령, 1982. 10. 2. 노래
금강산 타령, 1982. 5. 20. 노래
김 미하일 작사, 김OO작곡, 백금심네 깃든 사랑, 1981. 9. 30. 노래
김 미하일 작사, 꼴호스의 노래, 1981. 5. 30. 노래
김 미하일, 봄이 왔네, 1982. 5. 20.
김 미하일, 풍년자랑, 1981. 8. 29.
김광현, 네와강, 1983. 12. 28.
김려자, 우리 아기, 1980. 1. 9.
김빠웰 작사, 정추 작곡, 여기서 나의 청춘 꽁피여가리, 1982. 12. 25. 노래
김빠웰 작사, 정추 작곡, 새봄이로써, 1984. 5. 31. 노래
김빠웰, 새날이 밝아 온다, 1984. 4. 26.
김빠웰, 그대를 노래하노라, 1980. 11. 29.
김빠웰, 푸른 동산, 1983. 7. 27.
김승익, 벼작황, 1983. 8. 31.
김승익, 이땅의 주인된 긍지 느끼며, 1981. 1. 30.
김승익, 흐뭇한 우리 마음, 1984. 9. 28.
김안나, 뜰에 핀 장미화, 1983. 11. 26.
김안나, 해마다 4월이 오면, 1980. 5. 2.
김우철, 꼭꼭 숨어라, 1982. 5. 29.
김춘택, 배달, 1984. 9. 28.

김춘택, 우리 애기, 1983. 11. 26.
김춘택, 평화의 꽃 가꾸는 인민, 1983. 8. 31.
나. 바짤랴, 창조자들에 대한 말(처녀지개간 30주년, 장편서사시중에서), 1984. 7. 31.
남 안드레이, 알마아따의 아침, 1981. 5. 30.
남경자, 나는 나는 부러워요, 1980. 1. 9.
남광호, 과수원, 1981. 5. 16.

남 철, 시월이여, 1980. 11. 29.
남 철, 알마아따의 밤, 1980. 8. 22.
남 철, 더 듣고 싶은 이야기, 1980. 6. 7.
남 철, 별무리, 1980. 6. 7.
남 철, 그날의 이 언덕에, 1980. 2. 24.
남 철, 불멸의 영웅고지 《미우쓰》, 1980. 5. 8.
남 철, 붉은 광장으로, 1980. 7. 31.
남 철, '범바위' 이야기, 1980. 1. 9. 동화시
남 철, 요람 속의 꽃 봉오리, 1980. 2. 8.
남 철, 영웅전사들의 유물 앞에서, 1980. 5. 17.
남 철, 첫편지, 1981. 1. 30.
남 철, 새 연대기가 시작되는 2월, 1981. 2. 27.
남 철, 알마아라싼계곡에서, 1981. 9. 30.
남 철, 청춘이 닻을 내린 땅(한 학자의 수기에서), 1982. 12. 25.
남 철, 우리 학교, 1982. 9. 18. 동시
남 철, 어머니 그리도 귀중함을…, 1982. 5. 20.
남 철, 기쁨, 1982. 9. 18. 동시
남 철, 나의 도시, 1983. 7. 27.
남 철, 봇나무, 1984. 9. 28.

남　철, 어머니의 마음, 1984. 7. 6.
남　철, 사랑의 물소리, 1984. 8. 31.
남　철, 사람마다 로명을 존경함은…, 1984. 7. 6.

남해연, 꽃농장의 처녀야, 1984. 4. 26.
데. 굴리아, 기발, 1980. 5. 17.
데. 베드늬, 눈송이, 1980. 4. 19.
량용석, 네 웃음 그대로 봄이여라, 1981. 5. 30.
량원식, 멀고도 가까운 싸할린이여!, 1984. 7. 6.
량원식, 바다가에서, 1984. 5. 31.
량원식, 이렇게 어느 하라…, 1984. 8. 31.
량원식, 일의 마무리, 1984. 11. 1.
로사 엔블르그, 돔브라의 노래, 1980. 8. 22.
로사, 귀중한 독자여!, 1980. 2. 24.
로사, 여름, 1980. 7. 12.
로사, 평화의 거리, 1981. 5. 30.
류병철, 그리운 그대여, 1982. 4. 14.
류병철, 까라꿈, 1982. 4. 14.
류병철, 달밤, 1984. 9. 28.

리동언, 우리 분조장, 1980. 8. 22.
리동언, 선언, 1980. 3. 15.
리동언, 무제시 2편, 1980. 11. 29.
리동언, 분조장처녀, 1981. 8. 8.
리동언, 개학날, 1981. 9. 30.
리동언, 우리 시대의 흐름, 1981. 9. 30.
리동언, 무지개, 1982. 2. 9. 동시

리동언, 공부시간, 1982. 2. 9. 동시
리동언, 언제나 미래에 산다, 1982. 4. 27.
리동언, 등대가 되렵니다, 1983. 11. 26.
리동언, 시간, 1983. 11. 26.
리동언, 백양나무, 1984. 8. 31.

리상희, 우리는 레닌의 세기에 산다, 1981. 4. 17.
리세호, 나제스다아주머니, 1980. 3. 1.
리세호, 봄을 앞당겨, 1981. 1. 30.
리세호, 언제나 이 들판에서, 1980. 5. 2.
리세호, 자랑하고 싶구나, 1981. 7. 18.
리세호, 자전거타고 달리노라면, 1980. 11. 29.
리세호, 좋기도 해라, 1983. 6. 29.
리세호, 찾아와 보세요, 1982. 12. 25.
리세호, 청년브리가다, 1980. 5. 2.
리영광, 인사를 드리노라, 그대 영웅들에게, 1980. 5. 8.
리원우, 줄타기 노래, 1982. 5. 29.
리주학, 로송, 1984. 7. 6.

리 진, '중가르산시초' 중에서, 길손대접, 1983. 2. 26.
리 진, '중가르산시초' 중에서, 험한길, 1983. 2. 26.
리 진, '중가르산시초' 중에서, 암벽화, 1983. 2. 26.
리 진, '중가르산시초' 중에서, 싹싸울, 1983. 2. 26.
리 진, '중가르산시초' 중에서, 차반의 노래, 1983. 2. 26.
리 진, '중가르산시초' 중에서, 악사깔, 1983. 2. 26.
리 진, '중가르산시초' 중에서, 산양, 1983. 2. 26.
리 진, 자일랴우의 새벽(중가르산시초 중에서), 1983. 6. 29.

리 진, 잘 있거라, 중가르산아!(중가르산 시초 중에서), 1983. 7. 27.
리 진, 선을 행하라, 1984. 5. 31.
리 진, 사그라진 탄피, 1984. 5. 31.
리 진, 무제시, 1984. 7. 6.
리 진, 꽃, 1984. 7. 6.
리 진, 늙은 사슴, 1984. 11. 24.

리창달, 돈강반에서, 1980. 2. 8.
리창달, 민들레꽃, 1980. 7. 31.
맹동욱, 만약 그대는…, 1981. 8. 29.
맹동욱, 아들, 1981. 8. 29.
명 철, 나의 첫 그림, 1983. 6. 29.

무 산, 무제시, 1981. 5. 16.
무 산, 가슴 포근히 안겨오는 정을, 1981. 9. 30.
무 산, 내 사랑, 1981. 9. 30.
무 산, 너나 없는 두몸, 1981. 9. 30.
무 산, 레닌 동묘로 향한다, 1981. 8. 8.
무 산, 맑은 하늘을 위하여, 1981. 11. 6.
무 산, 메데오, 1981. 5. 30.
무 산, 초롱꽃, 1981. 9. 30.
무 산, 좋은 썰매, 1982. 9. 18.
무 산, 서정시 2편, 1982. 4. 27.
무 산, 꼭쥬베, 1982. 12. 25.
무 산, 좋은 시대의 좋은 이야기를, 1983. 8. 31.
무 산, 서정시초, 1984. 4. 26.
무 산, 옛말과 어울려, 1984. 8. 31.

무 산, 무제시, 1984. 9. 28.
무 산, 걸음마다, 1984. 11. 1.

박 몬쓰딴언. 기록, 모기가 어떻게 생겨났는가, 1982. 2. 9. ?
박 뽀뜨르, 근무중에 감정, 1983. 8. 31.
박 뽀뜨르, 영예로운 근무, 1984. 9. 28.
박 뽀뜨르, 하싼, 1983. 8. 31.
박영걸, 만풍년의 가을, 1980. 11. 29.
박영걸, 흰눈, 1980. 2. 24.

박 현, 이런 마음들에 받들리여, 1980. 4. 11.
박 현, 달밤에, 1980. 5. 17.
박 예브게니, 해바라기 방긋이 웃을 때면, 1980. 6. 7.
박 현, 알라따우, 1980. 7. 12.
박 예브게니, 황금벌에서, 1980. 7. 31.
박 현, 가도가도 정다운 고장, 1981. 1. 30.
박 현, 당이여!, 1981. 2. 27.
박 예브게니, 어째 저리 붉은가, 1981. 3. 1. 동시
박 예브게니, 욕심 많은 개, 1981. 3. 1. 동시
박 현, 땅, 1981. 5. 16.
박 예브게니, 그림 그려요, 1982. 2. 9.
박 예브게니, 우리 보고 웃어요, 1982. 2. 9. 동시

베틀가, 1980 12. 27. 노래
뻬드루씨 브롭까, 첫걸음, 1984. 2. 25.
성 민, 새 집으로 이사가는 날, 1980. 7. 31.
아. 베싀멘쓰끼, 당증 제224332호, 1980. 4. 19.

아리랑, 1980. 3. 1. 노래
야 산, 그의 심경, 1981. 1. 30.
야 산, 부끄러움, 1980. 7. 31.
야 산, 정들이면 정이라네, 1980. 12. 27.
야 산, 착유공, 1980. 5. 2.
에쓰. 마을베노프, 처녀지의 농번기, 1984. 7. 31.
에쓰. 미할고브, 너에겐 무엇이 있니?, 1981. 3. 1.
에쓰. 미할꼬브, 공청동맹증, 1980. 5. 17.
에쓰. 바련쯔, 갈대숲우를 나는 기러기떼, 1982. 6. 19.
에프. 블제르, 아탈해변에서(카사흐딴 독일인 시인), 1980. 8. 22.
엔. 뽈레따에브, 레닌의 초상화들…, 1980. 4. 19.
엔. 유르꼬와, 도시에 사는 기러기, 1981. 3. 1.
엔. 체호노브, 쏘메트기말, 1984. 11. 1.

연성용, 엄마의 생활, 1982. 9. 18.
연성용, 초불, 1982. 12. 25.
연성용, 추억, 1983. 6. 29.
연성용, 전쟁을 막자, 1983. 12. 28.
연성용, 사랑의 꽃, 1984. 4. 26.
연성용, 장미꽃 피였네, 1984. 9. 28.
연성용, 어머니, 1984. 11. 1.

오. 쏠레이메노프, 자각의 순간(서사시에서), 1984. 7. 31.
왜. 알로닌, 아릿다운 표현, 1980. 12. 27.

우제국, 미더운 병사들, 1980. 2. 24.
우제국, 나의 정든 꼴호스, 1980. 4. 11.

우제국, 조국애, 1980. 7. 31.
우제국, 이름, 1980. 11. 29.
우제국, 목화, 1983. 7. 27.
우제국, 백발, 1983. 7. 27.
우제국, 이름, 1984. 4. 26.
우제국, 산 사람의 길, 1984. 7. 6.

원　일, 봄이여!, 1980. 3. 15.
원　일, 겸손히 머리 숙이라, 1980. 4. 11.
원　일, 첫울음소리, 1980. 6. 7.
원　일, 봇나무숲, 1980. 7. 31.
원　일, 누구나 유르따에 돌아온다면…, 1980. 8. 22.
원　일, 정적속의 한 순간, 1981. 5. 16.
원　일, 사랑의 첫꿈, 1981. 5. 30.
원　일, 섬광, 1983. 9. 28.

웨. 쏘쏠로브, 무제시, 1982. 6. 19.
유성철, 내 조국, 1982. 10. 8.
유성철, 생가, 1984. 8. 31.
유성철, 어머니의 슬픔, 1984. 5. 31.
유성철, 이완을 추억하며, 1981. 8. 29.
유성철, 희망의 봄, 1982. 5. 20.
윤 알렉세이, 봄이 왔노라, 1980. 4. 11.
윤 알렉세이, 상학종소리, 1982. 9. 18.
윤 알렉세이, 어머니, 고맙습니다, 1981. 8. 29.
윤 알렉쎄이, 봄이 왔네, 1981. 5. 16.
이. 쁠랴꼬브, 대리인, 1982. 2. 9.

일　환, 시초《세월, 량심》중에서, 1984. 11. 24.
전동혁, 아리랑 노래, 1981. 5. 16.
정　민, 5월, 1980. 5. 17.
정우섭, 기쁨의 비, 1982. 5. 20.
정우섭, 봄비, 1980. 5. 2.
정우섭, 잘 가거라, 겨우라, 1980. 3. 15.

정장길, 어느 철이 좋을까요, 1980. 1. 9.
정장길, 선모하다, 1980. 2. 8.
정장길, 또 한해 지나갔구나, 1980. 2. 8.
정장길, 때늦은 착각, 1981. 9. 30.
정장길, 가랑잎 속삭이다, 1982. 12. 25.

정장진, 그대의 탄생, 1982. 10. 8.
제미얀 베드늬, 수레바퀴와 말, 1983. 11. 26.
조기천, 수양버들, 1983. 11. 17.
조기천, 조선의 어머니, 1983. 11. 17.
조기천, 휘파람, 1983. 11. 17.
조　영, 무제시 2편, 1980. 12. 27.
조　영, 봄비들, 1981. 5. 30. 산문시
조정봉, 련정의 선물, 1981. 5. 16.
조정봉, 숭고한 리상, 1980. 5. 2.
조정봉, 어리석은 탓으로, 1981. 5. 16.
조정봉, 왜 아니 오셨어요…, 1981. 9. 30.
조정봉, 찾아오세요, 1981. 5. 30.
조정봉, 향도성, 1983. 9. 28.
조해룡, 말쑥하게 개인 아침, 1983. 8. 31.

주영윤, 국화꽃, 1980. 1. 9.
주영윤, 아기얼굴 귀여워, 1980. 1. 9. 동시
주영윤, 율리야놉쓰크, 1980. 2. 8.
주영윤, 제대병사가 돌아오네, 1980. 2. 24.
주영윤, 철도건설공들, 1980. 3. 15.
주영윤, 못잊을 도시, 1980. 5. 8.
주영윤, 숙고, 1980. 5. 17.
주영윤, 은방울꽃, 1980. 5. 17.
주영윤, 제비, 1980. 6. 7.
주영윤, 아무르강의 밤, 1980. 7. 31.
주영윤, 인생, 1980. 12. 27.
주영윤, 세월, 1980. 12. 27.
주영윤, 붉은 광장, 1982. 4. 14.
주영윤, 기념탑, 1981. 4. 17.
주영윤, 봄비, 1981. 5. 30.
주영윤, 시인의 눈, 1981. 7. 18.
주영윤, 무지개, 1981. 9. 30.
주영윤, 꼼쓰볼쓰크, 1982. 4. 14.
주영윤, 추위, 1982. 2. 9.
주영윤, 풍어, 1982. 5. 20.
주영윤, 레닌룡묘앞에서, 1982. 5. 20.
주영윤, 나의 반생, 1982. 10. 2.
주영윤, 노래, 1983. 7. 27.
주영윤, 하바롭쓰크의 밤, 1983. 7. 27.
주영윤, 나는 깨달았습니다, 1983. 7. 27.
주영윤, 이사가는 날, 1984. 2. 25.
주영윤, 무제시, 1984. 4. 26.

주영윤, 웃물이 맑아야…, 1984. 5. 31.
주영윤, 무지개, 1984. 8. 31.

지중희 작사, 김희또르 작곡, 사랑의 노래, 1982. 4. 14. 노래
최 야꼬브, 향촌에 돌아와…, 1981. 8. 29.
최막실, 설중매, 1984. 4. 26.
최막심, 원해어로공, 1980. 2. 8.
최막심, 탄부의 영예, 1980. 5. 2.
최막씸, 씨호떼알린, 1983. 9. 28.
페.블다갈리예브, 심장은 물길로 태어났다, 1984. 7. 31.
풍구타령, 삼수강산민요, 1981. 4. 17. 노래
한기흡, 처녀미장공, 1980. 5. 2.
한아뽈른, 단풍, 1982. 10. 2.
허성록, 그날을 위해, 1981. 7. 18.
허성록, 만풍년을 계약하는, 1980. 3. 15.
허성록, 봄날의 풍경, 1980. 4. 11.
황용석, 고기떼 흐르는 강기슭에서, 1980. 4. 11.
황용석, 꼴호스의 주인, 1980. 7. 12.
황용석, 농부의 영예, 1980. 2. 24.
황용석, 무쇠바퀴소리여, 1981. 7. 18.

『레닌기치』 1985~1989년
강태수, 무제시 2편, 1986. 1. 31.
강태수, 푸르무레한 눈, 1985. 3. 7.
김나 까사보와, 랑원식 역, 태일과 어제에 대한 생각, 1986. 12. 27. 번역시
김승익, 깝차가이, 1985. 3. 7.
김안나, 반주술, 1985. 8. 17. 풍자시

김춘택, 청춘의 길, 1986. 10. 30.
남도지방 민요, 양산도, 1985. 9. 14. 노래

남 철, 아침길, 1985. 1. 26.
남 철, 첫눈, 1985. 1. 26. 동시
남 철, 흰눈이 내린다, 격전터에, 1985. 3. 7.
남 철, 바라는 마음, 즐기는 기쁨, 1985. 8. 17.
남 철, 겨울에도 풍년, 1986. 1. 31.

류병천, 처녀시절, 1985. 3. 7.
리동언, 당대회를 맞으며, 1986. 1. 31.
리동언, 순간, 1985. 6. 29.
리동언, 해바라기, 1985. 1. 26.
리 상, 무제시 3편, 1986. 1. 31.
리상희, 홍범도 장군 동상 앞에서, 1985. 8. 17.
리세호, 내 잊을 수 없노라, 1985. 6. 29.
리세호, 자랑하고 싶어라, 1985. 9. 14.
리 진, 마을의 로병들, 1985. 6. 29.
리 진, 망아지, 1985. 1. 26.
리 진, 무제시 2편, 1985. 3. 7.
명 철, 목화라고 불러보면…, 1986. 10. 30.
명 철, 평화를 지키자, 1986. 10. 30.
무 산, 북극성, 1985. 4. 13. 서사시
박 현 작사, 정추 작곡, 전적지의 들장미, 1985. 6. 29. 노래

연성용, 은혜를 갚으라, 1985. 1. 26.
연성용, 전설의용사들아, 1985. 1. 26.

연성용, 과히 마시지 말아라, 1986. 1. 31. 풍자시,
연성용, 영웅도시, 1985. 6. 29.
연성용, 남조선아, 일어나라!, 1986. 10. 30.

우제국, …어찌 잊을 것입니까?, 1985. 3. 7.
우제국, 뱀의 혀는 왜 둘로 갈라졌는가?, 1985. 3. 30.
우제국, 고집쟁이 당나귀, 1985. 8. 17.
우제국, 웨 고양이에게 제 집이 없을가?, 1985. 12. 28.

량원식, 일의 마무리, 1985. 6. 29.
원 일, 구름장, 1985. 9. 14.   * 원일은 양원식의 필명
원 일, 그대 마음 찾는 길, 1985. 9. 14.

유성철, 편지, 1985. 1. 26. 동시

주영윤, 별, 1985. 1. 26. 동시
주영윤, 우리는 삐오네르, 1985. 1. 26. 동시
주영윤, 시계, 1985. 3. 30. 동시
주영윤, 연놀이, 1985. 3. 30. 동시
주영윤, 새해는 부른다, 1986. 1. 31.

한기흡, 양돈공 처녀, 1985. 3. 7.
허성록, 목화순따기, 1985. 9. 14.

『고려일보』 1990~1994년
강우식, 무심, 1990. 12. 7.

강태수, 무제시 3편, 1991. 4. 12.
강태수, 멀어만 가는구려, 1992. 5. 8.
강태수, 봄의 정서, 1992. 7. 22.
강태수, 영원이나, 1992. 7. 22.
강태수, 무제 2편, 1992. 8. 12.
강태수, 한밤, 1992. 10. 10.
강태수, 환상, 1992. 10. 10.
강태수, 가을 외 3편, 1993. 5. 1.

고 원, 바람, 1990. 12. 15.
고 원, 씨앗, 1990. 12. 15.
김규동, 평화, 1994. 11. 26.
김명선, 할렘 126가, 1990. 12. 15.
김문희, 마리나 델레이, 1990. 12. 25.
김소엽, 사랑은 초록빛 생명, 1994. 10. 8. 아동시
김요섭, 물방아, 1994. 12. 10.
김종상, 메뚜기, 1994. 9. 24. 아동시,
김종세, 기념비, 1990. 2. 28.
김종세, 꾀꼴새, 1991. 7. 17.
김종세, 새는 작아도, 1990. 2. 28.
김증억, 구름이고 싶어라, 1990. 12. 7.
김진태, 세월이 여류하니, 1994. 11. 26.
남 진, 죽고 우는 눈물, 1994. 11. 19. 시조
남 철, 그리운 곳, 1991. 7. 17.
남 철, 불국사, 1991. 7. 17.
남 철, 해운대, 1991. 7. 17.
낭원군, 어버이 날 낳으셔, 1994. 11. 26.

내라 내라 하니, 1994. 10. 15. 시조
로향림, 태풍, 1990. 12. 6.
리 쓰따니쓸라브, 시 3편(무제), 1990. 2. 28.
리상희, 밤, 1990. 2. 28.
리　진, 험한길, 1992. 7. 22.
리　진, 호메이니장, 1991. 12. 25.
말하기 좋다 하고, 1994. 10. 15. 시조
맹동욱, 무제, 1994. 11. 5.
맹동욱, 샘물터의 처녀, 1994. 11. 5.
명월봉, 꿈, 1991. 4. 12.
명월봉, 세월의 흐름따라, 1991. 7. 17.
목동균, 츄리히에서, 1990. 12. 25.
무　산, …길동무, 1990. 9. 14.
무　산, 뜬 눈으로 림종을, 1990. 9. 14.
무　산, 맞은 편 창밖은…, 1990. 9. 14.

문명래, 만남, 1994. 12. 24. 동시
문명래, 내가 쓴 글자, 1994. 12. 24. 동시
문명래, 눈 내린 아침, 1994. 12. 24. 동시
문명래, 눈, 1994. 12. 24. 동시
문명래, 눈오는 날, 1994. 12. 24. 동시
문명래, 겨울 나무, 1994. 12. 24. 동시
문명래, 산골 풍경, 1994. 12. 24. 동시
문명래, 싸락 눈, 1994. 12. 24. 동시
문명래, 하늘 나라 눈편지, 1994. 12. 24. 동시
문명래, 흙탕물, 1994. 12. 24. 동시

박남수, 사람의 냄새(1), (2), 1990. 12. 15.
박이문, 바닷가의 어느 사람, 1990. 12. 15.
박인로, 동기로 세 몸 되어, 1994. 11. 19. 시조
박인로, 부부 있은 후에, 1994. 11. 26. 시조
박인로, 왕상의 잉어 잡고, 1994. 12. 17. 시조
박제천, 50일의 잠, 1990. 12. 6.
박 현, 그대에게, 1992. 7. 22.
박 현, 무심한 세월이 남긴…, 1992. 6. 10.
박 현, 물소리, 1994. 11. 5.
박 현, 싸할린, 1991. 7. 17.
박홍근, 바람개비, 1991. 10. 16.
백한이, 기원, 1992. 8. 12.
성춘복, 아무도 만나지 못한 바람, 1992. 9. 23.
성춘복, 차 한잔, 1992. 9. 23.
성춘복, 하늘을 날다가 문득, 1992. 9. 23.
송순래, 억새, 1990. 12. 25.
아. 바르또, 방울꽃, 1994. 9. 24. 아동시
아. 바르또, 황금빛 가을, 1994. 10. 1. 아동시
양사언, 태산이 높다하되, 1994. 10. 22. 시조
양원식, 시선(외 1편), 1992. 7. 22.
양원식, 유언, 1991. 3. 1.
엄기원, 가을하늘, 1991. 10. 16.
엄기원, 제6동시집에서, 호수가에서, 1991. 10. 16.
엄기원, 할머니와 손자, 1991. 10. 16.
연성용, 나 비록 늙어 백발이나, 1994. 12. 10.
연성용, 풀숲에 귀뚜라미, 1994. 10. 22.
오병숙, 세월은 흘러 육백년, 1994. 10. 22.

우제국, 아들에게 보내는 편지, 1990. 4. 11.
원　일, 다른 생각 더는 없었다, 1994. 11. 5.
유성윤, 도토리, 1994. 9. 24. 아동시
윤두서, 옥에 흙이 묻어, 1994. 10. 15. 시조
윤석중, 달, 1994. 9. 24. 아동시
윤선도, 꽃은 무슨 일로, 1994. 10. 8. 시조
이상규, 샛별,《만나고 헤어지고 웃다가 울다가 그리고 다시 만나고》시편
　　　에서, 1991. 10. 30.
이승호, 고향의 흙, 1994. 11. 26.
이원우, 줄타기 노래, 1994. 9. 24. 아동시
이　직, 가마귀 검다하고, 1994. 10. 8. 시조
이　황, 청산은 어찌하여, 1994. 10. 22. 시조
장석주, 새, 1994. 10. 8. 아동시
전달문, 심상, 1990. 12. 15.
정몽주 어머니, 가마귀 싸우는 골에, 1994. 10. 8. 시조
정　민, 새해의 첫 아침, 1990. 1. 1.
정　철, 마을 사람들아, 1994. 11. 19. 시조
정　철, 이고 진 저 늙은이, 1994. 12. 17. 시조
조룡남, 그녀 없는 고향, 1990. 6. 5.
조룡남, 꽃의 세계, 1990. 6. 5.
조룡남, 나의 <공백>, 1990. 6. 5.
조룡남, 슬픈 날에는 기억해 다오, 1990. 5. 24.
조룡남, 잊었노라, 1990. 6. 5.

조명희, 감격의 회상, 1991. 1. 30.
조명희, 봄잔디밭우에, 1991. 1. 30.
조명희, 인간초상찬, 1991. 1. 30.

주영윤, 달밤, 1990. 9. 27. 동시
주영윤, 비누방울, 1990. 9. 27. 동시
주영윤, 가을 밤, 1994. 9. 24. 아동시
주영운, 대화의 광장, 1994. 11. 26.

홍윤표, 거리의 불꽃, 1994. 10. 8. 아동시
황갑주, 애리조나 사막, 1990. 12. 25.

『고려일보』 1995~1999년
강태수, 꽃은 붉든 희든…, 1995. 9. 30.
강태수, 철만 나무라네, 1995. 9. 30.
강태수, 숲속의 아침, 1995. 11. 25.
강태수, 두루미, 1996. 6. 1.

곽상희, 끝나지 않는 하루, 1996. 10. 25.
구 상, 초토의 시, 1995. 9. 30.
김규동, 민들레꽃, 1996. 6. 1.
김성광, 밝은 눈, 1925. 2. 11.
김 철, 할미꽃 동산, 1996. 10. 25.
김철학, 달이 얄밉네, 1996. 8. 30.
김학철, 사막의 밤-장창종 선생을 그리며, 1995. 11. 25.
김훤구, 단장, 1996. 6. 1.

남해연, 통일전망대에서, 1995. 8. 5.
남해연, 저들이 누구신지 아십니까, 1995. 1. 21.
남해연, 백두의 꽃, 1995. 11. 25.
남해연, 봄은 오는데, 1996. 3. 8.

남해연, 서귀포, 1996. 6. 1.
남해연, 우리바라는 건…, 1996. 8. 30.

량원식, 불사조, 1998. 9. 10.
량원식, 총살, 1998. 9. 10.
리 진, 가을 애가, 1996. 11. 23.
리 진, 해가 난지, 1996. 10. 25.
맹동욱, 사랑, 1995. 9. 30.
맹동욱, 유산, 1996. 4. 27.
박경석, 꽃의 환타지아, 1996. 3. 8.
박경용, 찔레꽃, 1995. 11. 25.
박봉순, 고향바다가 보고픈 날은, 1996. 11. 23.
박상천, 새 햇살이 퍼지면, 1996. 8. 30.
박성룡, 풀잎, 1996. 4. 27.
박재화, 모쓰크와의 눈물(청년화가 이 군에게), 1996. 4. 27.

박 현, 그대 여성들에게, 1995. 3. 4.
박 현, 낙엽은, 1996. 9. 28.
박 현, 단풍잎 편지, 1996. 11. 23.
박 현, 봉선화, 1996. 3. 8.
박 현, 아직 봄은 아니어도, 1996. 3. 8.
박 현, 민들레, 1996. 4. 27.
박 현, 천산 너머 내 고향은, 1996. 9. 28.

반병섭(캐나다), 그대 배달의 후예이거든, 1996. 10. 25. 한민족문학인대회
    참가 시
백한이, 겨울꽃, 1925. 2. 11.

백한이, 살구꽃, 1996. 6. 1.
성진숙, 목련, 1995. 9. 30.
송영란, 질경이, 1996. 4. 27.
송하선, 연꽃, 1996. 3. 8.
신현득, 시를 잡아라, 1995. 10. 28. 동시
연재순, 사랑이란, 1996. 3. 8.
오병숙, 꽃의 속삼임, 1995. 9. 30.
오병숙, 봄날의 생각, 1996. 4. 27.
왕수영(일본), 죠오센진, 1996. 10. 25.
윤삼하, 평야, 1995. 11. 25.
이운룡, 그리움, 1996. 3. 8.
이운룡, 사랑의 언약, 1996. 3. 8.
이운룡, 아름다운 유산, 1995. 3. 4.
이해인, 엄마와 아이, 1995. 10. 28. 동시
정두리, 은행나무 은행잎, 1995. 10. 28. 동시
조혜미, 달과 호수, 1996. 11. 23.
주영윤, 간이역, 1996. 6. 1.
주영윤, 깜차뜨까, 1996. 8. 30.
주영윤, 나무 그루의 눈물, 1995. 1. 21.
주영윤, 산촌, 1996. 11. 23.
최승범, 목 마름, 짧은 세월인가, 1995. 8. 5.
최중재, 사랑의 계절, 1996. 11. 23.
최 형, 겨울꽃, 1996. 3. 8.
추영수, 간절한 소망, 1995. 8. 5.
허 일, 문, 1996. 9. 28.
황운헌, 가을에, 1996. 10. 25.
황운헌, 오한, 1996. 10. 25.

『레닌기치』 2000년대
리진(로씨야), 작설차를 따끈히 달여 놓고, 2000. 12. 20.
박정순(캐나다), 길 14, 2000. 12. 29.
손영란(이탈리아), 키 큰 나무, 2000. 12. 29.

3. 평론

1) 평론의 장르별 특성

이들 신문에 발표된 문학론의 내용이 주로 소비에트 사회주의 이데올로기에 입각한 리얼리즘 문예 창작 방법론에 대한 이론으로 되어 있다. 그 다음으로 민족문학의 방향을 모색한 것이 많다. 여기서 눈여겨 볼 필요가 있는 것이 해외에 거주하는 한민족인들이 민족문학을 어떤 방식으로 생각하고 있는가 하는 점이다. 이들 문학을 고려인 문학이라고 명명할 수 있는데, 어떤 계기를 통해 형성되었고, 문학 공동체가 만들어지는 데 가장 큰 공헌을 한 사람이 누구인지, 그리고 그를 통한 문단이 어떻게 구성되었는지를 밝혀내는 일이 결국 고려인 문학의 실체를 파악하는 지름길이 된다. 이들 신문에 발표된 '고려인 문학'의 실체를 가장 잘 드러낸 문학시론으로 한진의 <민족문학의 진로>(1992.7.24)를 들 수 있다. 이 평론은 고려인 문학이 구성되는 과정을 자세히 밝히고 있다.

한진은 '고려인'이라는 말이 페레스트로이카 시작되기 전에는 조선이라고 하다가 러시아말로 꼬레야이기 때문에 그렇게 불리게 되었다고 한다. 하지만 그 보다 조명희의 산문시 <짓밟힌 고려>에서 더 많은 영향을 받았다고 한다. 고려인 사회 형성 배경에 대해서는, 1863년 13가족이 두만강을 건너 러시야 연해주로 이주하면서 시작하였으며, 1860년 후반에는 두만강 연안에 약 1천 8백만명이 살았고, 1902년에는 3만명, 1922년 10만6천8백71명, 이들 중 러시아 국적을 가진 사람 7만2천2백58명이 된다고 한다.

고려인의 사회 생활은 한일합방 후 독립지사들이 적지 않게 러시아 연해주로 망명하면서 생겨났다. 이들은 계몽운동과 교육에 힘썼으며, 집단농장이 생겨나면서 경제생활도 좀 나아졌다. 1931년 조선사범대학이 설립되어 교육을 통한 계몽운동을 전개해 나갔다. 1932년는 조선극장 창립되었고, 이 극장에서 연성용의 <장평동의 햇불>, 채영의 <동해의 기적>, 김해운의 <동북선>김기철의 <동변짤치산> 등이 공연되었다. 공연을 통해서 고려인들이 한민족 구성원으로서의 정체성을 찾아나갈 수 있었다고 한다.

고려인 문학이 형성된 것은 1923년 3월 1일 『선봉』 신문이 창간되면서부터이다. 문학적으로 재능 있는 문학청년들이 이 신문을 통해 작품을 발표하였다. 그들 중 1928년 일제 압박을 피해 연해주로 온 조명희의 작품 활동이 가장 크다. 그 뿐만 아니라 고려인 문학의 문단을 형성하여 많은 제자들을 배출하였다. 그의 제자로 강태수, 유일룡, 김해운, 한병철, 조기천, 전동혁, 김증송, 주송원 등이 있다.

1938년 『레닌기치』 창간되면서 활약한 작가는 김준, 김기철, 한상욱, 시인으로는 전동혁, 김세일, 김증송, 주송원, 강태수, 이은영, 김종세, 김남석, 조정봉, 박현, 양원식 등이고, 희곡작가로는 태장춘, 채영, 연성용, 임하, 김두칠, 맹동욱 등이다. 이진은 《해돌이》를 출간하였다. 《음력역서장》은 러시아로 된 재소고려인작가 중단편소설집이다. 이 작품집의 목차는 김 아나톨리의 《나의 아버지의 이야기》, 송 라브렌티의 《삼각형의 면적》, 강 알렉싼드르의 《후보자》, 한 안드레이의 《시골》, 강 겐리에따의 《고초》, 한진의 《공포》 등이다.

한진이 밝힌 고려인 문학은 한국문학이나 조선문학의 범주 속에 들어오는 것으로 보지 않고 있다. 달리 말해 고려인 문학이 한국문학 또는 조선문학의 일부분이지만, 동시에 독립국가연합(C I S)문학이 되기도 한다는 점이다. 한진의 이와 같은 지적은 해외 한민족 문학의 개념을 한국문학의 울타리 속에 작위적으로 포함시켜서는 안 되는 것을 의미한다. 또한 한민족 문학이라는 개념을 중심과 변방이나 민족적 피의 순수성으로 분별해서는 안 되고, 또 다른 기준점을 갖고 보아야 함을 제기하고 있다.

고려인 문학이 형성되기까지에는 한국과 북한에서 망명한 작가의 역할이 컸다. 이들 중 대표적 작가로 조명희, 이기영, 조기천 등을 들 수 있다. 이들은 선봉이나 레닌기치, 고려일보 등에서 작품 활동을 하였고, 그것에 대한 평론이 전체 문학 평론 수 중 상당수를 차지한다.

2) 주요 작가에 대한 평론

조명희에 관한 평론은 전부 9편이 있다. 림하가 조명희 출생 70주년을 맞이하여 조명희의 문학과 삶의 궤적을 추적하였다(림하, <조명희 출생 70주년에 제하여>, 1964.8.11). 장인덕은 조명희의 시 세계를 살폈다. 어릴 때 학교 선생님이 읊어주시던 조명희 선생의 시를 통해 그에 대한 호기심을 가지고 있다가 우연한 기회에 조명희 선생님을 직접 만나게 되었고 시 낭송회때 자신이 직접 조명희 선생의 시를 낭송하고 나서 선생이 직접 자신의 손을 잡아주며 박수를 처주었던 일을 회상한다. 또한 선생의 시를 들을 때는 관객들 역시 감동을 받고 엄숙했다는 것, 선생의 시들은 어느 것이나 다 내용이 풍부하고 사상성이 높으며 운율과 리듬이 훌륭하여 그 시를 읽는 사람들은 모두 감탄하였다고 한다(장인덕, <조명희 선생의 시를 읽을 때>, 1986.12.22). 양원식은 조명희의 삶에 대한 자료들을 검토하였다(양원식, <조명희 선생에 대한 몇가지 새로운 자료>, 1990.4.4). 조성호는 조명희 집안의 족보와 가계도를 살펴 보았다(조성호, <한국에서 보내온 한 편지-조명희 선생의 친척이 나짐과 관련하여>, 1990.7.18). 조명희의 딸 조 왈렌찌나는 아버지에 대해 회상하는 글을 남기기도 하였다(조 왈렌찌나, <부친(조명희 작가)에 대한 추억담>, 1990.11.8). 그 밖에 최 예까쩨리나(어문학 학사)의 <작가 조명희와 그에 대한 회상>(1991.1.16)과 <작가 조명희의 마지막 시기>(1991.8.23), 아. 쑤뚜린의 <귀환>(1991.8.23), 강상호의 <조명희 선생을 회상하여>(1992.2.19) 등이 있다.

이기영에 대한 평론은 3편 있다. 전동혁은 <리선생을 회상하면서-탁월한

조선 작가 리기영 출생 70주년>(1965.5.5)이라는 글에서 소련 사람들에게 이기영은 특별하다고 한다. 그는 조선 해방 직후 소련을 방문한 것, 조선 문화인 집단을 통솔하고 그 밖의 많은 업적을 남겼다고 밝혀 놓았다. 김해운은 <조선의 탁월한 작가 리기영(그의 출생 78주년에 즈음하여)>(1970.5.29)에서 이기영은 현대 조선 문학을 창시한 사람이라고 평가한다. 그는 사회 운동에 참여하다가 1920년대부터 본격적으로 작품 활동을 시작하였다. 1925년부터 1926년까지 단편 <가난한 사람들>을 비롯하여 <쥐이야기>, <민촌>, <농부정도룡> 등 신경향파문학작품을 써내었다. 30년대에 들어와서는 <부역>, <홍수> 등 단편들과 농민소설들을 쓰고 본격적인 장편소설인 《고향》을 썼다. 작가의 다른 장편소설로는 《인간수업》이 있다. 이 작품들은 농민소설이며 농민들의 투쟁을 기본줄거리로 하고 있다. 작가 이기영은 사회 및 국가 활동가이며 작가이다. 해방후 작가는 조선창건을 위한 선전투사들의 대열에 서서 북조선건립시인민위원회, 위원으로 조쏘문화협회 위원장으로 사업하였고 그 외 많은 활동을 하였다. 최금순(어문학 학사) 역시 이기영의 문학적 삶의 세계에 대해 조명을 하였다(<리기영 선생의 탄생일을 즈음하면서>, 1990.6.7).

조기천에 대한 평론은 4편 있다. 김진은 <시인을 추억하면서-조선의 탁월한 시인 조기천 탄생 50주년>(1963.11.16)에서, 현대 조선 문학에 있어서 조기천은 특출한 시인이었고, 해방 후 조선문학 발전, 특히 장편 서사시 발전핵심에서 커다란 공로를 쌓은 사람이다. 그는 단편 소설을 써서 독자층에 훌륭한 모습을 보였고, 시도 잘 쓰고 잘 읊었다. 또 조선인 무대 예술에 직접 헌신하기 위해 극장의 적임자로 사업하였다. 그리고 춘향전에 대해 적극적 창작 활동을 진행하였다고 한다. 또한 그는 자신의 일이 아니라도 성의 있게 창작 문제에 도움을 주는 등 그의 창작 활동은 매우 적극적이고 바람직하였다고 볼 수 있다고 평가를 한다.

채영은 조선극장과 조기천의 관계에 대해 살핀 글을 발표하였고(<조선 극장과 조기천>, 1963.11.16) 송파는 조기천 출생 70주년을 맞이하여 조기천의 삶과 문학 세계를 조명하였다(<자유의 땅을 노래한 시인(조기천의 출생 70주

년에 즈음하여)>, 1983.11.17). 시인 조기천은 1913년 11월에 함경북도에서 빈농의 자식으로 태어나 원동으로 이주하였다. 그는 농민청년학교를 졸업하고 우쑤리쓰크 사범전문학교를 졸업, 옴쓰크대학에서 문학을 전문적으로 배웠다. 그리고 크즐오르다 사범대학 어문학부에서 세계문학과 러시아문학에 대한 강의를 하였다. 30년대부터 시를 쓰기 시작하였고 45년에 붉은 군대의 25 집단군 성원으로 조선 해방 전에 참가하였다. 조선 근로자들 앞에서 보고와 강연도 하고 쏘련문학을 선전하였으며 소련문학작품을 번역하기도 했다. 그 후 신문의 편집국장으로 일하면서 자신의 시편들을 발표하였다. 당시 <두만강> <장의 노래> <울밀대에서 부른 노래>을 창작하였다. 그의 많은 시편들은 가사로 이용되었고 장엄하고 섬세하며 민족적 복색으로 울리는 교성곡을 특히 지적할 필요가 있다. 조기천은 문학예술상을 여러 번 받았고 1951년 3월부터 조선문예총동맹의 부위원장으로 사업하다가 7월 31일 평양 폭격시 38세의 젊은 나이로 전사하였다.

3) 평론가별 특성

가장 많은 평론 활동을 한 정석, 정상진, 리상희 등을 중심으로 그들의 평론 활동에 대해 살펴보겠다.

정석의 소설평, 시평, 문학론은 다음과 같다.

<생활을 더 깊이 연구하며 기교를 더욱 연마하자-단편소설, '불타는 키쓰', '향촌의 불빛', '길 바닥에 젓드리젓던 사람'을 중심으로>(1962.1.7)는 단편소설에 대한 평을 하면서 단편소설이 가져야할 장르적 필요 요건을 밝혀 놓는다. 단편소설은 커다란 기교가 요구되는 압축된 장르이다. 생활에서 필요한 것을 정선하여 반영할만한 가능성을 준다. 작가 림하가 쓴 <불타는 키쓰>는 진실성과 확신성으로써 독자들을 유혹한다. 단편소설의 주제는 단순하다. 혁명적 제재는 조선근로자들에게 있어서 아주 흥미 있는 것이다. 이 작품의 주인공들은 형상을 선명하게 지니고 있고 작가는 형상을 통해 자기의

사상을 독자에게 전달한다. 자기의 어린 주인공을 과장하고 이상화하지 않았고 그를 잘 묘사하였다. 또 다른 인물들에 대해서도 형상을 잘 했다. 작가의 기교는 우선 화가의 기교로 명료하고 실제적인 생활 진상을 묘사할 줄 알아야한다. 또한 구성역시 단순하게 잘 짜여 있다. 한상욱은 <향촌의 불빛>에서 우리의 생활을 묘사하였다. 단편 소설에는 우리 시대에 볼 수 있는 특징들이 반영되었고 소설에는 생산의 향상을 위한 투쟁, 추수 작업을 기계화하고 농촌 기계공들이 여러 가지 기술을 소유해야 할 문제, 사회주의 경쟁 등이 제기되어 있다.

<높은 정에 대한 이야기-소설 '옥싸나'를 보고>(1963.11.24)에서 보인 한상욱의 창작 세계에 대해 평을 한다. 최근 레닌 기치 신문에 발표된 <옥싸나>는 독자들에게 좋은 인상을 준다. 작가 한상욱은 지루한 설명 없이 주인공들의 기쁨, 불안, 고민, 행복 등을 보여주고 있다. 내용은 한 농촌에서 자란 옥싸나의 삶을 그린 내용으로 간단하다. 한상욱은 이런 작품들로 꾸준히 창작 진로의 길을 보여주고 있다고 한다. 그러나 이 작품에서 제목이 옥싸나이고 주인공이 옥싸나인데 옥순-옥싸나의 형상은 희미하다. 그들의 내면세계가 형상화되지 못했고 대화도 부족하다. 이런 단점이 있지만, <옥싸나>는 성공한 작품이며 독자들의 호평을 받고 있다고 평가를 내린다.

<역사소설과 허구-김세일 '홍범도'>(1966.11.9)에서는, 상상과 공상은 문학예술에서 쓰이고 작가는 상상, 공상, 허구가 없이 예술 작품을 창작할 수 없다. 상상, 공상, 허구는 어디까지나 현실에 토대를 갖고 있으며 생활적, 역사적 진실에 기초하고 있다. 역사 소설에서 중요한 것은 세부 묘사가 아니라 시대의 형상, 시대의 범위에서 상통하는 주인공의 형상, 주인공들을 통하여 묘사하는 인물의 형상, 시대의 정신인 것이다. 이런 면에서 작가 김세일의 장편소설 '홍범도'는 인물의 현실성, 예술성, 고상한 인간성을 통하여 인물을 잘 형상하였고 홍범도의 모습을 잘 그려내었다. 이런 예술 창작은 허구를 떠나서는 있을 수 없고 허구는 문학 예술창작의 영원한 수단일 것이라고 한다.

<기계화분조'를 읽고서>(1968.7.16)에서는, 이 단편에서 우리는 어느 정도

성숙된 문제, 언어의 개성을 본다고 한다. 이 작품은 문학작품에서의 언어에 대한 올바른 개념, 현상을 갖고 있지만 작가는 언어에서 더 세심히 깊이 묘사하면서 작품의 문학성을 늘릴 수 있는 어휘, 문장들을 더 많이 탐구해야 한다. 그런데 단편소설, 기계화분조의 결말이 없다는 것은 아니다. 단편소설에서 분조원들의 전부가 분조장을 불신하였으며 돌아다니면서 자기 분조장에 대한 말을 하였고 지지하지 않은 모습들이 나타나있다. 단편소설의 구성상의 문제, 문제에 대하여 다른 소설들에서도 보고 있는 구성상 결함도 보인다. 이 작품에서는 사건발전을 찾아볼 수 없다고 평을 한다.

<시 창작에서 제기되는 몇 가지 문제>(1963.4.7)는 시 창작에 있어서 몇 가지 중요한 점들을 제기하였다. 시에서의 서정적 주인공에 대한 문제들을 생각해 볼 때 감동적인 아름다운 음악과 시가 요구되며, 공산주의 건설에서 힘 있는 무기로 쓰인다. 우선 시의 형식이란 민족 언어의 올바른 사용, 민족적인 음악요소들에서 나타난다. 또 조선시의 특징은 조선 당의 특수성에서 제약되어진다. 어휘는 빛과 냄새의 소리를 가지고 있다. 시에서 음악이 매우 중요하다. 이런 여러 가지 비결을 시인이 자기 창작에 어떻게 이용하는가가 질적 수준을 평가할 수 있게 해준다. 시인은 생활에서 보는 많은 것들을 독자에게 감상시키기 위해 시인의 개성에 의해 써내려가야 한다. 서정적 세계를 가지고 있는 자신의 독특한 세계를 표현해야 하며 시인은 다른 시인의 목소리를 반복하거나 모방해서는 안 되고 '자기'의 개성을 확보해야 한다. 작품에서 높은 기교를 부리는 것은 형식과 내용의 통일이라고 보아야 하며 당성과 인민성도 지니고 있어야한다.

<시인의 서정 세계와 진실-리은영의 시 30여편을 읽고서>(1963.12.22)는 리은영의 시 세계에 대해 집중 조명한 평론이다. 리은영의 시에서는 시와 노래와의 자리를 떨어뜨릴 수 없다. 리은영은 선명하게 무의미한 것으로 나타내고 전형적인 것들을 보여주기도 한다. 꾸준한 자신의 목소리를 가지고 있어 관심을 끌고 있다고 평을 한다.

<리진의 시편들을 읽고>(1964.1.26)는 리진의 시 세계에 대해 살펴본 것이

다. 리진의 어떤 시를 보던지 자기 시에서 그는 우선 이웃들과 자기의 심정, 자기의 가슴에 가득 찬 맑고 정다운 이야기들을 나누고 있는 친구로, 동무로 쓰여 있다. 그러면서 그는 자시와 이야기의 진리, 정당성을 강요하는 것이 아니라 이웃들로 하여금 '그렇구나' 또는 정말 그럴 수 있지 하는 공감대를 갖게 한다. 여러 편들의 시를 통해 보여주는 바와 같이『레닌 기치』문예폐지에 참가하는 시인들의 확고한 자리매김을 의심하지 않는 바이다고 평을 한다.

<몇 편의 시에 대한 단상>(1965.2.28)에서는 『레닌 기치』문예폐지의 시들은 문학작품들 중에서 편수로 가장 많다. 그러나 질에 있어서 높다고 평가내릴 수 없으며 시인들의 작품에 대한 독자들의 호기심도 적다. 그것은 시 창작이 누구나 다 할 수 있는 평범한 오락이라고 보기 때문이다. 시들에서 가장 큰 경향은 추상성이다. 적지 않은 시들은 풍부하고 탕구적인 생활에서 창작된 것이라고 생각하기도 어렵다. 또한 서정성의 결도 보인다. 또 다른 경향은 묘사의 부자연성이다. 이런 부족함을 보완하여 더 나은 시들을 창작해야 할 것이다고 한다.

<우제국 시인 '아침 해빛' 창간>(1965.7.4)에서는, 구주베크 공화국 <따스겐트> 문학 출판사는 우제국 시인의 시집 <아침 해 빛>을 출판하였다. 집에는 28편의 시들이 정다운 시인의 심정으로 수록되어 있다. 그는 독자들로 하여금 시적안목을 갖게 한다. 시집은 <조국>으로 시작되어 세상엔 많은 마을들과 도시들, 강, 산들을 가졌지만 영원히 곷피는 조국보다 더 귀중하고 더 아름다운 곳은 없다는 내용이다. 그밖에 <손자놈>, <땅> <사랑하는 고향> 등의 시들이 실려 있다고 한다.

<단편 소설과 그의 구성>(1967.10.15)에서는, 레닌 기치 신문에 자주 나오는 산문 문학작품들의 형식은 단편소설이다. 이 글에서는 단편 소설의 구성에 대해 이야기하려 한다. 작품은 대개 사건이 발생할 수 있는 환경, 분위기, 사건의 서두, 발생, 발족, 사건의 발전의 절정, 사건의 결말의 요소들을 내포하고 있다. 이것은 단편소설의 기본 요소들이다. 이런 예술작품들은 법칙, 합법칙성에 의해 그 정서, 구조, 구성을 갖고 있으며 그것이 없이는 예술 작품

이 피지 못한다. 작품의 질서, 법칙, 합법칙성이 작가의 허구나 의지의 표현은 아니고 생활 자체가 현상들의 유기적인 관계 속에서 일정한 질서, 법칙, 합법칙성에 의해 흐르므로 작가의 의식을 통한 실생활의 반영인 것이다. 작가는 자기 작품에서 묘사되는 형상들이 그들의 관계에서도 통하여 제약하여 유일한 통일을 이루도록 사건들을 배합시킨다. 이런 복잡성과 다양성들은 성격의 혹은 각층 자료들을 통해 이어지고, 작가는 인간들을 외형, 성격, 내면세계를 묘사하는 등을 통해 자기의 작품 주제를 형성한다. 작가는 작품을 쓰려면 반드시 위와 같은 구성, 조직에 각별한 주의를 기울여야 한다고 한다.

그 밖에 시에 대한 문학론으로 <서정성과 형상성>(1963.6.12)이 있고, 연극평으로는 <연극 '무지개'를 보고서>(1964.12.21), <영원한 사랑의 노래-연극 '양산벽'을 보고서>(1965.3.23), <향상의 길에서-연극 '북쪽길'을 보고서>(1966.3.27)가 있다.

정상진은 소설평, 시평, 작가론, 문학론 등의 많은 글을 발표하였다.

<실감있고 향기로운 작품을 위하여! <신춘문예 폐지란에 실린 단편 소설들과 시들을 중심으로>(1963.5.19)에서는, 레닌 기치 문예폐지에는 많은 작가들이 자기 작품들을 보낸다. 한진과 부 뽀뜨르도 역시 마찬가지이다. 한진의 <찌르라기>와 <소나무>는 단편들이라기보다 산문뽀에바드이라고 하는 것이 맞다. 찌르라기에서는 자연과 같이 소박하고 아름다운 것을 이야기하고 소나무에서는 쓰탈린의 개인 폭정에 억눌리어 비참하게 희생된 아름다운 우리 사람들의 상징으로 되고 있다. 부 뽀뜨르의 실화 <니나의 계산>에서는 역시 그 내용으로 보면 작가의 의도로 볼 수 있다고 한다고 한다.

<리정희의 세편의 단편소설을 읽고서>(1967.7.7)에서는, 레닌 기치 신문에 독자들에게 알려지지 않은 여류 소설가의 이름이 세 번 나타났었다. 그는 20대의 리정희이다. 그녀는 신분지상에서 보다 힘든 여류 소설가이고 내용의 소박성, 생기롭고 순결한 이야기를 곱게 표현한 작가이다. 리정희의 처녀작인 아름다운 심정은 큰세계에 들어 선 천진난만한 청춘의 환희와 기쁨이며 큰 생활의 길에서 처음 맛을 보는 청춘의 노래이다. 이 소설에서 묘사된 사

실은 실사일 수 있지만 생활을 대표할 수는 없다. 따라서 작가는 생활에서의 이와 같은 실사, 현상들을 깊이 분석하면서 가장 현실적인 사실, 현상을 일반화함으로써 예술을 창작해야 한다. 리정희의 작품들은 풍부한 감정세계를 보여주고 있으며 생활에 대한 그의 예리한 시선과 조화를 이루어야 함을 지적한다.

<김준 作 '쌍기미'를 읽고서>(1968.8.7)에서는, 김준의 '쌍기미'는 김준의 중편소설로, 인물들과의 관계, 행동들을 보여주는 장면들이 장황하게 묘사되어 있고 독자들의 주목을 작품의 주요 사상, 내용면에서 떼어 국부적인 인상을 주고 있다. 일부 독자들은 역사소설과 소설을 구분하지 못하는데 소설을 포함한 모든 예술작품들은 역사의 사실들을 바탕으로 그려내고 체계화 하고 있다. 작가가 일정한 시대, 일정한 시기의 일반적 환경, 사회적 조건등을 연구하고 어떤 시대, 시기 환경 조건에서 이러저러한 인물들의 가상활동, 행동을 구체적으로 묘사한다. 즉 작가는 제 마음대로 임의로 꾸며내는 것이 아니라 일정한 과학적 법칙에 의해 구체적이고 체계적으로 그려내고 있는 것이다. 어떤 작품을 읽던지 가장 중요한 것은 사상적 내용과 예술적 방식임. 작품의 사소한 결함들은 문제가 아니다. 작품의 결점들을 꿰뚫고 전체를 비판한다면 편견에 의한 비판이다. 예술작품을 읽을 때에는 생활의 의미, 생활의 미를 깊이 인식할 수 있어야 한다고 한다.

<발표되지 않은 작품들을 읽고서>(1967.9.13)에서는, 필자가 번번이 강조한 것은 세계 문학의 걸작들에서 연구 분석하여 제기하는 문제들에 해답을 주어야 하며 생활에서 해답을 요구하는 문제들을 자기 작품들에서 해답을 제시할 수 있어야 한다는 것이다. 이런 관점에서 리와씰리의 미발표 작품들은 거의 예술성이 없다고 보인다. 그는 일단 예술 창작에 대한 상식이 부족하며 문학적 지식이 빈약하다. 또 자기의 작품에서 사건을 자신이 이야기하는 누를 범하고 있다. 즉 작중 인물들의 사건을 통해 이야기하지 않는 것이다. 진실로 문학 창작에 마음을 두는 이라면 반드시 세계 문학에서의 단편 소설들의 소설들을 읽으며 많이 학습해야 한다. 또한 묘사, 수사, 언어예술 역시 배

워야 할 것이다 라고 주장한다.

<단편소설 '복별'을 읽고서>(1970.9.16)에서는, 김기철의 '복별'은 레닌기치 신문에 실린 소설로 소련 조선근로자들의 역사, 생활, 그들의 오늘의 행복한 나날을 보여준 소설중의 한 작품이다. 이 작품에는 생기롭고 고유한 조선언어의 냄새와 그 내용의 진실성과 소박성에서 좋은 인상을 받았다. 이 작품은 여러 세대가 소련에서 사는데 복별이 비치어 살림이 나고 재신이 불고 자손이 퍼질것이라는 희망을 안고 살아가는 사람들의 내용이다. 독자는 사람들의 비참하고 기막힌 희망과 우울하고 박절한 갈망을 뼈저리게 느끼게 된다. 20년대 조선인 근로자들의 억울한 모습과 비참한 존재의 모습을 잘 그려낸 이 작품은 그들의 계급적 자아의식이 성장되는 과정을 잘 나타내고 있다.

<성실한 인간에 대한 이야기-김세일 '노을', '밟지않은 오솔길', 성정오, '정드는 곳'>(1971.6.2)에서는, 등장인물들의 모습에서 우리 사회의 힘과 정신이 있음을 알 수 있다. 이런 면에서 김세일의 단편소설 <노을>에서는 사회에서 인간의 관계가 그들의 상호적 관계와 정신세계의 풍부화 등이 잘 묘사되어 있다. 김준의 <밟지 않은 오솔길>에는 크즐오르다주 까르막치우거의 한 꼴호스 여자 황봉선에 대한 이야기이다. 그녀가 과부가 되어 수확물을 많이 거두기 위해 노력하는 모습을 보여주었지만 그녀의 내면세계를 잘 보여주지 못한 점이 아쉽다. 성정오의 <정드는 곳>은 극히 평범하고 정답다고 평가를 한다. 고향으로 오기 전에 싸할린의 한 꼴호스에서 일하게 된 청년과 식당에서 일하는 처녀에 대한 이야기이다. 작가는 두 청년 남녀의 극히 순진하고 깊은 내면세계를 잘 보여주고 있다. 위의 세 단편소설에서 새로운 공산주의적 인간의 성장, 그의 내면세계의 풍부화의 과정을 알 수 있다고 한다.

<이웃사람들에 대한 이야기(김장언 '이웃에 살던 사람들', 주동일 '백양나무' 考)>(1971.3.17)에서는, 김장현의 단편소설 <이웃에 살던 사람들>과 주동일의 <백양나무>에는 이웃에 대한 이야기가 나와 있다고 평가를 한다. 우선 김장현의 단편 <이웃에 살던 사람들>은 사람들이 전부가 사회에서 삼고 있는 것만큼 이웃 사람들과 관계를 갖게 된다. 그러다가도 그 어느 한 선이 툭

끊어지면 그들 사이에 불화가 생기는 과정을 이야기 한 것이다. 주동일의 단편 <백양나무>는 이웃사람들에 대한 이야기로 가장 없이 생활의 그대로를 이야기한다.

시평에 대한 글로 다음과 같은 것들이 있다.

<발표되지 않는 시편들에 대하여>(1967.5.6)에서는, 『레닌 기치』 신문 문예폐지는 글 쓰는 필자들뿐만 아니라 전체 독자들의 흥미를 잘 살려 주어야 함을 역설한다. 이 문예폐지에는 조선에서 널리 알려져 있는 김준, 전동혁, 김장현, 주충원, 한상옥, 강태수, 김세일 및 기타 작가들의 많은 작품이 있다. 이 글에서는 발표되지 않은 전체 시편들을 보았는데 이 시들은 사상적으로나 주체로 보아서는 흠이 없는 작품들이다. 문제는 올바른 시상에, 언어의 세련에 예술적 형상화에 있다. 이 시들은 리듬과 음악이 없는 것이 많다. 시와 산문과의 차이는 우선 시가 음악적 요소를 가진 것인데 이것이 없이는 시문학이 존재할 수 없다. 문학 창작에서 가장 중요한 자료 선택과 말 다듬기의 관점에서 볼 때 이것들이 미흡했다고 평가를 내린다.

<묶음시 [세월, 량심 중에서]를 읽고>(1985.8.4)에서는, 레닌기치 신문 문예폐지에 실린 김장현의 평론에서 이야기 되지 않은 일환의 시편들을 이야기 하면, 찾아보기 어려운 형식으로 써졌음을 알 수 있다고 한다. <두 강물줄기>, <한갑의 성냥을>, <콩나물> 등의 시편들은 우화, 훈시의 형식으로 엮어졌다. 또한 좋은 언어로써 서정적 주인공의 풍부하고도 소박한 내면세계를 잘 보여주고 있다고 평을 한다.

<작가 김사량>(1991.8.6)에서는, 작가 김사량은 겸손하고 동세계의 천진난만한 작가였다고 평을 한다. 그는 처녀작 <토성랑>에서도 그의 해방 후 작품인 <칠현금>에도 선명하게 반영되었다. 이런 의미에서 작가 자신이 그가 창작한 일체 작품들에서 주요 인물로 주인공으로 되었다. 그의 처녀작 <토성랑>은 진실로 일본제국주의하에 억눌리며 신음하는 1930년대 중엽의 조선 현실을 평양 토성랑 인민들의 처참한 처지, 생활의 지하층에서 허덕이는 이들의 비운의 운명을 통하여 그대로 보여준다. 이 작품에서 작가의 울분의 목

소리를 들을 수 있다. 1939년에 창작한 <빛 속에>는 일개 파문을 일으키기도 했다. 일본 문단에서 단편 <빛 속에>가 그 당시 일본 문학계의 수상후보에도 오르게 되기도 하였다. 필자는 이 작품을 읽으면서 소련, 중국 교포들의 비참한 운명에 대하여 생각하지 않을 수 없었다고 한다. 사회주의 사회에서 살 운명을 지닌 우리 고려인들의 민족적인 모습을 그려냈기 때문이다. 김사량은 그 외에도 <천마>, <풀이 깊다>에서도 작가는 식민지통치자들과 친일분자들을 규탄하고 있다. 김사량은 민족의 비극을 참다못해 자기 자신이 직접 조선민족의 해방투쟁에 참여할 목적으로 1945년 봄에 압록강을 건너 중국으로 탈출하였다. 그 외 <칠현금>, <폐인> 등의 작품을 쓰고 《고려일보》지에 김사량의 작품이 발표되기까지 하였다.

리상희의 <흥미있는 소설, 독자의 연단>(1962.8.29)에서는, <지홍련>을 읽고 스스로 영원 불멸의 신화 드 아르즈를 회상하였으며 조국 전쟁의 영웅인을 생각하였다고 한다. 원동 빨찌산 부대들 중 하나인 OOO의 지도하에 부대에 가입한 지홍련은 얼마 안 되어 전투를 나가게 된다. 소설에서의 지홍련은 독자들의 기억 속에서 오랫동안 사라지지 않고 아름다운 많은 생각을 자아냈다. 그런데 소설 속의 주인공 중에 하나인 김영팔은 마지막에 홍련을 보기만 해도 정신을 내 놓을 정도가 된다. 김준의 소설 <지홍련>은 조선인 문학계에서 성공적인 문학이었다고 평을 한다.

<깊은 일상, 단편소설 '뼈자루칼'을 읽고>(1965.10.31)에서는, 전동혁의 단편 소설 <뼈자루 칼>은 읽는 사람에게 깊은 인상을 주어 작품의 내용을 절로 생각나게 한다고 한다. 또한 이 소설에는 정치적인 언급이 없이 소년을 주인공으로 하여 특별한 맛을 독자에게 주었고, 전사에 대한 인상이 또한 깊었다고 한다.

<항의의 일생, 전투의 일생-장편 홍범도 1, 2편을 읽고서>(1966.6.24)에서는, 《홍범도》는 역사 소설임을 논하였다. 역사 소설은 물론 역사적 사실에 근거되지만 소설은 하나의 문예작품이기도 하다. 이 작품의 1편에서는 많은 청년들이 홍범도의 높은 지휘 아래 싸워 나가는 것을 이야기한다. 제 2편에

서는 의병장의 용감한 전투의 역사를 그리고 있다. 장편 소설 《홍범도》는 우리 문단이 거둔 일보이며 훌륭한 작품이다. 또한 여러 해 동안 홍범도 장군에 대한 역사적 자료들을 수정하여 작가의 꾸준한 노력과 성과에 경의를 표한다. 이 작품은 주로 홍범도 장군의 전투이이지만 동시에 조선 의병전체의 역사이며 조선 인민 해방의 투쟁사의 빛나는 한 페이지이기도 하다고 평가를 한다.

<시대에 발맞추어(지난해 신문지상에 발표된 시편들에 대한 나의 소감)>(1980.2.15)에서는, 1979년에 『레닌 기치』 신문의 문예폐지에 발표된 시편들을 돌이켜 보면 실생활과 관련된 문제들을 주제로 하였으며 쏘련 사람들의 위대한 업적, 노동을 한양하며 공산주의를 건설하는 염원을 보여줌으로써 독자들의 커다란 인기를 끌었다고 한다. 대표적인 시인으로는 원일, 남철, 한 아뽈론, 정장길 등이 있다. 원일은 서정적 정서가 풍부하며 필치가 윤택하고 시상이 고상하다. 남철의 시행을 읽을 때면 시인으로서의 성숙성과 언어선택에서 세밀한 노력이 느껴진다. 한 아뽈론은 감명 깊게 지난날의 인류의 희망, 투쟁과 애정을 묘사함으로써 인류의 복잡하고 험준한 길을 걸었음을 보여준다. 정장길은 독특한 맛을 주고 묘하고 간단명료한 느낌을 준다. 이상의 시들을 보면서 시인은 시를 창작할 때 단순히 자연만 묘사하여 생활과 연계를 짓거나 또는 지나치게 생활사변에 빠져 자연을 잊지 말아야 할 것이다. 그리고 언어선택에 들어가서도 함부로 아름다운 말마디만 선택함으로써 고조장단을 혼란스럽게 하는 것을 피해야 한다고 한다.

<전설의 행진곡-연성용의 작품집 '행복의 노래'를 읽고>(1984.2.24)는 알마아따 사수식 출판사에서 나온 연성용의 작품집 <행복의 노래>에 대한 평론이다. 작품집에는 70여편의 시와 단편소설, 희곡이 편입되어 있다. 연성용의 시편들은 쾌활하고 혈기왕성한 청년들의 행진곡과 같이 웅장한 감성을 자아낸다. 연성용의 시편들의 특징은 술어들이 일반적인 것이다. 전에 발표되었던 시들과 본 작품집의 시들을 대비하여 보면 더 낫게 고치려는 시인의 노력이 보인다. 그럼에도 시편들이 다 한결같이 깨이지 못한 점도 없지 않다.

어떤 시들은 좀 더 다듬어야 할 것도 있다.

단편소설 <영원히 남아있는 마음>은 잘 배워진 작품이라고 평가를 한다. 단편소설에 묘사된 주인공들은 모두가 인간답고 충실한 인물들이다.

희곡 <자식들>은 홀로 남은 어머니를 잘 섬기는 자식들의 효성을 보여주고 또 어머니도 자식들의 장래에 대해 염려한다는 내용으로 되어 있음을 높이 평가하고 있다.

리진은 시평을 주로 많이 하였다.

<시에 대한 몇 가지 고찰(시란 무엇일까?)>(1982.1.30)에서는, 시는 기본대상, 기본내용을 사람과 사람의 생활이라는 점을 강조하였다. 자기의 형식적 특성과 작용권을 가지고 있음에도 불구하고 추구하는 목적은 결국 하나이다. 정서성은 시의 곳곳에서 발견이 되며, 시의 함축성, 같은 내용을 보장해주는 것은 바로 시적 형상의 질이다. 시인은 주제로 택한 구체적인 대상을 통하여 인간생활의 본질의 한 면이라도 보여주는 것을 인간 생활의 본질에 대한 자기의 관념, 주장을 내놓는 것을 궁극적인 특징으로 본다. 그리고 또한 시에서 중요한 것은 사상 예술적 생산성이다. 시의 생산성도 시인의 뚜렷한 개성을 전제로 한다. 또 보통 말에 뜻밖의 생산한 힘을 부여하는 것이 바로 시인의 재간이라 할 수 있다고 한다.

<시에 대한 몇 가지 고찰(작시법의 문제)>(1982.7.22, 23)에서는, 현대 정형시는 틀 조직에서 단위의 반복이 상대적으로나마 규칙성을 가지는 것이 형식상 특징이라고 한다. 정형률에서의 변화체나 파격이용에는 반드시 시상에 뿌리를 둔 이유가 있어야 하지만 논리적인 말로 설명하기는 어렵다. 정형률의 테두리 안에서 시인들이 표현의 자유를 보장하기 위해 사용하는 방법에는 첫째, 비교적 뚜렷이 들리는 장모름을 널리 이용하는 것, 둘째, 앞에 놓인 단어만 아니라 토나 구성부분도 이용하는 방법이 있다고 한다. 정형시에서 자유시로의 방향에서 산문화 경향이 보이고. 자유시에서 시인은 행, 연, 조직의 자유를 이용하여 독자들에게 구체적인 시를 읽는 법을 자기의 의도에 맞게 강요할 가능성도 있고, 전통적인 운율 조직의 도움이 없이 운율 즉 시의 음악

성, 선율을 조성한다. 시인들은 자유시에서도 필요에 따라 독자들의 운율 감수 경험을 때로는 더 많이 때로는 더 적게 이용한다. 또 자유시에서 시인은 형식을 구현하기 위하여 매번 새로 창조하고 형식체계가 시의 생산성에 이로운 작용을 한다. 또 자유시에서 시인이 정서표현의 수단으로 동원한 모든 요소들이 그가 올바로 고른 말과 합쳐 이룬 음악성, 선율 등은 엄연히 있어야 한다. 그러나 산문화 경향을 부정적으로만 바라볼 수는 없다고 한다.

4) 작품 목록

『선봉』 1920년대

김춘우, 다우지미에서, 남의작품을수정하는일은 절대로못하는일이다(예술경쟁대회심사위원회에항의함), 1928. 7. 15.

김춘우, 다우지미에서, 푸로문예에있어는 형식을볼필요가없다(내숭경쟁대회심사위원회애의항의), 1928. 7. 20.

박달분, 푸로문예를타락식히려는위험한 시론(詩論)을배격한다(다우지미 김춘우동무의 항의론문을 읽고), 1928. 7. 20.

『선봉』 1930년대

게봉우, 과거에 평민문학 이것을 연구하면서 새문학을 건설하자!, 1930. 5. 27/30. 6.2/8.

그.이조똡으-작, 김준 역, 문예상식의 긔초, 1931. 7/22. 24. 27. 30. 8/8. 16. 28. 9/4. 8. 10. 16. 20.

그루빠, 민중 속에 숨어있는 문예창작품을 모집하자, 1936. 5. 23.

그루빠, 시인 최호림 동무와 그의 작품-작자의 문예 활동의 리력과 창작품의 년대, 1935. 4. 2.

김기철, 성공 많은 '장평동의 횃불'-이 극을 넓은 군중에게 보이어주자, 1934. 6. 21.

김시중-다우지미, <붉은 아이>三권에 실린 詩의 縱橫觀(增補), 1928. 8. 26.
김유경, 소설 '싸홈'은 나의창작, 1931. 6. 10.
김준, 각본에훌늉한예술적표현수단과 자연스러운사건을다구!, 1931. 11. 4.
김준, 십월혁명 네 번에 원동의 고려문단과 문예, 1931. 11. 10. 3면, 4면.
독자,'방타곡'을 낡고서, 1935. 3. 30.
동철, 우리변강에 대한 문예를 낳자-작가 알렉세에브-문사동맹 원동변강 관리부의 회장이다, 1936. 5. 30.
조동규, 조선 극단의 또 한가지 새 성과, 1937. 5. 17.
조생, 아동 문예를 낳자, 1935. 3/18. 21.
최길춘, 각본 '사랑하는 여슷사람'의 상연을 준비하고서, 1936. 3. 10.
편즙부, 문예발흥과우월한작품을 내여놓기위하여-문예크르소크를조직하자, 1931. 8. 22.
한 아나똘리, 우리문예의 질을 높은 계단에 올리어 세우자, 1934. 6. 21.
한, 단편소설 '싸홈'을낡고서, 1931. 5. 19.
헌일구, 소설 '싸홈'의 비판은문예발흥을위한방향에세우자, 1931. 6. 20.

『레닌기치』 1960년대
조선 극작을 찾아서-연극'잊을 수 없는 그대를 보고서>, 1963. 2. 22. 연극평
OOO, 좋은 연극, 좋은 노래, 좋은 춤을 더 많이, 1967. 5. 17. 연극평
OOO, 남조선 작가들의 항의와 분노의 목소리, 1963. 6. 16. 문학론
OOO, 사회주의적 사실주의는 작가의 날개이다, 1963. 7. 28. 문학론
OOO, 시인과 현시대, 1967. 12. 10. 문학
OOO, 혁명역사극을 쓰겠다..., 1966. 9. 4. 연극평
강태수, 정석, 시 창작에서 제기되는 몇가지 문제, 1963. 4. 7. 시평
김 니게포르, 세 연극에 대한 단상, 1967. 8. 2. 연극평
김광현, <길바닥에 엎드려졌던 사람>(1961)-3편 단편소설 분석), 1962. 1. 7. 소설평

김기일, 연극 '메아리'에 대하여, 1965. 4. 28. 연극평
김기일, 연극 '맹세'를 보고서, 1965. 1. 31. 연극평
김기철, 연기를 보다 높은 봉우리에 끌어올리자-연극'심청전'을 보고서, 1968. 3. 16. 연극평
김기철, <재능 있는 시인 한 아나똘리를 추억하여>, 1966. 7. 22. 작가론
김두칠, 조정봉의 '재생'을 읽고서, 1962. 11. 18. 소설평
김세일, 좋은 작품을 더 많이, 1968. 4. 18. 문학론
리동언, 김옥순, 1967. 9. 13. 실화
리산희, 깊은 인상-단편 '뼈자루 칼'을 읽고, 1965. 10. 31. 소설평
리상혁, <흥미있는 소설-지홍련을 읽고>, 1962. 8. 29. 소설평
리상희, 항의의 일생, 전투의 일생-장편 홍범도 1, 2편을 읽고서, 1966. 6. 24. 소설평
리은영, 새 출발의 길에서-악극 '견우와 직녀'를 보고서, 1966. 5. 13. 연극평
리은영, 오, 처녀들이여, 1965. 2. 28. 연극평
림하 외, 예술 발전에 조력을 기울이는 '극성' 꼴호스 인민 극장-심청전을 각색, 연출하고 나서, 1963. 7. 14. 연극평론
림하, 고전극들을 현대의 목소리로 울리게 하자-희극'예랑?'을 보고서, 1963. 5. 7. 연극평
림하, 레닌 그라드쓰끼 쁘로쓰텍트'-조선 중앙 연극 국장의 금년 순회 공연에 가지고 나갈 첫 연극을 보고서, 1965. 1. 10. 연극평
박 보리쓰, 두 대륙의 작가들의 저서들, 1969. 10. 10. 작가론
본사기자, 공산주의 건설자들을 중심으로 한 작품 창작을 위하여, 1962. 11. 18. 문학론
브라지미르 알 유민, 장편 '어머니' 주인공들에 대한 새 것-고리끼 作 어머니, 1967. 5. 28. 소설평
시인평, 위대한 사회주의 시월 혁명 50주년과 웨.이.레닌 탄생 100주년을 조선 창작 일꾼들은 보람 있게 맞이하기 위하여 (김종세, 장만금,

작곡가 박영진, 시인 조해령, 시인 김인봉, 소설가 리와씰리, 시인 강태수 등의 한마디...), 1966. 3. 27. 시론
아르까지 뻬르옌예브, 조선작가 리기영의 눈으로 본 쏘련-쏘련 기행문 '공상주의 태양은 빛난다'에서, 1965. 5. 5.
우블라지미르, <첫걸음-조선문학선집 '정력자의 조국'발간 30주년에 제하여>, 1967. 12. 10. 소설평
우블라지미르, 문학에서의 전형문제, 1967. 10. 15. 문학론
우블라지미르, 장편소설과 영화, 1969. 7. 17. 소설평
위대한 쁘롤레따리아 작가 막씸 고리끼, 1963. 3. 27. 작가론
윤 쎄르게이, 좋은 작품들을 널리 선전하자, 1968. 11. 26. 시론
이고리 트웨르쓰꼬이, 소설 "쭈씨마"와 "려순항"의 산 주인공들, 1963. 9. 7. 소설평론
이신, 사랑, 1963. 2. 6.

전동혁, <문학창작의 1962년을 보내면서-우리문단의 짧은 총화>, 1962. 12. 31. 시론
전동혁, 리선생을 회상하면서, 1965. 5. 5.-회고 <탁월한 조선 작가 리기영 출생 70주년> 작가론
전동혁, 문학 창작에서의 언어에 대한 몇 가지 문제, 1967. 10. 15. 문학론
전동혁, 그녀자의 일생, 1968. 2. 15. 연극평

전철송, 공화국 공훈 배우 박춘섭, 1963. 12. 25. 연극평

정상진, <십오만원 사건>평, 1962. 9. 14. 소설평
정 석, 영리한 아들과 괴상한 그의 부모-주송원의 단편'월로쟈'를 읽고, 1963. 3. 1. 소설평
정 석, 서정성과 형상성, 1963. 6. 12. 문학론

정　석, 실감있고 향기로운 작품을 위하여-신춘문예 페지들에 실린 단편
　　　소설들과 시들을 중심으로, (*작품들로는 한진의 <찌르라기>, <소
　　　나무>, 뿌 뾰뜨르의 <니나의 재산>, 안뾰뜨르의 <이상한 날>),
　　　1963. 5. 19. 소설평
정　석, 높은 정에 대한 이야기-소설 '옥싸나'를 보고, 1963. 11. 24. 소설평
정　석, 시인의 서정 세계와 진실-리은영의 시 30여편을 읽고서, 1963. 12.
　　　22. 시평
정　석, 막동의 혼청, 1965. 2. 14. 연극평
정　석, 몇 편의 시에 대한 단상, 1965. 2. 28. 시평
정　석, 영원한 사랑의 노래-연극 '양산벽'을 보고서, 1965. 3. 23. 연극평
정　석, 우제국 시인 '아침 해빛' 창간, 1965. 7. 4. 시평
정　석, 가두 아동들의 예술, 1965. 8. 29. 시론
정　석, 25년간「문예페지」에, 1965. 11. 27 시론
정　석, 향상의 길에서-연극 '북쪽길'을 보고서, 1966. 3. 27. 연극평
정상진, 청춘과 사랑의 시인-한아나똘리 출생 55주년에 제하여, 1966. 7.
　　　22. 작가론
정　석, 역사소설과 허구-김세일 '홍범도', 1966. 11. 9. 소설평
정　석, 력사 소설과 희곡, 1966. 11. 29. 소설평
정상진, 연극 '탈을 쓴 승냥이새끼'를 보고서, 1966. 12. 5. 연극평
정상진, 고용병의 운명, 1967. 3. 14. 연극평
정상진, 발표되지 않는 시편들에 대하여, 1967. 5. 6. 시평
정상진, 리정희의 세편의 단편소설을 읽고서, 1967. 7. 7. 소설평
정상진, 발표되지 않은 작품들을 읽고서, 1967. 9. 13. 소설평
정　석, 단편 소설과 그의 구성, 1967. 10. 15. 문학론
정상진, 사랑과 인간성에 대한 뽀에마-연극 "붉은 수건 쓴 나의 어린 백양
　　　나무"를 보고서, 1967. 12. 26. 연극평
정　석, 단편소설 '꽃송이'를 읽고, 1968. 12. 23. 소설평

정 석, 기계화분조'를 읽고서, 1968. 7. 16. 시평
정상진, 作 '쌍기미'를 읽고서, 1968. 8. 7. 소설평
정상진, 문예페지에 실린 몇 가지 작품을 읽고서, 1969. 7. 25. 시론

조정구, 무대 예술에 바친 생애-채영 탄생 50주년과 창작 활동 35주년에
　　　제하여, 1966. 8. 20. 작가론
채 영, 조선 극장과 조기천, 1963. 11. 16. 연극평
최길준, 참다운 인민 예술가, 1963. 12. 25. 시론
카자흐 예술 문학 작품의 깊이와 진실성을 위하여-주반 글다갈리예브의
　　　보고, 1966. 5.21. 문학론
한 아나똘리, 시에 대하여-1954.6.26 선봉에 실린 글, 1966. 7. 22. 문학론
한 예브게니, 용감한 시인, 1968. 7. 18. 시평
한중O, 연극 '장갑 렬차 14-69호'를 보고서, 1966. 11. 30. 연극평
한진, 장갑렬차, 1966. 9. 18. 문학론

『레닌기치』 1970년대
OOO, 시월의 해빛, 1971. 3. 16. 소설평
김기철, 연극 '지주와 머슴'을 보고서, 1971. 4. 24. 연극평
김기철, 조숙한 작가(그의 출생 70주년에 즈음하여), 1970. 10. 6. 작가론
김성복, 금별이 반짝일 것을 기대한다. 1974. 5. 25.시론
김세일, <카라고스> 알마티 조선 국립극장 첫공연, 1970. 2. 12. 연극평
리동언, 문예페지를 읽고서, 1975. 1. 11.시론
쏘베트조선문학 발전에 기여한 작가, 1976. 12. 30. 작가론
우 블라지미르, <구상과 실현-레닌기치 신문에 실린 단편들에 대하여>,
　　　1971. 1. 9. 소설평
우 블라지미르, 세계문학선집에 수록된 조선고전문학, 1978. 6. 30. 비평
우 블라지미르, 작가의 독창적인 목소리-김아나똘리의 첫 작품집에 대하

여, 1977. 4. 14. 작가론
전동혁, 연극 '홍길동'을 보고서, 1970. 5. 16. 연극평

정상진, 단편소설 '복별'을 읽고서, 1970. 9. 16. 소설평
정상진, 이웃사람들에 대한 이야기(김장언의 <이웃에 살던 사람들>, 주동일의 <백양나무> 考), 1971. 3. 17. 소설평
정상진, < 성실한 인간에 대한 이야기-김세일의 '노을', '밟지않은 오솔길', 성정오의 '정드는 곳'>, 1971. 6. 2. 소설평

한아뽈론, 믿음, 1977. 7. 28.

『레닌기치』 1980년대
김광현, 시를 읽을 때면, 1983. 9. 22. 문학론
따소, 문학과 현대성, 1985. 12. 14. 문학론
리상희, 시대에 발맞추어(지난해 신문지상에 발표된 시편들에 대한 나의 소감), 1980. 2. 15. 시평
리상희, 전설의 행진곡-연성용의 작품집 <행복의 노래>를 읽고, 1984. 2. 24. 시평
리진, 시에 대한 몇 가지 고찰(작시법의 문제), 1982. 7. 22. 23. 문학론
문학작품에서의 로동주제, 1981. 12. 29. 문학론
송 파, 자유의 땅을 노래한 시인(조기천의 출생 70주년에 즈음하여), 1983. 11. 17. 작가론
엔. 나사보브의 기록(아매엔), 작가가 된 범사냥군, 1985. 8. 8. 문학론
작가와 현대인, 1980. 2. 2. 문학론
장인덕, 조명희 선생의 시를 읽을 때, 1986. 12. 22. 작가론
정상진, 묶음 시《세월, 량심 중에서》를 읽고, 1985. 8. 4. 시평
카스따그, 우수한 신문학 작품들에 대하여, 1986. 5. 4. 시론

『고려일보』 1990년대

《봉황의 구슬》기록 영화, (일곱편) 제작의 기본구상, 1990. 12. 11. 영화평

강상호, 남도당 총책 박갑동의 증인 《통곡의 언덕에서》를 읽고서, 1992. 5. 5. 소설평

강상호, 조명희 선생을 회상하여, 1992. 2. 19. 작가론

고선아, 애국시인 노산 이은상, 1991. 10. 23.시평

김 게르만, 외국 과학 및 문학서적들에 반영된 쏘련 조선인들, 1990. 1. 30. 작가론

김 부르뜨, 누가 한국문학세계의 문을 열것인가?, 1994. 12. 3. 시론

김 아르뚜르, 알마띠 고려 극장, 오랫동안 지속된 두 지도자들간 의견 충돌(최 유리 회장: 극장 발전에 방해하는 극장장과 총 연출가는 극장을 나서야 한다), 1999. 11. 26. 기사

김필영, 고송무와 카작스탄 한국학, 1997. 9. 20. 시론

남경자, 서로 더 잘 리해하도록, 1990. 8. 28. 영화평

남해연, 박현 작사, 김 겐나지 작곡, 겨레의 노래, 1990. 12. 4.시평

남해연, 의병장 홍범도 장군의 투쟁실록 소설, 1990. 12. 8. 소설평

리 블라지미르, 새 극-가무단 《신생》, 1990. 10. 3. 연극평

리 윌로리(어문학 학사, 부교수), (서적 소개)지난 날을 돌이켜 보면서, 1990. 8. 17. 시론

리길수, 위대한 예술이여 사랑하는 친구여, 1992. 3. 18. 시론

리영광, 노래에는 끝이 없다-인간, 시대, 운명, 1990. 10. 31. 시평

리 진, (꽃 이야기)라일라크, 1990. 3. 24. 소설평

리 진, 오늘의 한국 시단(1-4회), 1992. 9. 1. 2, 18, 23, 시론

리 진, 오늘의 한국 시인들(5-7회), 1992. 10, 17, 11. 21. 시론

리 진, 왈렌찐 라스뿌찐, 1993. 5. 15. 시평

리창달, 민족음악예술을 발전시키자, 1990. 2. 7. 문학론

리함덕, 잊지 못할 향단이들(조선극장 창건 60주년을 맞이하여), 1992. 7. 22. 시론
맹 알렉싼드르, 소설《홍범도》의 소개회, 1991. 3. 26. 소설평
민족문학의 진로, 1992. 7. 24.
박 미하일, 고려인 문학가 협회 창설, 1992. 1. 3. 시론
박 예브게니, 만화 영화 연출가, 1990. 1. 18, 영화평
아. 쑤뚜린, 귀환, 1991. 8. 23. 작가론
양원식, 선심은 우리 인간의 본성, 1990. 1. 1. 문학론
양원식, 청중들을 기쁘게 한 대 음악회, 1990. 2. 3. 음악평론
양원식, 조명희 선생에 대한 몇가지 새로운 자료, 1990. 4. 4. 작가론
양원식, 새 잡지《고려사람》, 1992. 10. 10. 시론
양원식, 세계 속에 한국문학을 꽃 피우자(해외한민족 대표문인 작품집 "해외 문학" 창간호 발간), 1998. 6. 11. 시론
양원식, 극장아 울지마라, 참다운 친구들이 있다('홍도야 울지마라' 새 연극초연을 관람하고...), 1998. 7. 9. 연극평
양원식, "해외문학" 제2호 발간-구름이 지나간 자리, 1999. 2. 4. 시론
양원식, "추억" 연극이 실로 추억을 됐다면..., 1999. 7. 30. 연극평
양원식, 우선 언어부터 통일해야 한다, 1999. 12. 3/16. 시론
양원식, 한국 TV영화 "첫사랑" 카자흐스딴에서 방영, 1999. 12. 16. 시론
우 블라지미르, 침체시기의 비극과 희생자들, 1990. 8. 25. 영화평
유 레나, 한국의 문학-소월 김정식, 1996. 11. 16..시평
전 아뽈론, 차혜심 련민의 정을 안고, 1990. 12. 4. 시평
정 블라지미르,《동방》가무단, 1991. 10. 23. 연극평
정목일, 탑의 나라, 1992. 12. 26. 시평

정상진, 한국 기행과 나의 생각(정론), 1990. 8. 15. 시론
정상진, 한국에서 대인기 최 윅또르의 록음악, 1991. 1. 24. 음악평론

정상진, 작가 김사량, 1991. 8. 6. 작가론
정상진, 꿈과 열정을 준 우리 청춘의 시인 리상화(시인 탄생 90주년에 즈음하여), 1991. 10. 22. 작가론
정상진, 송우혜의 작품집《서투른 자가 쏘는 활이 무섭다》중에서, 1991. 11. 13. 시평
정상진, 비참한 추억, 영원한 삶, 1998. 11. 12. 연극평
조 왈렌찌나, 부친(조명희 작가)에 대한 추억담, 1990. 11. 8. 작가론
조성호, 한국에서 보내온 한 편지-조명희 선생의 친척이 나짐과 관련하여, 1990. 7. 18. 작가론
최 예까쩨리나, 작가 조명희와 그에 대한 회상, 1991. 1. 16. 작가론
최 예까쩨리나, 작가 조명희의 마지막 시기, 1991. 8. 23. 작가론
최금순, 리기영 선생의 탄생일을 즈음하면서, 1990. 6. 7. 작가론
한철주, 꿈 속에 날아가는 잠자리, 1990. 3. 27. 연극평

『고려일보』 2000년대

김필영, <밭 갈던 아가씨에게>와 소베트카자흐스탄 한인 시단: 강태수 시인의 서거를 애도하며, 2001. 2. 9. 작가론.
양원식, 산을 높이되 초원을 낮추지는 말자, 2001. 3. 30. 시론.
양원식, 현대적이고 절박한 문제를 취급한 새 연극, 2001. 9. 7. 연극평
원일, 타고난 희곡작가(태장춘선생의 탄생 90주년에 즈음하여), 2001. 9. 7. 작가론
정상진, "소련 고려인들의 전설과 실화"를 듣고서, 2000. 9. 22. 시론

참고문헌

기초 자료

신문, 《레닌기치》, 크즐오르다 알마아따, 1938~1990.
신문, 《선봉(先鋒)》, 블라디보스톡, 하바로스크, 1923~1937.
공동작품집, 《시월의 해빛》, 카자흐스탄: 알마아따 작가 출판사, 1971.
공동작품집, 《씨르다리야의 곡조》, 카자흐스탄: 알마아따 작가 출판사, 1975.
공동작품집, 《쟈밀라, 너는 나의 생명》, 서울: 인문당, 1989.
공동작품집, 《꽃피는 땅》, 알마아따 사수싁출판사, 1988.
공동작품집, 《행복의 고향》, 알마아따 사수싁출판사, 1988.
김 준, 《십오만원 사건》, 카자흐 국영 문학 예술 출판사, 1964.
김기철, 《붉은 별들이 보이던 때》, 알마아따 출판부, 1987.
김세일, 《홍범도》, 서울: 신문학사, 1989.
김연수, 《소련식으로 우는 아이》, 주류, 1986.
김연수, 《치르치크의 아리랑》, 인문당, 1988.
리 진, 《해돌이》, 알마아따 사수싁출판사, 1989.
리 진, 《싸리섬은 무인도》, 장락 2001.
리 진, 《윤선이》, 장락 2001.
리 진, 《하늘은 언제나 나에게 너그러웠다》, 창작과 비평사, 1999.
명 철, 《오체르크의 행복》, 인문당, 1990.
박일 편, 《조선 시집》, 크즐오르다: 카사흐국영문예출판사, 1958.
양원식 《카자흐스탄의 산꽃》, 시와 진실, 2002.
연성용, 《행복의 노래》, 알마티 ; 사수싁출판사, 1983.
아나톨리 김, 《신의 플루트》, 문학사상사, 2000.
아나톨리 김, 김현택 역, 《초원, 내 푸른 영혼》, 대륙연구소출판부, 1995.
이명재 편, 《낙동강(외)》, 범우 비평판 한국문학 8-1, 종합출판범우, 2004.
이회성, 《流域へ》, 東京: 講談社, 1992.
이회성, 《유역》, 한길사 1992.
이회성, 《サハリンへの旅》, 東京: 講談社, 1983.
장윤기, 《삼형제》, 유즈노싸할린쓰크; 싸할린 서적출판사, 1961.
정덕준, 《조명희》, 새미, 1999
조명희, 《조명희선집》, 소련과학원 동방도서출판사, 1959
조명희, 《포석 조명희전집》, 동양일보 출판국, 1995.

한진 외, 《오늘의 벗》, 카자흐스탄: 사수싀출판사, 1990.

단행본

Gang G. V. 『카자흐스탄 한인사』, 알마티, 1995 .
Kim G. N. & Men D. B. 『카자흐스탄 한인의 역사와 문화』, 알마티 1995.
강 게오르기, 김 게르만, 명 드미트리 공저, 장원창 역, 『카자흐스탄 고려인-사진으로 보는 고려인사 1937~1997』, 서울: 새터기획. 1997.
강만길, 『회상의 열차를 타고』, 한길사, 1999.
고송무, 『쏘련 중앙아시아의 한인들』, 한국국제문화협회. 1984.
고송무, 『쏘련의 한인들』, 이론과 실천사, 1992.2.
공저, 『조선문학사』 1~15, 평양: 사회과학출판사, 1991.
국제문제조사연구소 편, 『해외 한민족의 현재와 미래』, 다나, 1996.
권영훈, 『고려인 사는 나라 까자흐스탄』, 열린책들, 2001.
권희영, 『한국과 러시아: 관계와 변화』, 국학자료원, 1999, pp.258~260.
김 블라지미르, 조영환 역, 『재소한인의 항일투쟁과 수난사』, 국학자료원, 1997.
김 뾰또르, 『우즈베케스탄의 한인들』, 타시켄트, 1993.
김게르만, 『해외의 한인들-과거·현재·미래』, 알마아타, 1995.
김병철, 『세계문학번역서지목록총람 1895~1987』, 국학자료원, 2002.
김연수, 『모스크바 한국인』, 국풍, 1983.
김종회 편, 『한민족문화권의 문학』, 국학자료원, 2003.
김필영, 『소비에트 중앙아시아 고려인 문학사』, 강남대출판부, 2004.
김현택, 『재외한인작가연구』, 고려대 한국학연구소 2001.
김현택, 『러시아 한인 강제 이주사』, 경당, 2000.
리 블라지미르 표도로비치 외, 『스딸린 체재의 한인 강제이주』, 건국대출판부, 1994.
박 환, 『재소한인민족운동사』, 국학자료원, 1998.
박 환, 『러시아한인 민족운동사』, 탐구당, 1995.
보흐단 나할일로·빅토르 스보보다 공저, 정옥경 역, 『러시아 민족문제의 역사』, 신아사, 2002.
서대숙 편, 이서구 역, 『소비에트 한인 백년사』, 도서출판 태암, 1989.
슐킨·꼬쉬만·제지나 지음, 김정훈 외 옮김, 『러시아 문화사』, 후마니타스, 2003.
윤병석, 『국외한인사회와 민족운동』, 일조각, 1990.
윤병석, 『한국독립운동의 해외사적 탐방기』, 지식산업사, 1994.
윤인진, 『코리안 디아스포라』, 고려대출판부, 2004.

이광규, 『러시아 연해주의 한인사회』, 집문당, 1998.
이광규, 『재외동포』, 서울대출판부, 2000.
이광규·전경수 공저, 『재소한인-인류학적 접근』, 집문당, 1993.
이덕형, 『러시아 문화예술천년의 울림』, 성균관대학교출판부, 2004.
이명재, 『통일시대 문학의 길찾기』, 새미, 2002.
이명재 외, 『억압과 망각, 그리고 디아스포라』, 한국문화사, 2004.
이명재, 『소련지역의 한글문학』, 국학자료원, 2002.
이상근, 『한인 노령이주사연구』, 탐구당, 1996.
장윤익, 『북방문학과 한국문학』, 인문당, 1990.
장춘희, 『중앙아시아』, 청아출판사, 2004.
전경수, 『까자흐스탄의 고려인』, 서울대출판부, 2002.
정덕준, 『조명희』, 새미, 1999.
조동걸, 『독립군의 길따라 대륙을 가다』, 지식산업사, 1995.
카자흐스탄 고려문화중앙, 『카자흐스탄 소련 한인들』, 알마티: 카자흐스탄. 1992.
편집부 편, 『한국 현대문학 자료 총서』, 거름, 1987.
홍기삼 외, 『한국 현대문학 50년』, 민음사, 1995
황동민 편, 『조명희선집』, 모스크바, 1959

논문

「쏘베트 조선문학의 걸출한 작가-조명희의 출생 90주년을 즈음하여」, 『레닌기치』, 1984년 8월 10일.
Mazur, Yu. N., 「「소련에서의 한국문학연구와 한국문화 소개, 번역 현황」, 『새국어교육』, 1991.
Mazur, Yu. N., 1990, 「소련에서의 한국 문학」, 『문학과 사회』 9, 1990.2.
「소련의 한국학연구 문헌목록 1917~1970」, 『아시아문화』, 한림대학교 아시아문화연구소 14~16호.
간복균, 「이기영의 『고향』과 숄로호프의 『개척되는 처녀지』의 대비 연구」, 강남대학교 『논문집』 31호, 1998.
강상호, 「조명희 선생을 회상하여」, 『고려일보』, 1992년 2월 19일
강태수, 기억의 한 토막-조명희 선생을 회상하면서, 『문학신문』(평양), 1959년 5월 7일, 3면.
고송무, 「중앙아시아의 '고려사람' 문화」, 『광장』 175. 1988.
고송무, 소련 속 한인들, 말·문학·문화, 『한겨레신문』, 1989년 9월 6일.

고송무, 재소 한인문학사의 거봉 조명희를 재조명한다, 『한국일보 구주판』, 1989년 8월 27일.
고송무, 조명희와 쏘련 한인문학, 『구주신문』(서독), 1987년 4월 20일.
권희영, 「한민족의 중앙아시아 이주의 배경과 과정」, 『민족문제발전연구』 2, 1998. 3.
기광서, 「구소련 한인의 민족 정체성 상실과 회복: 역사와 현재」, 『재외한인연구』 제10호, 2001.6.
김 게르만, 「소련 극동지역 소비에트 정권수립투쟁과 재소한인 1918~1922-소련학계의 연구 동향을 중심으로」, 『박영석교수화갑기념논총』, 1992.
김광규, 「재소원동 한인의 문화와 생활」, 『재외한인연구』, 1992.
김성곤, 「세계속의 한인 작가들」, 『문예중앙』, 2000.4.
김성수, 「소련에서의 조명희」, 『창작과비평』 64, 1989.
김연수, 「소련속의 한국 문학」, 『시문학』 210, 1989.1.
김열규, 「'어머니의 땅' 중앙아시아에 피어난 푸른 꽃」, 소련 동포들의 문학1, 『전망』 46. 1990.
김열규, 「조명희 문학에 나타난 '소비에트 모국관'」, 『대륙문학 다시 읽는다』, 대륙연구소 출판부, 1992.
김재홍, 「재소 한인문학의 선구자: 조명희 편」, 『한국논단』 11, 1990.7.
김중관, 「카자흐스탄의 체재 전환에 따른 민족의 정체성과 고려인의 역할」, 『외교』 56, 2001.1.
김필영, 「소비에트 카작스탄 한인문학과 희곡작가 한진(1931~1993)의 역할」, 『한국문학논총』 27, 2000.
김필영, 「송라브렌띠의 희곡 "기억"과 카작스탄 고려 사람들의 강제 이주 체험」, 『한국비교학회』 4, 1998.
김현택 역, 「나의문학 나의 삶: 지하 은둔 생활로부터의 탈출」, 『문학사상』 282, 1996.
김현택, 「러시아에서의 한국학 연구의 역사와 현재 상황」, 『러시아 지역 연구』, 한국외대, 1999.
김현택, 「한국계 러시아 작가 아나톨리 김의 문학 세계 연구」(I)(II), 『한국학연구』, 고려대 한국학연구소, 1998.
김현택, 「저는 러시아 작가이면서 또한 영원히 한국인입니다: 전집 왕간 눈앞에 둔 요즘의 근황과 계획들「대담」」, 『문학사상』 334, 2000.
김흥식, 「조명희 연구(1)」, 『인문학연구』 20집, 중앙대, 1992.

리월로리, 「조명희 작가의 탄생일 기념야회」, 『레닌기치』, 1990년 1월 6일.
리 진, 「러시아 속의 한국문학과 한국인」, 『한국문학』, 1996. 겨울호.
림 하, 「조명희 출생 70주년에 제하여」, 『레닌기치』, 1964년 8월 11일.
미하일 박・박노자, 「러시아 한국학의 개척자: 미하일 박 교수 '대담'」, 『정신문화연구』 25권 제3호, 2002.9.
민병기, 「망명작가 조명희론」, 『비평문학』, 1989.8.
민병기, 「조명희 論」, 『현대문학』 415, 1989.7.
서상범, 「1920~1930년대의 소련문학론과 한국 프로문학론의 영향관계」, 『비교문학』 17, 1992.12.
신정옥, 「러시아극의 한국수용에 관한 연구」, 『명지대인문과학연구논총』 8, 1991.2.
심민자, 「아나톨리 김을 어떻게 읽을 것인가?」, 『러시아 연구』 12, 2002.
아・쑤뚜린, 「귀환」, 『고려일보』, 1991년 8월 23일.
양원식, 「중앙아시아 카자흐스탄 고려인 사회의 어제와 오늘」, 『한민족공영체』 7, 1999.6.
양원식, 「조명희 선생에 대한 몇 가지 새로운 자료」, 『레닌기치』, 1990년 4월 4일.
유학구, 「한민족공동체와 독립국가연합 고려인사회」, 『한민족공영체』 7, 1999.6.
윤인진 외, 「독립국가연합의 정치경제적 상황과 고려인의 당면 과제」, 『아세아연구』 통권 106호, 2001.12.
윤인진, 「중앙아시아 한인의 언어와 민족정체성」, 『재외한인연구』 7, 1998.12.
윤정헌, 「만주한인문학연구」, 『한민족어문학』 37, 2000.
윤정헌, 「역사기록소설「홍범도」 연구」, 『한국문예비평연구』 8권, 한국문예비평학회, 2001.
윤정헌, 「중앙아시아 한인문학 연구」, 『국제비교한국학회』 10권1호, 2002.6.
이기영, 조명희 동지를 추억함, 《조선문학》, 1962년 7월.
이기영, 포석 조명희론-그의 저『낙동강』 재간에 대하여, 『중외일보』, 1946년 5월 28~29일.
이기영, 포석 조명희에 대한 일화, 《청년문학》, 1966년 9월.
이명재, 「국외 한글문학의 실체 연구: 구소련의 고려인 문단을 중심으로」, 『인문학연구』 33, 2002.
이명재, 「러시아 지역의 한글 문학 현황」, 『통일문학』 1권1호, 2002.
이명재, 「국외 한글문학의 실체 연구: 구소련의 고려인 문단을 중심으로」, 『인문학연구』 33, 2002.2,
이명재, 「북한문학에 끼친 소련문학의 영향: 소련과 고려인 문학을 중심으로」, 『어문연구』 116호, 2002. 겨울.
이명재, 포석 조명희 연구, 《국제한인문학연구》, 국제한인문학회, 2004.
이왈렌찐, 「재소한인들의 문학활동과 한국어교육」, 『이중언어학』 8, 1991.
이정구, 「쏘베트 시문학과 우리 시인들」, 『문학예술』, 평양: 문학예술사, 3권 2호, 1950.2.
이정선, 「구소련 지역 고려인 문학의 형성과 시문학 양상」, 김종회 편, 『한민족 문화권의 문학』, 국학자료원, 2003.
이정숙, 조명희 소설을 통해 본 내면세계 고찰: 망명동기를 중심으로, 《동아시아 연구》 2집, 한성대학교 동아시아연구소, 2002.
이정희, 「고려인 문단의 문제들」, 『제10회 국제문학 심포지엄-IT시대 한국 문학의 세계화 방안』, 국제펜클럽 한국본부주최, 서울, 2003.7.24.
이채문, 「한인의 러시아 극동지역 이주: 역사와 이론」, 『슬라브학보』 15권 1호, 2000.6.
이회성, 「한국 국적 취득수기」, 『동포정책자료』 59, 1999.12, pp.63~144.
이회성, 김지하 대담, 「민족과 인간」, 『新潮』, 동경: 신조사, 1996.2, p.247.
장 실, 「러시아에 뿌리내린 우리 문학」, 『문예중앙』, 1996. 봄호.
장인덕, 「조명희 선생의 시를 읽을 때」, 『레닌기치』, 1986년 12월 22일.
장준희, 「카자흐스탄 고려사람의 민족정체성 변화과정 연구」, 『재외한인연구』 8, 1999.12.
정상진, 「조명희부터 김 아나톨리까지 소련 조선인문단을 회고하면서」, 『한길문학』 12, 1992.
정상진, 「재소련 고려인 문학의 정체성」, 『민족발전연구』 제6호, 2002.3.
조 왈렌찌나, 「부친(조명희 작가)에 대한 추억담」, 『레닌기치』, 1990년 11월 8일.
조명희 「선생의 문학 유산 상설 전람회 개막식」, 『레닌기치』, 1988년 12월 14일.
조벽암, 사색적이며 정열적인 작가 조명희, 『문학신문』, 1966년 7월 8일.
조성호, 「한국에서 보내온 한 편지-조명희 선생의 친척이 나짐과 관련하여」, 『레닌기치』, 1990년 7월 18일.
채수영, 「재소 교민소설의 특질」, 『비평문학』 3, 1989.8.
채수영, 「재소 교민문학의 특징」, 『문화예술』 132, 1990.7.
최 예까쩨리나, 「선생을 회고하면서」, 『레닌기치』, 1984년 8월 10일, 14일.
최 예까쩨리나, 「작가 조명희와 그에 대한 회상」, 『고려일보』, 1991.1.16.
최 예까쩨리나, 「작가 조명희의 마지막 시기」, 『고려일보』, 1991년 8월 23일.
최 예까쩨리나, 「작가의 부인」, 『레닌기치』, 1988년 11월 24일.

최건영, 「페레스토로이카와 재소 한인 작가」, 『공산권연구』 118, 1988.
太田厚志, 「이회성문학의 특징」, 『대구산업정보대학논문집』 16집, 2002.6.
필립스 김, 「레닌기치에 나타난 쏘베트 한인문학」, 『비교한국학』, 1997.
한만수, 「러시아 동포문학에 투영된 한국여성의 초상」, 『한국문학연구』 19, 1997.
한 진, 「검열과 소외 속에서 자라난 민족문학: 재소련 동포문단」, 『한국문학』 204. 1991.
현종호, 「해방후 조선문학과 쏘베트 문학」, 『조선문학』, 평양: 조선문학사, 1957. 11.
황동민, 「작가 조명희의 발표되지 않은 작품들에 대하여」, 『레닌기치』, 1984년 8월 10일.

장사선 張師善
서울고등학교 졸업 후, 서울대학교 국문과에서 학사·석사·박사학위 받음.
충북대학교 국어교육과 교수를 거쳐 현재 홍익대학교 국문과 교수
changss@hongik.ac.kr

우정권 禹政權
홍익대학교 국문과 졸업, 서울대학교 국문과에서 석사·박사학위 받음.
현재 단국대학교 전임강사
jgwoo8@hanmail.net

고려인 디아스포라 문학 연구

초판 1쇄 인쇄 • 2005년 8월 21일
초판 1쇄 발행 • 2005년 8월 26일

지은이 • 장사선 · 우정권
발행인 • 박 성 복
발행처 • 도서출판 월인
　　　　　서울시 강북구 수유2동 252-9
전　화 • (02)912-5000 / 팩　스 • (02)900-5036
등　록 • 제6-0364호

ⓒ 장사선, 2005

ISBN 89-8477-269-0 93810

값 15,000원

☞ 잘못된 책은 구입하신 서점이나 본사에서 바꾸어 드립니다.